G.L.P. Sievers (1775-1830) und seine Schriften

Europäische Hochschulschriften
Publications Universitaires Européennes
European University Studies

Reihe XXXVI
Musikwissenschaft

Series XXXVI Série XXXVI
Musicology
Musicologie

Vol./Band 92

PETER LANG
Bern · Frankfurt a.M. · New York · Paris · Wien

Christoph E. Hänggi

G.L.P. Sievers (1775-1830) und seine Schriften

Eine Geschichte der romantischen Musikästhetik

PETER LANG
Bern · Frankfurt a.M. · New York · Paris · Wien

Die Deutsche Bibliothek – CIP-Einheitsaufnahme

Hänggi, Christoph E.:
G. L. P. Sievers (1775 - 1830) und seine Schriften : eine Geschichte der romantischen Musikästhetik / Christoph E. Hänggi. - Bern ; Frankfurt a.M.; New York ; Paris ; Wien : Lang, 1993
(Europäische Hochschulschriften : Reihe 36, Musikwissenschaft ; Bd. 92)
Zugl.: Zürich, Univ., Diss., 1991/92
ISBN 3-906750-21-3
NE: Europäische Hochschulschriften / 36

Die vorliegende Arbeit wurde von der Philosophischen Fakultät I der Universität Zürich im Sommersemester 1992 auf Antrag von Prof. Dr. Ernst Lichtenhahn als Dissertation angenommen.

Printed in Germany

Meinem Grossvater Eugen Imber-Jacquemai (1897-1992)

»In diesem Fall würde ich die Kunst vielleicht auf ein Jahr oder länger ganz ruhen lassen, und mich, ausser einigen Wissenschaften, in denen ich noch etwas nachzuholen habe, mit nichts als der Musik beschäftigen.«

Heinrich von Kleist

Inhaltsverzeichnis

I. Romantische Musikästhetik. Eine Einleitung

»Schröpfköpfe sind wohl angebracht,
wo sie ziehen!«

Clemens Brentano

Obwohl eine durch Begriffe wie »Genieästhetik« oder »Autonomieprinzip« zu umschreibende, doch nur mit Einschränkungen genauer zu fassende romantische Musikästhetik, welche bis heute unsere Auffassung von einer Kunst »Musik« bestimmt, auf einem weiten und vielfach beackerten Feld musikwissenschaftlicher Forschung ihren unangefochtenen Platz einnimmt – nicht selten auch in Studien zu älterer Musik –, muss konstatiert werden, dass Studien zur Entstehungsgeschichte einer solchen Haltung eher selten sind. Es scheint die einhellige Meinung verbreitet, dass diese auf die Grundlagen unseres Musikverständnisses abzielende Frage gar nicht beantwortet zu werden braucht. Und auch wenn eine Antwort auf die Frage gegeben wird – wenn erkannt wird, dass es eine Entstehungsgeschichte dieser romantischen Musikästhetik geben müsste, wird oft einzig auf E.T.A. Hoffmann (1776-1822) verwiesen, dem mit seiner Rezension zu Beethovens Fünfter (*AmZ* 12 (1810), S. 630ff.) ein Geniestreich gelungen sein soll, wie er nur einem romantischen Heroen gelingen konnte. Zwar wird oft noch hinzugefügt, dass dieser Geniestreich in den frühromantischen Bemühungen eines Wilhelm Heinrich Wackenroder (1773-1798) oder Ludwig Tieck (1773-1853) begründet sei, doch weitergehende Anstrengungen werden selten unternommen. Statt die Geschichte einer romantischen Musikästhetik zu schreiben, wird die romantische Geschichte der Musik weitergeschrieben.

Eine der Fiktionen dieser romantischen Geschichte scheint die Idee eines Gegensatzes zwischen »Klassik« und »Romantik«. Carl Dahlhaus beispielsweise, einer der profiliertesten Vordenker in Sachen Musikästhetik, gelangt zwar in seiner letzten, verschiedenste frühere Arbeiten zum Thema romantische Musikästhetik zusammenfassenden Studie zur Ansicht, dass »der tiefgreifende innere Gegensatz, den der Titel *Klassische und romantische Musikästhetik* auszudrücken scheint, sofern man an vergilbte ideengeschichtliche Vorstellungen zurückdenkt, in Wahrheit nicht existiert«, baut jedoch trotzdem auf diesem Gegensatz auf und interpretiert die *Andreas Hartknopf*-Romane (1786/90) von Carl Philipp Moritz (1757-1793) als sogenannt »romantische Metaphysik« und dessen Abhandlung »Über die bildende Nachahmung des Schönen« (1788) als

»klassische oder klassizistische Musikästhetik«.[1] Und dies obwohl Dahlhaus doch an anderer Stelle im gleichen Buch betont hatte: »Man kann ohne Übertreibung von einer klassisch-romantischen Musikästhetik, und ebenso von einer klassisch-romantischen Musik, sprechen, also statt der Unterschiede, die von Anhängern der geistesgeschichtlichen Methode in suggestive Begriffe wie 'Vollendung' und 'Unendlichkeit' gefasst wurden, die innere Einheit der Epoche in den Vordergrund rücken.«[2]

Ein Gegensatz zwischen »Klassik« und »Romantik« im Sinne eines antithetischen Gegensatzes bezogen auf die Musik der Zeit um 1770 bis 1830 war in den ersten Jahrzehnten des 19. Jahrhunderts schlicht nicht existent. Diverse Arbeiten speziell zu den Begriffen »Klassik« und »Romantik« verdeutlichen, dass sich erste Anzeichen in Richtung eines Gegensatzes erst in den 1830er Jahren eruieren lassen und dass sich dieser Gegensatz als Periodenmodell erst um 1840 in Aufsätzen in der *AmZ* und in der *NzfM* verfestigte.[3] Für die ersten Jahrzehnte des 19. Jahrhunderts ist es deshalb durchaus nicht aussergewöhnlich, dass E.T.A. Hoffmann die »klassischen« Symphonien Haydns, Mozarts und Beethovens als »romantisch« bezeichnet.[4] Solches wird im übrigen an anderer Stelle auch von Dahlhaus selbst – im fünften Band seines *Neuen Handbuchs der Musikwissenschaft* – eingestanden: »Die Gewohnheit, die Romantik als Gegensatz zur Klassik aufzufassen und begrifflich zu konstruieren, verdeckt nicht selten die grundlegende Bedeutung eines Sachverhalts, ohne den die

---

1 Carl Dahlhaus, *Klassische und romantische Musikästhetik*, Laaber 1988, S. 32.

2 Ebd., S. 9.

3 Ludwig Finscher, »Zum Begriff der Klassik in der Musik«, in: *JbMw* 11 (1966), S. 9-34. – Arno Forchert, »'Klassisch' und 'romantisch' in der Musikliteratur des frühen 19. Jahrhunderts«, in: *MF* 31 (1978), S. 405-425. – Peter le Huray und James Day, *Music and Aesthetics in the Eighteenth and Early-Nineteenth Centuries,* Cambridge etc. 1981, S. 6f. – Martin Zenck, »Zum Begriff des Klassischen in der Musik«, in: *AfMw* 19 (1982), S. 271-292.

4 Auf die historisch inadäkuate Deutung von E.T.A. Hoffmanns Beethoven-Bild machte bereits Ernst Lichtenhahn aufmerksam. – Ernst Lichtenhahn, »Über einen Ausspruch Hoffmanns und über das Romantische in der Musik«, in: *Musik und Geschichte. Leo Schrade zum sechzigsten Geburtstag*, Köln 1963, S. 178-198. – ders., »Zur Idee des goldenen Zeitalters in der Musikanschauung E.T.A. Hoffmanns«, in: Richard Brinkmann (Hg), *Romantik in Deutschland. Ein interdisziplinäres Symposion*, (= *Sonderband der »Deutschen Vierteljahresschrift für Literaturwissenschaft und Geistesgeschichte«*), Stuttgart 1978, S. 502-512. – ders., »Bemerkungen zum 'poetisierenden' Verfahren der romantischen Beethovendeutung«, in: Friedhelm Döhl (Hg), *Beethoven '77. Beiträge zur Beethoven-Woche 1977 veranstaltet von der Musik-Akademie Basel*, Zürich 1979, S. 105-114. – ders., »[E.T.A. Hoffmanns] Schriften zur Musik«, in: Brigitte Feldges und Ulrich Stadler, *E.T.A. Hoffmann, Epoche – Werk – Wirkung*, München 1986, S. 241-257.

Musikgeschichte der letzten anderthalb Jahrhunderte unverständlich bleibt: des Sachverhalts, dass das 19. Jahrhundert die Epoche war, in der sich das Bewusstsein einer musikalischen Klassik überhaupt erst herausbildete und in der eine Auswahl von Werken der Vergangenheit sich in Oper und Konzert als 'Repertoire' behauptete und etablierte.«[5] Oder ähnlich im sechsten Band desselben Handbuchs, in welchem zwar ebenfalls kaum auf das Entstehen einer romantischen Musikästhetik eingegangen wird, wo Dahlhaus jedoch meint: »In der Musikgeschichte ist es die Wiener Klassik – deren Begriff vom deutschen Bildungsbürgertum des 19. Jahrhunderts in Analogie zu dem der Weimarer Klassik geprägt wurde –, die eine an der Literaturgeschichte orientierte Rückdatierung des Romantik-Begriffs ins späte 18. Jahrhundert zu verhindern scheint.«[6] – Gerade die Vorstellung eines Gegensatzes von »Klassischem« und »Romantischem« in der Zeit von 1770 bis 1830 erweist sich zudem als spezifisch deutsche Auffassung; als Auffassung, die sich erst im Verlauf des letzten Jahrhunderts herausbildete, die jedoch trotzdem fest in den meisten deutschsprachigen Köpfen unserer Gegenwart verankert ist, was vom Literaturwissenschaftler Claus Träger pointiert folgendermassen zusammengefasst wird: »Den deutschen Begriff der Klassik (...) verstehen nur die Deutschen – wenn sie ihn verstehen.[7]

Eine zweite Fiktion der oben angesprochenen romantischen Geschichte scheint die Rolle, die dabei E.T.A. Hoffmann zugedacht wird; E.T.A. Hoffmann wird – sofern überhaupt an eine Ursprungstheorie geglaubt wird – bis heute als alleiniger Stifter einer romantischen Musikästhetik betrachtet.

Ebenso wie sich aber ein Gegensatz von »Klassischem« und »Romantischem« erst in den 1830er und 40er Jahren durchsetzte, wurde auch E.T.A. Hoffmann erst in jener Zeit zu jenem »Autoren« gemacht, als welcher er heute in Sachen Musikästhetik gilt; dies als Folge eines Prozesses der Idealisierung, der um die Mitte des 18. Jahrhunderts einsetzte und auch im Musikschrifttum seine Auswirkungen zeitigte; erst seit der Mitte des 18. Jahrhunderts wurden aus schlichten mittelalterlichen Handschriften Bücher mit Titelblättern und Autorennamen, die im Aufschreibesystem von 1800 einen festen Platz einnahmen: An der Jenaer Liederhandschrift reizte es Johann Christoph Gottsched (1700-1766) vor allem, den Verfasser festzustellen, wobei seine Vermutungen meistens fehl gingen. Und als Johann Jakob Bodmer (1698-1783) das Nibelungenlied herausgab, trachtete sein ganzes Bemühen danach, einen »Autoren«

5 Carl Dahlhaus (Hg), *Die Musik des 19. Jahrhunderts*, (= *Neues Handbuch der Musikwissenschaft* Bd. 6), Laaber 1980, S. 18f.

6 Carl Dahlhaus (Hg), *Die Musik des 18. Jahrhunderts*, (= *Neues Handbuch der Musikwissenschaft* Bd. 5), Laaber 1985, S. 62f.

7 Claus Träger, *Geschichte und Romantik*, Frankfurt am Main 1984, S. 14.

desselben zu entdecken; er klammerte sich an den Namen Chuonrat und glaubte bis an sein Lebensende an einen einzigen Dichter des Liedes. Gegen Ende des 18. und in den ersten Jahrzehnten des 19. Jahrhunderts wurden Gesetze über Autorenrechte, Gesetze über die Beziehungen zwischen Autoren und Verlegern und Gesetze über das Urheberrecht erlassen; fortan waren Namen nötig – Titelblätter; fortan gab es ein idealistisches Vernunftwesen, welches sich »Autor« nannte, und welches als solches auch rezipiert wurde.[8] Fortan gab es den »Autoren« E.T.A. Hoffmann, der bis heute als Protagonist der Entstehungsgeschichte einer romantischen Musikästhetik zu gelten hat.

E.T.A. Hoffmanns Ideen lassen sich jedoch sowohl im deutschen und französischen Musikschrifttum – etwa bei Johann Friedrich Reichardt (1752-1814), Johann Georg Sulzer (1720-1779), Charles Batteux (1713-1780) oder Jean-Jacques Rousseau (1712-1778) – als auch in deutschen frühromantischen und philosophischen Schriften – Wilhelm Heinrich Wackenroder, Ludwig Tieck oder Friedrich Schiller (1759-1805) können angesprochen werden – nachweisen. Solches betont Ernst Lichtenhahn in diversen Arbeiten und solches wird immer wieder auch von englischsprachigen Musikwissenschaftlern – etwa von Paul Henry Lang, Rey M. Longyear, Peter le Huray und James Day – konstatiert.[9] Und Otto Pöggeler schliesslich – um nochmals einen Literaturwissenschaftler zu zitieren, der die ganze Diskussion auf den Punkt gebracht zu haben scheint – möchte das späte 18. Jahrhundert »als ein relativ geschlossenes Ganzes« begriffen wissen und den deutschen Begriff »Romantik« – falls er überhaupt als Epochenbegriff weiterverwendet werden soll – auf den deutschsprachigen Raum beschränkt sehen. Pöggeler fragt deshalb, ob E.T.A. Hoffmanns »romantische Musikauffassung« nicht eher ein lange vorbereitetes Ende denn ein Anfang gewesen sei.[10]

Eine dritte Fiktion der Entstehungsgeschichte einer romantischen Musikästhetik ist schliesslich die Idee einer Geburtsstunde derselben erst ums Jahr

---

8 Friedrich A. Kittler, *Aufschreibesysteme 1800/1900*, München 1985, S. 129 (Kittlers Ausführungen fussen auf entsprechenden Arbeiten Heinrich Bosses und Michel Foucaults).

9 Vgl. Anm. 4. – Paul Henry Lang, *Die Musik im Abendland*, Augsburg 1947, (= *Music in Western Civilization*, New York 1941), S. 239ff. – Rey M. Longyear, *Nineteenth-Century Romanticism in Music*, Englewood Cliffs 1969, S. 8ff. – Peter le Huray und James Day, *Music and Aesthetics in the Eighteenth and Early-Nineteenth Centuries*, a.a.O., vor allem S. 14ff. und 120f.

10 Otto Pöggeler, »Die neue Mythologie. Grenzen der Brauchbarkeit des deutschen Romantik-Begriffs«, in: Richard Brinkmann (Hg), *Romantik in Deutschland. Ein interdisziplinäres Symposion*, (= *Sonderband der »Deutschen Vierteljahresschrift für Literaturwissenschaft und Geistesgeschichte«*), Stuttgart 1978, S. 341-354, S. 341f.

1810. Wenn Carl Dahlhaus von romantischer Musikästhetik spricht, meint er eine einem philosophischen System vorstehende und durch einen Paradigmenwechsel um 1810 erstmals zu lokalisierende »Metaphysik der Instrumentalmusik«: »Die romantische Musikästhetik, die von Wackenroder und Tieck begründet, von E.T.A. Hoffmann in eine publizistisch wirksame Form gebracht und von Artur Schopenhauer in einem philosophischen System verankert wurde, war eine Metaphysik der Instrumentalmusik, und zwar der absoluten, nicht-programmatischen und von begrifflich bestimmbaren Affekten losgelösten Instrumentalmusik.«[11] Dahlhaus drückt damit aus, dass seine Auffassung von romantischer Musikästhetik nichts mit einer sich bereits um die Mitte des 18. Jahrhunderts manifestierenden Gefühlsästhetik gemein haben kann; eine solche wird von ihm als »Populärästhetik« bezeichnet – als Ästhetik, die bereits in den 1790er Jahren »in den Souterrain« der Auffassungen abgestiegen war.[12] Wiederum scheint ein Gegensatz konstruiert werden zu müssen, ohne welchen es nicht möglich wäre, auf dem »Autoren« E.T.A. Hoffmann zu beharren; auf einem »Autoren«, der auch nach Dahlhaus' Meinung quasi im Alleingang eine romantische Musikästhetik formulierte.

Ebenso wie die drei beschriebenen Fiktionen meist unbesehen übernommen werden, wird auch nur sehr selten danach gefragt, wieso überhaupt der angebliche Protagonist der Entstehungsgeschichte einer romantischen Musikästhetik dazu kam, sich mit musiknachdenkerischen Gedanken zu umgeben. Trotz akribischsten Quellenstudiums fragt beispielsweise auch Dahlhaus nie, wieso überhaupt es zur Entstehung einer romantischen Musikästhetik kam; und er fragt auch nur sehr beschränkt nach dem Ort der Handlung (oder danach, was gleichzeitig andernorts – etwa in anderen kulturellen Zentren Europas wie Paris oder Wien – geschah). Dahlhaus fragt also nicht nach der Geschichte, sondern betreibt eine von der Realität abgehobene Darstellung seiner Vorstellungen einer Kunst »Musik« – die romantische Darstellung eines »Gänsemarsches der Epochen«. Die wissenschaftliche Darstellung des Phänomens »romantische Musikästhetik« – und damit des Phänomens »Romantik« – hat sich zu einer Ästhetik verselbständigt.

Nach einer ein Jahrzehnt andauernden Theoriedebatte ist man sich jedoch in literaturwissenschaftlichen Kreisen heute einig, dass nicht zu ahistorischer Forschung zurückgekehrt werden darf. Wissenschaftlich-kritisches Forschen bedeutet, sich mit Realität zu beschäftigen und auch die Frage nach den Ursachen derselben miteinzubeziehen. Es scheint auch in der Musikwissenschaft angebracht, wieder einmal literaturwissenschaftliche Erkenntnisse zu übernehmen und aus dem »Gänsemarsch der Epochen« auszubrechen. Ursachenfor-

---

11 Carl Dahlhaus, *Klassische und romantische Musikästhetik*, a.a.O., S. 111.

12 Ebd., S. 12.

schung müsste betrieben werden – will sagen: das soziologische Umfeld E.T.A. Hoffmanns wäre zu beleuchten; es wäre zu verdeutlichen, dass E.T.A. Hoffmann kein Einzelfall war; es könnte in soziologisch ähnlichem Umfeld nach weiteren »Hoffmanns« und den Ursachen derselben gegraben werden.

Bei erweitertem Blickfeld liesse sich eine weitergehende Realität beschreiben, eine von unendlich zahlreichen Realitäten könnte annähernd erkannt werden und es würde sich eine neue Sicht der Dinge abzeichnen. Es liesse sich der Modellcharakter dessen beschreiben, was bisher als Musikgeschichte galt. Und unter Berücksichtigung unendlich vieler weiterer Realitäten würde sich das Bild einer kontinuierlichen Entwicklung in Zufällen und Brüchen aufdrängen; eine Entwicklung, die natürlich auch im für diese Arbeit zu berücksichtigenden Rahmen durch aussermusikalische Ereignisse beeinflusst wurde: durch die Französische Revolution, durch den Niedergang der Ideen dieser Revolution, durch den Aufstieg Napoleons, durch das Ende des Heiligen Römischen Reiches Deutscher Nationen, durch den Zusammenbruch Preussens nach der Doppelschlacht bei Jena und Auerstedt; schliesslich aber auch durch das Ende Napoleons nach der Völkerschlacht bei Leipzig und den weiteren nachfolgenden Rückzugsgefechten und durch die auf den Wiener Kongress folgende Epoche der Restauration, einem Versuch das Rad der Geschichte nochmals in vorrevolutionäre Zeiten zurückzudrehen.

Deutliches Anzeichen einer Verflechtung von musikgeschichtlichen Diskursen und äusseren Bedingtheiten ist es, dass eine romantische Musikästhetik auch ohne die Person E.T.A. Hoffmanns formuliert worden wäre. Bei genauerem Hinsehen liessen sich Nebenrollen in der Geschichte einer romantischen Musikästhetik ausmachen; es liesse sich konstatieren, dass ein anderer »Hoffmann« – im vierten Teil der Arbeit sollen mögliche Personen angesprochen werden – mit soziologisch und geographisch ähnlichem Umfeld in der Zeit nach der preussischen Kapitulation von 1806 ähnlich auf die Instrumentalmusik eines Haydn, Mozart oder Beethoven reagiert hätte – die Suche nach neuen Idealen in der Kunst »Musik«, die nur im Innern erfolgreich sein konnte, ähnlich abgeschlossen hätte.

Auch Georg Ludwig Peter Sievers (um 1775 - um 1830), um dessen Person und Schriften es in dieser Arbeit hauptsächlich geht, hätte dieser »Hoffmann« werden können. Nach einer Musikerausbildung und nachdem er sich mit Schauspielen und Romanen nicht hatte durchsetzen können, nahm er als Verfasser von kunst- und speziell musikästhetischen Schriften an der Geschichte einer romantischen Musikästhetik Anteil, wandte sich jedoch später wieder von diesen Ideen ab – wurde von der (*Caecilia*, Bd. 5 (1826), S. 276) »ästhetischen Influenza« geheilt. Solches liess ihn seit der zweiten Hälfte des letzten Jahrhunderts für die Geschichte einer romantischen Musikästhetik unbequem erscheinen und in Vergessenheit geraten; G.L.P. Sievers wurde aus der Geschichte wegrationalisiert. Überraschenderweise konnte das Leben und Schaffen dieses, unseres Protagonisten jedoch trotzdem weitgehend nachgezeichnet werden und überraschenderweise ergaben sich auch einige interessante Beziehungen zu berühmteren Zeitgenossen, was wiederum beweist, dass vermehrte Quellenarbeiten, wie sie für Studien zu älterer Musik längst selbstverständlich sind, auch der Erforschung der Geschichte einer romantischen Musikästhetik nicht schlecht anstehen würden. Darauf wird in dieser Arbeit mit grosszügiger Berücksichtigung von Quellen aufmerksam gemacht werden. Gerade die Arbeiten des »Nicht-Autoren« G.L.P. Sievers bieten uns heute die Möglichkeit, die tatsächlichen Gegebenheiten zur Zeit E.T.A. Hoffmanns neu zu erkennen, was über letzteren selbst kaum mehr möglich erscheint; G.L.P. Sievers ist ein Instrument, durch welches die Dogmen der Geschichte einer romantischen Musikästhetik überprüfbar werden. Zudem könnten vermehrte Forschungen auch zu den weiteren in dieser Arbeit angesprochenen »Hoffmanns« zu einer weiteren Geschichte einer romantischen Musikästhetik und zu nochmals anderen Wahrheiten führen.

Au am Zürichsee, im November 1990

II. Bio- und Bibliographisches

A. Lexikographisches Dunkel

Die Nachforschungen zu G.L.P. Sievers förderten eine nicht geringe Anzahl von Lexikonartikeln zu seiner Person und zu seinen Schriften zu Tage. Es fällt jedoch auf, dass G.L.P. Sievers in den Lexika nicht bis in unsere Zeit tradiert wurde, sondern zu einem gewissen Zeitpunkt – präzis in den 1880er Jahren – aus den Nachschlagewerken verschwand: als die idealistischen Netze eingezogen wurden und nur die vermeintlich grossen Fische darin hängen blieben. Dieses Phänomen sei im folgenden genauer nachgezeichnet.

Eine erste Übersicht der Schriften G.L.P. Sievers' liefert im Jahre 1811 Johann Heinrich Meusel (1743-1820) in der von ihm herausgegebenen Reihe *Das gelehrte Teutschland oder Lexikon der jetzt lebenden teutschen Schriftsteller*. Dem Verfasser des entsprechenden Artikels sind jedoch keine Lebensdaten bekannt, so dass er nur zu berichten weiss, dass unser Protagonist in Kassel lebe und in Braunschweig geboren sei.[1]

Fast gleichzeitig mit Meusel meint dagegen Ernst Ludwig Gerber (1746-1819) im *Neuen historisch-biographischen Lexikon der Tonkünstler* (1812-1814), dass der »junge Gelehrte und wahrscheinlich Dichter« in Braunschweig lebe. Dies schliesst Gerber aus 1807 in der *AmZ* mit dieser Ortsangabe abgedruckten Aufsätzen, die in seinem Lexikon im folgenden ausführlich kritisiert werden.[2]

Noch immer zu seinen Lebzeiten wird G.L.P. Sievers im Jahre 1823 von Friedrich Rassmann ins *Pantheon deutscher jetzt lebender Dichter und in die Belletristik eingreifender Schriftsteller* aufgenommen. Neben einer ziemlich unvollständigen Aufstellung der Schriften findet sich nun erstmals auch eine kurze Biographie:

> »Sievers (Georg Ludw. Pet.), privatisierte zu Paris, seit Anfang des Jahres 1822 aber zu Wien, und wird sich in Zukunft abwechselnd 6 Monate in Rom und Neapel

---

1 Johann Heinrich Meusel und Johann Samuel Ersch (Hg), *Das gelehrte Teutschland oder Lexikon der jetzt lebenden teutschen Schriftsteller*, fünfte Auflage, 21 Bde., Lemgo 1796-1827, Bd. 15, S. 478f.

2 Ernst Ludwig Gerber, *Neues historisch-biographisches Lexikon der Tonkünstler*, 4 Bde., Leipzig 1812-1814, Bd. 4, S. 205.

aufhalten. Mitarbeiter der Wiener Zeitschrift für Literatur und Kunst, Theater und Mode, und übernimmt die Mittheilungen Künste und Wissenschaften und des geselligen Lebens Italiens: geb. zu Braunschweig.«[3]

Eine nächste Erwähnung G.L.P. Sievers' erfolgt dann im Jahre 1825. Samuel Ersch (1766-1828) beschreibt in der nun von ihm weitergeführten Reihe *Das gelehrte Teutschland oder Lexikon der jetzt lebenden teutschen Schriftsteller,* dass G.L.P. Sievers, nachdem er vorher längere Zeit in Paris privatisierte, seit 1822 in Wien gelebt habe und sich nun in Rom aufhalte. In einer umfangreichen Aufzählung von Schauspielen und Aufsätzen bleiben die *AmZ*-Aufsätze unerwähnt. Der pauschale Hinweis auf Gerbers Lexikon, in welchem diese Aufsätze detailiert aufgelistet sind, sollte solches wahrscheinlich ausgleichen.[4]

Nach einem – wie später auszuführen sein wird – anzunehmenden Tod G.L.P. Sievers' um 1830 ist der Leipziger Organist Carl Ferdinand Becker (1804-1877) der erste, der erneut auf ihn aufmerksam macht. In seiner *Systematisch-chronologischen Darstellung der musikalischen Literatur* (1836/39) bezeichnet Becker G.L.P. Sievers als einen »Musikgelehrten in Rom« und verzeichnet neben den Aufsätzen in der *AmZ* auch jene in der Zeitschrift *Caecilia* und ein Buch *Mozart und Süssmayer.*[5]

Die ersten wirklichen Anstrengungen um G.L.P. Sievers' Biographie unternimmt dann in den 1830er Jahren – also just zu einer Zeit, als E.T.A. Hoffmann zu jenem »Autor« wurde, als der er in der Einleitung zu dieser Geschichte einer romantischen Musikästhetik beschrieben wurde, – Gustav Schilling (1805-1881). In dessen *Encyclopädie der gesammten musikalischen Wissenschaften, oder Universal-Lexicon der Tonkunst* (1835-1842) wird im von Schilling selbst verfassten entsprechenden Artikel ausführlich auf G.L.P. Sievers' Biographie und seine Schriften eingegangen:

»Sievers, Georg Ludwig Peter, wahrscheinlich ein Sohn des vorhergehenden [der Magdeburger Domorganist Johann Friedrich Ludwig Sievers (1742-1806) ist gemeint], ward geboren zu Magdeburg 1775, und erhielt von seinem Vater, von dessen Person wir nichts Gewisses berichten können, von Jugend auf fleissigen Unterricht in der Musik, ohne Absicht jedoch, dass dieselbe jedoch dereinst sein eigent-

---

3 Friedrich Rassmann, *Pantheon der jetzt lebenden Dichter und in die Belletristik eingreifender Schriftsteller*, Helmstedt 1823, S. 316.

4 Johann Heinrich Meusel und Johann Samuel Ersch (Hg), *Das gelehrte Teuschland oder Lexikon der jetzt lebenden teutschen Schriftsteller*, fünfte Auflage, a.a.O., Bd. 20, S. 479.

5 Carl Ferdinand Becker, *Systematisch-chronologische Darstellung der musikalischen Literatur*, 2 Bde., Leipzig 1836/39, diverse Nennungen (siehe Personenregister).

licher Beruf werden solle, wie sie es denn auch wirklich nicht geworden ist, so fleissig er als Journalist und Schriftsteller bis zur Stunde auf ihrem Gebiet gearbeitet hat, und nicht selten mit der Miene eines wahrhaft genialen, heimischen Künstlers. Seine wissenschaftliche und literarische Bildung erhielt er auf den Schulen zu Magdeburg und Braunschweig. Nach vollendetem Curs trat er als ästhetischer Schriftsteller hier auf. Damals hatte er besonders der Poesie sein Augenmerk zugewendet; doch schrieb er für die Leipziger allgemeine musikalische Zeitung auch eine Abhandlung 'Über den Charakter der deutschen Musik'. Geschmack und ein gewisser Scharfblick in die Sache liessen sich dieser Schrift nicht absprechen; doch bekundete sie auch einen noch grossen Mangel an den nöthigen theoretischen und praktischen, wie namentlich historischen Kenntnissen. Von Braunschweig ging er nach Cassel u. setzte von hier aus seine bereits begonnene Theilnahme an mehreren Zeitschriften fort, schrieb mehrere jetzt freilich längst vergessene Lustspiele und Romane, 'Schauspielerstudien', nichts aber über Musik. Dann arbeitete er ein Paar Jahre zu Altenburg für Brockhaus, und trat endlich nach längerem Aufenthalte zu Wien, eine Reise nach Paris an, von wo er seine Laufbahn als musikalischer Schriftsteller wieder eröffnete; mit mehreren interessanten Berichten nämlich, welche er 1817 und 1818 über die französische Musik und namentlich die Pariser grosse Oper in die Leipziger musikalische Zeitung lieferte. Von 1824 an treffen wir ihn fortwährend in Rom, und die colossalen Kunstanstalten, durch welche diese Weltstadt über Alles, was Musik heisst, so riesenkräftig und, riesengross hervorragt, scheinen dem ihm angeborenen Sinn für Tonkunst einen neuen hohen Aufschwung gegeben und ihn zu besonders rüriger Thätigkeit auf dem Gebiete angeregt zu haben, denn seit der Zeit hat er fortwährend deutsche, italienische und französische Journale mit kleineren und grösseren Aufsätzen und Berichten musikalischen Inhalts versehen, die, durchgehends geistreich in anziehender Form, auch mit wenigen Ausnahmen nur von grossem Interesse für den Musiker vom Fach sind. Unter den deutschen war es vorzugsweise die Zeitschrift 'Cäcilia', welcher er seine Theilnahme zuwandte. Von ihrem ersten Entstehen an hat er in jeden ihrer Bände einige Aufsätze geliefert, und unter allen Aufschlüssen, welche wir über den Zustand der jetzigen italienischen Musik vom Platze selbst erhalten haben, sind die von Sievers wohl die verlässigsten, und heben wir von den übrigen Arbeiten hier namentlich die 'Schröpfköpfe' für Operncomponisten, Sänger ec. hervor, welche sich durch mehrere Bände der 'Cäcilia' erstrecken, so geschieht es um des besonderen Kunstinteresses willen, welches diese Reihen von Aufsätzen in der That geben, so anstössig sie hie und da um ihres oft giftig beissenden Tones willen erschienen seyn mögen. Unter dem, was er für die Leipziger allgemeine musikalische Zeitung noch schrieb, verdient besonders wohl der ausführliche Bericht über die Sixtinische Kapelle zu Rom (Jhrg. 1825 pag. 301ff.) genannt zu werden. Kann nicht geleugnet werden, dass S. gründliche Kenntnisse der Geschichte unserer Kunst abgehen, so besitzt er doch eine Vertrautheit mit den mancherlei Verhältnissen der Zeit, welche der erste Stützpunkt ist eines geläuterten Geschmacks; eine seltene Bekanntschaft mit den verschiedenen Künstlererscheinungen jener die gesammte musikalische Welt repräsentierenden 3 Ländern Frankreich, Italien und Deutschland, und eine darauf gebaute, so eiserne Fertigkeit in seinem Urtheile, dass selbst der entschiedenste Gegner seiner Ansichten ihm seine Achtung nicht versagen kann. Andere

Blätter, in welchen uns Producte seiner Feder zu Gesicht kamen, waren 'das Morgenblatt', 'die Zeitgenossen', das Hamburger 'Archiv für Theater und Literatur', und die Wiener 'Zeitschrift für Literatur und Kunst'.«[6]

Die von Gustav Schilling vertretene These, dass G.L.P. Sievers ein Sohn Johann Friedrich Ludwig Sievers sei, taucht erstmals auf. Der Geburtsort unseres Protagonisten scheint dabei auf den Artikel zum Vater abgestimmt, da dieser nach Schilling bereits seit 1770 in Magdeburg tätig war (in Wirklichkeit jedoch erst seit 1776). Das Geburtsjahr dagegen könnte stimmen und von Schilling wie vieles anderes direkt aus G.L.P. Sievers' Schriften eruiert worden sein. Daneben standen dem Lexikographen wahrscheinlich auch die Arbeiten seiner Kollegen Gerber und Becker zur Verfügung, wobei Gerber Schillings Urteil entscheidend beeinflusst zu haben scheint, kritisierte doch auch er G.L.P. Sievers' Mangel an historischen Kenntnissen. Weshalb Schilling jedoch auf einen Aufenthalt in Wien vor demjenigen in Paris schliesst, muss unklar bleiben, konnte doch ein Aufenthalt in Wien bisher erst für das Jahr 1822 und nach demjenigen in Paris nachgewiesen werden.

Die *Biographie universelle des musiciens* (1833-1844) von François-Joseph Fétis (1784-1871) bringt dann eine fast wörtliche Übersetzung von Schillings Artikel ins Französische. Die einzige neue Information ist die Jahreszahl 1810, die als Ankunftsjahr G.L.P. Sievers' in Paris angegeben wird.[7] Fétis könnte diese Jahreszahl aus seiner Erinnerung aufgeschrieben haben, da er damals in Paris lebte. Spannend ist die Jahreszahl deshalb, weil G.L.P. Sievers erst ab Herbst 1816 als Korrespondent der *AmZ* in Paris nachgewiesen werden kann; vielleicht hielt er sich jedoch bereits 1810 und vielleicht auch schon noch früher für einige Zeit dort auf!

In diversen Literaturlexika der zweiten Hälfte des 19. Jahrhunderts wird für G.L.P. Sievers dann plötzlich 1766 als Geburtsjahr angegeben, seine Person also um beinahe zehn Jahre älter gemacht. Diese neue Geburtsthese erscheint erstmals im von Franz Brümmer redigierten *Deutschen Dichterlexikon* (1877):

»Sievers, Georg Ludwig Peter, geboren 1766 in Braunschweig, lebte anfangs daselbst, später in Kassel, Altenburg, Paris und seit 1822 in Wien, wo er Mitarbeiter der Wiener 'Zeitschrift für Literatur und Kunst, Theater und Mode' war und die

6 Gustav Schilling, *Encyclopädie der gesammten musikalischen Wissenschaften, oder Universal-Lexikon der Tonkunst*, 7 Bde., Stuttgart 1835-1842, Bd. 6, S. 371f.

7 François-Joseph Fétis, *Biographie universelle des musiciens*, 8 Bde., Brüssel 1833-1844, Bd. 7, S. 207ff.

'Mittheilungen über Künste und Wissenschaften und geselliges Leben in Italien' leitete, zu welchem Behufe er längere Zeit in Rom und Neapel weilte.«[8]

Das frühere Geburtsjahr erscheint dann sowohl in Rudolf Eckarts *Lexikon der niedersächsischen Schriftsteller* (1891) als auch in Karl Goedekes *Grundriss zur Geschichte der deutschen Dichtung* (1893), wobei in letzterem der Text Brümmers wörtlich übernommen und darüber hinausgehend die bis dahin ausführlichste Bibliographie zu G.L.P. Sievers zusammengetragen wird: Goedeke erwähnt dabei auch einen Aufsatz von Ernst Pasqué mit dem Titel »Goethe und der Schriftsteller Georg Ludwig Peter Sievers«, der im 15. Jahrgang der *Deutschen Bühnen-Genossenschaft* im Jahre 1886 erschienen war.[9]

In seinem Aufsatz im offiziellen Organ der *Genossenschaft Deutscher Bühnen-Angehöriger* hatte Pasqué anekdotisch mitgeteilt, dass Johann Wolfgang von Goethe (1749-1832), der von 1791 bis 1817 die Direktion des Weimarer Hoftheaters innehatte, über mehrere Jahre mit Anfragen zur Aufführung von Schauspielen und masslosen Honorarforderungen G.L.P. Sievers' konfrontiert worden war. Der Unterton des Pasqué-Artikels weist dabei darauf hin, dass G.L.P. Sievers, der Pasqué noch aus direkter Überlieferung bekannt gewesen sein könnte, nicht zu jenem »Autor« geworden war, als welcher zu dieser Zeit E.T.A. Hoffmann längstens galt. Unser Protagonist war im Gegenteil ins Reich der Anekdoten abgewandert (dass er es wagt, sich an den »Klassiker« Goethe zu wenden, reicht zur Legitimation des Aufsatzes):

»Der Bühnenschriftsteller, welcher hier Goethe schroff gegenübertrat, ist Georg Ludwig Peter Sievers, der in dem ersten Viertel dieses Jahrhunderts weit mehr durch kritische, besonders musikalisch-kritische Artikel und Broschüren als durch seine Bühnenstücke bekannt wurde und sich einen gefürchteten Namen machte. Er war es, der Süssmayer laut und heftig des Plagiats an Mozart beschuldigte, der es gewagt hatte, Paganini anzugreifen, ihn einen Charlatan und sein Spiel einen 'Beutelkrampf' zu nennen, nur um immer mehr Geld aus seinem Autitorium herauszupressen, dessen keckes Urtheil über den grossen, von der ganzen Welt bewunderten Geiger in den Worten gipfelte: 'Paganini ist nichts Ganzes, weder in der

8 Franz Brümmer, *Deutsches Dichter-Lexikon*, 2 Bde., Eichstätt und Stuttgart 1877, Bd. 2, S. 355: Dass es sich bei der Angabe des Geburtsjahres mit 1766 um keinen Druckfehler zu handeln scheint, deuten spätere Auflagen von Brümmers Lexikon an, in welchen an diesem Geburtsjahr festgehalten wird (vgl. Franz Brümmer, *Lexikon der deutschen Dichter und Prosaisten*, Leipzig 1884, zweite Auflage 1888, S. 498).

9 Rudolf Eckart, *Lexikon der niedersächsischen Schriftsteller,* Osterwieck 1891, S. 157. – Karl Goedeke, *Grundriss zur Geschichte der deutschen Dichtung*, zweite Auflage, bisher 17 Bde., Leipzig etc. 1884ff., Bd. 6, S. 452.

ernsten noch in der barocken Manier. Er befriedigt von keiner Seite, denn keiner Seite ist Vollendung. Er ist sein eigner Schüler geblieben.' Er schrieb ferner 'Schröpfköpfe' für Komponisten und Sänger, eine lange Reihe bissiger, vernichtender Artikel, die von Zeit zu Zeit, doch auch Jahr um Jahr in der Gottfried Weber'schen 'Cäcilie' erschienen und in denen Opernkomponisten und Sänger mit einer wahren Wollust abgeschlachtet wurden. Aus diesem wenigen geht hinlänglich hervor, dass er eine scharfe Feder rücksichtslos führte und ein gefährlicher, auf alle Fälle ein unbequemer Gegner sein musste.«[10]

Dass sich Pasqué für seinen Aufsatz eingehend mit G.L.P. Sievers' Person und Schriften auseinandergesetzt hatte, zeigt sein Zitat zu Niccolo Paganini (1782-1840). Es stammt aus einem Aufsatz G.L.P. Sievers' in der Zeitschrift *Caecilia*. Zudem beweisen die weiteren biographischen Angaben, dass mehrere der oben erwähnten lexikographischen Quellen konsultiert worden waren:

»Sievers entstammte einer musikalischen Familie Braunschweigs, wo sein Vater, Joh. Friedrich Ludwig Sievers, Organist an der Andreaskirche war. Dort wurde er 1766 (nach Anderen jedoch erst 1775 und zu Magdeburg, wohin sein Vater als Domorganist übersiedelte,) geboren. Nach Vollendung seiner Studien versuchte er sich zuerst in musikalisch-ästhetischen Arbeiten, die er in der 'Leipz. Allg. musikalischen Zeitung' veröffentlichte. Dann schrieb er für die Bühne und übersetzte aus dem Französischen. Sein erstes Schauspiel (in fünf Akten) erschien 1802 und hiess: 'Der weibliche Abälino'. In demselben Jahre folgten noch drei weitere Lustspiele, theils nach dem Französischen, und ein Jahr später erschien eine ganze 'Auswahl aus den vorzüglichsten französischen Schauspielen.' In diesem Jahre 1803 war es, wo Sievers mit Weimar und Goethe in Berührung trat.«[11]

Obwohl sich in den Literaturlexika 1766 als Geburtsjahr durchsetzt, bleibt in den Musiklexika das Geburtsjahr 1775 bestehen. Sowohl Hermann Mendel in seinem *Musikalischen Conversations-Lexikon* (1870-1879) als auch Robert Eitner im *Biographisch-Bibliographischen Quellen-Lexikon der Musiker und Musikgelehrten* (1900-1904) stützen sich dabei wohl auf die älteren Lexikographen, denn es werden keine neuen Fakten geliefert; G.L.P. Sievers wird als Nebenfigur der Musikgeschichte lediglich weitertradiert.[12]

Schon vor dem Eitnerschen *Quellen-Lexikon* hatte jedoch jener eingangs beschriebene idealistische Prozess einer Rationalisierung der Geschichte seine

---

10 Ernst Pasqué, »Goethe und der Schriftsteller Georg Ludwig Peter Sievers«, in: *Deutsche Bühnen-Genossenschaft* 15 (1886), S. 289-291 und 302-303, S. 290.

11 Ebd., S. 290.

12 Hermann Mendel, *Musikalisches Conversations-Lexikon*, zweite Auflage, 11 Bde., Berlin 1880/81, Bd. 9, S. 254. – Robert Eitner, *Biographisch-Bibliographisches Quellen-Lexikon der Musiker und Musikgelehrten*, 10 Bde., Leipzig 1900-1904, Bd. 9, S. 167.

Auswirkungen auf G.L.P. Sievers gezeitigt: Weder im in London von Sir George Grove in erster Auflage herausgegebenen *Grove's Dictionary of Music and Musicians* (1878-1889) noch in der in Mainz erschienenen ersten Auflage des *Hugo Riemann Musik Lexikon* (1882) wird seine Person erwähnt; und auch in den entsprechenden, immer bedeutender werdenden, späteren Auflagen dieser Lexika sind sowohl er als auch sein mutmasslicher Vater aus der Musikgeschichte getilgt.

Im Gegensatz zu G.L.P. Sievers, der vergessen bleibt, fand dann der mutmassliche Vater unseres Protagonisten als Organist und Komponist – als Angehöriger einer Kaste von »Autoren« der Kunst »Musik«, jener höchsten aller Künste, bei welcher auch die geringeren »Autoren« einer Erwähnung wert sind – Eingang ins von Friedrich Blume herausgegebene und für die neuere Musikwissenschaft grundlegende Lexikon *Die Musik in Geschichte und Gegenwart (MGG)* (1949-1986). Die Sieger (die Romantiker) schreiben die Geschichte!

B. Derzeitiger Forschungsstand

1. *Jugendzeit*

Sowohl das Geburtsdatum G.L.P. Sievers' als auch das genaue Datum seines Todes liessen sich nicht an Urkunden verifizieren; es muss deshalb bei Vermutungen bleiben: Die früheste Angabe zur Geburt unserer Hauptperson einer Geschichte der romantischen Musikästhetik (1775 in Magdeburg) scheint wahrscheinlicher als die späteren Varianten (1766 in Magdeburg oder Braunschweig). Als Geburtsort kommen neben Magdeburg und Braunschweig im übrigen auch Hannover, wo jedoch ebenfalls kein Eintrag ausfindig gemacht werden konnte, oder die weitere Umgebung der drei erwähnten Städte in Frage.[13] Ebensolche Schwierigkeiten ergeben sich zudem für das Todesdatum, welches wahrscheinlich um 1830 anzusetzen ist, wofür aber in Rom – dem vermuteten Aufenthaltsort zu jener Zeit – kein Anhaltspunkt gefunden werden konnte.

G.L.P. Sievers scheint ein Sohn von Johann Friedrich Ludwig Sievers (1742-1806) zu sein, wobei auch dessen Biographie – vor allem diejenige seiner frühen Jahre – ziemlich im Dunkeln liegt. Nach dem entsprechenden

---

13 Für die freundliche Mithilfe sei an dieser Stelle den Stadtarchiven von Braunschweig, Hannover und Magdeburg gedankt.

Personenartikel in *MGG*, der aktuellsten Studie zum mutmasslichen Vater G.L.P. Sievers', soll dieser am 26. Januar 1742 in »Oegle (Hannover)« geboren sein. Diese Angaben fussen jedoch auf dem Artikel im Eitnerschen *Quellen-Lexikon* und halten einer Überprüfung nicht stand.[14] Das Todesdatum 28. Juni 1806 und die Ortsangabe Magdeburg dagegen konnten bestätigt werden und aus Urkunden in Magdeburg lässt sich weiter nachweisen, dass der Vater G.L.P. Sievers' im Jahre 1776 (also wahrscheinlich kurz nach der Geburt seines Sohnes) als Organist von der Braunschweiger St. Andreas-Kirche an den Magdeburger Dom wechselte.[15]

Nach dem Personenartikel und dem Artikel »Magdeburg« in *MGG* organisierte Johann Friedrich Ludwig Sievers in Magdeburg in Räumlichkeiten des Klosters Unserer Lieben Frauen eine öffentliche Konzertreihe, welche von diversen bekannten Musikern der Zeit als Auftrittsmöglichkeit genutzt wurde. G.L.P. Sievers' Vater scheint ein in seiner Zeit angesehener Organist, Lieder- und Klavierkomponist gewesen zu sein und wurde noch zu Lebzeiten mit einem Eintrag in Ernst Ludwig Gerbers *Historisch-biographischem Lexikon der Tonkünstler* (1790/92) bedacht.[16] Seine für die Zeit bezeichnende, volkstümlich-gefühlvolle Romanze »Es war einmal ein Gärtner« fand im Jahre 1848 Eingang ins von August Heinrich Hoffmann von Fallersleben herausgegebene *Deutsche Volksgesangbuch* und ist auch noch im dritten Band von *Erk's Deutschem Liederschatz* vertreten.[17]

Zu seinem Geburtsdatum äussert sich G.L.P. Sievers selbst nur indirekt. In seinem im Jahre 1829 in Mainz erschienenen Buch *Mozart und Süssmayer* meint er aus seiner Jugend berichtend, (Ebd., S. 72) »damals [als] ein neun- oder zehnjähriger Knabe, der für alles, was Musik hiess, eine fast aberwitzige Leidenschaft hegte, von Wien aus die erste Kenntniss von Figaro's Hochzeit

---

14 Auch eine Nachfrage bei Dieter Härtwig, dem Verfasser des *MGG*-Artikels, ergab keine weiteren Ergebnisse. Eine Studie zu den Magdeburger Organisten des 18. Jahrhunderts, zu denen auch G.L.P. Sievers' Vater gerechnet werden darf, stellt jedoch Wolf Hobohm in Aussicht (vgl. Wolf Hobohm, »Die Organisation und Bedeutung des Magdeburger Musiklebens im 18. Jahrhundert«, in: *Magdeburger Musikwissenschaftliche Konferenz I. Das Magdeburger Musikleben im 18. Jahrhundert. Bericht über die Wissenschaftliche Konferenz am 9. März 1985 in Magdeburg*, Magdeburg 1986, S. 6-41, S. 38).

15 Nähere Informationen liessen sich in entsprechenden Akten im Magdeburger Stadtarchiv einholen.

16 Ernst Ludwig Gerber, *Historisch-biographisches Lexikon der Tonkünstler*, 2 Bde., Leipzig 1790/92, Bd. 2, S. 512.

17 August Heinrich Hoffmann von Fallersleben, *Deutsches Volksgesangbuch*, Leipzig 1848; Nachdruck: Hildesheim 1975, S. 63. – Ludwig Erk, *Erks Deutscher Liederschatz*, 3 Bde., Leipzig o.J., Bd. 3, S. 55.

und Don Juan (die Entführung aus dem Serail, in Braunschweig aufgeführt, kannte ich schon aus eigener Erfahrung) erhalten zu haben.« *Le Nozze di Figaro* und *Don Giovanni* wurden am 1. Mai 1786 in Wien bzw. am 29. Oktober 1787 in Prag uraufgeführt, so dass ein Geburtsdatum G.L.P. Sievers' um 1775 nicht unwahrscheinlich erscheint. Aus einem unbekannten Grund, der vielleicht mit dem gleichzeitigen Wechsel des Arbeitsortes seines Vaters zusammenhängen könnte, kam es jedoch zu keinem Vermerk der Geburt im entsprechenden Geburtsregister.

Ein Geburtsdatum Ende 1775 oder Anfang 1776 passt zudem bestens zu den weiteren ausfindig gemachten Angaben zum mutmasslichen Elternhaus G.L.P. Sievers'. Nach diesen Daten käme jedoch weiterhin auch das Jahr 1766 als Geburtsjahr in Frage. Zwischen den Eintragungen von Braunschweig, die im Januar 1775 enden und denjenigen von Magdeburg, die Ende 1776 einsetzen, scheint die Geburt nach dem weiteren Lebenslauf G.L.P. Sievers' jedoch wahrscheinlicher.

Stammblatt des Johann Friedrich Ludwig Sievers

Johann Friedrich Ludwig Sievers	* 26.1.1742 in »Oegle (Hannover)« † 28.6.1806 in Magdeburg

Organist und Komponist, ab 1771 Besoldungsnachweise als Organist der St. Andreas-Kirche in Braunschweig, ab 1776 Nachweis als Magdeburger Domorganist. Verheiratet am ? in ? mit

Marie Dorothee, geborene Eickhoff	* ? † 6.3.1791 in Magdeburg (an Pocken)

Kinder

1	Anna Catharina Henrietta	* 9.3.1767 in Hannover
2	Christina Elisabeth Antoinetta	* 13.11.1768 in Braunschweig
3	Dorothea Christina Dieterica	* 11.9.1772 in Braunschweig
4	Johanna Catharina Louise	* 10.1.1775 in Braunschweig † 8.4.1781 in Magdeburg
5	Georg Ludwig Peter	* um 1775 (nach eigenen Angaben in einem Aufsatz)
6	Theresia Ferdinandine Friederike	* 1.2.1777 in Magdeburg
7	Auguste Sophie Wilhelmine Henriette	* 27.10.1778 in Magdeburg
8	Carl Christian Friedrich	* 14.12.1781 in Magdeburg † 20.12.1781 in Magdeburg
9	Johanna Caroline Friedericke	* 21.6.1782 in Magdeburg
10	Amalie Rudolphine Friedericke	* 8.2.1784 in Magdeburg
11	Ferdinand	* 11.9.1786 in Magdeburg † 6.3.1791 in Magdeburg (an Pocken)

Zum Musikleben in Magdeburg sei angemerkt, dass August Eberhart Müller (1767-1817), der 1789 bis 1794 als Organist an der dortigen St. Ulrich-Kirche tätig war, Haydn und Mozart in das Magdeburger Musikleben einführte; Müller wird allgemein als »Mozart-Apostel« apostrophiert und knüpfte später auch Kontakte zu Johann Friedrich Reichardt, der wiederum mit der sogenannten Frühromantik um die Gebrüder Schlegel in Verbindung stand. Die später für G.L.P. Sievers wichtigen Bekanntschaften mit den Phänomenen »Wiener Klassik« und »Frühromantik« könnten also schon in den Jugendjahren in Magdeburg erfolgt sein.

In Braunschweig, wo sich G.L.P. Sievers später ebenfalls öfter aufhielt, erlebte im frühen 18. Jahrhundert die Oper eine Blütezeit, wobei mit Vorliebe deutschsprachige Werke aufgeführt wurden. Während der Regierungszeit Herzog Carls I. und seiner Gattin Charlotte Philippine, einer Schwester Friedrichs II. von Preussen, trat dann vermehrt die italienische Richtung in den Vordergrund und setzte bald auch ein allgemeiner Niedergang der Oper ein. Dieser Niedergang konnte auch von Johann Gottfried Schwanenberger (1737/40-1804), dem Leiter der Braunschweig-Wolfenbüttelschen Hofkapelle, nicht aufgehalten werden. Bezeichnenderweise wurden im späten 18. Jahrhundert wichtige Erstaufführungen wie *Don Giovanni* oder *Die Zauberflöte* am 10. März 1793 bzw. 17. April 1794 nicht vom Braunschweiger Opernhaus sondern von einer auswärtigen Theatergesellschaft bestritten. Das Braunschweiger Musikleben im allgemeinen wurde im übrigen wesentlich durch das Bürgertum geformt, dessen geistige Elite im Lehrkörper des Collegium Carolinum sass, einer Bildungsanstalt zwischen Lateinschule und Universität, aus der später die Technische Hochschule hervorging.

Neben dem vom Lexikographen Schilling erwähnten für einen Organistensohn fast selbstverständlichen ersten Musikunterricht beim Vater kann nach Angaben G.L.P. Sievers' (*Caecilia* Bd. 1 (1824), S. 215) fürs Jahr 1791 Kompositionsunterricht bei Schwanenberger in Braunschweig nachgewiesen werden. Schwanenberger trat als Komponist fast ausschliesslich mit Werken in der italienischen Opera seria-Tradition in der Nachfolge Johann Adolf Hasses (1699-1783) in Erscheinung. Vielleicht plante der damals rund 15jährige Jüngling G.L.P. Sievers also die Karriere eines Opernkomponisten und war zu diesem Zweck zu Schwanenberger nach Braunschweig in die Lehre gegangen – für einen Organistensohn zwar eine etwas ungewöhnliche Karriere; dass G.L.P. Sievers jedoch bereits in seiner Jugend ein grosser Bewunderer des Musiktheaters gewesen war, beweist aber die oben erwähnte Bemerkung zu Mozarts Opern.

Auf den Wunsch einer Komponistenkarriere G.L.P. Sievers' deutet zudem auch eine Passage in der Zeitschrift *Caecilia*. Im Zusammenhang mit einem Aufruf an deutsche Komponisten, ihr Handwerk doch endlich aufzugeben, gibt

G.L.P. Sievers rückblickend seine eigenen kompositorischen Versuche zu (*Caecilia* Bd.3 (1825), S. 269):

»Aber, ich selbst bin euch schon vor fünfzehn Jahren mit einem guten Beispiele vorangegangen. Von der Natur mit glühender, alles besiegender Liebe und (wie ich mir schmeicheln darf) mit einigem Genie für die Musik geboren, habe ich, gleich euch, nach allen Seiten in die Kunst gepfuscht, dann aber, bei reiferem Verstande (wollte Gott, er käme allen Leuten, wenn auch nicht vor, doch, wie mir, wenigstens mit den Jahren,) keine Feder, keinen Clavis und keinen Bogen mehr angerührt. Dieses Opfer, auf Kosten des eignen persönlichen Genusses meinem besseren Wissen und Gewissen gebracht, ist die Handlung meines Lebens, auf welche ich den meisten Werth setze!«

Es darf vermutet werden, dass sich G.L.P. Sievers noch bis ums Jahr 1810 auch als Komponist versuchte und erst zu diesem Zeitpunkt endgültig beschloss, nicht Musiker sondern eben jener unverwechselbare musikalische und literarische Publizist zu werden, als der er von mehreren Lexikographen beschrieben wird. Spuren dieser publizistischen Berufsausrichtung lassen sich jedoch ebenfalls bis in die Kindheit zurückverfolgen, so dass nicht angenommen werden darf, unser Protagonist habe sich vollständig auf seine musikalische Begabung konzentriert. G.L.P. Sievers bemerkt in seiner Arbeit *Mozart und Süssmayer*, (Ebd., S. 72) seit seiner Jugend diverse musikalische Zeitschriften gekannt zu haben: Die *Musikalisch-Kritische Bibliothek* (1778/79) von Johann Nikolaus Forkel (1749-1818), die »C.F. Cramerschen musikalischen Beiträge«, womit wohl das *Magazin der Musik* (1783/84/86/89) von Carl Ferdinand Cramer (1752-1807) gemeint sein dürfte, das Reichardtsche *Musikalische Kunstmagazin* (1782/91) und die »Reichardtsche Zeitung«, wohl das *Musikalische Wochenblatt* (1791), das als *Musikalische Monathsschrift* (1792) weitergeführt wurde. Cramer hatte im übrigen Kontakte auch zu Schwanenberger, so dass er G.L.P. Sievers früh auch schon persönlich bekannt gewesen sein könnte.

Der Lexikograph Schilling vermutet, dass G.L.P. Sievers seine wissenschaftliche und literarische Bildung in Magdeburg und Braunschweig erhalten habe. Jedoch war aus den Matrikeln des Collegium Carolinum in Braunschweig kein solcher Nachweis zu erbringen, so dass G.L.P. Sievers dort nicht studiert haben kann.[18] G.L.P. Sievers scheint aber zweifellos ein Studium absolviert zu haben, wird er doch später öfter »Dr. Sievers« genannt. Herauszufinden, welche Bildungsanstalt er besuchte, dürfte jedoch schwer fallen, da die bibliogra-

18 Johann Joachim Eschenburg, *Entwurf einer Geschichte des Collegii Carolini in Braunschweig/1745-1808*, Berlin und Stettin 1812; Nachdruck mit Ergänzungsband erschienen als *Beiträge zur Geschichte der Carolo-Wilhelmina*, Bd. 2.1 und 2.2, hg. von Alfred Kuhlenkampf, Braunschweig 1974.

phischen Angaben zu einer Dissertation im entsprechenden Verzeichnis fehlen.[19]

2. *Der Schriftsteller*

Das wichtigste Betätigungsfeld G.L.P. Sievers' in seinen frühen Jahren scheint dasjenige eines dramatischen Schriftstellers. Der Beweggrund für diese Karriere muss offen bleiben; die grosse Anzahl von Schauspielen mag die Annahme jedoch belegen.

Gedruckte Schauspiele von G.L.P. Sievers

- *Das Bauerngut. Ein Lustspiel in einem Aufzug. Fortsetzung der beyden Billets, und des Stammbaumes*, Leipzig (Salomo Lincke) 1798; Grätz 1799.
- *Der weibliche Abälino, oder das Mädchen in vielerley Gestalten. Romantisches Schauspiel in fünf Akten von G.L.P. Sievers*, Leipzig (Wilhelm Rein) 1802.
- *Die komische Ehe, oder: sie werden ihre eigene Nebenbuhler. Lustspiel in einem Aufzuge. Nach dem Französischen frei bearbeitet von G.L.P. Sievers*, Leipzig (Wilhelm Rein) 1802.
- *Die Narbe an der Stirn, Lustspiel in vier Aufzügen. von G.L.P. Sievers*, Leipzig (Wilhelm Rein) 1802.
- *Hans von Krikkrak, oder: Eine Lüge ist der andern werth. Posse in einem Aufzuge. Nach dem französischen des Monsieur de Crac dans son petit castel, ou les garcons par J.F.Collin Harville frei bearbeitet von G.L.P. Sievers*, Leipzig (Wilhelm Rein) 1802.
- *Auswahl aus vorzüglichen französischen Schauspielen*, Leipzig 1803.
- *Er und Sie. Lustspiel in einem Aufzuge. von G.L.P. Sievers*, Hamburg und Altona (Gottfried Vollmer) 1805.
- *Die Schatzgräber. Posse in einem Aufzuge. Fortsetzung der beiden Billets. Von G.L.P. Sievers*, Hamburg (Gottfried Vollmer) 1807.
- *Lessings Schädel. Original-Lustspiel in drey Aufzügen. Von G.L.P. Sievers*, Hamburg (Gottfried Vollmer) o.J.; Hamburg (Herold jun.) 1808.
- *Der Eilfertige. Eine Original-Charakter-Comödie in fünf Aufzügen und in Versen. von G.L.P. Sievers*, Leipzig (Carl Cnobloch) 1814.

---

19 Hermann Mundt (Hg.), *Bio-Bibliographisches Verzeichnis von Universitäts- u. Hochschuldrucken (Dissertationen) vom Ausgang des 16. bis Ende des 19. Jahrhunderts*, 4 Bde., München etc. 1934-1980.

Es fällt auf, dass bereits in den Jahren 1798/99 ein erstes Schauspiel verlegt wurde. Die Autorschaft G.L.P. Sievers' für dieses Stücks darf jedoch nicht als gesichert gelten, da sein Name auf dem Druck nirgendwo vermerkt wird.[20] Bis ins Jahr 1803 liess G.L.P. Sievers dann ausschliesslich in Leipzig und von 1805 bis 1807 ausschliesslich in Hamburg drucken. Die Vorreden zu *Der weibliche Abälino*, *Die komische Ehe* und *Die Narbe an der Stirn*, Schauspiele, welche 1802 bei Wilhelm Rein in Leipzig gedruckt wurden, sind unterzeichnet mit »Braunschweig, im Febr. 1802«, »Braunschweig, den 10. März, 1802«, bzw. »Braunschweig, im März, 1802«, so dass angenommen werden kann, dass G.L.P. Sievers zur Zeit der Drucklegung dort lebte. Dies bestätigt auch ein im Braunschweiger Stadtarchiv aufbewahrter Brief des Schriftstellers aus Braunschweig vom 10. Juli 1805, in welchem G.L.P. Sievers beschreibt, dass er sich in der Osterwoche 1802 in Leipzig aufgehalten habe und dort mit letzten Arbeiten zur Drucklegung seiner Schauspiele beschäftigt gewesen sei.

Seine Schauspiele scheinen G.L.P. Sievers nicht die erwünschte Resonanz beschieden zu haben, kann doch aus schriftlichen Überlieferungen nur von Misserfolgen berichtet werden. Der Violinist und Komponist Ludwig Spohr (1784-1859) beispielsweise berichtet von einem solchen in seinen *Lebenserinnerungen* zum 28. Oktober 1803, als er in Magdeburg der Aufführung eines Theaterstücks G.L.P. Sievers' beiwohnte:

> »Gestern Abend trieb mich die Neugierde ins Theater. Es wurde nämlich ein neues Stück, 'Der weibliche Abälino', von unserm genialen Landsmann Sievers, zum ersten Male gegeben und nach Verdienst ausgepfiffen. Nie habe ich eine erbärmlichere Piece weder gelesen noch aufführen sehen. Es ist eine unglückliche Nachahmung des bekannten 'Grossen Banditen', hat aber weder die interessanten, spannenden Szenen, noch den gewandten Dialog, die jenes Stück zum Lieblinge des Publikums gemacht haben. Die Hauptperson, Rosa Salviati, die, um ihren Geliebten gegen eine Verschwörung seines Onkels zu schützen, sich der abenteuerlichesten und abgeschmacktesten Mittel bedient, erklärt die Ursachen ihres Verfahrens am Ende des Stücks in einer Rede, die wenigstens eine Viertelstunde dauert. Das Publikum, das schon früher Zeichen der Ungeduld gegeben hatte, wurde während dieser Rede so unruhig, dass kaum zu Ende gespielt werden konnte. Wie endlich der Vorhang fiel, brach ein allgemeines Zischen und Pfeifen los. Der unglückliche,

---

20 Das Lustspiel *Das Bauerngut* wurde in beiden Auflagen ohne die Angabe eines Verfassers gedruckt. Trotz des Fehlens eines Hinweises auf G.L.P. Sievers wurde dieses Schauspiel jedoch von der Theatersammlung der Österreichischen Nationalbibliothek G.L.P Sievers zugeschrieben (vgl. im Anhang dieser Arbeit das *Schriften und Quellenverzeichnis zu G.L.P. Sievers*).

in Braunschweig verkannte Dichter, der hier Triumphe feiern wollte, soll im Theater anwesend gewesen sein, aber noch vor dem Ende das weite gesucht haben.«[21]

Spohrs Geschichte wird von Friedrich Ludwig Schmidt (1772-1841) bestätigt, der als Schauspieler zur Zeit dieses Fiaskos in Magdeburg tätig war:

»Was zuvor nie dagewesen war, kam jetzt oft und öfter vor: wir spielten vor so leeren Bänken, dass die Tageskosten nicht eingingen. Eine Theaterrevolte aber, wie am 28. Oktober 1804 [sic!] erlebt wurde, hatte ich noch nie gehört. Ein romantisches Schauspiel in vier Akten: 'Der weibliche Abälino, oder das Mädchen in vielerley Gestalten', von einem Unfähigen aus Braunschweig, Namens Sievers, verfasst, wurde von Anfang bis zu Ende dermassen ausgepocht, wie ich es nie wieder vernommen habe. Schon, als ich noch die Regie führte, hatte die Direction dieses Stück geben wollen; ich hatte aber entschieden erklärt, ich könne nicht nur meinen Collegen nicht zumuthen, ein solches Machwerk zu lernen, sondern auch dem Publikum nicht, es zu sehen. Mein Votum hatte nichts gefruchtet.«[22]

G.L.P. Sievers begnügte sich jedoch nicht immer mit einfachen Schauspielen, sondern widmete sich mit einer musikalischen Ausbildung ausgestattet auch opernähnlichen Aufführungen, wobei er mehrheitlich auf fremde Kompositionen zurückgriff und nach heutigem Verständnis die Urheberrechte mit Füssen trat – doch befinden wir uns eben in einer Zeit, in welcher die Begriffe »Urheberrecht« und »Autor« noch jeder rechtlichen Grundlage entbehrten:

»Es waren noch urgemüthliche Zustände. Der Übersetzer verschaffte sich auf irgend eine Weise die Partitur der Oper, legte seinen Text unter die Noten, stellte das Buch zusammen, welches er natürlich 'verbesserte' und verkaufte nun die 'neue Oper' den verschiedenen deutschen Bühnen als ob es sein eigenes Werk gewesen wäre, ohne die geringste Rücksicht auf den Komponisten, den Dichter und den Verleger.[23]

---

21 *Louis Spohr. Lebenserinnerungen*, hg. von Volker Göthel, 2 Bde., Tutzing 1968, Bd. 1, S. 75 (Spohr wurde in Braunschweig geboren und scheint G.L.P. Sievers deshalb einen »Landsmann« zu nennen. Die Bezeichnung »genial« dagegen muss unerklärt einfach stehen gelassen werden. Mit dem »Grossen Bandit« ist ein damals vielgespieltes Drama *Abälino, der grosse Bandit* (1795) gemeint). – Ebd. Bd. 2, S. 110 und 114: Weitere Textstellen in Spohrs *Lebenserinnerungen* bestätigen, dass dem Violinisten auch G.L.P. Sievers' spätere Berichte aus Paris bekannt waren.

22 Hermann Uhde (Hg.), *Denkwürdigkeiten des Schauspielers, Schauspieldichters und Schauspieldirektors Friedrich Ludwig Schmidt (1772-1841)*, Stuttgart 1875, S. 137.

23 Ernst Pasqué, »Goethe und der Schriftsteller Georg Ludwig Peter Sievers«, a.a.O., S. 290.

Opern G.L.P. Sievers'

- *Betrug für Betrug, oder das vermeinte Frauenzimmer. Posse in gereimten Versen von G.L.P. Sievers. Mit Musik von Paesiello, Cimarosa und andern*, Augsburg (Christoph Friedrich Bürglen) o.J.; Hamburg und Altona (Gottfried Vollmer) 1805.
- *Lehmann, oder der Neustädter Thurm. Oper in drey Aufzügen. Seitenstück zum Wasserträger. Nach dem französischen fürs deutsche Theater bearbeitet von G.L.P. Sievers. Musik von Dalayrac*, Augsburg (Christoph Friedrich Bürglen) o.J.; Hamburg und Altona (Gottfried Vollmer) 1805.
- *Treue und Untreue. Komische Oper in einem Aufzuge mit einer angehängten Übertragung der Gesänge in Prosa, so, dass diese Oper als Lustspiel gegeben werden kann von G.L.P. Sievers*, Hamburg (Gottfried Vollmer) 1807.
- *Der Citronenwald. Ein Original-Lustspiel mit Gesang in vier Aufzügen von G.L.P. Sievers. Die Composition der Gesänge ist vom Verfasser*, Leipzig (C.G. Weigel) 1809.

Die Oper *Betrug für Betrug, oder das vermeinte Frauenzimmer* wurde nach dem Titelblatt des Druckes von 1805 »zum erstenmal von der Französischen Schauspieler-Gesellschaft zu Braunschweig, am 25sten Nov. 1802, aufgeführt.« »Wegen der Musik kann man sich in Braunschweig an den Verfasser wenden«, vermerkte man auf einer der ersten Seiten, was erneut darauf hinweist, dass sich G.L.P. Sievers mehrheitlich dort aufhielt. Eine andere Oper, *Lehmann, oder der Neustädter Thurm*, bot G.L.P. Sievers nach der Mitteilung Ernst Pasqués im Mai 1803 dem Weimarer Hoftheater an:

> »Meine, für das Teutsche Theater bearbeitete Oper, 'Lehmann, oder der Neustädter Thurm', Seitenstück zum 'Wasserträger', wird bereits in Berlin, Hamburg, Dresden, Dessau, Lübeck u.s.w. aufgeführt. Ich biete Ihnen die Partitur nebst Dialog, für den Preis von 12 Louis d'or an.«[24]

Ein weiterer Aspekt von G.L.P. Sievers' schriftstellerischer Tätigkeit ist seine Beschäftigung mit der literarischen Gattung Roman. Bisher konnte jedoch nur eine einzige seiner weiter unten aufgeführten Arbeiten auch aufgefunden werden, nämlich G.L.P. Sievers' vierteiliger Roman *Der Sarg oder die Zwillingsschwestern*. Auf rund tausend Seiten wird darin in Ich-Form eine Reise nach Italien beschrieben, während welcher der Erzähler in immer wieder andere, teilweise ins Reich des Phantastischen zu weisende Situationen verstrickt wird

24 Ernst Pasqué, »Goethe und der Schriftsteller Georg Ludwig Peter Sievers«, a.a.O., S. 290.

– hauptsächlich, da er dem weiblichen Charme hoffnungslos ergeben ist! An einer Stelle begibt sich G.L.P. Sievers dabei auf den Pfad Wilhelm Heinrich Wackenroders, der in seinen *Herzensergiessungen eines kunstliebenden Klosterbruders* (1797) und auch in den postum von Ludwig Tieck herausgegebenen *Phantasien über die Kunst für Freunde der Kunst* (1799) Musik als »schönen poetischen Taumel«, als den »allerschönsten« der »menschlichen Träume« beschrieben hatte und dessen Figuren beim Hören von Musik in entsprechende Traumzustände entrücken.[25] G.L.P. Sievers äussert ähnliches in einer Situation, in welcher sich sein Protagonist in einem Gefängnis in Venedig befindet und aus einer anderen Zelle ein Gesangsduett, vorgetragen durch ein ihm bekanntes Geschwisterpaar, vernimmt (*Der Sarg oder die Zwillingsschwestern* Bd. 4, S. 128f.):

> »Aber je länger ich ihnen zuhörte, je fremder wurden mir alle diese Persönlichkeiten, und bald ergötzte ich mich nur an dem Gesange, dessen Lieblichkeit mir eine Sehnsucht in's Herz zauderte [sic!]. Die mich über mich selbst und über die Erde hinweg hob, und in jene Regionen versetzte, wo das Irdische dem Himmlischen weicht, und die Vergänglichkeit dem Ewigen Raume giebt. Als endlich der Gesang geendet hatte, kam ich, wie aus einem Traume zu mir (...).«

Bemerkenswert ist, dass sich G.L.P. Sievers trotz solcher Anlehnungen an frühromantische Romanformen in einem im August 1804 in Braunschweig verfassten Vorwort zum ersten Teil des Romans scharf von der von ihm als »Jenaer Kreis« bezeichneten sogenannten Frühromantik distanziert, worauf im dritten Teil der Arbeit noch eingegangen werden wird. Gleichzeitig sagt sich der Schriftsteller aber auch von spätaufklärerischen Kreisen um Garlieb Helwig Merkel (1769-1850) oder August von Kotzebue (1761-1819) los, wobei ihn solches nicht davor zurückschrecken lässt, sich dem Publikationsorgan dieser Spätaufklärer, der Zeitschrift *Der Freimüthige und Ernst und Scherz,* als Mitarbeiter zur Verfügung zu stellen.

Die Niederschrift des überaus umfang- und inhaltsreichen Romans *Der Sarg oder die Zwillingsschwestern* scheint G.L.P. Sievers im übrigen in den Jahren 1804 bis 1807 zeitlich ziemlich in Anspruch genommen zu haben. Die

---

25 Wilhelm Heinrich Wackenroder, *Herzensergiessungen eines kunstliebenden Klosterbruders* in: Wilhelm Heinrich Wackenroder, *Werke und Briefe*, hg. von Gerda Heinrich, München und Wien 1984, S. 139-247 und ders. und Ludwig Tieck *Phantasien über die Kunst für Freunde der Kunst*, ebd., S. 249-363, speziell S. 232 bzw. 309. – Vgl. dazu auch Friedrich Strack, »Die 'göttliche' Kunst und ihre Sprache. Zum Kunst- und Religionsbegriff bei Wackenroder, Tieck und Novalis«, in: *Romantik in Deutschland. Ein interdisziplinäres Symposion*, a.a.O., S. 369-391, S. 371: Strack bezeichnet den Erstlingsroman Wackenroders als »Geburtsstunde der deutschen Romantik«.

oben aufgeführten Schauspiele deuten jedoch an, dass die Romanschriftstellerei nur ein Aspekt seiner Arbeit in diesen Jahren gewesen sein kann. Zudem lässt eine weitere Äusserung unseres Protagonisten (*Caecilia* Bd. 1 (1824), S. 232f.) zwischen 1804 und 1808 auch Aufenthalte in Berlin und Dresden vermuten, wo der Schriftsteller nach eigenen Angaben Anhänger der italienischen Theater gewesen sein soll. Das Interesse an Musik blieb also bestehen.

Romane von G.L.P. Sievers

- *Der Sarg oder die Zwillingsschwestern. von G.L.P. Sievers*, 4 Bde., Hamburg und Mainz (Gottfried Vollmer) 1805, 1805, 1806 und 1807.
- *Der Schutzgeist Westfalens, eine romantische Dichtung, dem fünfzehnten November gewidmet*, Kassel 1808.
- *Die Kleinstädter, ein komischer Roman*, 2 Theile, Leipzig (C.G. Weigel) 1809.[26]

3. *Der Journalist*

Einiges deutet darauf hin, dass G.L.P. Sievers in den ersten Jahren des 19. Jahrhunderts nicht ständig in Braunschweig lebte, sondern einige Zeit auch als anonymer Korrespondent der *AmZ* in Paris tätig war. Im Februar des Jahres 1802 berichtet jener anonyme Korrespondent just von Nicolas-Marie Dalayrac (1753-1809), dessen Oper *Léhéman ou La Tour de Neustadt* am 12. Dezember 1801 in Paris uraufgeführt worden war (*AmZ* 4 (1801/02), S. 324). Und im Januar 1805 wird ohne Vorname ein »Pleyel« erwähnt, der in Paris einen Prozess »über sein Eigenthumsrecht an einem gewissen Verlagswerke« gegen einen ebenfalls nicht näher bestimmten »Sievers« verliert (*AmZ* 7 (1804/05), S. 252). Die Vornamen scheinen zu jener Zeit selbstverständlich gewesen zu sein: G.L.P. Sievers könnte wegen seiner Auffassung von geistigem Eigentum von Joseph Ignaz Pleyel (1757-1831), der in Paris einen Verlag gegründet hatte und als Herausgeber von Bühnenwerken – auch solcher Dalayracs – zeichnete, wegen Urheberrechtsfragen verklagt worden sein.

Vergleiche von Äusserungen des anonymen Berichterstatters aus Paris und gesicherten späteren Äusserungen G.L.P. Sievers ergeben zudem einiges an Übereinstimmungen. Der Pariser Korrespondent vergleicht beispielsweise Mozart mit William Shakespeare (1564-1616) (*AmZ* 3 (1800/01), S. 403), wie es dann G.L.P. Sievers im Jahre 1807 in Arbeiten zur Entstehung einer romantischen Musikästhetik ebenfalls tut. Und es findet sich an gleicher Stelle

---

26 Die beiden letztgenannten Bücher waren bisher nicht auffindbar. Vom Roman *Die Kleinstädter* existiert jedoch im Lustspiel *Der Citronenwald* eine Verlagsanzeige.

auch die Idee einer aus Griechenland stammenden Kultur, die sich über Italien nach Deutschland verpflanzt, wobei den Italienern der Gesang und den Deutschen die Harmonie am nächsten liege. In einem anderen »Bericht aus Paris« (*AmZ* 8 (1805/06), S. 33ff.) wird dann Mozarts *Don Giovanni* besprochen, eine Oper die G.L.P. Sievers sehr oft erwähnt: Der Korrespondent möchte die Oper als Gattung rein erhalten und das »eigentlich-romantische«, wie es »die Deutschen aus den südlichen Nationen übernommen haben«, auch in den Pariser Opernaufführungen verwirklicht sehen. Alle diese Berichte könnten jedoch auch von Carl Ferdinand Cramer stammen, worauf im dritten Teil der Arbeit noch näher eingegangen werden wird. Cramer hielt sich jedenfalls zu dieser Zeit in Paris auf und starb dort im Jahre 1807.

Der früheste bisher aufgefundene und auch gesicherte Artikel G.L.P. Sievers' erschien 1805 im dritten Jahrgang des *Freimüthigen und Ernst und Scherz*, jener bereits erwähnten, in Berlin von August von Kotzebue und Garlieb Helwig Merkel herausgegebenen spätaufklärerischen Zeitung. Es handelt sich dabei um eine Kritik der Oper *Démophone* (1789) des Komponisten Johann Christoph Vogel (1756-1788), die in Braunschweig im Juli 1805 aufgeführt worden war (vgl. auch *AmZ* 9 (1806/07), S. 697, wo in einem Artikel G.L.P. Sievers' auf diese Kritik hingewiesen wird). Im gleichen Jahrgang des *Freimüthigen* werden dann noch weitere Beiträge G.L.P. Sievers' gedruckt; Beiträge, aus denen kombiniert werden kann, dass sich der Verfasser der Arbeiten im Sommer 1805 in Braunschweig aufhielt. In die gleiche Richtung weist im übrigen auch der im Braunschweiger Stadtarchiv aufbewahrte und in Braunschweig auf den 10. Juli 1805 datierte Brief G.L.P. Sievers' an einen unbekannten Adressaten.

Der Freimüthige und Ernst und Scherz 3 (1805):

S. 56, 60 und 64:	»Aus Braunschweig, am 8. July 1805«
S. 108:	»Anfrage«
	(Ein Aufsatz zu einem Mechanismus eines Herrn Triklir in Dresden, mit dessen Hilfe der Ton von Saiteninstrumenten nicht mehr verstimmen sollte)
(S. 188:	»Aus Dresden«)
	(Eine Antwort auf die obige Anfrage)
S. 216:	»Noch ein Wort, den Mechanismus der Unverstimmbarkeit des Herrn Triklir in Dresden betreffend«
S. 224 und 228:	»Aus Braunschweig, vom 1. Sept. 1805«
	(Ein Aufsatz zu einer deutschen Schauspieltruppe aus Magdeburg, die in Braunschweig gastierte)

Auch im Jahre 1807 scheint sich G.L.P. Sievers in Braunschweig aufgehalten zu haben. Neben anderen Berichten in der *AmZ* aus seiner Hand sind auch seine musikästhetischen Aufsätze im entsprechenden neunten Jahrgang des damals aufstrebenden musikalischen Blattes mit dieser Ortsangabe versehen. G.L.P. Sievers' erster Aufsatz mit musikästhetischem Inhalt, »Charakteristik der italienischen und französischen Musik«, erschien am 5. Mai 1807 und wurde am 22. Juli desselben Jahres durch eine »Charakteristik der deutschen Musik« ergänzt. Parallel zu diesen Aufsätzen fehlen im übrigen in der *AmZ* nach dem Jahre 1805 bis zum November 1808 ausführlichere Berichte aus Paris.

AmZ 9 (1806/07):

S. 375ff: »Über die Metrik in der italienischen und französischen Sprache«
S. 503ff: »Charakteristik der italienischen und französischen Musik«
(S. 519ff: »Anmerkungen zu dem in No. 24. d. m. Zeit. befindlichen Aufsatze des Hrn. Sievers, über die Metrik der französischen Sprache«)
S. 534: »Nachricht«
(Über einen Geigenbauer in Braunschweig)
S. 661ff: »Über die Anmerkungen eines Ungenannten in No 33 dieser Zeitung zu meinem Aufsatze, die Metrik der italienischen und französischen Sprache betreffend. Ein Nachtrag zu jenem Aufsatze«
S. 677ff: »Charakteristik der deutschen Musik«

Am 25. März und am 21. Juni 1808 druckte man im *Freimüthigen* zwei weitere Aufsätze G.L.P. Sievers' ab – diesmal ohne Ortsangabe. Im zweiten dieser Aufsätze wird August Wilhelm Schlegel (1767-1845) als (*Der Freimüthige* 5 (1808), S. 494) »eminentester Kopf (?), den wir in der Kunst-Kritik haben«, erwähnt. Das Fragezeichen ist original: Wieder einmal scheint sich G.L.P. Sievers nicht für oder wider eine geistesgeschichtliche Strömung seiner Zeit entscheiden zu können.

Der Freimüthige und Ernst und Scherz 5 (1808):

S. 242ff: »Über den musikalischen Dilettantismus«
S. 494ff: »Über die Sucht, die altdeutsche Poesie auf Kosten der neueren zu erheben«

Nach der Ansicht diverser Lexikographen zog G.L.P. Sievers Anfang des Jahres 1808 von Braunschweig nach Kassel. Diese Stadt war unter Jérôme Bonaparte im Jahre 1807 Hauptstadt eines Königreichs Westfalen geworden und erlebte bis 1813 eine Zeit politischer Bedeutung, was sich natürlich auch auf das musikalische Leben auswirkte. Ein an die Direktion des Kasseler Hoftheaters gerichteter Brief G.L.P. Sievers' aus Kassel vom 20. September 1808, der im Braunschweiger Stadtarchiv aufbewahrt wird, belegt, dass sich unser Protagonist tatsächlich dort aufhielt. In diesem Brief forderte G.L.P. Sievers ein ihm zustehendes Honorar, da er gezwungen sei, sehr bald abzureisen. Auf den Aufenthalt in Kassel weist zudem auch Ernst Pasqué hin, der verschiedene Briefe erwähnt, die G.L.P. Sievers zwischen dem 11. Juni und dem 22. November 1808 aus Kassel an das Weimarer Hoftheater richtete und in welchen er das Honorar für ein von ihm übersetztes Märchen *König Hirsch* von Carlo Gozzi (1720-1806) einforderte. Zu dieser Übertragung war G.L.P. Sievers nach Pasqués Meinung durch Friedrich Schiller angeregt worden, der *Prinzessin Turandot* desselben Dichters übersetzt hatte. In Kassel könnte G.L.P. Sievers im übrigen auch mit Johann Friedrich Reichardt zusammengetroffen sein, der dort als Leiter der Hofmusik wirkte, diese Stellung aber bereits Ende des Jahres 1808 wieder aufgab und sich nach Wien wandte. – Nach einem weiteren bei Pasqué abgedruckten und auf den 26. Dezember 1808 datierten Brief an das Weimarer Hoftheater befand sich aber auch G.L.P. Sievers Ende 1808 bereits nicht mehr in Kassel, sondern war wieder nach Braunschweig zurückgekehrt:

> »Nachschrift. Sie werden die Güte haben, zu bemerken, dass ich nicht mehr in Cassel, sondern hierher zurückgekehrt bin.«[27]

Trotzdem man seine Übersetzung *König Hirsch* am Weimarer Hoftheater nicht akzeptiert hatte, versuchte G.L.P. Sievers von Braunschweig aus auch seine »Charakterkomödie« *Der Eilfertige* dort unterzubringen. Diesmal ist ein auf den 23. November 1810 datierter Begleitbrief nicht allgemein an die Direktion des Hoftheaters gerichtet, sondern direkt an Johann Wolfgang von Goethe:

> »Ew. Excellenz, nehme ich mir die Freiheit mein Charakter-Stück, der Eilfertige, dessen Existenz Sie bereits aus dem Hamburger Archiv für K. L. und Politik kennen werden, zur Aufführung auf dem dortigen Hoftheater anzubieten, indem ich bereit bin das Manus. unter der Bedingung einer (im Fall es remittirt werden dürfte) frankirten Rücksendung zur Durchsicht einzuschicken. Was ich mit dem Stücke beabsichtige, werde Ew. Excellenz theils aus obigem Blatte, mehr aber aus dem Stück selbst ersehen. Meine Absicht ist nämlich, das Charakter-Stück, welches wir mit grösserem Grunde, als die Franzosen, besitzen können, auf der deutschen Bühne einzuführen. Vielleicht ergreifen Ew. Excellenz diese Gelegenheit, mich für die getäuschten Erwartungen, welche die vormalige Einsendung meines König Hirsch mir zu Wege brachten, diesmal zu entschädigen. Mein Stück ist übrigens von allen grossen Bühnen Deutschlands bereits angenommen worden. Mit der vollkommen-

27 Ernst Pasqué, »Goethe und der Schriftsteller Georg Ludwig Peter Sievers«, a.a.O., S. 303.

sten Hochachtung nenne ich mich Ew. Excellenz ganz gehorsamster G.L.P. Sievers.«[28]

Auch dieses Schreiben zeitigte jedoch keinen Erfolg. Am 27. März 1811 wurde das Manuskript abgelehnt, so dass G.L.P. Sievers in Weimar unaufgeführt blieb. Auch scheint sich der Bittsteller längst endgültig dem Journalismus zugewandt und nicht mehr an seinen Erfolg als Bühnenschriftsteller geglaubt zu haben.

G.L.P. Sievers arbeitete in den Jahren 1809/10 beispielsweise für das von ihm im obigen Brief erwähnte »Hamburger Archiv für K. L. und Politik«, für Karl Wilhelm Reinhold's *Archiv für Theater und Literatur*, eine Zeitschrift, die in Hamburg in diesen Jahren erschien, jedoch als verschollen gilt, so dass weitere Nachforschungen in diese Richtung nicht möglich sind. In den noch zu Lebzeiten G.L.P. Sievers erschienenen Lexika *Pantheon der jetzt lebenden Dichter und in die Belletristik eingreifender Schriftsteller* und *Das gelehrte Teutschland oder Lexikon der jetzt lebenden teutschen Schriftsteller* wird er jedoch als Mitarbeiter dieser Zeitschrift angesprochen.

Ebenfalls nicht eindeutig belegen lässt sich eine von den Lexikographen Fétis, Mendel und Eitner bereits auf das Jahr 1810 angesetzte Übersiedlung G.L.P. Sievers' nach Paris, wo er als Korrespondent der *AmZ* und anderer Zeitungen tätig gewesen sein soll. In den Jahren 1810 bis 1813 sind in der *AmZ* nur anonyme Berichte aus Paris eruierbar, wobei einige dieser Artikel mit dem Pseudonym »Orion« gekennzeichnet sind. Der erste Bericht stammt vom 10. November 1810, weshalb nach der Kenntnis des obigen Briefes G.L.P. Sievers für diese Berichte nicht in Frage kommt. Nach Martha Bruckner-Bigenwald soll es sich im übrigen bei »Orion« um einen »Dr. v. Schickardt« handeln, wobei keine Gründe für diese Annahme angegeben werden![29]

Die beiden ersten Artikel G.L.P. Sievers' im *Morgenblatt für gebildete Stände*, das in Tübingen und Stuttgart verlegt wurde, werden in den Jahren 1810/11 gedruckt. Zunächst erscheint am 14. Dezember 1810 im vierten Jahrgang der Zeitschrift eine Theaterkritik, die sich auf eine Aufführung vom 14. Oktober 1810 in Braunschweig bezieht, und am 14. Oktober 1811, im fünften Jahrgang, äussert sich G.L.P. Sievers dann zu einem Schauspieler aus Braunschweig. Es scheint hier eine Zusammenarbeit in die Wege geleitet worden zu sein, die in späteren Jahren ausgeweitet wurde; G.L.P. Sievers berichtet jedenfalls später regelmässig aus Paris und Rom für diese Zeitschrift.

---

28 Zitiert nach Ernst Pasqué, »Goethe und der Schriftsteller Georg Ludwig Peter Sievers«, a.a.O., S. 303.

29 Martha Bruckner-Bigenwald, *Die Anfänge der Leipziger Allgemeinen musikalischen Zeitung*, Hilversum 1965, S. 92.

Morgenblatt für gebildete Stände 4 (1810):

S. 1193ff: »Klingemanns Moses«

Morgenblatt für gebildete Stände 5 (1811):

S. 982ff: »Über die (sogenannten) mimischen Darstellungen des Hrn. Patrik Peale zu Braunschweig«

Im Braunschweiger Stadtarchiv existiert ein Brief von G.L.P. Sievers aus Braunschweig vom 29. Juli 1811, woraus erneut auf einen Aufenthalt daselbst geschlossen werden muss. Sowohl in diesem Brief als auch im zweiten der beiden oben aufgeführten Aufsätze weist G.L.P. Sievers auf sein Buch *Schauspieler-Studien* hin, welches ihn in dieser Zeit beschäftigt zu haben scheint. Das rund vierhundert Seiten umfassende Werk, in welchem theoretische und praktische Anleitungen zur Schauspielkunst gegeben werden, wurde dann im Jahre 1813 in Braunschweig gedruckt. Nach einer Aussage im obigen letztgenannten Aufsatz waren die *Schauspieler-Studien* ursprünglich nur als Vorabdruck einer *Theorie der Schauspielkunst* geplant – ein Projekt, welches jedoch später nie verwirklicht wurde. So blieb es bei einem Buch, in welchem G.L.P. Sievers nach einer theoretischen Einleitung, welche von seinen Vorstellungen von Poesie und Drama handelt, auf einzelne Aspekte der Schauspielkunst zu sprechen kommt: auf »Declamation«, »Mimik« und »Gebehrden«; es werden jedoch auch Anweisungen zur Darstellung einzelner Charaktere oder Gefühle gegeben und auch das ganze Umfeld der Schauspielkunst wird angesprochen: Souffleur, Rollenstudium, Kostüme, Masken, Schauspielschulen, vollamtliche Dramaturgen, staatliche Unterstützung, Kritik und selbst das Privatleben der Schauspieler. Eine Kritik dieses Buches soll sich nach Aussage G.L.P. Sievers' in der *Leipziger Literatur Zeitung* befinden (wahrscheinlich im Jahrgang 1813 oder 1814). Einige Passagen der *Schauspieler-Studien* wurden zudem im *Königsberger Theaterblatt* vom 4. Februar 1815 abgedruckt und nach einer Äusserung G.L.P. Sievers' im oben erwähnten Aufsatz vom 14. Oktober 1811 existieren auch noch Vorabdrucke.

– *Schauspieler-Studien. Ein unentbehrliches Handbuch für öffentliche u. Privat-Schauspieler so wie für sämmtliche Kunst-Freunde, von G.L.P. Sievers*, Braunschweig (Verlag des literarischen Musäums) 1813.

4. *Der Lexikograph*

In den Jahren 1814 und 1815 hielt sich G.L.P. Sievers nach seiner Aussage (*Caecilia* Bd. 7 (1828), S. 83) in Altenburg auf, wo er seit Herbst 1813 Mitredakteur eines *Conversationslexikons* des Brockhaus-Verlags war (nach seiner Meinung die erste Auflage). Friedrich Arnold Brockhaus (1772-1823) hatte den nach ihm benannten Verlag im Jahre 1805 in Amsterdam gegründet und wechselte 1810 den Firmensitz nach Altenburg. Mit der Herausgabe des *Conversationslexikons* hatte Brockhaus, nachdem er 1808 die Rechte an einem von Renatus Gotthelf Löbel und Christian Wilhelm Franke 1796 begründeten Werk erworben hatte, schon in Amsterdam begonnen. In der ersten Auflage hiess das Werk *Conversationslexikon mit vorzüglicher Rücksicht auf die gegenwärtigen Zeiten* und erschien in sechs Bänden in Amsterdam und Altenburg in den Jahren 1796 bis 1808; zwei Bände mit Nachträgen folgten in den Jahren 1810 und 1811. Dieses Lexikon war das erste seiner Art in deutscher Sprache und entwickelte sich zu einem Verkaufsschlager: Es wurde zu *dem* Buch des Bildungsbürgertums des 19. Jahrhunderts, so dass immer wieder Neuauflagen gedruckt werden mussten. Von einer zweiten Auflage erschienen der erste und zweite Band 1812, der dritte und vierte 1813. Obwohl die weiteren sechs Bände des auf zehn Bände geplanten Unternehmens noch fehlten, waren Band 1-4 sehr bald vergriffen, weshalb man sich bereits 1814 bis 1816 zu einer dritten Auflage der ersten vier Bände entschloss. Die Bände 5-7 – in zweiter und dritter Auflage identisch – erschienen ebenfalls in diesen Jahren und Band 8-10 folgten dann 1817 bis 1818. Schon 1816 begann der Brockhaus-Verlag mit einer vierten Auflage, mit der der Titel des Werks in *Allgemeine Hand-Encyclopädie für die gebildeten Stände* umgewandelt wurde. Im Jahre 1817 übersiedelte der Verlag dann nach Leipzig, wo die fünfte (1818-1820) und die sechste (1823) Auflage des Lexikons erschienen. Schon in diesen Pionierzeiten war das Herausgeben eines Lexikons ein Riesenunternehmen: fünf Druckereien in Altenburg, Leipzig und Braunschweig und Professoren der Universitäten Leipzig, Wittenberg und Halle waren daran beteiligt.[30]

Nachforschungen eines späteren Verlagsleiters ergaben, dass der von ihm als »Dr. Sievers« bezeichnete G.L.P. Sievers im Herbst 1813 in die Firma eintrat, seine Stelle jedoch schon 1815 wieder aufgab. G.L.P. Sievers arbeitete also für die zweite und dritte Auflage des Lexikons. Nach der Schilderung

30 Heinrich Eduard Brockhaus, *Die Firma F.A. Brockhaus von der Begründung bis zum hundertjährigen Jubiläum. 1805-1905*, Leipzig 1905, S. 23ff.

eines zweiten Mitarbeiters, Dr. Ludwig Hain, leitete G.L.P. Sievers den Druck des fünften Bandes des *Conversationslexikons*.[31]

Nach seinen eigenen Angaben (*Mozart und Süssmayer*, S. 4) verfasste G.L.P. Sievers im *Conversationslexikon* den Artikel »Mozart«, ein Artikel, der im Lexikon mit dem Kürzel »Pq« versehen wurde. Nach inhaltlicher Untersuchung weiterer mit »Pq« gezeichneter Artikel muss dieses Kürzel als für unsern Protagonisten gesichert gelten.[32] Zudem vermerkt G.L.P. Sievers an einer anderen Stelle (*Caecilia* Bd. 7 (1828), S. 83), dass der Artikel »Méhul«, bei dem ein anderes Kürzel hinzugefügt wurde, nicht von ihm stamme. Aus diesen Fakten kann geschlossen werden, dass die folgenden mit dem Kürzel »Pq« versehenen Artikel im *Conversationslexikon* von G.L.P. Sievers verfasst wurden:

Bd. 1: Becker, Rudolf Zacharias – Begleitung in der Musik – Belohnung – Benda, Franz – Bepunkten – Beredsamkeit – Beruf – Betrug – Bezifferung – Bodmer, Johann Jacob – Boileau Despréaux, Nicolas.
Bd. 2: Burlesk – Catel.
Bd. 5: Idiotismus – Idylle – Iffland, August Wilhelm – Instrumentalmusik – Intermezzo – Intoleranz – Intonation – Italienische Musik – Kempelen, Wolfgang von – Kirchenmusik – Kneller, Gottfried – Knittelverse – Kobalt (Kobold) – Komisch – Kotzeluch, Leopold – Kunstwort – Lachen – Lamothe Valois, Gräfin de la – Laster – Lazzi – Leda – Leisewitz, Johann Anton – Lied – Liederspiel – Lüge.
Bd. 6: Melodie – Mimik – Modulation – Moritz, Carl Philipp – Mozart – Musik – Musik (Geschichte der).
Bd. 7: Ouverture – Oper.

Die Artikel blieben teilweise auch in späteren Auflagen des Lexikons in der Form erhalten, die ihnen die Autoren 1813 gegeben hatten, so dass viele im Jahre 1813 gemachte Aussagen bis in die 1830er und 40er Jahre im Lexikon unwiderrufen blieben und die Meinungsbildung auch zu dieser Zeit noch entscheidend beeinflussten. G.L.P. Sievers' Mozart-Artikel beispielsweise wird im Jahre 1827 in die siebte Auflage des Lexikons übernommen und scheint entscheidend für das Mozart-Bild des deutschen Bürgertums im 19. Jahrhundert. Auch das Todesjahr 1792, das G.L.P. Sievers in seinem Artikel fälschlicher-

---

31 Heinrich Eduard Brockhaus, *Friedrich Arnold Brockhaus. Sein Leben und Wirken*, 3 Bde., Leipzig 1872-1881, Bd. 1, S. 268 und Bd. 2, S. 143.

32 In den ersten Auflagen des *Conversationslexikons* werden solche Kürzel zur Kennzeichnung der einzelnen Artikel verwendet. Es lassen sich jedoch keine Gesetzmässigkeiten ableiten, die den Zusammenhang zwischen G.L.P. Sievers und »Pq« aufklären würden.

weise angibt, wird dabei beibehalten und scheint, da ein solches Lexikon natürlich weit über sein Erscheinungsdatum hinaus genutzt wurde, dazu geführt zu haben, dass in gewissen Kreisen im Jahre 1842 der fünfzigste Todestag des Salzburger Komponisten begangen wurde.[33]

Ebenfalls vom Brockhaus-Verlag wurden seit Herbst 1813 die *Deutschen Blätter* herausgegeben, welche zu den besten der durch die Freiheitskriege hervorgerufenen und die Erhebung des deutschen Volkes kräftig fordernden Erzeugnissen der damaligen politischen Presse gehörten. Auch hierin wurde Friedrich Arnold Brockhaus durch seine Mitarbeiter Hain und G.L.P. Sievers unterstützt. Die Auflage dieser *Deutschen Blätter* betrug 4000 Exemplare und sie scheinen nicht als Zeitung sondern als »politisches Volksblatt« lanciert worden zu sein: Patriotische Anregungen wechselten darin mit Originaldichtungen von Theodor Körner (1791-1813), Friedrich Rückert (1788-1866) oder Max von Schenkendorf (1783-1817). Die Professoren Lorenz Oken (1779-1851), Friedrich Christoph Perthes (1772-1843) oder die Gebrüder Schlegel publizierten darin bis ins Frühjahr 1816, als nach dem zweiten Pariser Frieden vom November 1815 das Erscheinen des Blattes eingestellt wurde.[34] Die *Deutschen Blätter* galten als offizielles Blatt der Alliierten, als »politisches Volksblatt«, das der Zensur des damaligen Platzkommandanten unterlag. In ihrer Vorrede bezog die Zeitung klar Stellung zu Deutschland als Nationalstaat.[35]

Es gilt zu konstatieren, dass der Eintritt unseres Protagonisten beim Brockhaus-Verlag mit dem Erscheinen der *Deutschen Blätter* zusammenfällt; spätestens zu diesem Zeitpunkt seines Lebens scheint G.L.P. Sievers in die politischen Umstände der Zeit verstrickt. Und in Altenburg scheint er auch die Völkerschlacht bei Leipzig aus nächster Nähe miterlebt zu haben.

Auch nach der Beendigung der lexikographischen Tätigkeit für den Brockhaus-Verlag blieb G.L.P. Sievers in Kontakt zu seinem früheren Arbeitgeber. Als Friedrich Arnold Brockhaus 1819 nach Paris reiste, traf er dort nicht nur den Schriftsteller Benjamin Constant (1767-1830) sondern auch seinen alten Mitarbeiter G.L.P. Sievers.[36] Und in der Reihe *Zeitgenossen* des Brockhaus-Verlags erschienen noch in den Jahren 1816 und 1817 zwei Arbeiten G.L.P. Sievers', wobei die zweite Arbeit zur Sängerin Angelica Catalani (um 1780-1849) auch als Buch herausgegeben wurde.

---

33 Vgl. Hermann Hirschbach, »Moderne deutsche Musikzustände«, in: *NZfM* 17 (1842), S. 123-124, S. 124.

34 Heinrich Eduard Brockhaus, *Die Firma F.A. Brockhaus von der Begründung bis zum hundertjährigen Jubiläum. 1805-1905*, a.a.O., S. 26f.

35 Vorreden abgedruckt bei Alfred Estermann, *Die deutschen Literatur-Zeitschriften 1815-1850,* 10 Bde., Nendeln 1978-1981 (vgl. Register).

36 Heinrich Eduard Brockhaus, *Friedrich Arnold Brockhaus. Sein Leben und Wirken*, a.a.O., Bd. 2, S. 117ff.

Zeitgenossen, Biographien und Charakteristiken 1 (1816):

S. 115ff.: »Angelica Catalani«

Zeitgenossen, Biographien und Charakteristiken 2 (1817):

S. 125ff: »Gallerie der vorzüglichsten jetzt lebenden Pariser Schauspieler«

– *Über Madame Catalani-Valabregue, als Sängerin, Schauspielerin und mimische Darstellerin. von G.L.P. Sievers,* Altenburg und Leipzig (Brockhaus-Verlag) 1816.

Kein Erfolg scheint G.L.P. Sievers dagegen weiterhin mit seinen Schauspielen beschieden gewesen zu sein. So findet sich in der in Halle und Leipzig erschienenen *Allgemeinen Literatur Zeitung* im Jahre 1815 eine Kritik der von unserem Protagonisten ein Jahr zuvor in Druck gegebenen Komödie *Der Eilfertige*, welche mit diesem Werk arg ins Gericht geht:

> »'Der absolute Mangel eines feststehenden, dramatischen Princips auf der deutschen Bühne, so wie die rohen, bloss materielle Effecte bezweckenden Erzeugnisse, die in jenem Mangel ihre Entstehung haben, sind bisher von Kunstrichtern und vom Publikum (?) gleich sehr gewürdigt worden. Der Vf. obigen Werks hat daher versucht, mit demselben dem eigentlichen Charakterstücke, welches durch seine nothwendige innere Abgeschlossenheit der regellosen Willkür Fesseln abzulegen vermag, Eingang auf der deutschen Bühne zu verschaffen. Er ist sich bewusst, die gewöhnlichen Mittel, deren man sich zur Erreichung bloss mechanischer Effecte zu bedienen pflegt, gänzlich verschmäht und alle Äusserlichkeiten seines Stücks einzig und allein aus der innern Nothwendigkeit des Plans und der Charaktere hergeleitet zu haben. Somit wagt er es unter andern auch, auf die beobachtete Einheit des Orts (eine Regel, deren Zweckmässigkeit nur von einer befangenen, sich selbst misstrauenden Willkür geläugnet zu werden vermag) aufmerksam zu machen.' – So die Vorrede. – Der Vorsatz des Vfs. bey diesem Werke war löblich und gut, und wir gestehen ihm zu, dass es äusserlich alle die innern Anforderungen befriedigt, welche er dafür aufstellt; nur dass wir zu einem Charakter-Gemälde denn auch wirkliche Charaktere fordern und – bis auf den einen eines unverschämten Parasiten, der jedoch auch ziemlich an Charricatur streift – haben wir auch keinen einzigen Charakter gefunden.«[37]

Aus der Hauptperson dieser Sieverschen Komödie kann im übrigen nach einer Aussage des Autors an anderer Stelle (*Wiener Zeitschrift für Kunst, Literatur, Theater und Mode* 7 (1822), S. 1110) auch auf den Charakter des Verfassers geschlossen werden; G.L.P. Sievers gibt zu, dass er zur Gestaltung der Hauptperson »Zug für Zug aus seiner eigenen Individualität aufgegriffen habe«. Bei

---

37 *Allgemeine Literatur Zeitung* 31 (1815), S. 590f.

dieser Hauptperson handelt es sich um einen Baron von Löwenstern, der durchaus für nichts Zeit hat und deshalb am Ende des Schauspiels seine Verlobte an einen anderen verliert.

5. *Paris*

Erstmals sicher in Paris nachgewiesen werden kann G.L.P. Sievers gegen Ende des Jahres 1816. Seine Berichte in der *AmZ* erschienen nun regelmässig unter seinem Namen bis zum März 1821, wobei in Berichten ohne speziellen Titel jeweils auf das allgemeine musikalische Leben in den diversen Musiktheatern der Seinestadt eingegangen wird. Da G.L.P. Sievers aber an einem anderen Ort (*Caecilia* Bd. 1 (1824), S. 232) berichtet, beinahe neun Jahre in Paris gelebt zu haben, und sein Wegzug schlüssig aufs Jahr 1821 datiert werden kann, scheint er 1816 nicht erstmals nach Paris gereist zu sein, sondern sich auch schon vorher dort aufgehalten zu haben. Damit erfährt die oben erläuterte These von früheren Aufenthalten in Paris eine erneute Untermauerung.

AmZ 18 (1816):

S. 849ff: »Kurze Geschichte des neuern königl. italienischen Theaters zu Paris«

AmZ 19 (1817):

S. 77ff: »Musikalische Übersicht aus Paris, seit dem 1sten Oktober 1816«
S. 265ff: »Über den jetzigen Zustand der Musik in Frankreich, besonders in Paris«
S. 496: »Paris, am 14ten Juny«
S. 549ff: »Paris. Übersicht vom Januar bis zu Ende des Juny«

AmZ 20 (1818):

S. 21ff: »Über die Danaiden, Oper in vier Aufzügen, Musik von Salieri, welche jetzt in Paris vorgestellt wird«
S. 58ff: »Paris, am 26sten Dec. 1817«
S. 61ff: »Paris. Übersicht seit dem Monate July, bis Ende Decembers«
S. 158ff: »Pariser musikalisches Allerley, bis Ende Dezembers 1817«
S. 172ff: »Pariser musikalisches Allerley, bis Ende Januars 1818«
S. 237ff: »Musikalisches Allerley aus Paris, vom Monate Februar 1818«
S. 341ff: »Musikalisches Allerley aus Paris, vom Monate März 1818«
S. 423ff: »Musikalisches Allerley aus Paris, vom Monate April 1818«
S. 507ff: »Musikalisches Allerley aus Paris, vom Monate May 1818«

S. 571ff: »Le petit Chaperon rouge (das rothe Käppchen), Feenoper in drey Aufzügen, Text von Théaulon, Musik von Boyeldieu«
S. 591ff: »Musikalisches Allerley aus Paris, vom Monate Juny 1818«
S. 641ff: »Musikalisches Allerley aus Paris, vom Monate July 1818«
S. 689ff: »Musikalisches Allerley aus Paris, vom Monate August 1818«
S. 755ff: »Musikalisches Allerley aus Paris, vom Monate September 1818«
S. 853ff: »Musikalisches Allerley aus Paris, vom Monate Oktober 1818«

AmZ 21 (1819):

S. 13ff: »Musikalisches Allerley aus Paris, vom Monate November 1818«
S. 97ff: »Musikalisches Allerley aus Paris, vom Monate Dezember 1818«
S. 117ff: »Musikalisches Allerley aus Paris, vom Monate Januar 1819«
S. 185ff: »Über die grosse Oper Tarare, Text von Beaumarchais, Musik von Salieri, in drey Acte zusammengezogen«
S. 209ff: »Musikalisches Allerley aus Paris, vom Monate Februar 1819«
S. 283ff: »Musikalisches Allerley aus Paris, vom Monate März 1819«
S. 373ff: »Musikalisches Allerley aus Paris, vom Monate April 1819«
S. 405ff: »An die deutschen Tonkünstler«
S. 437ff: »Musikalisches Allerley aus Paris, vom Monate May 1819«
S. 506ff: »Musikalisches Allerley aus Paris, vom Monate Juny 1819«
S. 588ff: »Musikalisches Allerley aus Paris, vom Monate July 1819«
S. 667ff: »Musikalisches Allerley aus Paris, vom Monate August 1819«
S. 801ff: »Musikalisches Allerley aus Paris, vom Monate September 1819«
S. 833ff: »Il Barbiere di Siviglia«, Oper in zwey Acten, von Rossini«
S. 840ff: »Musikalisches Allerley aus Paris, vom Monate Oktober 1819«

AmZ 22 (1820):

S. 3ff: »Aus Paris, zu Anfange Dezember 1819«
S. 85ff: »Über die neuverbesserten Geigeninstrumente des Herrn Chanot«
S. 101ff: »Olympie, tragédie lyrique, en trois actes, imitée de Voltaire, paroles de Dieulafoi et Briffaut, musique de Spontini«
S. 225ff: »Musikalisches Allerley aus Paris, von den Monaten Dezember 1819 und Januar und Februar 1820«
S. 380ff: »Pariser musikalisches Allerley, vom Monate März 1820«
S. 458ff: »Pariser musikalisches Allerley, vom Monate April 1820«
S. 508ff: »Musikalisches Allerley aus Paris, vom Monate May 1820«
S. 641ff: »Musikalisches Allerley aus Paris, von den Monaten Juni und July 1820«
S. 813ff: »Musikalisches Allerley aus Paris, von den Monaten August und September 1820«

AmZ 23 (1821):

S. 81ff: »Musikalisches Allerley aus Paris, von den Monaten Oktober, November und Dezember 1820«
S. 274: »Paris im März«

Grösstenteils nichtmusikalische Ereignisse betreffende Berichte von G.L.P. Sievers aus Paris wurden nun regelmässig auch im *Morgenblatt für gebildete Stände* und in der *Wiener Zeitschrift für Kunst, Literatur, Theater und Mode* abgedruckt. Die Berichte handeln von Wochenendausflügen der Pariser Bevölkerung, von Kaffeehäusern, von der Taufe des französischen Tronfolgers, von Dieben, von Strassenmusikern u.a.m. Eine anekdotische Erzählung G.L.P. Sievers' wurde zudem auch ins damals im österreichischen Laibach erscheinende *Illyrische Blatt* vom 8. Februar 1822 übernommen.

Morgenblatt für gebildete Stände 12 (1818):

S. 233ff: »Über Paris aus Paris«
S. 550ff: »Über Paris aus Paris. Die Pariserin«
S. 774ff: »Über Paris aus Paris. Die Pariser«
S. 931ff: »Voltaire's Sterbezimmer«
S. 1118ff: »Woher Lessing seinen Nathan genommen?«

Morgenblatt für gebildete Stände 13 (1819):

S. 693ff: »Ein Maitag auf den Höhen von Montmartre«
S. 805ff: »La Morgue in Paris«
S. 963ff: »Der Pariser Bürger an Sonn- und Festtagen vor den Barrieren von Paris«
S. 1149ff: »Die vornehmsten Pariser Kaffeehäuser«

Morgenblatt für gebildete Stände 14 (1820):

S. 330ff: »Schiller's Maria Stuart auf dem Theatre-François«
S. 437ff: »Noch ein Wort über Schillers Maria Stuart auf dem Theatre-François zu Paris«
S. 593ff: »Wie lebt sich's in Paris«

Morgenblatt für gebildete Stände 15 (1821):

S. 693ff: »Das Pariser Intelligenzblatt (les Petites-Affiches)«
S. 819ff: »Guckkastenbilder und sonst Allerley aus Paris«
S. 937ff: »Der empfindsame Wolf in der Menagerie des Pflanzengartens zu Paris«
S. 979ff: »Guckkastenbilder und sonst Allerley aus Paris«

Wiener Zeitschrift für Kunst, Literatur, Theater und Mode 5 (1820):

S. 256ff: »Pariser Charakteristiken«
S. 421ff: »Pariser Charakteristiken«
S. 641ff: »Kleine Pariser Chronik«
S. 1194ff: »Pariser Charakteristiken. Die Gauner«

Wiener Zeitschrift für Kunst, Literatur, Theater und Mode 6 (1821):

S. 165ff: »Skizzen aus Paris vom Monath Jänner 1821«
S. 301ff: »Skizzen aus Paris«
S. 409ff: »Mozart und Rossini«
S. 581ff: »Pariser Charakteristiken. Die Spazierfahrt nach Longchamps«
S. 665ff: »Pariser Charakteristiken. Die Festlichkeiten des Monaths May«
S. 724ff: »Skizzen aus Paris«
S. 798ff: »Skizzen aus Paris«
S. 901ff: »Über die neuentdeckte Venusstatue von Melos«

Wiener Zeitschrift für Kunst, Literatur, Theater und Mode 7 (1822):

S. 54ff: »Skizzen aus Paris«

Illyrisches Blatt zum Nutzen und Vergnügen 16 (1822):

S. 22ff: »Adrienne de Sergy. Eine wahre Anekdote«

Im zwölften Jahrgang der in Wien erscheinenden Zeitschrift *Der Sammler* kündigte G.L.P. Sievers am 31. August 1820 eine *Teutsche Pariser Chronik* an, für die er Subskribenten suchte (Ebd., S. 418 bzw. 458). Der gleiche Aufruf erschien einige Zeit später nochmals, scheint aber auf zu geringes Interesse gestossen zu sein, da das Projekt später nicht weiterverfolgt wurde. Hinweise auf dieses Projekt finden sich jedoch auch in drei Briefen aus Paris vom 21. April 1820, 6. September 1820 und 20. Februar 1821, die alle im Braunschweiger Stadtarchiv archiviert sind. Ein Brief richtet sich dabei an einen Musikalienhändler in Leipzig, die beiden anderen an die Redaktion der *Jenaischen Allgemeinen Literatur-Zeitung.*

6. *Wien und Rom*

G.L.P. Sievers hielt sich nach dem Artikel »Caspar Ett« in *MGG* am 13. Dezember 1821 in München auf, wo er sich nach einer von Caspar Ett (1788-1847) geleiteten Probe von Werken von Orlando di Lasso (um 1532-1594) begeistert über die »geschulten Knabenstimmen und die klare Vokalisation« des Chores der Michaelskirche geäussert haben soll. München war für G.L.P. Sievers jedoch nur Durchgangsstation auf einer Reise von Paris nach Wien, welche in einem späteren Aufsatz dann kurz angesprochen wird (*Caecilia* Bd. 1 (1824), S. 227f.). Weshalb sich G.L.P. Sievers zu dieser Veränderung seiner Umgebung entschloss, muss offen bleiben. Erwähnt sei lediglich, dass dieser Aufenthalt in Wien bereits zu Lebzeiten des Schriftstellers von diversen Lexikographen erwähnt und auf 1822 angesetzt wird und dass G.L.P. Sievers selbst diesen Aufenthalt äussert knapp kommentiert und an einer Stelle in *Mozart und Süssmayer* angibt, in Wien (Ebd., S. XXVII) »die traurigsten zehn Monate« seines Lebens verbracht zu haben. Gründe für diese Einschätzung fehlen jedoch und scheinen eher privater Natur gewesen zu sein, denn beruflich stellte sich einiger Erfolg ein: In der *Wiener Zeitschrift für Kunst, Literatur, Theater und Mode* schlug sich der Aufenthalt in der österreichischen Metropole in Theater- und Konzertanzeigen nieder; in Kritiken, die G.L.P. Sievers in Wien verfasste:

Wiener Zeitschrift für Kunst, Literatur, Theater und Mode 7 (1822):

S. 69ff: »Theater-Anzeige. Der Leuchtturm, Trauerspiel in zwey Aufzügen, von Ernst von Houwald«

S. 88ff: »Concert-Anzeige« (Quintette von Antonin Reicha (1770-1836))

S. 114ff: »Theater-Anzeige. Die Männer denken, die Frauen lenken, Lustspiel in drey Aufzügen von Lembert«

S. 120ff: »Theater- und Conzert-Anzeige. Der bucklige Liebhaber, Lustspiel in einem Aufzuge, nach dem Französischen des Scribe und Melleville frey bearbeitet von Castelli«

S. 147f: »Theater-Anzeige. Die reifenden Komödianten, komische Oper in zwey Aufzügen, nach dem Italienischen der Virtuosi ambulanti, Musik von Fioravanti«

S. 162ff: »Theater-Anzeige. Kiaking, pantomimisches Ballet in fünf Aufzügen von Hrn. Neefe, Maschinerie von Hrn. Koller«

S. 201ff: »Theater-Anzeige. Die Reise nach Dioppe, Lustspiel in zwey Aufzügen, nach dem Französischen von Hrn. von Kurländer«

S. 210ff: »Theater-Anzeige. Das Fräulein vom See, Oper in zwey Aufzügen, nach dem Italienischen, Musik von Rossini«

S. 230ff: »Theater-Anzeige. Die Scharfenecker, ritterliches Familiengemälde in vier Aufzügen, mit einem Vorspiele, von Hrn. F. K. Weidmann, k.k. Hofschauspieler«

S. 239f: »Theater-Anzeige. Der Botaniker, Lustspiel in drey Aufzügen, nach dem Französischen, von Hrn. Sonnleithner«

S. 255f: »Theater-Anzeige. Das Donauweibchen (erster Theil), romantisch-komisches Volksmärchen mit Gesang, in drey Aufzügen, von Hrn. Carl Fr. Hensler, Musik von Hrn. Ferd. Kauer«

S. 311ff: »Theater-Anzeige. Das Leben ein Traum, dramatisches Gedicht in fünf Aufzügen, nach dem Spanischen des Calderon, von E. U. West«

S. 761ff: »Über das Leopoldstädter Theater zu Wien, und Vergleichung desselben mit dem Théâtre des Variétés zu Paris«

Die restlichen Jahre seines Lebens scheint G.L.P. Sievers dann in Italien verbracht zu haben. Zunächst besuchte er Triest und Venedig, wo er sich nach eigenen Angaben sieben Monate aufhielt und auch den dortigen Karneval miterlebte (*Morgenblatt für gebildete Stände* 19 (1825), S. 958 und *Mozart und Süssmayer*, S. XIX). Die Reise von Wien nach Venedig ist dabei durch einen Aufsatz in der *Wiener Zeitschrift für Kunst, Literatur, Theater und Mode* ausführlich dokumentiert: Unser Protagonist beschreibt sich als einen in Gedanken versunkenen Romantiker, der von einer geliebten Stadt Abschied zu nehmen hat. In der gleichen Zeitschrift finden sich aber auch weitere in Venedig verfasste Aufsätze, die G.L.P. Sievers wieder der Realität zugewandt zeigen: so ein am 25. November 1822 in Venedig abgeschlossener Aufsatz zum Tod des Bildhauers Antonio Canova (1757-1822).

Wiener Zeitschrift für Kunst, Literatur, Theater und Mode 7 (1822):

S. 1109ff: »Wie ich von Wien nach Triest gekommen bin«

S. 1152ff: »Über das italienische recitierte Schauspiel und über dessen Darstellung auf den italienischen Bühnen«

S. 1233ff: »Canova«

Wiener Zeitschrift für Kunst, Literatur, Theater und Mode 8 (1823):

S. 49ff: »Die Festlichkeiten während der Anwesenheit Sr. k.k. Majestät von Österreich, und der übrigen allerdurchlauchtigsten Monarchen zu Venedig«

S. 54ff: »Musikalisches und theatralisches Allerley aus Italien«

S. 118ff: »Skizzen aus Venedig«

S. 424ff: »Musikalisches und theatralisches Allerley aus Italien«

(S. 677: »Erklärung der Redaktion«)

Endgültiges Reiseziel in Italien war Rom. Da G.L.P. Sievers in einem Aufsatz (*Morgenblatt für gebildete Stände* 18 (1824), S. 474) vermerkt, zum Zeitpunkt der Niederschrift seiner Arbeit bereits neun Monate in Rom zu leben, musste er dort im September 1823 angekommen sein. Nach weiteren Textstellen im gleichen Aufsatz waren im Jahre 1823 zudem auch noch Ferrara und Florenz besucht worden. Auch in Rom nahm G.L.P. Sievers seine journalistische Tätigkeit wieder auf. Diverse Lexikographen vertreten die Ansicht, G.L.P. Sievers habe in Rom für diverse deutsche Zeitschriften gearbeitet, zudem auch für italienische und französische; kleinere und grössere Aufsätze und Berichte musikalischen Inhalts seien im deutschsprachigen Raum im *Morgenblatt für gebildete Stände*, im Hamburger *Archiv für Theater und Literatur* und in der *Wiener Zeitschrift für Kunst, Literatur, Theater und Mode* erschienen. Aufgefunden wurden bisher jedoch lediglich die folgenden Artikel:

Morgenblatt für gebildete Stände 18 (1824):

S. 441ff: »Die heutigen Römerinnen«

Morgenblatt für gebildete Stände 19 (1825):

S. 941ff: »Über die italienische Schauspielkunst und Pantomime«

Morgenblatt für gebildete Stände 20 (1826):

S. 17ff: »Hervorstechendste Züge Roms«
S. 805ff: »Der albanische See und dessen Kanal«

Morgenblatt für gebildete Stände 21 (1827):

S. 909ff: »Die römischen Bettler«
S. 1089ff: »Gemälde des römischen Volkscharakters«

Morgenblatt für gebildete Stände 22 (1828):

S. 81ff: »Gemälde des römischen Volkscharakters«
S. 702ff: »Gemälde des römischen Volkscharakters«
S. 1041ff: »Der Oktober in Rom«

Morgenblatt für gebildete Stände 23 (1829):

S. 149ff: »Der Petersplatz zu Rom«
S. 313ff: »Gemälde des römischen Volkscharakters«
S. 390ff: »Gemälde des römischen Volkscharakters«
S. 517ff: »Gemälde des römischen Volkscharakters«
S. 537ff: »Gemälde des römischen Volkscharakters«
S. 721ff: »Gemälde des römischen Volkscharakters«
S. 1078ff: »Gemälde des römischen Volkscharakters«
S. 2011ff: »Gemälde des römischen Volkscharakters«

Morgenblatt für gebildete Stände 24 (1830):

S. 901ff: »Römische Skizzen. Die alten und die neuen Benennungen«
S. 922ff: »Das Kirchgehen in Rom«
S. 989ff: »Züge des römischen Volkscharakters. Die Minenten und Minentinnen«

In der *Wiener Zeitschrift für Kunst, Literatur, Theater und Mode* erschienen entgegen der Meinung der obigen Lexikographen nach der oben erwähnten »Erklärung der Redaktion« seit dem Jahr 1823 keine Artikel G.L.P. Sievers' mehr. Die Lexikographen täuschen sich hier also. Einige Leser dieser Zeitschrift hatten sich wohl über G.L.P. Sievers' allzu subjektive Berichterstattung beklagt, denn die Redaktion fühlte sich zur Erklärung genötigt, dass es sich bei den abgedruckten Aufsätzen G.L.P. Sievers' um dessen persönliche Meinung handle; die Redaktion der Zeitschrift fühle sich dafür nicht verantwortlich.

In diversen anderen deutschen Zeitschriften wurden jedoch während G.L.P. Sievers' Aufenthalt in Rom weitere Arbeiten aus seiner Feder veröffentlicht: Einen Artikel über bildende Kunst verzeichnet Ende 1824 die Münchner Zeitschrift *Die Grazien*, welche im Winter 1824/25 für kurze Zeit dort erschien. Ein einziger Artikel ist auch im *Gesellschafter* zu eruieren, einer seit 1817 in Berlin gedruckten Zeitschrift. Und im Jahre 1826 lieferte G.L.P. Sievers zwei weitere nun die Malerei betreffende Artikel auch an das *Kunstblatt*, eine Beilage des *Morgenblattes für gebildete Stände.*

Die Grazien 1 (1824):

S. 162ff: »Über die moderne Kunst, im Gegensatze mit der Antiken«

Der Gesellschafter oder Blätter für Geist und Herz 8 (1824):

S. 817ff: »Der herzogliche Palast zu Venedig«

Kunstblatt (3. April 1826):

»Über das Gemälde der hh. Gebr. Riepenhausen, Friedrich Barbarossa im Handgemenge mit dem römischen Volke auf dem Petersplatz in Rom«

Kunstblatt (6. Juli 1826):

»Die neueste Gemälde-Ausstellung einiger deutscher Künstler zu Rom«

Mit Ausnahme eines letzten Artikels in der *AmZ* wurden die Musik betreffende Artikel G.L.P. Sievers' aus Rom nun hauptsächlich in der Musikzeitschrift *Caecilia* veröffentlicht, einer vom Schott-Verlag in Mainz unter der Schriftleitung von Jakob Gottfried Weber (1779-1839) seit dem Jahr 1824 herausgegebenen Zeitschrift. G.L.P. Sievers ist einer der in den ersten Bänden am häufigsten vertretenen Autoren.

Caecilia Bd. 1 (1824):

S. 201ff: »Über den heutigen Zustand der Musik in Italien, besonders zu Rom«
S. 295ff: »Allerlei Musikalisches aus Paris«

Caecilia Bd. 2 (1825):

S. 66ff: »Das Miserere von Allegri in der Sixtinischen Kapelle in Rom und Nachtrag zu der Notiz über den Sopransänger Mariano«
S. 89ff: »Ein Wort zur rechten Zeit gesprochen«

Caecilia Bd. 3-7 (1825-1828):

Bd. 3 (1825), S. 263ff.; Bd. 4 (1826), S. 121ff.; Bd. 5 (1826), S. 49ff. und 271ff.; Bd. 7 (1828), S. 71ff., 190ff. und 239ff:
»Schröpfköpfe für Componisten, Operndichter, Sänger und Publicum«

AmZ 27 (1825):

S. 301ff: »Die päpstliche Kapelle zu Rom«

Caecilia Bd. 8 (1828):

S. 213ff: »Zustand der Kirchenmusik in Rom«

Caecilia Bd. 9 (1828):

S. 1ff: »Rom's heutige Komponisten«
S. 8ff: »Bemerkungen veranlasst durch die Schrift: Über Reinheit der Tonkunst, und durch eine Recension der Schrift: Die Tonkunst in der Kirche«
S. 201ff: »Etwas über Mozart als dramatischen Componisten«
S. 208ff: »Mozarts Beifall in Paris«

Caecilia Bd. 10 (1829):

S. 8ff: »Über das Wesen der Kirchenmusik und die Verschiedenheit ihrer Bedeutung in der katholischen und in der protestantischen Kirche«

S. 17ff: »Mancherlei über die Pariser Operntheater«
S. 99ff: »Einiges über Orlow's Geschichte der Musik«
S. 52f: »Haydn's Schöpfung in Rom«
S. 198ff: »Deutsche und Französische Sänger und Sängerinnen in Italien«

Caecilia Bd. 11 (1829):

S. 109ff: »Die Academia Filarmonica in Rom, und über Paesiello's Passionsmusik«
S. 118ff: »Das Fest Mariä Himmelfahrt in Rom«
S. 123ff: »Der Impressario Barbaja«
S. 205ff: »Über das abnehmende Interesse an ältern Opern«
S. 209ff: »Der Einfluss des römischen Klimas auf die Gesangsfähigkeit«
S. 218ff: »Die Improvisatrice Taddei«
S. 253ff: »Paganini in Rom im Jahr 1827, und über italienische Instrumentalisten«

Nach einem unter Leitung des Literaturwissenschaftlers Alfred Estermann in den letzten Jahren erstellten Verzeichnis von Mitarbeitern deutschsprachiger Zeitschriften soll G.L.P. Sievers zudem nicht nur für die bisher erwähnten Zeitschriften, sondern noch für die folgenden weiteren tätig gewesen sein:

- *Allgemeine Literatur-Zeitung*, Halle und Leipzig 1785-1849.
- *Zeitung für die elegante Welt*, Leipzig 1801-1859.
- *Der Aufmerksame*, Grätz 1812-1842.
- *Deutsches Unterhaltungsblatt für gebildete Leser aus allen Ständen*, Nürnberg 1816-1817.
- *Oppositions-Blatt*, Weimar 1817-1820.
- *Unterhaltungen aus der Länder- und Völkerkunde*, Leipzig 1817-1830.
- *Bairisches Nationalblatt*, München 1818-1821.
- *Berliner Conversations-Blatt für Poesie, Literatur und Kritik*, Berlin 1827-1829 und 1836-1838.[38]

Zudem arbeitete der Journalist nach einer andern Quelle auch noch für den *Journal des Luxus und der Moden*, der in Gotha und Weimar in den Jahren 1786 bis 1827 herausgegeben wurde, der jedoch für das oben angesprochene Verzeichnis nicht ausgewertet wurde.[39] Die Suche nach weiteren Arbeiten

38 Alfred Estermann, *Die Deutschen Literatur-Zeitschriften 1815-1850*, a.a.O. (vgl. Personenregister).

39 Vgl. Alfred Estermann, *Die Deutschen Literatur-Zeitschriften 1815-1850*, a.a.O., Bd. 1, S. 45 und Paul Hocks und Peter Schmidt, *Literarische und politische Zeit-*

unseres Hauptdarstellers scheint sich jedoch in all diesen Zeitschriften aufwendig zu gestalten, da in ihnen Artikel meist anonym abgedruckt wurden.

In seinen letzten Lebensjahren beschäftigte sich G.L.P. Sievers nochmals mit Wolfgang Amadeus Mozart, für den er zeitlebens grosse Bewunderung hegte. Es erschien ein Buch *Mozart und Süssmayer*, von dem Fétis meint, es gehe auf die von Jakob Gottfried Weber angeregte Frage über den Anteil Mozarts an seinem *Requiem* ein. G.L.P. Sievers versuchte in seiner Arbeit jedoch lediglich aufzuzeigen, dass der Streit, der in jenen Jahren zwischen verschiedensten Parteien um diese Frage entbrannt war, keine neuen Resultate mehr zu Tage fördern konnte.

- *Mozart und Süssmayer, ein neues Plagiat. ersterem zur Last gelegt, und eine neue Vermutung, die Entstehung des Requiems betreffend. Von G.L.P. Sievers*, Mainz (Schott-Verlag) 1829.

7. *Anstelle eines Nachrufs*

Das Eitnersche *Quellen-Lexikon* erwähnt unter den bibliographischen Angaben zu G.L.P. Sievers auch ein Urteil über seine Schriftstellerei, welches im August 1830 in der *AmZ* veröffentlicht worden war. Es handelt sich bei diesem Urteil jedoch nicht – wie durch die Anordnung bei Eitner suggeriert – um einen Nachruf auf den zu dieser Zeit in Rom wahrscheinlich bereits verstorbenen Schriftsteller, sondern um die anonyme Kritik eines Physikers, der einige Äusserungen G.L.P. Sievers' das römische Klima und die Vorherrschaft der italienischen gegenüber der deutschen Gesangskultur betreffend zu widerlegen strebte. Anstelle eines nicht-existenten Nekrologs sei diese Kritik hier wiedergegeben (*AmZ* 32 (1830), S. 551ff.):

> »In meinem jüngsten Berichte geschah Erwähnung von dem Aufsatze über den climatischen Einfluss auf die menschliche Stimme u.s.w. von Dr. Krug (eigentlich von Hr. Kanne) in der Caecilia Bd. IX. S. 1. Ebendas. S. 209, findet sich auch ein anderer, den Einfluss des römischen Climas auf die Gesangsfähigkeit betreffender Artikel von Hrn. Sievers, wo (S. 210) unter anderen sonderbaren Dingen auch als eine erwiesene (!!!) Wahrheit aufgestellt wird, dass Roms Luft und Clima zu den gesundesten der Erde gehören. Gleich darauf heisst es, Rom habe ein sehr heisses Clima.

---

schriften 1789-1805, (= *Sammlung Metzler*, Bd. 121), Stuttgart 1975, S. 20ff., speziell S. 22.

Ebendas. (im Aufsatze: Paganini in Rom) wird sogar (S. 254) behauptet, Rom sey die am meisten musikalische Stadt von ganz Italien, ja von ganz Europa. Ref., selbst Physiker, von dem Manches in climatologischer Hinsicht in Deutschland und in Italien öffentlich im Drucke erschienen ist, und der Italien in jeder Hinsicht gewiss besser kennt als Hr. S., hält es gar nicht der Mühe werth, die Nichtigkeit dieser drey Behauptungen factisch zu zeigen, wie er es zuweilen in diesen Blättern mit anderen Behauptungen des Hrn. S. gethan hat. Allerliebst ist der Ausdruck: 'sehr heisses Clima.' Wie soll man Guinea, das heisseste aller heissen Tropenländer, nennen? Oder meint Hr. S. etwa die warmen Monate July und August, die doch weder ein heisses noch ein sehr heisses Clima ausmachen, da gibt es selbst nördliche Polargegenden, wo es in eben denselben Monaten noch wärmer ist, als zu Rom, und, wie man im gemeinen Leben zu sagen pflegt, sehr heiss macht. Niemand wird übrigens in Abrede seyn, dass Italiens milderes Clima überhaupt, und einige Localitäten desselben, insbesondere auf die menschliche Stimme, die an der Nordspitze liegende Stadt Bergamo vielleicht vorzüglich auf Tenorstimmen, wirken können, besonders wenn von unbekannten individuellen climatischen Einflüssen die Rede ist; man betrachte es aber keinesweges als nächste Ursache Italiens zahlreicher Sänger und bedenke, dass Lebensart, Sitten und andere vom Clima nicht immer abhängige Umstände hier das Meiste dazu beytragen. Vor Allem vergesse man nicht, dass Italien und Theater synonim sind: kein Theater, kein Italien. Die Oper steht oben an, und ist, gut oder schlecht, auch in ganz unbedeutenden kleinen Städten, sogar in Marktflecken, man könnte fast sagen auf allen Plätzen und Strassen zu finden; denn die Favoritstücke werden ja nicht daselbst das ganze Jahr hindurch von den Scharlatanen beyderley Geschlechts und von den Drehorgeln abgesungen und abgeleyert; ein Schwarm Müssiggänger, Kinder des ächt climatischen, selbst den thätigsten Ausländer befallenden dolce far niente, singen zum Theil auch aus Langeweile, und ihnen wieder andere, Grosse und Kleine, alles nach: kurz, in Italien singt so zu sagen Alles. Gerade jene Länder, welche die meiste Anzahl Theater und Opern haben, wie die Lombardey und der Kirchenstaat, erzeugen natürlicher Weise auch die grösste Anzahl Sänger. Im Königreiche beyder Sicilien ist, ausser den beyden Hauptstädten Neapel und Palermo, allenfalls noch Messina und Catania; in Toscana, ausser Florenz nur Livorno, Pisa und Siena in dieser Hinsicht nennenswerth, weswegen diese Länder auch weit weniger Sänger als die vorigen aufweisen können. Hätte Deutschland seit zwey Jahrhunderten verhältnissmässig eben so viele Theater, Singanstalten und Opern als Italien gehabt, so würde es verhältnissmässig eben so viele und wahrscheinlich bessere Sänger als das irdische Paradies aufzuweisen haben. Ist es nicht Thatsache, dass Wien, wo die Oper von jeher am meisten blüthe, die grösste Zahl deutscher Sänger erzeugte; dass in den letzten Zeiten, wo die Oper in Deutschland immer mehr in Aufnahme kam, viele, mitunter treffliche Sänger entstanden? Die Namen Metzger, Canzi, Schechner, Schröder, Unger, Schätzel, Heinefetter, Fischer, Fink, Karl, Roser, Haitzinger, Forti und andere werden jetzt auch hier zu Lande mit Achtung ausgesprochen, während man vor fünfzehn Jahren nicht einen einzigen deutschen Sänger nannte. Und zeichnen sich nicht dermalen seit der stärkern Verbreitung der Oper auch französische und selbst – englische Sänger aus? Warum soll nicht jedes gebildete Land durch Gesangscultur verhältnissmässig eben so viel singen, und eben so viele Sänger als

Italien erzeugen können? Und wie steht's mit Südfrankreich, Spanien, Portugal u.s.w., die doch auch ein mildes Clima, und schöne Himmel besitzen? – Dass Deutschland, wie oben bemerkt wurde, die besten Sänger erzeugen dürfte, ist nicht allein darum zu vermuthen, weil es überhaupt das gebildetste Land von Europa ist, sondern auch deswegen, weil hier der dramatische Gesang doch mehr zu Hause ist, die Deutschen auch die besten Schauspieler sind, und ein besseres harmonisches Gehör als die Italiener haben.«

Der Kritiker ist einer der letzten der sich noch mit G.L.P. Sievers' Äusserungen auseinandersetzt. Jedoch kritisiert er nicht eigentlich G.L.P. Sievers' Theorie einer Vorherrschaft des italienischen Gesanges, sondern stellt seine eigene Theorie einer Vorherrschaft deutscher Gesangskunst daneben; das Zeitalter der nationalen Schreiberlinge ist endgültig angebrochen. Es wird sich im weiteren Verlauf der Arbeit zeigen, dass dieser Physiker Ansichten vertritt, über die sich G.L.P. Sievers bereits in den 1820er Jahren hinweggesetzt hatte. G.L.P. Sievers wandte sich bereits in den 1820er Jahren gegen eben jene deutschsprachigen Schwätzer, die stetig von einem deutschen Höhepunkt in der Kunst »Musik« zu sprechen suchten. Seine provokativen Äusserungen in diese Richtung lösten Kritik aus und liessen den unbequemen Zeitgenossen bald nach seinem Tod in Vergessenheit geraten; er passte nicht ins Bild eines auch im obigen »Nekrolog« durchschimmernden idealistischen Höhenflugs der deutschen Nation. Solches wurde G.L.P. Sievers im übrigen bereits zu seinen Lebzeiten gewahr, denn er geht auch selbst in einem seiner letzten Aufsätze auf sein Verschwinden aus der Geschichte ein (*Caecilia* Bd. 7 (1828), S. 89):

»Man sagt, die deutschen musikalischen Schriftsteller hätten eine Gevatterschaft gebildet, in der Absicht, sich gegenseitig einen Namen zu geben; es würden Vereinigungen gehalten, in welchen man sich im Conjugieren übe; der Typus sei das Verbum Loben; doch beginne man stets mit dem Imperative. Die Herren haben sich, setzt man hinzu, das Wort gegeben, nie meinen Namen zu nennen. Ist das wahr, so geschieht mir schon recht: sie vergelten mir gleiches mit Gleichem.«

III. Denkmodelle und Vorbilder in G.L.P. Sievers' frühen Schriften

G.L.P. Sievers am 5. Mai 1807 in der *AmZ* veröffentlichter Aufsatz »Charakteristik der italienischen und französischen Musik« stellt zusammen mit der am 22. Juli des gleichen Jahres gedruckten »Charakteristik der deutschen Musik« einen Versuch dar, durch historische Ereignisse und geistesgeschichtliche Entwicklungen geprägte Denkmodelle auf die Musikgeschichte zu übertragen – und zwar in einer systematisch ausgearbeiteten und in sich logischen Form. Es handelt sich – wie der Verfasser sich selbst zu Beginn seines ersten Aufsatzes ausdrückt – um eine (*AmZ* 9 (1806/07), S. 503) »Theorie« der Kunst; G.L.P. Sievers liefert seine Geschichte der Kunst »Musik«, deren Zweck es ist, Musik als (*AmZ* 9 (1806/07), S. 679f.) »zu der Höhe einer reinen absoluten Kunst erhoben« darzustellen, was zu dieser Zeit sowohl im aufklärerischen Sinne einer klaren Grenzziehung zwischen den Künsten als auch als romantische Verabsolutierung verstanden werden kann. Es ist Ziel dieses Teiles dieser Arbeit, nach dem Ursprung der von G.L.P. Sievers für die Darstellung seiner Theorie benutzten Denkmodelle zu fragen.

A. Eine Romanvorrede: Aufklärung und Romantik

Seine Sicht der geistesgeschichtlichen Lage zur Zeit der Wende vom 18. zum 19. Jahrhundert schildert G.L.P. Sievers im August des Jahres 1804 in einer Vorrede zu seinem Roman *Der Sarg oder die Zwillingsschwestern.* Es scheint dabei symptomatisch für den damals rund 30jährigen, dass mit Kritik nach allen Seiten nicht zurückgehalten wird (S. IIIff.):

> »Ein rechtlich Gemüth, das in der heurigen bedrängten Zeit unsrer schönen Literatur (sie könnte die hässliche heissen) Lust und Liebe hat zum Dinge, das heisst zum Ediren, steht, wie der ehrliche Herkules, am Scheidewege.
> Rechts zeigt sich ein gutes, bürgerliches Gastwirtshaus, mit der Überschrift: 'Merkel et Compagnie,' wo Wasser nebst dem Freimüthigen gereicht wird. Die homogene Natur beider Bedürfnisse, wiewohl das eine leiblich und das andere geistig ist, springt in die Augen. Der Gast bekommt die Wassersucht, und in schweren Operationen giebt er seine opera von sich, Wasser nehmlich.

Die Verführung zur linken ist schon ansehnlicher. Der Schaulustige erblickt eine lustige Taverne. Die Einschrift 'zur Stadt Jena' erfüllt ihn, gleich einer magischen Formel, mit heimlichem Schauer. Die Honneurs des Hauses macht ein geschniegeltes Männlein, welches auch zugleich Thürsteher ist. Den Baum erkennt man an den Früchten, den Vogel an den Federn, also auch dies Männlein an dem Convolut Zeitungen, das ihm aus der Tasche ragt, oder an dem Ordensbande, das in seinem Knopfloche prangt. Er mengt sich übrigens in alles und hat das Schicksal des dummen Plumper. – Lucinde bietet sich, hellenisch gegürtet, den Gästen dar, und reicht ihnen eine Schaale. Sie trinken das heilige Wasser des Lethe, und vergessen, dass sie ehrliche Teutsche mit dickem Blute sind. Dieser hält sich für einen Italiäner, und macht Sonette; jener für einen Spanier, und schreibt Romanzen; ein dritter weiss nicht mehr, dass er eigentlich nur ein guter Prosaiker ist, und macht griechische Tragödien, und ein vierter hält sich gar für einen Morgenländer. Im Innern der Bude sieht es sehr bunt aus. Italiäner, Spanier, Engländer und Griechen kreuzen durch einander, und jeder Eintretende sucht sich auf einem dort befindlichen Trödel ein beliebiges Kleid dieser Nazionen aus. Doch geht es sämmtlichen Gästen, wie den Personen in der Fabel: die Eselohren sehen unter der Löwenhaut hervor. Ein Lärm lässt sich hören, wie in einer Juden-Synagoge. Jeglicher Gast deklinirt und konjugirt mit Hülfe der Grammatik seine respective Sprache. Die Geübtern übersetzen, wenn man ihnen Dikzionaire giebt. Übrigens hat diese Kneipe die Natur der Höhle des Trophonius. Stumpfsinnige Köpfe halten sich für talentvolle Geister, und wahre Genies sinken zu absoluten Idioten hinab. Jedoch will verlauten lassen, als habe diese Taverne vor einiger Zeit Banqueroute gemacht. Der Obermarquer hat in Berlin eine eigne Wirthschaft angefangen, aber seine Rechnung nicht dabei gefunden, und ist deshalb, mit einer berühmten Dame als Kammerdiener auf Reisen gegangen.«

Über den damals geistesgeschichtlich eine führende Rolle spielenden sogenannten »Jenaer Kreis« um die Gebrüder August Wilhelm und Friedrich Schlegel, der zu jener Zeit in Jena bereits Vergangenheit geworden war, scheint G.L.P. Sievers bestens orientiert. Gerade deshalb scheint er sich auch zu August Wilhelm Schlegel äusserst negativ zu äussern: dass dieser nach seinem Aufenthalt in Berlin im Jahr 1804 zum literarischen Berater und Erzieher der Kinder von Madame de Staël (1766-1817) geworden war, begeistert den Schreiber nur wenig. Als Mittelpunkt dieses »Jenaer Kreises« wird »Lucinde« beschrieben, Caroline Michaelis (1763-1809), die ehemalige Gattin August Wilhelm Schlegels, die seit 1803 mit Friedrich Wilhelm Joseph Schelling (1775-1854) verheiratet war, und die im Roman *Lucinde* (1799) durch Friedrich Schlegel auch zu einer literarischen Figur – zum »Muttermund«[1] –

1 Friedrich A. Kittler, *Aufschreibesysteme 1800/1900*, a.a.O., S. 31ff: Nach den diversen pädagogischen Fibeln des 18. Jahrhunderts ist in der für diese Zeit proklamierten Kleinfamilie die Mutter diejenige Person, welche ihrem Kind Lesen und Schreiben beibringt; das Kind erlernt die Spache durch den »Muttermund«. Die

geworden war. Auch die weiteren Mitglieder des »Jenaer Kreises« bleiben nicht verschont, so dass von einer durchaus kritischen bis bissigen Distanz zur Frühromantik gesprochen werden muss.

Sogenannt spätaufklärerischen Schriftstellern wie Garlieb Helwig Merkel oder August von Kotzebue ist G.L.P. Sievers jedoch ebenfalls nur wenig zugetan. Er scheint aus einer ihm eigenen kritischen und skeptischen Haltung heraus einen eigenen Weg zu suchen; er meidet beide oben beschriebenen Richtungen (S. X):

> »Da nun beide gegenseitig in sich selbst das Höchste des Hässlichen und des Schlechten gefunden haben, so folgt daraus, dass ausser Ihnen das Schöne und Gute liegen müsse.«

Zudem lässt sich auch ein gewisses pathologisches Märtyrertum nicht von der Hand weisen (S. XVf.):

> »Somit werfe diese meine Vorrede den Fehdehandschu unter die Gladiatoren der Critiker-Innung, und erwecke mir recht viele Feinde. Gelingt es mir nur, einen einzigen derselben zu Boden zu schlagen, so bin ich geborgen. Ich reisse ihm den Kinnbacken aus, und kämpfe wie der kleine David mit dem grossen Goliath. Der Sieg ist mein, denn sie können nicht gegen ihr eignes Bein wüthen.«

Ein modifiziertes Bild eröffnet sich dem Leser von G.L.P. Sievers' Schriften dann im Jahre 1808. Die Abhandlung »Über die Sucht, die altdeutsche Poesie auf Kosten der neuern zu erheben« bringt eine ganz andere Beurteilung der geistesgeschichtlichen Lage (*Der Freimüthige* 5 (1808), S. 494):

> »Jetzt hingegen, wo die Sonne der Philosophie das gesammte Gebiet der Kunst und Wissenschaft mit ihrem wohlthätigen Glanze erleuchtet hat, jetzt, wo, dem unwandelbaren Prinzip einer wissenschaftlichen und poetischen Kultur zu Folge, der tiefere Geist der Deutschen und ihre Romantik geweckt worden ist, wo also diese Nation nicht allein von der Kritik, sondern auch durch die Wechselwirkung des eignen Geistes im Conflicte mit Jener gebildet wird, jetzt ist es um so auffallender, wenn man noch auf kritische Aussprüche stösst, welche nach jenem Mechanismus der prosaischen Ansicht und des gesunden Menschenverstandes formirt worden sind.«

G.L.P. Sievers setzt sich nun dafür ein, (*Der Freimüthige* 5 (1808), S. 494) »bloss nach einer mechanischen Tabelle und ohne allen philosophischen und poetischen Geist« geäusserte und aus einer vergangenen Epoche stammende

---

Sprache erst ermöglicht dem neuen Individuum eine Karriere, deren Ziel es sein muss, Beamter und Dichter zu werden – in dieser Reihenfolge!

Aussprüche zu überwinden. Sein Ziel ist es, einer »vollendeten Bildung« den Weg zu ebnen (*Der Freimüthige* 5 (1808), S. 495):

> »Und von dieser einstigen, vollendeten Bildung, in welcher die Deutschen alle Völker der neuern Zeitrechnung übertreffen werden, bin ich so fest, wie von meinem Dasein überzeugt. Diese Bildung, welche aber nothwendig nie rein poetisch seyn, sondern den romantischen Charakter offenbaren dürfte, wird sich auf jeden Zweig der Kunst und Wissenschaft ausdehnen, und die Bildung aller neuern Völker übertreffen.«

Im Jahre 1808 postuliert G.L.P. Sievers ein romantisches Zeitalter, welches für ihn auch bereits begonnen hat: »Jetzt, wo der tiefere Geist der Deutschen und ihre Romantik geweckt worden ist.« Wenn nun aber im weiteren von einem Romantik-Begriff G.L.P. Sievers' gesprochen werden soll, gilt es zu berücksichtigen, dass darin durchaus auch aufklärerische Positionen eingeflossen waren. Die »Sonne der Philosophie« – ein auch im »Jenaer Kreis« oft benutztes Bild für Johann Gottlieb Fichte (1762-1814) – hatte – wie die obige Beurteilung zeigt – einen nicht geringen Anteil am Lauf der Geschichte genommen.

Gerade im Jahre 1808 ist zudem der von G.L.P. Sievers benutzte Begriff »Bildung« durchaus doppeldeutig auch politisch motiviert zu verstehen. Solches manifestiert sich etwa in der Äusserung, es sei nötig, (*Der Freimüthige* 5 (1808), S. 495) »dass die Deutsche Nation in ihrer Bildung unaufhaltsam fortschreite, und, jeden beengenden Zwang von aussen her verachtend, einer möglichst universellen Bildung entgegenstrebe.« Gegen den zu jener Zeit herrschenden »Zwang von aussen« sollte versucht werden, die Nation zu bilden: einerseits ist dabei die geistige Bildung angesprochen, andererseits wird aber deutlich auch eine Nationbildung angestrebt!

Die nationale Dehmütigung der Doppelschlacht bei Jena und Auerstedt vom Oktober 1806 hatte einen Einigungsprozess bewirkt. Die noch im Jahre 1804 von G.L.P. Sievers als sich ausschliessende Standpunkte dargestellten Ansichten der Frühromantik bzw. der Spätaufklärung, waren zu einer einzigen Anschauung verschmolzen. Eine Synthese war erreicht, eine neue Frühromantik. Es gab zwar noch Differenzen zwischen Vertretern ursprünglich unterschiedlicher geistesgeschichtlicher Positionen, doch wurden nun Kompromisse angestrebt. Es wurde nicht mehr provoziert: So kann sich G.L.P. Sievers beispielsweise nicht ohne Vorbehalt einer in romantischen Kreisen üblichen, allzu einseitigen Verehrung der »altdeutschen Poesie« anschliessen, sucht jedoch nicht die Provokation, sondern den Konsens.

In einem weiteren im fünften Jahrgang des *Freimüthigen* veröffentlichten Aufsatz »Über den musikalischen Dilettantismus« wird der Begriff der »vollendeten Bildung« dann auch auf die Kunst »Musik« übertragen: G.L.P. Sievers weist auf den sich gerade zu seiner Zeit ausbreitenden Dilettantismus in dieser Kunst hin, der seiner Meinung nach eine vollendete Bildung auf diesem Gebiet verhindere (*Der Freimüthige* 5 (1808), S. 247f.):

> »Nicht genug, dass der Künstler, der doch, eben weil es seine Profession ist, nur allein die Kunst gehörig auszubilden und zu vervollkommnen im Stande ist, durch die Dilettanten entbehrlich, ja selbst, wie bei den Liebhaber-Concerten, oft ganz überflüssig gemacht wird; so entsteht aber durch den, so arg Überhand nehmenden, Dilettantismus eine gewisse Halbheit und Plattheit, die denn auch bereits von den vielen Anhängern desselben zur absoluten Vollkommenheit ausgebildet worden ist. Und dies ist eben der unmittelbarste, reellste Schaden, der der Kunst dadurch zugefügt werden kann, und durch welchen unsre endliche höchste Bildung, von der ich bereits an einem andern Orte gesprochen habe*), über die Gebühr verspätet werden dürfte.«

In seiner Anmerkung zu diesem Aufsatz nennt G.L.P. Sievers explizit den von ihm angesprochenen »andern Ort«, an welchem er sich nochmals mit dem gleichen Thema auseinandergesetzt hatte – nämlich die *AmZ*-Aufsätze, welche als »Theorie« der Kunst »Musik« zu dieser »vollendeten Bildung« beitragen sollten.

B. Charakteristik der italienischen und französischen Musik

1. *Das Mutterland einer »romantischen Poesie«*

Im Aufsatz »Charakteristik der italienischen und französischen Musik« strebt G.L.P. Sievers danach, (*AmZ* 9 (1806/07), S. 503) »das Verhältnis der italienischen und französischen Musik, sowohl in Hinsicht auf ihre natürliche und künstliche Entstehung, als auf diejenige Wirkung, welche sie hervorbringt«, zu untersuchen (*AmZ* 9 (1806/07), S. 503):

> »Der Zweck gegenwärtigen Aufsatzes soll demnach seyn, die genetische und künstlerische Entstehung beyder Musikarten zu deducieren, und den Differenzpunkt aufzustellen, welcher beyde absolut von einander trennt.«

Ausgegangen wird dabei von einer Definition von »poetischer Anlage«, die in aufklärerischer Manier das klimatische und politische Umfeld miteinbezieht (*AmZ* 9 (1806/07), S. 503f.):

»Das äussere, materielle Bedingnis der poetischen Anlage jedes Volkes ist ein doppeltes: moralische Freyheit und Begünstigung des Klima's. Beyde Erfordernisse, die bey der Entstehung eines Volkes nur Bedingungen zu seiner poetischen Bildung sind, werden bey fortschreitender Kultur desselben intellektuelle Ursachen der negativen Anlage.«

Mit dem Hinweis auf »moralische Freyheit« nimmt G.L.P. Sievers dabei erneut auch Bezug auf die politische Situation des noch nicht als Nation existierenden Deutschland (*AmZ* 9 (1806/07), S. 504):

»Aber unter moralischer Freyheit verstehe ich keine religiöse Gewissensfreyheit, wie leicht zu begreifen ist, sondern denjenigen kräftigen Ausflug des Geistes, der durch keine Einwirkung politischer Umstände gelähmt und niedergebeugt wird, und dessen rastloses Emporstreben die Ketten der Sklaverey nicht zu fürchten hat.«

G.L.P. Sievers richtet sein Augenmerk in diesem ersten Aufsatz jedoch nicht auf seine Heimat, sondern beschäftigt sich ausschliesslich mit Frankreich und Italien. Im direkten Vergleich der beiden von ihm als »Nationen«[2] bezeichneten Gebilde unterliegt dabei Frankreich eindeutig; die Französische Revolution, durch welche die Freiheit des Einzelnen angestrebt worden war, und welche sich in bezug auf »moralische Freyheit« geradezu anbieten würde, wird keines Wortes gewürdigt. Diese Sehensweise muss als Auffassung eines von Frankreich gedehmütigten Deutschen verstanden werden: Die Okupation der Heimat hatte jegliche Annäherung an Frankreich unmöglich werden lassen (*AmZ* 9 (1806/07), S. 504f.):

»Wenn wir nun, in Hinsicht auf solches freyes Handeln und Streben des Geistes, einen Blick auf Italien und Frankreich werfen, und diese beyden Länder seit der Wiederherstellung der Künste und Wissenschaften mit einem vergleichenden Massstabe betrachten: so müssen wir finden, dass in Italien, wo in dem goldenen Mittelalter, dem Erzeuger aller neuern Kunst, ein ewiger Kampf um Freyheit und Oberherrschaft Statt fand, der strebende Geist in starker mächtiger Anstrengung gewirkt hat, und somit einer hohen Kunstbegeisterung um so fähiger gemacht worden ist; dass in Frankreich hingegen, wo schon seit beynahe anderthalb tausend Jahren die Unwandelbarkeit der monarchischen Regierungsform die freye Tätigkeit des Geistes gehemmt hat, die Kunst im höhern Sinne des Worts, in so fern sie das

2 Es sei darauf hingewiesen, dass die »Nation« Italien 1805 durchaus gegen ihren Willen von Napoleon geeinigt worden war, und dass diese Nation nach dem Ende Napoleons wieder in die alten Herrschaftsverhältnisse zurückfiel. Erst am 17. März 1861 wurde das »Königreich« Italien offiziell proklamiert – als »Königreich«; mit einer Regierungsform also, die nach G.L.P. Sievers' Auffassung nicht zum »Gedeihen der Künste« beiträgt.

Resultat der höchsten Freyheit des produktiven Geistes ist, zu keinem kräftigen Gedeihen hat gelangen können.«

Der italienische Freiheitskampf förderte die Kunstbegeisterung. So etwa könnte G.L.P. Sievers' Fazit seines Vergleichs der italienischen und französischen Nation lauten. Durch die politischen Umstände war der (*AmZ* 9 (1806/07), S. 505) »poetische und romantische Geist in Italien mehr, wie in jedem andern Lande geweckt« worden und wurde »eben dieses Land in der spätern Zeit für die Heimath aller poetischen und romantischen Wunder gehalten«: Italien musste zum »Mutterland« einer »neugeborenen Kunst«, einer »romantischen Poesie«, werden (*AmZ* 9 (1806/07), S. 505):

»Italien muss daher mit Recht für das Mutterland der neugeborenen Kunst, insbesondere aber der neuern Poesie, das heisst der romantischen, gehalten werden.«

Bei der Beantwortung der Frage nach einem genaueren Zeitpunkt, den Anfängen einer »romantischen Poesie« in Italien, wird von G.L.P. Sievers (*AmZ* 9 (1806/07), S. 680) »das sechzehnte Jahrhundert, die Wiege aller neuern Poesie und Kunst«, in Erwägung gezogen. G.L.P. Sievers' idealistische Vorstellung einer »alten italienischen Kirchenmusik« scheint dabei einen nicht geringen Einfluss auf diese Entscheidung auszuüben. Dieser Tatsache wird im fünften Teil der Arbeit noch eingehender Rechnung getragen werden; ein Vergleich der Aussagen G.L.P. Sievers' mit denjenigen E.T.A. Hoffmanns, der sich einige Jahre später ebenfalls zur italienischen Kirchenmusik äussert, wird verdeutlichen, dass die beiden Zeitgenossen bei diesem Thema durchaus einer Meinung sind: für beide stellt die italienische Kirchenmusik des 16. Jahrhunderts ein romantisches Ideal dar.

Mit seiner Idee von Italien als dem »Mutterland der romantischen Poesie« befindet sich G.L.P. Sievers im übrigen natürlich ganz im Trend der geistesgeschichtlichen Diskussionen seiner Zeit. Seit der *Geschichte der Kunst des Altertums* (1764) Johann Joachim Winckelmanns (1717-1768) spukte diese Idee in den Köpfen einer Elite, doch sind entsprechende Ausführungen bei Johann Gottfried Herder (1744-1803) oder den Gebrüdern Schlegel dann doch differenzierter. G.L.P. Sievers' Äusserungen lassen eher an die frühromantischen Schwärmereien eines Wackenroder denken, der in seinen *Herzensergiessungen eines kunstliebenden Klosterbruders* eine ähnliche Sehnsucht nach dem »gelobten Land der Kunst« bzw. dem »gelobten Land Italia« ausgesprochen hatte.[3]

Die Frage, ob das jeweilige politische System oder das Klima die Ausbildung der Künste beeinflussten, wurde ebenfalls bereits vor G.L.P. Sievers

3 Wilhelm Heinrich Wackenroder, »Herzensergiessungen eines kunstliebenden Klosterbruders«, a.a.O., S. 147 und 209.

Arbeiten eingehend erörtert: Bereits in Herders Diskurs *Vom Einfluss der Regierung auf die Wissenschaften, und der Wissenschaften auf die Regierung* (1780) oder in dessen *Ideen zur Philosophie der Geschichte der Menschheit* (1784-1791) waren beispielsweise beide Aspekte zur Sprache gekommen.[4]

Einige von G.L.P. Sievers' Gedanken zu Italien erinnern im übrigen auch an Friedrich Bouterwek (1766-1828). Dieser, einer Frühromantik über längere Zeit kritisch gegenüberstehende Philosoph, der von G.L.P. Sievers im *Conversationslexikon* im Artikel »Melodrama« als Quelle genannt wird (*Brockhaus*, Bd. 6, S. 298), hatte in den Jahren 1801 bzw. 1802 die Italien betreffenden, ersten beiden Bände seiner Abhandlung *Geschichte der Poesie und Beredsamkeit* (1801-1819) veröffentlicht. Sie enthalten den Ausführungen G.L.P. Sievers' durchaus ähnliche Beschreibungen: In jenem Land, in welchem der »Geist der Freiheit« herrschte und das als »Wiege der katholischen Orthodoxie« beschrieben wird, »erhob sich mit dem Anfang des sechzehnten Jahrhunderts das Kunstgenie«.[5]

Schon diese ersten Konstruktionen aus dem ersten *AmZ*-Aufsatz von G.L.P. Sievers verdeutlichen, dass auf gängige Modelle zurückgegriffen wird; auf Modelle, die ganz unterschiedlichen geistesgeschichtlichen Strömungen entstammen können. Mit dieser Strategie des Plagiats verstösst G.L.P. Sievers zwar gegen unser heutiges Verständnis des Begriffs »Autor«, doch stammt dieses Verständnis eben – wie eingangs erläutert – erst aus einer späteren Zeit, so dass unserem »Autoren« daraus kein Vorwurf gemacht werden darf. Der gesamte Apparat des Musikschrifttums scheint zu jener Zeit dieser Strategie verpflichtet.

Die Modelle dienen dazu, G.L.P. Sievers' Geschichtsbild zu untermauern; er begründet mit ihrer Hilfe seine Auffassung einer romantischen Kunst »Musik«. Beispielsweise wird ein Modell – nämlich jenes, dass unterschiedliche Regierungsformen auch unterschiedliche Kunstauffassungen bewirken – dazu benutzt, eine vorgeprägte Ansicht über die Unterschiede der Geschichte der Kunst »Musik« einzelner Länder zu verdeutlichen: Nur in jenem Land, in

---

4 Johann Gottfried Herder, »Vom Einfluss der Regierung auf die Wissenschaften, und der Wissenschaften auf die Regierung«, in: *Herders sämtliche Werke*, hg. von Bernhard Suppan, 33 Bde., Berlin 1877-1913, Bd. 9, S. 307-408 und ders., *Ideen zur Philosophie der Geschichte der Menschheit*, (= *Herders sämtliche Werke*, a.a.O., Bd. 13 und 14).

5 Friedrich Bouterwek, *Geschichte der Poesie und Beredsamkeit seit dem Ende des dreizehnten Jahrhunderts*, 11 Bde., Göttingen 1801-1819, Bd. 1, S. 5 und Bd. 2, S. 4.

welchem sich durch den Freiheitskampf gestärkt ein freier Geist entwickelt hatte, in Italien, entstand auch eine romantische Kunstauffassung.[6]

Bei der Beurteilung der deutschen Kunst gelangt unser Protagonist im übrigen später zu einer ähnlichen Auffassungen: Auch G.L.P. Sievers' Heimat war von den Franzosen besetzt worden und auch in seiner Heimat hatte sich für ihn eine romantische Kunstauffassung durchgesetzt (die Chronologie spielt dabei nur eine untergeordnete Rolle). Diese parallele Sehensweise führt dazu, dass G.L.P. Sievers Italien und Deutschland als Schicksalsgemeinschaft auffasst.

2. *»Witzig« als Gegenkategorie von »poetisch«*

Ziel von G.L.P. Sievers' *AmZ*-Aufsatz ist es, den Unterschied zwischen französischer und italienischer Musik zu begründen, wobei er eindeutig für die italienische Partei ergreift. Unter Umgehung der Französischen Revolution – unter Berücksichtigung der vorrevolutionären Regierungsform – erreicht er eine grundsätzliche Kritik der französischen Verhältnisse (*AmZ* 9 (1806/07), S. 505):

> »Wenn nun in Frankreich eine uralte Monarchie, den zur Dichtkunst emporstrebenden Geist in Masse niedergedrückt hat, so ist hingegen die Flamme desselben in tausend einzelnen Funken der unterdrückenden Macht entsprüht, und der Geist hat gelernt, an den Einzelheiten des menschlichen Lebens zu poetisieren – das heisst, er ist w i t z i g geworden, statt dass er hätte das eine Ganze des Ursprünglich-Ewigen poetisch auffassen und festhalten sollen.«

Französische und italienische Regierungsform werden als These und Antithese einander gegenübergestellt und aus den jeweiligen politischen Verhältnissen wird auf den Charakter des entsprechenden Kompositionsstils geschlossen (*AmZ* 9 (1806/07), S. 506):

---

6 Vgl. auch Friedrich Bouterwek, *Geschichte der Poesie und Beredsamkeit seit dem Ende des dreizehnten Jahrhunderts*, a.a.O., Bd. 2, S. 7f.: Bouterwek gelangt im Zusammenhang mit Italien zu ähnlichen Ideen: Er geht ausführlich auf die seit dem 16. Jahrhundert fast immerwährende Okkupation dieses Landes ein und meint, dass diese die Italiener »ihre politische Ohnmacht zum ersten Male tief empfinden« und sie »eine Dehmüthigung erleben« liess: »Dahin also strebte nun gewaltig der Nationalgeist der Italiener, durch freie Thätigkeit und schwelgerischen Genuss in den Freuden der Kunst und Wissenschaften sich schadlos für die Opfer zu halten, die ihr Ehrgefühl in allen Staatsverhältnissen den ausländischen Herrschern bringen musste.«

»Jener ist witzig – das heisst, die französische Komposition bekümmert sich nicht um das innere Höchste der Masse, sondern um das Einzelne des Buchstabens, indem sie den belebenden Geist über dem todten Worte vergisst. Daher ist in ihr die Mahlerey einzelner Leidenschaften, Naturbegebenheiten, und aus dem Zusammenhange des Sinnes herausgerissener Worte recht eigentlich zu Hause. (...) Der Charakter der italienischen Komposition hingegen ist poetisch, weil er stets das Totale wiedergiebt und den einzelnen Begriff unbeachtet lässt.«

Bei seinen Erläuterungen geht G.L.P. Sievers im übrigen jeweils immer auch auf den zu vertonenden Text ein, denn wenn er sich zu »Musik« äussert, bezieht er sich nicht auf textlose Instrumentalmusik, sondern meint die Oper (*AmZ* 9 (1806/07), S. 506):

»Die Poesieen, welche ihren [den französischen] Kompositionen zu Texten dienen, besonders die lustigen, sind deshalb auch witzig und halten das eigentlich Komische, wie eine After-Gattung, sehr konsequent streng von sich geschieden und ausgeschlossen.«

Französische Texte werden als »rein witzig« bezeichnet; umgekehrt sind italienische Texte »stets rein komisch, das heisst poetisch; und schliessen das Witzige absolut von sich aus.« Und diese Feststellung lässt G.L.P. Sievers schliesslich auch konkret auf die italienische Oper zu sprechen kommen (*AmZ* 9 (1806/07), S. 507):

»Da die Musik durch tönende Bilder ein poetisches Ganzes wol zu einer romantischen Ahnung, oder zu einer geistigen Anschauung zu bringen im Stande ist, aber keine Einzelheiten philosophisch zu analysiren vermag; so folgt hieraus, dass die grösste Allgemeinheit in ihr herrschen müsse, die alle schärfere Charakteristik, so wie jegliche Individualität von sich ausschliesst. Diesem nothwendigen Bedürfnisse der musikalischen Komposition zu Folge, sind alle Charaktere in den italienischen Opern-Texten nur in allgemeinen Umrissen gegeben und keineswegs durch bedeutende Züge, sondern im Gegentheil sehr leicht und unbestimmt gehalten worden, so dass die musikalische Darstellung durch diese komischen Gebilde des allerhöchsten Effekts fähig wird.«

Die Überlegungen G.L.P. Sievers' lassen sich zu folgendem Denkschema zusammenfassen: Der »poetische« Charakter der italienischen Musik erklärt sich aus dem »Erfassen des Totalen«, wobei der zu vertonende Text vom Charakter her stets »komisch« ist. Der Charakter der französischen Musik dagegen ist »witzig«, was stets nur ein »Erfassen des Einzelnen« bedeutet. Die französischen Texte sind entsprechend lediglich als »witzig« zu bezeichnen.

Auf das gleiche Denkschema kommt G.L.P. Sievers dann einige Jahre später auch in seinem Buch *Schauspieler-Studien* zurück, wobei nun auch die in der *AmZ* weitgehend ausgeklammerte Antike einbezogen wird. Im Zusammenhang mit der Kunst »Poesie« verweist der Verfasser auf eine grundsätzliche Unterteilung, die sich aus der Geschichte dieser Kunst ergebe: nämlich auf eine Unterscheidung zwischen antiker und romantischer Kunst (S. 9):

> »Abgesehen nun von Form und Inhalt, zerfällt die Poesie, wenn wir ihrer innersten Natur und ihrem ersten und tiefsten Grundsatze nachspüren, in zwei, absolut von einander unterschiedene Haupt-Gattungen, nemlich in die reine Poesie der Griechen, und in die romantische der Neuern, wozu noch, als eine ganz eigene Abart, die witzige der Franzosen gerechnet werden muss.«

Die Differenz zwischen der »reinen Poesie der Griechen« und der »romantischen der Neuern« wird im weiteren Verlauf der Ausführungen modifiziert, wobei über den Charakter der griechischen Poesie festgehalten wird, dass sie noch unmittelbare Poesie gewesen sei, nicht mittelbar, wie die romantische (S. 10):

> »Die Erfahrung zeigt uns, dass dieses Volk in der alten Welt die höchste Geistes-Cultur besessen habe. Diese Cultur der Griechen war die Folge eines höchsten, reinsten, unmittelbarsten Ideals, welches in ihnen wohnte, dessen sie sich vollkommen bewusst waren und welches der Schöpfer ihrer Poesieen war. Sie dichteten, mit einem Worte, aus unmittelbarster Eingebung dieses Ideals, das sie kannten, das nicht erst von ihnen geahnet zu werden brauchte, sondern welches vielmehr sichtbar in ihrer Nähe vorhanden gewesen, und mit dem sie nicht allein geistig, sondern sogar durch Verwandtschaft befreundet gewesen waren. Welches war nun dieses Ideal? Die Götter.«

Die Griechen kannten ihre Götter als (S. 11) »eine vervollkommnete, gesteigerte Menschheit.« Und diese im Gegensatz zum Christentum stehende Auffassung von Gott zeitigte nach G.L.P. Sievers' Meinung auch Auswirkungen auf die Poesie dieses Volkes: Die Griechen werden als Besitzer einer »unmittelbaren, reinen Poesie« vorgestellt (S. 11 und 13):

> »Die Poesie der Griechen war also unmittelbarer Erguss des wirklichen Genusses, reine, kräftige Freude über den Besitz des Vorhandenen, des Bekannten.«
> »Daher war die Poesie Erguss der Freude über den wirklichen Besitz der Gottheit, die sie kannten und nicht erst zu ahnen brauchten, also Erzeugnis eines überströmenden, geniessenden Gefühls, entblösst von jeder Beimischung einer strebenden, ringenden Sehnsucht.«

Aus dieser Anschauung der Antike, die – wie ein Vergleich im nächsten Abschnitt zeigen wird – natürlich auch nicht neu ist, leiten sich in den *Schauspieler-Studien* dann zwei Definition ab: Zum einen wird eine Definition von »reiner« oder »poetischer Poesie« gegeben (S. 11):

> »Diese Geistes-Bildung der Griechen im Allgemeinen nun ist die rein poetische genannt worden, und ihre Poesie heisst daher die reine, oder die poetische, ein Ausdruck, der in der letzten Zeit verspottet worden ist, der aber, als sehr zweckmässige Bezeichnung dieses Begriffs, immerhin beibehalten zu werden verdient.«[7]

Zum andern wird eine Definition von »romantischer Poesie« formuliert (S. 12f.):

> »Die Religion der Griechen bildete also mit der christlichen Religion der Neuern den absoluten Gegensatz, und zwar aus folgenden Gründen. Wenn die Religion der Griechen dankbare, freudige Verehrung der von ihnen mit dem Verstande begriffenen, in Zeit und Raume vorhandenen Götter war; so beruht die Religion der Christen auf einem blossen Glauben an Gott, auf einer blossen Sehnsucht nach dem höchsten Wesen, einer Sehnsucht, die da gerade schwermüthige Gefühle äussern muss, wo die Griechische Religion freudiges Entzücken darthut. Und hierin liegt nicht allein der Unterschied der Griechischen und der christlichen Religion, sondern auch der entscheidende Charakter der alten und neuen Poesie. Jene ist Erguss der Freude am Besitze; diese Sehnsucht nach diesem Besitze; jene demnach handelnd, diese leidend.«

Ein zentraler Begriff, der den Unterschied der beiden Auffassungen noch untermauert, ist dabei die »Phantasie« (S. 12f.):

> »Aus demselben Grunde ist auch in der Griechischen Poesie dasjenige nicht vorhanden, was wir Neuern Phantasie zu nennen pflegen. Denn diese ist nichts weiter, als die Kraft in uns, Gebilde nach einem von uns geahnten, aber nicht gekannten, nicht bewussten Ideale zu schaffen. Da nun die Griechen kein solches Ideal zu ahnen brauchten, sondern es vielmehr schon wirklich besassen; so mussten sie natürlich des Strebens nach einem unbewussten Ideale Schöpfungen zu machen, gänzlich entbehren. Die Griechen hatten also, wie lehrwidrig dies auch den meisten Deutschen Critikern scheinen möchte, durchaus dasjenige nicht, was wir Neuern Phantasie nennen.«

Und auf dem Begriff »Phantasie« wird dann eine weitere Defintion von »romantischer Poesie« aufgebaut, innerhalb derer auch der Begriff »Sehnsucht« Erwähnung findet. »Sehnsucht« steht dabei für eine Sehnsucht nach der Reinheit und Unmittelbarkeit der Antike und kann in den Schriften unseres Protagonisten noch auf Ursachen zurückgeführt und verständlich mit Romantik in Verbindung gebracht werden (S. 13):

---

7 Wer den Begriff »poetische Poesie« zu dieser Zeit verspottete, konnte nicht in Erfahrung gebracht werden. Ich vermute, die Kritik G.L.P. Sievers' geht in Richtung der Romantik-Kritiker Merkel und Kotzebue.

»Und diese Phantasie ist eben der charakteristische Unterschied der Griechischen und der neuern Poesie. Denn sie besteht in einer nie befriedigten, stets ahnenden Sehnsucht nach einem unbekannten, unbewussten Ideale, welche Sehnsucht, wenn sie sich poetisch äussert, dasjenige hervorbringt, was wir romantische Poesie zu nennen pflegen.«

Der Begriff »Sehnsucht« entbehrt dagegen etwa gleichzeitig in E.T.A. Hoffmanns Texten jeglicher Grundlegung; er scheint bei diesem bereits zu einem Topos der Romantik geworden, der nicht mehr erläutert zu werden braucht (*AmZ* 12 (1810), S. 633):

»Beethovens Musik bewegt die Hebel des Schauers, der Furcht, des Entsetzens, des Schmerzes und erweckt jene unendliche Sehnsucht, die das Wesen der Romantik ist.«

Dass G.L.P. Sievers' Ausführungen zu einer Geschichte der Kunst »Poesie« in den *Schauspieler-Studien* – parallel zu seinen früheren Ausführungen im *Freimüthigen* oder in der *AmZ* – wiederum durchaus auch politische Ziele verfolgen, zeigt sich erneut an einigen doppeldeutigen Formulierungen: so in der erneuten Verbindung von Freiheitskampf und Kunstinstinkt (S. 14f.):

»Wenn die Poesie, so wie überhaupt jedes künstlerische Streben, wie gar nicht mehr bewiesen zu werden bedarf, nur der äussere Abdruck eines innern völlig freien Gemüths ist, das in seinem Streben nach dem Höchsten keine irdische Beengung anerkennen darf, noch mag; so geht daraus hervor, dass nur die republicanische, oder eine dieser ähnliche Verfassung (das heisst, eine solche, wo stetes Streben nach Freiheit herrscht) der eigentlichen poetischen Bildung eines Volks zuträglich sein könne, und dass, wo ein solches, rastloses Kämpfen nach Freiheit fehlt, der Geist in eine Unthätigkeit und Schlaffheit verfallen müsse, die gerade im entgegengesetzten Verhältnisse zu der Regsamkeit steht, welche ein Volk zur poetischen Cultur bildet. Diese Wahrheit wird von der alten und neuen Geschichte bestätigt und bedarf, da die Beweise sich jedem Forscher von selbst aufdringen, keiner fernern Darlegung. Waren die Griechen nicht das freieste Volk der alten Welt, und wem dürften nicht die Kämpfe für Freiheit, Eigenthum und Vaterland der Italiäner, Spanier, Deutschen, Engländer und theilweise auch der nordischen Europäischen Völker im Mittel-Alter, der Wiege der neuern poetischen Bildung, unbekannt sein?«

Bei der Aufzählung von Freiheitskämpfen bleibt eigenartigerweise die Französische Revolution erneut unberücksichtigt; erneut findet eine Disqualifikation Frankreichs statt, die nur politisch motiviert verstanden werden kann. G.L.P. Sievers hält auch in den *Schauspieler-Studien* den Charakter des französischen Regierungssystems für durchaus nicht republikanisch und formuliert auch im Jahre 1813 eine in einem vorrevolutionären absolutistischen System verankerte Kunstauffassung der Franzosen (S. 15f.):

»In Frankreich allein, wo schon seit dem vierten Jahrhundert die Monarchie begründet war, hat kein Streben nach Freiheit und keine Begeisterung für Vaterland Statt finden können und der Geist der Franzosen, dessen Flamme schon seit jener Zeit in dem monarchischen Systeme befangen war und welcher, dem zu Folge, nach keinem Höchsten zu streben vermochte, hat nur in einzelnen Funken, die der unterdrückenden Gewalt entsprüht sind, wirken können, welche Funken sich dann auf das gesellschaftliche Leben geworfen, dies als das Höchste anerkannt und die Form desselben, bei welcher der Buchstabe gleichsam zum Geiste umgeschaffen wurde, zur möglichsten Vollkommenheit ausgebildet haben. Diese Kraft nun in den Franzosen, nur das Einzelne zu beachten, das Totale aber durchaus nicht anzuerkennen, hat sie zum witzigsten und gebildetsten Volke der neuern Zeit gemacht. So, dünkt mich, habe ich die auffallende Erscheinung der ganz eignen und sich vor allen andern Völkern auszeichnenden Französischen Nazional-Bildung zur Genüge erklärt, und es darf fortan keine Rede weiter davon sein, die Kunst- und gesellschaftliche Cultur der Franzosen für zufällig zu halten, sondern wir werden gezwungen sein, in derselben eine absolute Nothwendigkeit zu erkennen, welcher der sich bildende Geist der Nazion nach den oben angedeuteten Grundsätzen sich zu fügen gezwungen war.«

Die Ausführungen in den *Schauspieler-Studien* verdeutlichen, dass G.L.P. Sievers sein ästhetisches Modell sowohl auf die Kunst »Musik« als auch auf die »Poesie« angewandt sehen möchte. Die Anwendung auf die »Poesie« lässt dabei überaus viele Rückschlüsse auf mögliche Quellen zu, da gerade diese Kunst in den ästhetischen Diskussionen der damaligen Zeit eine zentrale Rolle spielte. Beim Vergleich zu Einteilungen anderer Ästhetiker jener Zeit fällt dabei die spezielle Stellung von »witzig« auf. »Witzig« ist für G.L.P. Sievers die Gegenkategorie des »poetischen«; innerhalb der Kategorie »poetisch« wird zudem eine »reine« oder »poetische Poesie« von einer »romantischen« unterschieden.

G.L.P. Sievers entwirft ein Modell, welches in bezug auf die Kunst »Musik« einander gegenüberstehende Auffassungen erklärt. Wenn G.L.P. Sievers von »romantischer Musik« spricht, meint er eine im Gegensatz zu einer wie auch immer gearteten antiken Musik stehende »neuere Musik der Italiener und Deutschen«, von welcher die französische Musik, die eine Eigenentwicklung durchmachte, unterschieden wird – und dies eben gerade zu einem Zeitpunkt, als die Franzosen sich im Krieg mit Italienern und Deutschen befinden.

3. *Ein Vergleich: Graecomanie und Gallophobie*

Die sich stetig mehrende Enttäuschung über den Misserfolg der französischen Revolution und das Nicht-Einsetzen gesellschaftlicher oder ökonomischer Umwälzungen brachte in den 1790er Jahren innerhalb des »Jenaer Kreises« eine Diskussion über die Antike in Gang, wie sie mit der »Querelle des Anciens et des Modernes« eigentlich bereits einmal ausgefochten worden war. Ergebnisse dieses Streites waren die in der Schillerschen Zeitschrift *Die Horen* abgedruckten Aufsätze »Über naive und sentimentalische Dichtung« (1795) von Friedrich Schiller und »Über das Studium der griechischen Poesie« (1795-1797) von Friedrich Schlegel, in denen eine Bestandesaufnahme vorgenommen wurde; Schiller entwickelte dabei für die Antike den Begriff des »naiven«:

> »Bei diesen [den Griechen] artete die Kultur nicht so weit aus, dass die Natur darüber verlassen wurde. Der ganze Bau ihres gesellschaftlichen Lebens war die Eingebung eines naiven Gefühls, die Geburt einer fröhlichen Einbildungskraft, nicht der grübelnden Vernunft, wie der Kirchenglaube der neuern Nationen.«[8]

Ich schliesse mich in diesem Zusammenhang der Meinung Gerda Heinrichs an, die die Ansicht vertritt, dass Schiller und Friedrich Schlegel im Anschluss an Johann Joachim Winckelmann, Gotthold Ephraim Lessing (1729-1781) und Johann Gottfried Herder ausgesprochen politische Anliegen vertraten: Ein demokratischer Charakter der griechischen Kunst wurde dem Charakter der Kunst des eigenen Zeitalters kritisch gegenübergestellt. Die griechische Antike diente seit den frühen 1790er Jahren als neues Ideal, nicht zuletzt auch deshalb, weil die Ideale der Französischen Revolution ihre Geltung verloren hatten.[9] Über dieses neue Ideal hoffte man aber durchaus noch realistisch und optimistisch, die Ziele der Revolution in naher Zukunft doch noch verwirklichen zu können.[10]

Das Ideal einer griechischen Antike ist auch in den Arbeiten G.L.P. Sievers' eindeutig manifest; für die Jahre 1807 bis 1813, in denen unser Protagonist seine Ansichten formulierte, gilt es jedoch zu modifizieren: Aus einem ur-

---

8 Friedrich Schiller, »Über naive und sentimentalische Dichtung«, in: *Philosophische und vermischte Schriften*, (= *Werke*, hg. von Ernst Jenny, 10 Bde., Basel 1945/46, Bd. 10), S. 208-321, S. 230.

9 Gerda Heinrich, *Geschichtsphilosophische Positionen der deutschen Frühromantik*, Berlin 1976, S. 95.

10 Ähnlich realistisch wird ja üblicherweise auch Friedrich Schlegels im Jahre 1798 formulierte Strategie einer »progressiven Universalpoesie« aufgefasst (vgl. Friedrich Schlegel, »Fragmente«, in: *Das Athenaeum. Eine Zeitschrift* 2 (1798); Nachdruck: Darmstadt 1960, S. 179-322, S. 204).

sprünglich realistischen und optimistischen Ideal war spätestens seit der politischen Katastrophe von 1806 eine resignative Sehnsucht geworden. Es drängte sich ein Denken in Gegensätzen in den Vordergrund, eine Gegenüberstellung von heidnischer Antike und christlicher Neuzeit: ein Gegensatz, wie er prägnant bereits von Jean Paul/Johann Paul Friedrich Richter (1766-1828) in seiner *Vorschule der Ästhetik* (1804) formuliert worden war:

> »Ursprung und Charakter der ganzen neuern Poesie lässt sich so leicht aus dem Christentum ableiten, dass man die romantische ebensogut die christliche nennen könnte.«[11]

Jean Paul nimmt in den Diskussionen der damaligen Zeit jedoch eine Zwischenstellung ein, weshalb seine Äusserungen durchaus immer auch ironisch als Kritik an der Romantik verstanden werden können. Gerade seine Gleichstellung von »romantisch« und »christlich« deutet jedoch an, das der Gegensatz »um 1800« – oder kurz danach – tatsächlich »zu den selbstverständlichen Denkformen der philosophisch gebildeten gehörte.«[12]

Bei August Wilhelm Schlegel ist ein solcher Gegensatz sowohl in den *Charakteristiken und Kritiken* (1801) als auch in den Berliner (1801-1804) bzw. Wiener (1808) *Vorlesungen über dramatische Kunst und Litteratur*, welche im Jahre 1809 erstmals gedruckt erschienen, manifest:

> »Für unsern Zweck, nämlich um die Haupteintheilung zu rechtfertigen, welche wir in der Kunstgeschichte machen, und wonach wir folglich auch die Geschichte der dramatischen Litteratur abzuhandeln gedenken, möchte es hinreichen, diese so in

---

11 Jean Paul/Johann Paul Friedrich Richter, *Vorschule der Ästhetik*, in: *Sämtliche Werke*, hg. von Norbert Miller, München 1963ff., Bd. 5, S. 7-456, S. 93. – Vgl. auch Carl Dahlhaus, *Klassische und romantische Musikästhetik*, a.a.O., S. 106: Dahlhaus sieht im Denken in den Antithesen »heidnisch-antik« und »christlich-modern« eine sich immer ausgeprägter manifestierende und historisch bedingte Tendenz zur Flucht, durch welche »der äussern Welt die innere, dem Endlichen oder Begrenzten das Unendliche, dem Naiven das Reflektierte oder Sentimentalische und dem ruhigen Besitz des Natürlichen die Sehnsucht nach der Natur gegenübergestellt wird.« Und mit Jean Pauls *Vorschule der Ästhetik* wird weiter festgehalten: »Was bleibt nun dem poetischen Geiste nach diesem Einsturze der äussern Welt noch übrig? – Die, worin sie einstürzte, die innere. Da aber die Endlichkeit nur an Körpern haftet und da in Geistern alles unendlich ist oder ungeendigt: so blüthe in der Poesie das Reich des Unendlichen über der Brandstätte der Endlichkeit auf (...) Statt der griechischen heitern Freude erschien entweder unendliche Sehnsucht oder die unaussprechliche Seeligkeit.«

12 Carl Dahlhaus, *Klassische und romantische Musikästhetik*, a.a.O., S. 106.

> die Augen fallende Entgegensetzung des Antiken oder Klassischen und des Romantischen nur aufgestellt zu haben.«[13]

Dass G.L.P. Sievers die *Vorlesungen über dramatische Kunst und Litteratur* August Wilhelm Schlegels kannte, lässt sich anhand eines längeren Zitats im Artikel »Melodrama« im *Conversationslexikon* schliessen (*Brockhaus*, Bd. 6, S. 298); streiten lässt sich höchstens noch darüber, wann vor 1815 der Lexikograph von diesen Vorlesungen Kenntnis erhielt! Wenn G.L.P. Sievers jedoch in den *Schauspieler-Studien* ausdrückt, dass die Poesie der Griechen »unmittelbarer Erguss des wirklichen Genusses, reine kräftige Freude über den Besitz des Vorhandenen, des Bekannten«, »unmittelbare Eingebung« oder »Erguss der Freude am Besitz« genannt werden müsse, während die neuere Poesie eine »Sehnsucht nach diesem Besitze« sei, lässt sich darin eindeutig August Wilhelm Schlegels Vorbild erkennen:

> »Die Poesie der Alten war die des Besitzes, die unsrige ist die der Sehnsucht.«[14]

G.L.P. Sievers' Auffassung von »Romantik« kann über den Zeitraum von 1807 bis 1813 in Übereinstimmung zu derjenigen August Wilhelm Schlegels aus den Jahren 1801 bis 1808 gesehen werden. Er scheint damit ein perfektes Beispiel eines Musikschriftstellers, der sich in diesen Jahren der Ideen der Frühromantiker bedient.

Bereits Jean Paul konnte sich jedoch mit August Wilhelm Schlegels Auffassung von Kunst nicht mehr identifizieren. Er wies darauf hin, dass Schlegels Ansichten eine endgültige Aufgabe objektiver Werte bedeuteten: Die Geschichte werde nicht mehr erlebt, wie es bei den Griechen noch üblich gewesen sei, sondern man schaffe sich eine Gegenwelt. Und ziemlich deutlich wird auch die Ursache dieser Weltflucht bezeichnet: der letzte Rest einer rationalen Wahrnehmung war durch den subjektiven Idealismus eines Johann Gottlieb Fichte hinweggefegt worden:

> »Wenig kann daher das stärkste Geschrei nach Objektivität aus den verschiedenen Musen- und andern Sitzen verfangen und in die Höhe helfen, da zu Objektivität durchaus Objekte gehören, diese aber neuerer Zeiten teils fehlen, teils sinken, teils (durch einen scharfen Idealismus) gar wegschmelzen im Ich.«[15]

---

13 August Wilhelm Schlegel, *Vorlesungen über dramatische Kunst und Litteratur*, (= *Sämtliche Werke*, hg. von Eduard Böcking, Leipzig 1846/47, Bd. 5 und 6), Bd. 5, S. 12.

14 August Wilhelm Schlegel, *Vorlesungen über dramatische Kunst und Litteratur*, a.a.O., Bd. 5, S. 16.

15 Jean Paul/Johann Paul Friedrich Richter, *Vorschule der Ästhetik*, a.a.O., S. 73.

Diese Romantikkritik Jean Pauls scheint von G.L.P. Sievers in seinen frühen *AmZ*-Aufsätzen wenig berücksichtigt zu werden. Trotzdem gilt es in diesen Arbeiten jedoch einiges an Diskrepanz zur sogenannten Frühromantik zu konstatieren; wenn G.L.P. Sievers auf seine Ansichten zu französischer Kunst zu sprechen kommt, tritt auch er aus dem üblichen frühromantischen Rahmen heraus: Mit seiner Gleichsetzung von »witzig« und »Frankreich« und mit dem entsprechenden Gegensatz zu »romantisch« bzw. »Deutschland« hebt er sich bemerkenswert von den literarischen Diskussionen seiner Zeit ab. Trotz einiger Ansatzpunkte bei diversen Autoren der Zeit, wird der Begriff »Witz« von niemandem sonst so konsequent mit Frankreich in Verbindung gebracht.

Friedrich Schiller meint im Kontext französischer Erzählungen, einige derselben als »nur witzig, nur prosaisch, nur lüstern« bezeichnen und ihnen die Charakterisierung »poetisch, menschlich und naiv« entgegenstellen zu können; an anderer Stelle attestiert er jedoch letzteres auch den Franzosen.[16]

Jean Paul äussert sich ausführlich zum Thema »Witz«, berücksichtigt diesen jedoch nicht nur im Zusammenhang mit Frankreich, sondern bespricht auch denjenigen anderer Völker. Als den Ausführungen G.L.P. Sievers' ähnelnd, lässt sich höchstens ein Abschnitt über Satire und Scherz zitieren:

> »Je unpoetischer eine Nation oder Zeit ist, desto leichter sieht sie Scherz für Satire an (...). Der freie Scherz wird in Paris, wie an Höfen, gefesselte Anspielung; so wie die Pariser sich durch ihre witzige Anspielung-Sucht sowohl die Freiheit als den Genuss der ernsten Dichtung rauben.«[17]

Friedrich Bouterwek vertritt im Jahre 1801 in der Einleitung zur *Geschichte der Poesie und Beredsamkeit* die Ansicht, dass sich die französische Literatur »selbständig bis zum Eigensinn« entwickelt habe und modifiziert solches in den Jahren 1806/07 in entsprechenden, die französische Literatur betreffenden Teilen derselben Arbeit: Ein »romantischer Geist« im Sinne Bouterweks hatte in der altfranzösischen Poesie des Mittelalters noch angetroffen werden können. Bereits zu Zeiten Dante Alighieris (1265-1321) »zeigte sich [jedoch], dass die französische Litteratur einen andern Charakter, als die italienische, spanische, und portugiesische, erhalten würde. (...) Damals, als die Spanier und Portugiesen die italienischen Formen der Poesie in ihren Sprachen für immer nationalisirten, riss sich die französische Poesie, nachdem sie eine kurze Zeit sich der italienischen zu nähern versucht hatte, völlig von dieser schönen Führerin los.« Wichtig wird nun das Zeitalter Ludwigs XIV., in welchem die französische Literatur eine »elegante Form« annahm. Und im Zusammenhang

---

16 Friedrich Schiller, »Über naive und sentimentalische Dichtung«, a.a.O., S. 273 und 231.

17 Jean Paul / Johann Paul Friedrich Richter, *Vorschule der Ästhetik*, a.a.O., S. 117.

mit Molière/Jean-Baptiste Poquelin (1622-1673) spricht Bouterwek dann auch erstmals vom Begriff »Witz«, der bei der Besprechung von Werken Nicolas Boileau-Despréaux' (1636-1711) schliesslich dominierend wird: »Unter seinen Talenten waren die vorzüglichsten ein energischer Verstand, der sich selbst in treffenden Witz verwandelte.«[18] Gesamthaft gesehen steht jedoch der Begriff »Witz« auch bei Bouterweks Besprechung französischer Literatur durchaus nicht im Vordergrund.

In der von Friedrich Schlegel im Jahre 1812 in Wien gehaltenen Vorlesung *Geschichte der alten und neuen Literatur* schliesslich, welche G.L.P. Sievers zum Zeitpunkt der Niederschrift seiner frühen Aufsätze nicht bekannt sein konnte, welche aber den Zeitgeist ebenfalls wiedergibt, wird der Begriff »Witz« dann meist mit Voltaire/François Marie Arouet (1694-1778) in Verbindung gebracht. Friedrich Schlegel bleibt jedoch entsprechend differenziert, so dass nicht von einer Gleichsetzung von Voltaire und »Witz« gesprochen werden kann:

> »In allen leichtern Gattungen von Geisteswerken der Einbildungskraft und des Witzes ward die französische Sprache seit Ludwig dem Vierzehnten fortdauernd reich gebaut. (...) Voltaire, der als Philosoph durch seine Denkart ganz der neuern Zeit angehört, und ihr den Weg bahnte, schliesst sich in der Poesie und Litteratur noch mehr an die ältere Epoche an, und bildet auf solche Weise den Übergang und Vereinigungspunkt zwischen beyden. Im Lustspiel gelang es ihm ungleich weniger als im Trauerspiel; an Mannichfaltigkeit aber in vermischten, witzigen und flüchtigen Poesien jeder Art, that er allen andern zuvor. Diese Richtung nahm jetzt vorzüglich die Gattung der kleinern Gedichte und Lieder in Frankreich; der gesellschaftliche Witz und Ton ward immer mehr darin herrschend; so wie hingegen in der lyrischen Poesie der Engländer der Gedanke, und ein oft in Beschreibung übergehendes Naturgefühl. (...) Voltaire's Styl in Prosa ist geistreich und witzig.«[19]

Eine kategorische Gleichsetzung von »französischer Poesie« mit »witzig« scheint in den literarischen Diskussionen dieser Zeit nicht mehr vertretbar. Vielmehr wird die Literatur der Franzosen in den entsprechenden literarischen Arbeiten meist durchaus differenziert behandelt. Auch August Wilhelm Schlegel reiht beispielsweise in seinen *Vorlesungen über dramatische Kunst und*

---

18 Friedrich Bouterwek, *Geschichte der Poesie und Beredsamkeit seit dem Ende des dreizehnten Jahrhunderts*, a.a.O., Bd. 1, S. VII, Bd. 5, S. V, 3f. und 139f. bzw. Bd. 6, S. 19, 73 und 101.

19 Friedrich Schlegel, *Geschichte der alten und neuen Literatur*, (= *Sämtliche Werke*, 10 Bde., Wien 1822-1825, Bd. 1 und 2), Bd. 2, S. 193f. und 200.

Litteratur und in den im Winter 1801/02 gehaltenen *Vorlesungen über schöne Litteratur* die Franzosen gleichberechtigt neben den anderen neuern Nationen ein und äussert sich damit durchaus anders als G.L.P. Sievers.[20]

Da sich also G.L.P. Sievers' Verwendung des Begriffs »Witz« und seine eindeutige Verbindung mit der Poesie und Musik der Franzosen nicht schlüssig auf literarische Diskussionen zurückführen lassen, scheint auf Diskurse in musikalischen Kreisen verwiesen werden zu müssen. In der Musikliteratur – und speziell in der Operndiskussion – kannte man eine auf dem Begriff »Witz« beruhende Unterscheidung zwischen französischer und italienischer Musik seit längerer Zeit. Sowohl der Buffonistenstreit als auch der Streit zwischen Gluckisten und Piccinisten hatten dabei dazu geführt, dass diese Diskussion nie abgebrochen war, wobei den Franzosen ein »Prinzip des prosaischen Verstandes« nachgesagt und den Italienern ein »poetisches Gemüth« attestiert wurde. Jean-Jacques Rousseau äussert sich beispielsweise entsprechend im »Lettre à M. Grimm, au sujet des Remarques ajoutées à sa Lettre sur Omphale« (1753):

> »Heurese l'Italie, dont les habitants ont reçu de la nature ce goût exquis qui les rend sensibles aux charmes des beaux arts! Plus heureuse la France d'acquérir ce même goût à force d'études et de connoissances, et de devoir à l'art de penser l'art plus précieux de sentir!«

Rousseau vertritt die Ansicht, dass die Italiener durch ihr Naturell den schönen Künsten – und damit auch der Musik – viel eher zugeneigt seien als die Franzosen, welche sich diese Fähigkeit zuerst mit dem Verstand erarbeiten müssten. Und Rousseaus Verständnis der französischen Musik gipfelt schliesslich im »Lettre sur la Musique françoise« (1753) in der provokativen These, dass die Franzosen über gar keine Musik verfügten – genauer: keine Oper besässen, da ihr Verstand und ihre Sprache dazu nicht geeignet seien:

> »Je crois avoir fait voir qu'il n'y a ni mesure ni mélodie dans la musique françoise, parce que la langue n'en est pas susceptible; que le chant françois n'est qu'un aboiement continuel, insupportable à toute oreille non prévenue; que l'harmonie en est brute, sans expression, et sentant uniquement son remplissage d'écolier; que les airs françois ne sont point des airs; que le récitatif françois n'est point du récitatif.

---

20 August Wilhelm Schlegel, *Vorlesungen über dramatische Kunst und Litteratur*, a.a.O., Bd. 6, S. 62f. und ders., *Vorlesungen über schöne Litteratur und Kunst*, (= *Deutsche Literatur-Denkmale*, 151 Bde., Stuttgart 1881-1924, Bd. 17-19), speziell Bd. 19, S. 168ff.

D'où je conclus que les François n'ont point de musique et n'en peuvent avoir, ou que si jamais ils en ont une, ce sera tant pis pour eux.«[21]

Ein Streit zwischen Anhängern der französischen und italienischen Oper manifestiert sich jedoch nicht nur im französischen Musikschrifttum der zweiten Hälfte des 18. Jahrhunderts, sondern wird auch von deutschen Musikzeitschriften dieser Zeit aufgenommen; von Zeitschriften, die im Umkreis der Aktivitäten Carl Ferdinand Cramers oder Johann Friedrich Reichardts entstehen, und die G.L.P. Sievers ja nachweislich bekannt waren. Und dieser Streit ist auch noch in den ersten Jahrgängen der *AmZ* manifest.

Im dritten Jahrgang der *AmZ* beispielsweise findet sich ein von einem anonymen Verfasser stammender Aufsatz »Bemerkungen über die Ausbildung der Tonkunst in Deutschland im achtzehnten Jahrhundert«.[22] Darin zeigt sich beim Vergleich des französischen und italienischen Gesanges in einer wahrscheinlich von Johann Friedrich Rochlitz (1769-1842), dem ersten Redakteur und Schriftleiter der *AmZ*, in eine Fussnote verbannten Bemerkung das später auch in den Aufsätzen G.L.P. Sievers' manifeste Denken in den Antithesen »Poesie« und »Witz« (*AmZ* 3 (1800/01), S. 243f.):[23]

»Der sinnliche Reiz der Töne wird durch die Worte gehemmt, denn die Konsonanten dämpfen den Schall. Dass dies so wenig als möglich geschehe, ist Eigenthümlichkeit des italienischen Gesanges und wird durch die Menge und Reinheit der Vokale in dieser Sprache erleichtert. Die französische obgleich nicht so gurgelnd wie die deutsche kann doch in Hinsicht auf Sonorität mit der italienischen nicht messen. Sie gehört ferner einer Nation an, die sich gegen jene verhält wie der Witz gegen das Gefühl. Der Italiener möchte gern alles sagen, was er empfindet; der Franzose sagt oft mehr, als er denkt. In den Künsten jenes herrschen die Sinne, in dies der Verstand vor.«

---

21 Jean-Jacques Rousseau, »Lettre à M. Grimm, au sujet des Remarques ajoutées à sa Lettre sur Omphale« und ders., »Lettre sur la Musique françoise«, in: *Ecrits sur la musique*, Paris 1838; Neudruck: Paris 1979, S. 251-323 bzw. 427-451, speziell S. 322 und 438. – Beide Arbeiten Rousseaus waren zur Zeit G.L.P. Sievers' bereits in Gesamtausgaben zugänglich.

22 Für den Hinweis, dass es sich beim Verfasser dieses Aufsatzes wohl nicht um den Prediger J.K.F. Triest handeln dürfte, sondern dass wohl ein Fehler im Inhaltsverzeichnis des entsprechenden Bandes der *AmZ* vorliegt, sei an dieser Stelle Ernst Lichtenhahn gedankt. Der Name »Triest« dürfte im Inhaltsverzeichnis der *AmZ* aus Versehen verrutscht sein. Der Verfasser des Aufsatzes wird im vierten Teil dieser Arbeit als »Pseudo-Triest« bezeichnet werden.

23 Die Durchsicht sämtlicher von Rochlitz redigierten Bände der *AmZ* liess mich zur Ansicht gelangen, dass Rochlitz korrigierend in Aufsätze eingriff, wobei er allzu scharf formulierte Passagen des öfteren in Fussnoten umwandelte.

Ebenfalls an G.L.P. Sievers erinnernd, erscheint im siebenten Jahrgang der *AmZ* eine Abhandlung »Über den Charakter, den die italienische und deutsche Musik haben, und die französische haben sollte«, die wohl von Carl Ferdinand Cramer stammen dürfte.[24] Darauf aufbauend, dass Kunst und Sprache (*AmZ* 7 (1804/05), S. 150) »aus dem Innersten der Nation« gebildet werden, vertritt der Verfasser die Auffassung, dass Frankreich zwar zwischen Deutschland und Italien liege, dass sich jedoch in Sachen Musik Deutschland und Italien zu einer einzigen Richtung vereinigt hätten und somit ein alter Streit zwischen diesen Nationen begraben werden sollte (*AmZ* 7 (1804/05), S. 151f.):

> »Unsre Melodie ist natürlich, fliessender, leichter, gewandter, rührender, unsre Harmonie einfacher, weniger gesucht, nie gekünstelt – sagen die südlichen Musiker. Beyde sind bey uns auserlesener, leidenschaftlicher, energischer – sagen die nördlichen. Ich aber sage: Ihr glücklichen Rivale, hört endlich auf, einander eure Vorzüge streitig zu machen! Unter so verschiedenem Himmel können sie nicht verbunden seyn. Ihr seyd beyde gleichbegünstigt vom Gott der Harmonie, und jeder hat die Gabe des Ausdrucks empfangen, womit Er rühren, erfreuen, beleben kann und soll! (...) Wie der Italiener in seinen Sitten mehr Sanftes, Weiches, Schmeichelndes behalten wird, wie er's auch in seiner Sprache behält: so behalte er's auch in seiner Musik! Wie der Deutsche in seinen Sitten mehr Rauhes, mehr Feststehendes, mehr Düsteres behalten wird, wie er's auch in seiner Sprache behält: so behalte er's auch in seiner Musik! Die rasche, wollüstige Sinnlichkeit des Erstern gehet in seine Melodie; die langsame, ernste Reflexion des Zweyten in seine Harmonie über.«

Beiden Nationen wird eine hohe Stufe der Kunst attestiert; über die französische Kunst dagegen wird lediglich polemisiert (*AmZ* 7 (1804/05), S. 153):

> »Kann nun Frankreich in Absicht auf seine Musik dasselbe von sich behaupten? Ich glaube, nein!«

Obwohl in der fast gleichzeitig mit dem obigen Aufsatz erscheinenden Sammlung *Johann Friedrich Reichardt's vertraute Briefe aus Paris geschrieben in den Jahren 1802 und 1803* (1804) im Zusammenhang mit einem »nationalen Charakterzug« der Franzosen zwar von einigen negativen Eigenschaften der französischen Musik die Rede ist, jedoch nicht von »Witz«, und Reichardt noch

---

24 *AmZ* 7 (1804/05), S. 149-155, S. 155: Der Aufsatz ist gezeichnet mit »C. in Paris«. Der Verfasser wird von der Redaktion der *AmZ* als eine Persönlichkeit beschrieben, der »wohl Niemand das Stimmrecht über Musik streitig machen wird.« Da sich Carl Ferdinand Cramer zu dieser Zeit eines hohen Ansehens erfreute und sich in Paris aufhielt, scheint die Annahme, der Aufsatz stamme aus seiner Hand, nicht abwegig.

1804 die französische Musik nicht so konkret wie G.L.P. Sievers in Opposition zur deutschen setzt, da für ihn noch eine über alle Grenzen verbundene Oberschicht existiert, die Gegensätze ausgleicht und die Kulturen verbindet[25], scheint das Modell G.L.P. Sievers' in der Musikliteratur durchaus geläufig. Der anhaltende Streit zwischen Anhängern der italienischen und französischen Oper hatte eine spezielle Stellung der französischen Musik bewirkt, welche speziell Musikschriftsteller veranlasste, französische Musik der deutschen und italienischen als entgegenstehend zu betrachten und den Charakter der französischen Musik als »witzig« zu umschreiben. Durch die geschichtlichen Ereignisse wurde im übrigen um 1806 diese nationale Polarisierung noch gefördert.[26]

---

25 *Johann Friedrich Reinhardt's vertraute Briefe aus Paris geschrieben in den Jahren 1802 und 1803*, 3. Bde., Hamburg 1804, Bd. 2, S. 35.

26 Dass um das Jahr 1806 der deusch-französische Gegensatz besonders empfunden und auf eine Erhebung der deutschen »Nation« gehofft wurde, zeigen diverse Abhandlungen aus dieser Zeit. Hier sei lediglich auf zwei Zeitgenossen G.L.P. Sievers' hingewiesen. Friedrich Bouterwek meint in einem im Jahre 1805 verfassten Aufsatz zu »Deutschland als einem Reich«: »Welche Richtung die werdende Cultur der vierten grossen Nation des neunzehnten Jahrhunderts vorzüglich nehmen wird, lässt sich noch nicht voraussagen.« (Friedrich Bouterwek, »Die vier grossen Nationen des neunzehnten Jahrhunderts. Ein Fragment zur Philosophie der Weltgeschichte«, in: *Neues Museum der Philosophie und Literatur,* hg. von Friedrich Bouterwek, 3 Bde., Leipzig 1803-1805; Nachdruck: Hildesheim 1979, Bd. 3, S. 49-86, speziell S. 73 und 86). Und Ludwig Schubart äussert in seiner an Ostern 1806 geschriebenen Vorrede zur bekannten Übersicht über das Musikleben im deutschsprachigen Raum seines Vaters die Ansicht, dass er diese Arbeit aus einem »warmen deutschen Patriotismus« heraus veröffentliche: »Denn vor dem musikalischen Genie der Deutschen beugen sich England, und Frankreich, und selbst Italiens Kunststolz weiss uns jetzt keinen Mozart und Haydn zu nennen.« (*Christian Friedrich Daniel Schubart's Ideen zu einer Ästhetik der Tonkunst*, hg. von Ludwig Schubart, Wien 1806, S. VI).

C. Charakteristik der deutschen Musik

Die Hoffnung, dass die Stunde der deutschen Nation angebrochen sei, war spätestens seit dem Ausbruch der Französischen Revolution mächtig stimuliert worden. Die Revolution wurde von deutschen aufklärerischen Kreisen zwar einerseits als Gipfel der Aufklärung interpretiert, andererseits betrachtete man sie jedoch auch als den Beginn einer neuen Epoche; einer Epoche, welche das Ende einer französischen Kulturhegemonie einleiten sollte. Bereits Gotthold Ephraim Lessing sah deshalb in seiner *Erziehung des Menschengeschlechts* (1780) Deutschland die Rolle Frankreichs übernehmend: »Sie wird kommen, sie wird gewiss kommen, die Zeit der Vollendung.«[27] Und durch die Arbeiten des Literaturwissenschaftlers Ernst Behler, der die Anfänge einer deutschen Frühromantik bzw. eines deutschen Idealismus als eng mit den politischen Umständen der Zeit verwoben darstellte, scheint geklärt, dass sich dieses Denken durch die ganze Frühromantik und den deutschen Idealismus – Georg Wilhelm Friedrich Hegel (1770-1831) eingeschlossen – fortsetzte.[28]

Mit seinem zweiten wichtigen *AmZ*-Aufsatz vom Jahre 1807 – diesmal zur Geschichte der Kunst »Musik« in Deutschland, deren Entwicklungsstand den Verfasser eine Phase der Vollendung ankündigen lässt – befindet sich G.L.P. Sievers also in guter Gesellschaft (*AmZ* 9 (1806/07), S. 687):

> »Was die Tonkunst der Deutschen anbetrifft, so scheint hier bereits die erwähnte Vervollkommnung begonnen zu haben, indem es das Ansehen hat, als solle die italienische Musik (...) an Kraft, Kühnheit und hohem Schwung von den Deutschen bereits übertroffen werden.«

1. *Die Musik der Griechen*

G.L.P. Sievers beginnt seine »Charakteristik der deutschen Musik« mit Erläuterungen zur Musik der Griechen. Es scheint ihm ganz selbstverständlich, dass eine wissenschaftliche Abhandlung, wenn sie in Fachkreisen Beachtung erregen soll, nicht sogleich von der deutschen Musik handeln kann, sondern eben auch die griechische miteinbeziehen muss. Dieser Einstieg wird nicht begrün-

---

27 Gotthold Ephraim Lessing, »Die Erziehung des Menschengeschlechts«, in: *Lessings Werke,* hg. von Kurt Wölfel, 3 Bde., Frankfurt am Main 1967, Bd. 3, S. 544-563, S. 561.

28 Ernst Behler, *Studien zur Romantik und zur idealistischen Philosophie*, Paderborn etc. 1988, S. 67ff.

det; der Bezug zur Antike war – wie oben gezeigt wurde – zu allgemein verbreitet, als dass er noch einer Erläuterung bedurfte (*AmZ* 9 (1806/07), S. 677):

»Um meiner Untersuchung diejenige Gründlichkeit zu geben, ohne welche kein Gegenstand der Kunst und Wissenschaft für völlig erschöpft zu halten ist, welche Gründlichkeit jedoch jetzt in ein nüchternes, oberflächliches Räsonnement ausartet, da die Critik obiger beider Gegenstände seltener von bedeutenden, sinnvollen Köpfen, als von Geistlosen, unerfahrenen Wortführern getrieben wird, muss ich hier mit wenigen Worten das Wesen und die Natur der alten, das heisst der griechischen, Musik darzuthun suchen.«

Für G.L.P. Sievers stellt sich so ganz selbstverständlich die Frage nach dem Wesen der griechischen Musik (*AmZ* 9 (1806/07), S. 677):

»Hat sich die Musik der Griechen aus dem reinen Stoffe künstlerischer Genialität und nach unbedingten, freyen Kunstgesetzen zu einem reinen Kunst-Produkt entwickelt, oder ist sie ein bedingtes Erzeugnis, kein Zweck selbst, sondern nur Mittel zu einem Zweck, und ist ihre Entstehung demnach einem künstlichen, idealen Principe oder einer bloss historischen Caussalität zuzuschreiben?«

In einem philosophischen und einem materiellen Beweis, einem Erfahrungsbeweis, wird dargelegt, dass die Musik der Griechen »historischer Caussalität« entsprang, dass sie sich nicht »aus dem reinen Stoffe künstlerischer Genialität und nach unbedingten, freyen Kunstgesetzen zu einem reinen Kunst-Produkt« entwickelte; eine Aussage, die zunächst rein philosophisch zu begründen gesucht wird (*AmZ* 9 (1806/07), S. 679):

»Die Musik konnte nämlich deshalb keine reine Kunsterscheinung bey den Griechen seyn, weil durch die Poesie und Plastik derselben ihre ganze poetische Bildung bereits abgeschlossen war, und das Feld ihrer Genialität, um bildlich zu reden, keinen leeren Raum für eine anderweitige Aussaat mehr übrig hatte.«

Doch ein materieller Beweis folgt dem philosophischen sogleich auf den Fuss (*AmZ* 9 (1806/07), S. 679f.):

»Denn hätten sie [die Griechen] die Musik zu der Höhe einer reinen absoluten Musik erhoben, so würde die Notwendigkeit einer musikalischen Zeichenschrift, die ihnen alsdann ganz unentbehrlich gewesen wäre, sie auch ganz gewiss zu der Erfindung einer solchen veranlasst haben.«[29]

---

29 Eine aus Buchstabenzeichen zusammengesetzte Notation der griechischen Antike ist seit der Mitte des letzten Jahrhunderts nachgewiesen.

G.L.P. Sievers gelangt zur Ansicht, dass die Musik der Griechen (*AmZ* 9 (1806/07), S. 681), »eine Erfindung des mechanischen Bedarfs, und kein Ausströmen einer poetischen Schöpfung genannt werden müsse.« Die Griechen kannten nach seiner Meinung die Kunst »Musik« nicht als absolute Kunst, sondern lediglich als von der Poesie abhängigen »mechanischen Bedarf«. Solches veranlasst unseren Protagonisten, die Musik der Griechen abschätzig lediglich den Opernrezitativen seiner Zeit gleichzusetzen (*AmZ* 9 (1806/07), S. 681):

> »Die Musik der Griechen war also, was den Gesang anbetraf, nichts anders, als unser jetziges Rezitativ, bloss sylabisch, ohne alle Melodie; die Begleitung derselben auf der vier-, späterhin freylich mehrsaitigen Lyra, die aber ohne alle Applikatur, nur gerade so viele Töne gab, als sie Saiten hatte, eben so sylabisch und harmonisch, durchaus aber nicht melodisch.«

Solch abschätzige Äusserungen erinnern an Christian Friedrich Daniel Schubart (1739-1791), dessen *Ideen zu einer Ästhetik der Tonkunst* G.L.P. Sievers – da er Schubart im *Conversationslexikon* in seinem Artikel »Italienische Musik« mehrmals erwähnt (*Brockhaus*, Bd. 5, S. 132) – spätestens 1815 bekannt gewesen sein dürften. Dieser hatte zur griechischen Musik behauptet, sie sei »weit mehr Declamation, als Gesang« gewesen.[30]

Das Resultat – der Beweis, dass den Griechen keine Musik von hohem Stellenwert bekannt sein konnte – macht die Kunst »Musik« automatisch zur Kunst eines christlichen Zeitalters und damit für G.L.P. Sievers zu einer romantischen Kunst an sich. Solches wird jedoch in diesem *AmZ*-Aufsatz zur »Charakteristik der deutschen Musik« nicht speziell ausformuliert, sondern ist erst in den *Schauspieler-Studien* explizit zu vernehmen (S. 288f.):

> »Wenn die Bildung der neuern Völker, insbesondere der Deutschen und Italiäner, Etwas in sich schliesst, was sie von der Cultur der Griechen durchaus und haarscharf unterscheidet, welches etwas wir, wie schon oben ausführlich erwähnt worden ist, das Romantische nennen; so ist es ganz natürlich dass diese romantische Bildung der Neuern für eine Kunst gestimmt sein müsse, die in und durch sich selbst vollkommen romantisch ist und jener Bildung also auf das Allervollkommenste zusagt: ich meine die Musik.«

E.T.A. Hoffmann nimmt dann einige Jahre später diese um 1807 weit verbreitete Idee auf und postuliert eine einzelne Gattung dieser romantischen Kunst »Musik« – nämlich die Instrumentalmusik – als »die romantischste aller Künste« (*AmZ* 12 (1810), S. 631): »Sie ist die romantischste aller Künste – fast möchte man sagen: allein rein romantisch.«

---

30 *Christian Friedrich Daniel Schubart's Ideen zu einer Ästhetik der Tonkunst*, a.a.O., S. 27.

2. *Von Süden nach Norden*

Bevor G.L.P. Sievers nun auf die eigentliche Musik der Deutschen eingeht, liefert er, um deren Erhebung umso bildlicher vermitteln zu können, eine Kulturkreis-Theorie (*AmZ* 9 (1806/07), S. 685):

> »Ehe ich nun zu der Charakteristik der deutschen Musik übergehe, muss hier dargethan werden, nach welchem Principe die poetische und musikalische Kunstbildung von Italien nach Deutschland übergehen konnte. So wie diejenigen Länder, welche unter gleicher Zone liegen, auch einerley Klima und Fruchtbarkeit haben, eben so sind diejenigen Völker, welche eine gleiche politische Verfassung mit einander gemein haben, auch einer und ebenderselben Kunstbildung fähig. Dass Deutschland mit Italien in der allergenauesten politischen Verwandtschaft gestanden hat, dass jenes wie dieses, in dem thatenvollen, glorreichen Mittelalter der immerwährende Schauplatz eines ewig regen Republikanismus gewesen ist, bedarf keines weitern Beweises, weil die Geschichte diesen schon längst und bis zur gänzlichen Evidenz geführt hat. Somit musste nothwendig die Kunstbildung Italiens nach Deutschland übergehen, und dies noch aus dem zweyten Grunde einer lokalen Nachbarschaft, weswegen auch die neuere Kunstbildung Italien eher treffen musste, als die übrigen Länder, weil jenes Land gerade das nächste an Griechenland war, und die Kultur sich stets vom Süden zum Norden bewegt.«

Dieses Modell einer sich von Süden nach Norden ausbreitenden Kunstbildung, dem G.L.P. Sievers später auch in den *Schauspieler-Studien* treu bleibt (S. 9f.), ist natürlich eng verknüpft mit der Antikenrezeption zu interpretieren und deshalb wie diese in älteren literarischen Diskursen vorgeprägt.

In seinem *Essai sur l'origine des langues* (1754) beispielsweise, referiert Jean-Jacques Rousseau über den Ursprung der Sprache. An wichtiger Stelle steht dabei die Sprache der Griechen, der die »langues méridionales« und die »langues du Nord« nachfolgen. Rousseau bleibt jedoch nicht bei den Griechen stehen, sondern berücksichtigt für seine Ursprungstheorie auch noch eine Reihe anderer Völker, etwa die Ägypter, die Phönizier und die Inder.[31]

Johann Gottfried Herder geht in seiner Preisschrift *Über die Würkung der Dichtkunst auf die Sitten der Völker in alten und neuen Zeiten* (1778) nicht über die Hebräer hinaus; dies sicherlich auch, um eine Offenbarungsidee, die Christen und Juden gemeinsam ist, besser miteinbeziehen zu können. Den Hebräern folgen bei Herder die Griechen und Römer, die nordischen Nationen, der Islam und das Christentum und schliesslich die neuere Zeit mit Italien, Frankreich, England, Spanien und Deutschland. Herders *Ideen zur Philosophie der Geschichte der Menschheit* bauen dieses System dann entscheidend aus: Die Erde

---

31 Jean-Jacques Rousseau, »Essai sur l'origine des langues«, in: Ecrits sur la musique, a.a.O., S. 157-520.

wird in ein Sonnensystem eingegliedert, das Entstehen der Natur geschildert, der Mensch tritt auf, die Unterschiede der Völker in der Nähe des Nordpols, des asiatischen Rückens, der Kontinente Afrika oder Amerika werden behandelt und erst im dritten Teil folgt dann eine eigentliche Geschichte seit der Entstehung von »Sina«. Über eine Unzahl weiterer Stationen gelangt Herder schliesslich zum antiken Griechenland und zur neueren Zeit, wobei auch dem Mittelalter sein Platz durchaus zugestanden wird.[32]

Friedrich Schlegel beginnt mit den Griechen und Römern, behandelt anschliessend die Hebräer, Perser und Inder, das Christentum, die nordischen Völker und die deutsche Poesie des Mittelalters, der Ritterzeit. Schliesslich kommt er auf eine neuere Zeit zu sprechen, in der Italiener, Spanier, Engländer, Franzosen und Deutsche einander gleichberechtigt gegenüber stehen. In späteren Jahren modifiziert Schlegel dieses Geschichtsbild noch: Die Chinesen werden den Indern vorangestellt und der Islam wird zur Antithese des Christentums.[33]

Jean Paul in seiner *Vorschule der Ästhetik* und Friedrich Bouterwek in seiner *Geschichte der Poesie und Beredsamkeit* sind sich einig, dass trotz des Unterschieds der Antike zur Neuzeit die Italiener als Nachfolger der Griechen zu gelten haben. Letzterer wird von ersterem sogar zitiert:

> »Wer den Unterschied zwischen antiker und romantischer Vorstellungsart in seinem ganzen Umfange verstanden hat, den wird beim ersten Gedanken auch die Bemerkung überraschen, dass sich keine Poesie in der neueren Litteratur der antiken Idealität des Styls mehr nähert als die italienische, die doch nie ihre romantische Natur verläugnet. – Es war derselbe Himmel und dieselbe Erde, unter deren Einflusse sich im alten und im neueren Italien eine Sinnesart bildete, die sich zu der griechischen neigte, sobald sie nur eine der griechischen ähnliche Pflege fand. In Italien söhnte sich das Christenthum, das überall die schönen Künste verscheucht, oder zu Grunde gerichtet hatte, endlich mit ihnen aus. Es gab sogar einigen, besonders der Malerei, Baukunst und Musik, ein neues Leben.«[34]

Auf die Musikliteratur hatte dieses Denken im übrigen ebenfalls bereits vor G.L.P. Sievers' Aufsatz übergegriffen. So sprechen *Christian Friedrich Daniel Schubart's Ideen zu einer Ästhetik der Tonkunst* und Nikolaus Forkels *Allge-*

---

32 Johann Gottfried Herder, »Über die Würkung der Dichtkunst auf die Sitten der Völker in alten und neuen Zeiten«, in: *Herders sämtliche Werke*, a.a.O., Bd. 8, S. 339-436 und ders., *Ideen zur Philosophie der Geschichte der Menschheit*, a.a.O.

33 Friedrich Schlegel, *Geschichte der alten und neuen Literatur*, a.a.O., und ders., *Philosophie der Geschichte*, (= *Sämtliche Werke*, a.a.O., Bd. 13).

34 Friedrich Bouterwek, *Geschichte der Poesie und Beredsamkeit seit dem Ende des dreizehnten Jahrhunderts*, a.a.O., Bd. 2, S. 544f. – Die Stelle wird erwähnt in: Jean Paul/Johann Paul Friedrich Richter, *Vorschule der Ästhetik*, a.a.O., S. 87.

meine Geschichte der Musik (1788/1801) ähnliche Länderkonstellationen an. Und auch in die ersten Jahrgänge der *AmZ* wird diese Kulturkreis-Theorie dann übernommen. Der Weg der Musik von Süden nach Norden wird etwa im anonymen Aufsatz »Über den Werth der Musik und die Mittel ihn zu erhöhn« beschrieben, wobei mit der Verlagerung der Kulturhegemonie von Süden nach Norden auch die Instrumentalmusik immer mehr in den Vordergrund tritt (*AmZ* 2 (1799/1800), S. 849f.):

> »So lange nun Wissenschaften und Künste nur im südlichen Europa ihre Heimath hatten, so lange behielt der Gesang überall die Oberhand. Als aber die Kultur sich auch nach dem nördlichen Theil hinwandte, erlitt zugleich die Tonkunst allmählig eine andre Gestalt. Sie traf auf Menschen, welche für das Zartgefühl des Süd-, und die üppige Fantasie des Morgenländers wenig Sinn hatten, die für intellektuelle Bildung zwar sehr empfänglich waren, aber in ihrer sensuellen zurückblieben. Unter ihren Händen verwischte sich das Eigenthümliche (die Quintessenz) der schönen Kunst; sie ward zur mechanischen Künsteley. Kein Wunder, dass die Nordländer sich mehr auf Instrumental-Musik legten, weil dazu weniger lebhafte Empfindung als mechanische Übung gehörte, und weil es ihnen (aus vorhin angeführten Ursachen) mehr um Bewunderung der Fertigkeit (Verstandesgenuss), als um Rührung zu thun seyn musste.«

Die Kulturkreis-Theorie, wie sie auch von G.L.P. Sievers referiert wird, ist in Diskursen der damaligen Zeit also ein durchaus gängiges Modell; G.L.P. Sievers vertritt auch damit nichts absolut Neues. Zudem zeigt der Vergleich mit anderen Autoren der Zeit, dass bei unserem Ästhetiker wie auch bei August Wilhelm Schlegel in dessen *Vorlesungen über schöne Litteratur und Kunst* bzw. den *Vorlesungen über dramatische Kunst* eine Beschränkung auf das wesentliche erfolgt, auf das für die eigene »Theorie« notwendige – neben Griechenland, Italien, Frankreich und Deutschland wird höchstens noch der Kulturkreis Ägypten einbezogen und ein einziges Mal kurz erwähnt (*AmZ* 9 (1806/07), S. 686).

Die Kulturkreis-Theorie zieht in G.L.P. Sievers' Aufsatz eine Berechnung der (*AmZ* 9 (1806/07), S. 687) »Dauer der Kunstbildung eines jeden Volkes, die von ihrem ersten Beginnen bis zu ihrer höchsten Vollkommenheit, auf vier bis sechshundert Jahre« andauern dürfte, nach sich; jedem Kulturkreis wird also ein Zeitraum von vier bis sechs Jahrhunderten zugewiesen, in welchem er sich entwickelt, entfaltet, jedoch auch wieder zurückbildet. Aus dieser Theorie ergibt sich für G.L.P. Sievers das Resultat, dass ein entsprechender Höhenflug des italienischen Kulturkreises bald abgeschlossen sein dürfte (AmZ 9 (1806/07), S. 685f.):

> »Ohne die Kunstbildung Italiens schon für vollendet und abgeschlossen, also ihrem Verfalle für nahe zu halten, welche Erscheinung früh oder spät aus dem ewigen

Kreislaufe der geistigen Kultur hervorgehen muss, kann ich doch nicht umhin, zu gestehen, dass es das Ansehn hat, als ob die deutsche Kunst in der Vervollkommnung ihrer selbst da fortschreite, wo die italienische stehen geblieben wäre.«

G.L.P. Sievers hofft, dass durch die von ihm propagierte Kulturkreis-Theorie Deutschland in naher Zukunft eine Vorrangstellung einnehmen könnte: eine Hegemonie in Sachen Kultur und Wissenschaft sollte eintreten, die wohl wiederum getrost auch durch eine Hegemonie in Sachen Politik ergänzt werden darf (*AmZ* 9 (1806/07), S. 686):

»Wenn man das Princip, welches sich die Natur bey der successiven Bildung der Völker vorgesetzt zu haben scheint, auch auf die deutsche Nation anwenden will, so geht daraus in so fern eine glorreiche Zukunft für uns hervor, als die Dauer unsrer wissenschaftlichen Bildung noch nicht viel mehr, als ein Jahrhundert beträgt, und wir also, nach dem gegebenen Maasstabe anderer Völker, eine höhere Stufe von Kunst und Wissenschaft ersteigen dürften, als je ein Volk vor uns.«

3. *Triadisches Weltbild und Heilsgeschichte*

Der für die »Charakteristik der deutschen Musik« eingangs dieses Kapitels der Arbeit beschriebene Einstieg über die Griechen dient nicht nur dazu, die griechische Kunst als Vorbild bzw. Gegensatz zu G.L.P. Sievers' Gegenwart zur Verfügung zu haben, sondern wird auch dazu benutzt, eine religiös motivierte und immer wieder auch von Zeitgenossen unseres Protagonisten im Zusammenhang mit »Romantik« angesprochene »unerreichbare Unendlichkeit« bildhafter darstellen zu können (*AmZ* 9 (1806/07), S. 677f.):

»Ihr Geist, den noch kein künsterischer Sündenfall um seine poetische Unschuld gebracht hatte, der noch im Eden seines idealistischen Paradieses eine unmittelbare Gemeinschaft hatte mit dem ewigen Geiste, hat Alles geschaffen, was ihm Noth war und seine göttliche Abkunft darzuthun vermochte.«

Diese für G.L.P. Sievers' Gegenwart »unerreichbare Unendlichkeit« wird in eine noch unschuldige Urzeit verlegt. Die griechische Kunst wird vor einem »künstlerischen Sündenfall« angesiedelt und entspricht einem noch ursprünglichen Paradies; eine Auffassung, die der oben zitierten Schillerschen Vorstellung von »naiver Kunst« sehr nahe zu kommen scheint. Die Überlegungen lassen aber auch das Ideal eines triadischen Weltbildes erkennen, in welchem dieses Paradies in naher Zukunft wieder zu erreichen erhofft wird; die Hoffnung auf eine »Wiederkehr eines ewigen goldenen Zeltalters« – wie sich Novalis/ Georg Philipp Friedrich von Hardenberg (1772-1801) ausgedrückt hatte – ist eindeutig manifest.[35] Und die Rolle, die in diesem Weltbild dabei der Kunst »Musik« zukommt, kann ziemlich präzis bestimmt werden (*AmZ* 9 (1806/07), S. 678):

»Als aber endlich der böse Feind, das tragische Schicksal der Welt, sich in den poetischen Eden geschlichen und dem reinen Geiste unreine Begierden und Verwirrung der Leidenschaften eingeathmet hatte, da wurden die Menschen der göttlichen Poesie verlustig und ihr Schaffen löste sich in eine mächtige Sehnsucht nach dem verlohrnen Urbilde auf. Ein Mittler ward ihnen verheissen, und in der Religion ward er gebohren, so wie in der Kunst die Romantik entstand, das heisst, das Streben nach dem verlohrnen, nie wieder zu erlangenden, auf ewig verscherzten, himmlischen Gute. Aber der todte Buchstabe der romantischen Poesie, dem es an Kraft der unmittelbaren göttlichen Begeisterung gebrach, bedurfte noch eines fremden Geistes, der ihm zum Leben verhelfe und dieses Leben laut und tönend ausspräche. Somit ward die neue Musik von einem romantischen Geiste erzeugt, und also rein-romantischer Natur empfangen und gebohren. Dieser romantischen Natur zu Folge ertönt sie nicht aus eignem Geist und Wesen, sondern sie sehnt sich auf ihren harmonischen Schwingen nach dem Einzigen, Hohen, Göttlichen, das der Fluch der Sünde aus der Brust der Menschen auf ewig verbannt hat.«

Musik wird zur romantischen Kunst an sich. Und die Ausführungen zu den Anfängen einer solchen romantischen Kunst lassen G.L.P. Sievers zu einem Wortschatz greifen, wie er sonst lediglich in der biblischen Historie der Geburt Christi verwendet worden war: »Ein Mittler ward ihnen verheissen.« Die »neue Musik ward von einem (...) Geiste erzeugt«, »empfangen und geboren«. Musik soll die Menschheit über den Verlust »der göttlichen Poesie« hinwegtrösten, den »Fluch der Sünde aus der Brust der Menschen auf ewig« verbannen, und gewährleisten, dass menschlichen Seelen die Möglichkeit zuteil wird, auf den »harmonischen Schwingen nach dem Einzigen, Hohen, Göttlichen« emporzuschwingen. Die Kunst »Musik« und die christliche Religion werden zu einer Kunstreligion verwoben; Romantik und Heilslehre in Übereinstimmung gebracht (*AmZ* 9 (1806/07), S. 683):

»In so fern nun die eigentliche Grundlage der christlichen Religion durchaus rein romantisch ist, weil sie sich durch Christus Mittlerthum nach dem verlohrnen Ebenbilde Gottes sehnt, welche Grundlage übrigens hier nur angedeutet werden kann, so musste die Musik, welche durch ihren romantischen Charakter ganz genau mit jener Religion verschwistert ist, sich ganz natürlich zuerst mit dieser verbinden.«

35 Novalis/Georg Philipp Friedrich von Hardenberg, »Heinrich von Ofterdingen«, in: *Schriften*, 2. Auflage, hg. von Paul Kluckholm und Richard Samuel, 3 Bde., Darmstadt 1960-1968, Bd. 1, S. 195-334, S. 225.

Dieser Strategie bedient sich G.L.P. Sievers, da er – wie wenn ihm seine bisherigen Modelle solches nicht garantieren könnten – einen durch die Religion sanktionierten Ausweg aus dem irdischen Jammertal zu finden hofft – aus der scheinbar ausweglosen Lage Deutschlands im Jahre 1807. Natürlich fügt sich jedoch auch diese Strategie bestens in den frühromantischen Rahmen.

In den Anfängen der Frühromantik kann zwar beim Versuch der Verbindung von Kunst und Religion noch nicht von einem bewussten Rückgriff auf die christliche Heilslehre gesprochen werden – viel eher scheint ein Pantheismus Rousseauscher Prägung vorausgesetzt werden zu müssen – doch bereits Mitte der 1790er Jahre erscheinen Kunst und Religion bei Wilhelm Heinrich Wackenroder und Ludwig Tieck als die »zwei grossen göttlichen Wesen«, als die »besten Führerinnen des Menschen«.[36] Gerda Heinrich machte deutlich, dass ähnliche, wieder von christlichen Vorstellungen geprägte Modelle, auch für August Wilhelm Schlegel und Novalis zutreffen.[37] Und Ernst Lichtenhahn wies darauf hin, dass sich auch bei E.T.A. Hoffmann solche Kategorien nachweisen lassen.[38] Damit ist bereits in der Frühromantik eine Religionsbezogenheit vorgezeichnet, die als Kehrtwendung weg von den Anfangsintentionen dieser Bewegung bezeichnet werden muss. Die Religionsbezogenheit führt zu einer Vermischung von Kunst- und Heilslehre, wie sie etwa in Novalis *Die Christenheit und Europa* (1799) propagiert wird: von »ächtkatholischen oder ächt christlichen Zeiten« ist die Rede, von einer Ablösung der »religiösen Anarchie« durch eine »höhere Epoche der Cultur«; es soll zu einer Kunstreligion zurückgekehrt werden: »In Deutschland hingegen kann man schon mit voller Gewissheit die Spuren einer neuen Welt aufzeigen.«[39]

Die Heilsgeschichte nimmt jedoch auch bei G.L.P. Sievers keine Vorrangstellung ein, sondern ist lediglich eines von mehreren Modellen, welche irgendwo abgeholt werden, wobei ein völliger Einklang dieser Modelle gewährleistet sein muss. Ähnlich verfuhren auch die sogenannten Frühromantiker, wobei die Literaturwissenschaft das religiöse Element dieser Bewegung

---

36 Wilhelm Heinrich Wackenroder und Ludwig Tieck, *Phantasien über die Kunst für Freunde der Kunst*, a.a.O., S. 262.

37 Gerda Heinrich, *Geschichtsphilosophische Positionen der deutschen Frühromantik*, a.a.O., S. 201ff.

38 Ernst Lichtenhahn, »Zur Idee des goldenen Zeitalters in der Musikanschauung E.T.A. Hoffmanns«, a.a.O. – ders., »[E.T.A. Hoffmanns] Schriften zur Musik«, a.a.O., speziell S. 256f.

39 Novalis/Georg Philipp Friedrich von Hardenberg, »Die Christenheit und Europa«, in: *Schriften*, a.a.O., Bd. 3, S. 507-524, speziell S. 509, 511 und 519.

nicht überbewertet sehen will.[40] Jedoch scheint mit einer einsetzenden Enttäuschung in der Mitte der 1790er Jahre dieses Modell doch vermehrt wahrnehmbar, so dass trotz des Nebeneinanders von diversen Modellen in dieser zweiten Phase der Frühromantik von einem »Salto mortale in den Abgrund der göttlichen Barmherzigkeit« gesprochen werden kann.[41] G.L.P. Sievers' Religionsbezogenheit kann dabei eindeutig parallel zu dieser Ausrichtung der Frühromantik und als symptomatisch für die Zeit nach 1806 angesehen werden; einer Zeit, in der endgültig von aufklärerischen Strategien abgerückt wurde.

4. *Die drei Perioden der deutschen Kunstbildung*

G.L.P. Sievers benutzt zur Darstellung seiner »Charakteristik der deutschen Musik« diverse Modelle. Zum einen arbeitet er mit der Vorbild- und Gegensatzfunktion der Antike. Zum zweiten greift er auf die Kulturkreis-Theorie zurück, mit welcher er den Übergang von einer italienischen zu einer deutschen Hegemonie in Sachen »Musik« erläutert. Und zum dritten benutzt er eine aus der christlichen Religion übernommene Heilslehre, deren Grundlage ein triadisches Weltbild ist, welches in naher Zukunft ein »goldenes Zeitalter« erhoffen lässt. Alle diese Modelle lassen dabei gleichermassen eine Romantik in Deutschland erwarten.

Alle diese Modelle scheinen jedoch zur Erklärung einer Geschichte der Kunst »Musik« nicht auszureichen, denn G.L.P. Sievers bedient sich bei der näheren Beschäftigung mit der deutschen Musik eines weiteren Modells, wobei auch dieses mit den vorigen in völlige Übereinstimmung gebracht wird. Mit einer Unterteilung der deutschen Musik der neueren Zeit seit dem Mittelalter in wiederum drei Perioden wird eine differenziertere Betrachtung der deutschen Musikgeschichte angestrebt. Eine erste Periode deutscher Musik beginnt dabei für G.L.P. Sievers noch im Spätmittelalter und erstreckt sich bis in die ersten Jahrzehnte des 18. Jahrhunderts (*AmZ* 9 (1806/07), S. 694f.):

> »Als in dem thatenvollen, schönen Mittelalter die katholische Religion noch ihre ursprüngliche Reinheit offenbarte, da waltete die erste Periode der musikalischen Bildung ob. Der Künstler schuf aus reinem schaffenden Geiste, ohne von dem zweifelnden Verstande beengt zu werden, und das Volk genoss mit kindlichem,

---

40 Ernst Ribbat, »Poesie und Polemik. Zur Entstehungsgeschichte der romantischen Schule und zur Literatursatire Ludwig Tiecks«, in: *Romantik. Ein literaturwissenschaftliches Studienbuch*, Königstein 1979, S. 58-79, speziell S. 58ff.

41 So ein Ausspruch Friedrich Schlegels (vgl. Gerda Heinrich, *Geschichtsphilosophische Positionen der deutschen Frühromantik*, a.a.O., S. 201ff.).

frohem Sinne. In dieser genauen Wechselwirkung liebte das Volk den Künstler, und der Künstler schätzte das Volk. Zwischen beyde hatten sich noch die kunstverderbenden Dilettanten nicht geschlichen, sondern die Kunst selbst ward noch als ein Handwerk getrieben, und hatte als solches einen güldenen Boden. In diese Periode fallen denn auch die grössten Meisterwerke, die allen Jahrhunderten zum Vorbilde dienen können, und die wol ihrer äussern Form nach, aber nicht, was ihren innern Geist betrifft, den schwachen momentanen Modebestrebungen zu unterliegen vermögen. Diese Periode, die in Deutschland natürlich später beginnen und auch später enden musste, schloss hier mit Händel, Kayser, Hasse, Graun, u.s.w.«

Die Charakterisierung dieser ersten Periode als einer Zeit, in der die Kunst »noch als ein Handwerk getrieben« wurde, erinnert an das ebenfalls auf den Vorstellungen von mittelalterlichem Handwerk aufbauende Ideal eines altdeutschen Künstlertums bei Wilhelm Heinrich Wackenroder, zu dessen Verkörperung bei diesem Albrecht Dürer (1471-1528) herangezogen wird.[42] G.L.P. Sievers und Wackenroder beschreiben eine »Periode deutscher Kunst vor dem Sündenfall«, in welcher noch »ursprüngliche Reinheit« vorherrschte und »die Poesie (...) ein allgemeines Bedürfnis des Lebens und von diesem ungetrennt« war. Beide übernehmen dabei zur Beschreibung dieses mittelalterlichen Künstlertums Formulierungen, die sie an anderer Stelle im Zusammenhang mit der Antike benutzten. Die paradiesischen Zustände der Antike werden auch auf das deutsche Mittelalter übertragen; die verschiedenen Modelle werden miteinander in Einklang gebracht. Dabei stört es G.L.P. Sievers wenig, dass der am Ende dieser ersten Periode deutscher Kunst angesiedelte Johann Adolf Hasse noch zur Zeit seiner eigenen Geburt am Leben war – so dass er selbst noch in jener Periode geboren wäre!

Neben Wackenroder wandte sich auch August Wilhelm Schlegel schon sehr früh dem Mittelalter zu und kennt schon 1798 eine Ausgabe deutscher Minnelieder. Ebenso ist er mit dem Nibelungenlied vertraut, welches in den *Vorlesungen über schöne Litteratur und Kunst* ausführlich behandelt wird. Friedrich Schlegel wünscht in seinem *Gespräch über die Poesie* bereits 1800 den Rückgriff auf die »Urkunden der vaterländischen Vorzeit vom Liede der Nibelungen bis zum Flemming und Weckherlin«. Und auch Clemens Brentano (1778-1842) überträgt bereits im Jahre 1802 Minnelieder.[43] Neben dem Rück-

---

42 Wilhelm Heinrich Wackenroder, »Herzensergiessungen eines kunstliebenden Klosterbruders«, a.a.O., S. 182ff. und ders., »Phantasien über die Kunst für Freunde der Kunst«, a.a.O., S. 253ff.

43 Gisela Brinker-Gabler, »Wissenschaftlich-poetische Mittelalterrezeption in der Romantik«, in: *Romantik. Ein literaturwissenschaftliches Studienbuch*, a.a.O., S. 80-97, S. 82.

griff auf die Antike ist also auch derjenige auf das Mittelalter in der Frühromantik eine verbreitete Strategie, deren Anfang als Forschungsdrang im Sinne einer »progressiven Universalpoesie« interpretiert werden kann. Mit der historischen Entwicklung wurde jedoch auch diese Strategie immer stärker zum Ausdruck einer Enttäuschung über die Gegenwart – zum Ausdruck einer Unzufriedenheit mit gesellschaftlichen und ökonomischen Verhältnissen. Und nach der vernichtenden Niederlage Preussens im Jahre 1806 kündigte sich in dieser Mittelalterverehrung ein Patriotismus an, der seinen Höhepunkt dann während der Befreiungskriege erleben sollte.[44]

Das bereits bei der Beurteilung der Antike angetroffene triadische Weltbild G.L.P. Sievers' bestimmt auch die Bewertung der deutschen Musikgeschichte. Die dreiteilige Gliederung derselben beinhaltet eine zweite Periode, die als Krisenzeit betrachtet werden muss; ein Zeitalter des »prosaischen Verstandes« und »unheiligen Skeptizismus« wird beschrieben, was durchaus auch als Umschreibung aufklärerischer Ansichten verstanden werden könnte. G.L.P. Sievers fühlt sich in einer Epoche lebend, in der diese einseitige Sehensweise noch nicht ganz überwunden ist; ein drittes Zeitalter mit »höchsten poetischen Erscheinungen« hatte sich noch nicht durchgesetzt (*AmZ* 9 (1806/07), S. 694f.):

> »Es scheint als ob jegliche Bildung des menschlichen Geistes drey verschiedene Perioden durchlaufen müsse, um an dem äussersten Ziele, der letzten von ihnen, die Stufe der möglichsten Vollendung zu ersteigen. Die erste Periode ist die rohe sinnvolle Kindheit, welche sich mit unverdächtigem Herzen an allem ergötzt, was des Ergötzens werth ist. Die zweyte hingegen fasst die unglückliche Krisis in sich, wo das poetische Gemüth, dies Erbtheil unsrer göttlichen Abkunft, von dem prosaischen Verstande unterjocht wird, und wo der heilige Glaube in den unheiligen Skeptizismus ausartet, der alles, selbst die Gottheit, hinweg zweifeln möchte. Diese unnatürliche Spannung, die aber zur endlichen, vollkommenen Bildung des Geistes nothwendig ist, kann jedoch nicht von langer Dauer seyn, und geht endlich in die dritte Periode über, deren Charakter eine Vereinigung des kindlichen Gemüths mit dem männlichen Sinne ist, welche Vereinigung dann die höchsten poetischen Erscheinungen hervorzubringen im Stande ist.«

5. *Gluck und Vogel*

Im weiteren Verlauf seines *AmZ*-Aufsatzes zur »Charakteristik der deutschen Musik« geht G.L.P. Sievers auch auf einzelne Persönlichkeiten der Musikgeschichte ein und konkretisiert an diesen seine Modellvorstellungen. Es bleibt

---

44 Gisela Brinker-Gabler, »Wissenschaftlich-poetische Mittelalterrezeption in der Romantik«, a.a.O., S. 91. – Diese Meinung vertritt auch Gerda Heinrich, *Geschichtsphilosophische Positionen der deutschen Frühromantik*, a.a.O., S. 101ff.

jedoch bei der Nennung einer sehr begrenzten Zahl von Komponisten, wobei Christoph Willibald Gluck (1714-1787) eine ganz spezielle Rolle zugedacht wird (*AmZ* 9 (1806/07), S. 695):

> »Die zweyte Periode, die nämlich in welcher der skepticisirende Verstand jegliche freye Produktivität unterdrückt, und welche theilweise auch jetzt noch herrscht, begann mit Gluck.«

Gluck ist für G.L.P. Sievers eine Problemgestalt: Einerseits möchte er den Komponisten zweifelsfrei in einer zweiten Periode des »skepticisierenden Verstandes« angesiedelt wissen, andererseits gehört jedoch Gluck als ein deutscher Komponist einem deutschen Kulturkreis an, so dass G.L.P. Sievers sich bei seiner Einteilung nicht sicher ist und Gluck bis zu einem gewissen Grad auch gegen Angriffe verteidigt (*AmZ* 9 (1806/07), S. 695f.):

> »Diejenigen seiner frühern Beurtheiler, wie zum Beyspiel Forkel, Agricola, Wolf, Händel, u.a.m., welche ihm geradezu alle Genialität absprechen, haben, im gerechten Eifer über seine Verwirrung eines bloss prosaischen Verstandes mit einer höhern poetischen Ansicht, sich selbst getäuscht und ihm offenbar Unrecht gethan. Unwiderlegbar hat sich in Gluck ein höheres poetisches Schaffen offenbart, das freylich von derjenigen Kunstvernünfteley, mit welcher ihn unglücklicherweise die Natur eben so reichlich ausgestattet hatte, in einem ewigen Streite befangen war. Wer seine Briefe und seine Vorreden, insbesondere die zur Alceste, gelesen hat, dem kann über seine Kunstbildung auch nicht der allergeringste Zweifel mehr bleiben, weil in jenen Werken die Bestrebungen seines Geistes sich vollkommen ausgesprochen haben.«

G.L.P. Sievers sieht in den Werken Glucks ein »höheres poetisches Schaffen« anbrechen. Wenn jedoch an anderer Stelle auf eine in die gegenteilige Richtung zielende »prosaische Tendenz« des Komponisten hingewiesen wird, manifestiert sich darin die für die Bewertung Glucks symptomatische Unsicherheit; dies obwohl sogleich auch wieder ein »antik-poetisches Talent« des Komponisten angesprochen wird: Gluck beweist nach G.L.P. Sievers' Ansicht (*AmZ* 9 (1806/07), S. 696) »in den beyden Iphigenien neben seinen prosaischen Tendenzen nach dem Buchstaben des Verstandes, ein so schönes, ächt antikpoetisches Talent (...). Und dies beweist, dünkt mich, sattsamer, als alle seine Lobredner, die hohe Genialität desselben, die sich von dem mächtigen Verstande in ihm nicht hat wollen gefangen nehmen lassen.« Der Komponist von *Iphigénie en Aulide* (1774) und *Iphigénie en Tauride* (1779) wird aber im weiteren Verlauf der Ausführungen trotz dieser genialen Ansätze nicht in einer dritten, »romantisch-poetischen Periode« deutscher Kunstbildung angesiedelt, sondern (*AmZ* 9 (1806/07), S. 696) »bey ihm hörte die Musik auf, eine poetische Eingebung zu seyn, und ward unter seinen Händen ein mathematisches Problem, welches nur durch algebraische Prozesse gelöst werden konnte.« Glucks Musik wird vom oben angesprochenen »mächtigen Verstande in ihm« eingenommen. Und mit Hilfe dieses Verstandes lassen sich dann auch die Erfolge des Komponisten in Paris problemlos verstehen: Dass Gluck in Paris Erfolg hatte, wird von G.L.P. Sievers darauf zurückgeführt, dass er (*AmZ* 9 (1806/07), S. 697) »absolut nach dem Kunstprincipe der Franzosen bey seinen Kompositionen zu Werke ging.«

Wenn in G.L.P. Sievers' Arbeiten im übrigen von Glucks Erfolgen in Paris die Rede ist, begegnet man meist auch dem schon zur Zeit der Niederschrift dieser Arbeiten eher unbekannten Johann Christoph Vogel; beide Komponisten werden in der *AmZ* schon im Aufsatz »Charakteristik der italienischen und französischen Musik« gemeinsam genannt (*AmZ* 9 (1806/07), S. 508):

> »Noch verursachten Lülly's u. Rameau's Psalmodieen den Parisern ein übergrosses Entzücken, als schon der effekturirende und kräftige Gluck eines ungewöhnlichen Beyfalls genoss und endlich von ihnen hoch über alle erhoben wurde. Nichts destoweniger schätzten sie zu gleicher Zeit Piccini's schönes, harmonisches Talent, so wie ihnen der wahrhaft poetische Sacchini Thränen der Wollust entlockte. Vogel, dieser geniale, obgleich etwas gluckisirende Künstler, fand ebenfalls ein grosses Publikum, und ohne seinen frühen Tod hätte er vielleicht mit Cherubini, der in derselben Zeit ein ganz entgegengesetztes Talent offenbarte und mit demselben die Pariser zu gewinnen wusste, den alten Streit der Gluckisten und Piccinisten erneuert.«

Vogel wird als Nachfolger Glucks in Paris propagiert, wobei diesem Nachfolger durch seinen plötzlichen Tod der Durchbruch versagt blieb. Vogel, der wie Wackenroders Joseph Berglinger aus »einem kleinen Städtchen im südlichen Deutschlande«[45] stammte, könnte von G.L.P. Sievers als Wahlverwandter desselben, oder auch als Schicksalsgenosse des gleichaltrigen Wolfgang Amadeus Mozart betrachtet worden sein – sozusagen ein durch äussere Umstände gluckistisch fehlgeleiteter Mozart (*AmZ* 9 (1806/07), S. 697):

> »Wegen eines Missverstandes seines eigenen Geistes, hatte er sich Gluck zum Muster gewählt, von dem er aber nur die äussere Form entlehnte, in welche er jedoch seinen eigenen Geist mit allen ihm eignen Vortrefflichkeiten übertrug.«

Auf Johann Christoph Vogel geht G.L.P. Sievers im übrigen nicht erst in der *AmZ* ein, sondern er erwähnt ihn bereits in einer im *Freimüthigen* veröffent-

---

45 Wilhelm Heinrich Wackenroder, *Herzensergiessungen eines kunstliebenden Klosterbruders*, a.a.O., S. 229.

lichten Kritik »Aus Braunschweig, am 8ten July 1805«, einer Kritik von Vogels Oper *Démophon*, die damals in Braunschweig aufgeführt worden zu sein scheint. Und wie zwei Jahre später in der *AmZ* wird der süddeutsche Komponist auch schon im *Freimüthigen* zum Nachfolger Glucks in Paris proklamiert (*Der Freimüthige* 3 (1805), S. 56):

> »In seinem zwei und zwanzigsten Jahre ging er nach Paris, wo die Gluckschen Opern ihn mit solchem Enthusiasmus erfüllten, dass er nichts weiter hören und studieren wollte, als diese. So lebte er verborgen und ungenannt bis in's Jahr 1786, wo er der Gegenstand einer allgemeinen Bewundrung ward. Er hatte nämlich nach mancherlei Schwierigkeiten die Oper Médée à Colchis, ou la toison d'or auf's Theater zu bringen gewusst, welche besonders bei ihrer Wiederholung im Jahre 1788 ausserordentlichen Beifall erhielt. Selbst Gluck zollte ihm diesen in einem Briefe, und gestand ihm einen echt-dramatischen Stil zu. Jetzt teilte Vogel und Cherubini, der unterdessen mit wirksamen Empfehlungen an die Königin nach Paris gekommen war, eben so das Publikum in zwei Parteien, wie vormals Gluck und Piccini gethan hatten.«

Merkwürdig zwiespältig ist dabei die Beurteilung der Musik dieser Oper. G.L.P. Sievers lobt zwar »die Kraft, Klarheit und den Sinn, welche in diesem Werke herrschen« und welche nur »dem wahren Genie eigen« seien; solches hindert ihn jedoch nicht, (*Der Freimüthige* 3 (1805), S. 60) »alle Fehler, zu denen Mangel an gehöriger Kunstbildung und Erfahrenheit verleiten, und welchen derjenige unterworfen ist, der über seine innere Kunstfähigkeit noch im Dunkeln tappt«, ausführlich anzuprangern.

Gluck und Vogel spielen eine zentrale Rolle für die Entstehung des oben dargestellten antithetischen Modells von italienischer und französischer Musik und damit auch für das Verständnis der in der Nachfolge der italienischen Musik angesiedelten deutschen. Schon im *Freimüthigen* im Jahre 1805 zeigen sich Ansätze zur Unterscheidung von »poetischem Gemüth« und »prosaischem Verstand«; Ansätze zu einer Unterscheidung, die dann für die Beurteilung zwei Jahre später in der *AmZ* bestimmend wird. Die Unterscheidung der französischen von einer italienischen und deutschen Musik kann nur unter Berücksichtigung der Beurteilung von Gluck und Vogel – und damit, wie oben vermutet, unter Berücksichtigung des Bouffonistenstreits und des nachfolgenden Streits zwischen Gluckisten und Piccinisten – verstanden werden.

Obwohl G.L.P. Sievers seine antithetischen Modelle in späteren Aufsätzen modifiziert, bleiben Gluck und Vogel auch dort ein unzertrennliches Komponistenpaar – und eine Konstante. Solches bestätigt vor allem ein Abschnitt des *AmZ*-Aufsatzes »Über den jetzigen Zustand der Musik in Frankreich, besonders in Paris« aus dem Jahre 1817 (*AmZ* 19 (1817), S. 266ff.):

»Es dürfte höchst interessant seyn, wenn uns der eigentliche Gang bekannt wäre, welchen die innere Kunstbildung dieses Componisten [Gluck], vom ersten Beginne bis zu ihrer endlichen Vollendung, genommen hätte; wenn wir nachweisen könnten, auf welchem Wege derselbe zu Ausübung derjenigen Kunst-Grundsätze gekommen wäre, die bereits längst vor ihm in Frankreich theoretisch gekannt und praktisch ausgeübt worden – Kunst-Grundsätze, die Gluck nur vervollkommnete, aber bey weitem nicht erfand. Er selbst hat allerdings diese Grundsätze öffentlich geäussert, doch nirgends angemerkt, welche äussere Veranlassung sich ihm zur Annahme und Ausführung derselben dargeboten hat. Wir unsererseits sind von jeher überzeugt gewesen, dass Glucks Kunstbildung einzig und allein den damals in ganz Europa berühmten, obgleich daselbst weder gekannten, noch weniger genossenen Werken der französischen grossen Opernbühne ihre erste und hauptsächlichste Anregung zu verdanken gehabt hat. Wie dem auch sey, und nach welcher eigenen oder fremden Anregung die Grundsätze, welche wir in den Werken desselben vorfinden, sich auch mögen gebildet haben; so bleibt die Wahrheit stets unangefochten, dass Glucks Compositionen aus demselben Geiste der Reflexion hervorgegangen sind, welche den Worten der früheren französ. Schule zur Grundlage gedient hat. Wir sehen, unserer innigsten Überzeugung zu Folge, in Gluck nur einen quantitativ verbesserten oder vermehrten Rameau. Es muss daher ein vollkommener Irrthum genannt werden, wenn man glaubt, dieser Componist habe in der französischen Musik eine Revolution hervorgebracht: keine Revolution, sondern vielmehr eine Vervollkommnung der französ. Schule sind die Resultate gewesen, welche Glucks Aufenthalt in Frankreich bewirkt hat. Denn in keiner Kunst –, so diese im eigentlichen Volke tiefe Wurzel gefasst, kann ein einziges Individuum im wahren Sinne des Worts in wenigen Jahren eine Umkehr hervorbringen. Aus diesem Grund musste Gluck die grosse Sensation in Frankreich bewirken, die seinen Werken daselbst zu Theile geworden ist, und welcher sie noch immer fortwährend geniessen: Gluck ist noch in diesem Augenblicke der einzige wahre tragische Componist der französ. Nation; sein Ruf ist als klassisch zu betrachten, denn die ganze Nation stimmt in der Meynung seiner Vortrefflichkeit, seiner Unfehlbarkeit überein, während die andern Componisten nur eines bedingten, theilweisen Beyfalls geniessen.
Aber Gluck ist der Verehrung, welche ihm noch heut zu Tage die französische Nation zollt, auch vollkommen würdig. Das System der französischen Tonkunst, nach welchem nicht unmittelbar das Menschliche durch Musik ausgedrückt werden soll, sondern wo vielmehr die Sprache als erstes Hülfsmittel des Ausdrucks und die Musik nur als Verstärkung desselben betrachtet wird, dieses System ist, davon überzeugen wir uns bey jeder wiederholten Anhörung der gluckschen Werke, von diesem Componisten zu einem seltenen Grade von Vollkommenheit ausgebildet worden. Gluck hat die Möglichkeit gezeigt, dass der musikalische Ausdruck in einem anderen, als in dem romantischen, das heisst, in einem wahren mechanischen Sinne angewandt, dass er, mit Verzichtleistung auf seine innerste, unmittelbarste Bedeutung, nur zum, dienenden Sklaven eines ihm vorgesetzten Herrn herabgewürdigt werden und doch den mit ihm bezweckten Genuss im möglichst vollkommenen Grade zu erreichen im Stande seyn könne.«

6. *Noch ein Denkmodell: Haydn und Mozart*

In G.L.P. Sievers' Musikgeschichtsverständnis stellt die Person Wolfgang Amadeus Mozarts einen unbestreitbaren Höhepunkt dar. Mozart steht als Verkörperung von G.L.P. Sievers' Auffassung von »Genie«; Mozart ist (*AmZ* 9 (1806/07), S. 698) »der erhabenste Geist, den bis jetzt die musikalische Welt aufzuweisen gehabt hat.«

Durch sein Ausweichen auf den Begriff »Genie«, der in literarischen Diskursen bereits um 1760 zu einem Begriff der sogenannten »Ästhetik« geworden war – und wahrscheinlich auch in der Musikgeschichte bis in diese Zeit zurückverfolgt werden könnte –, entrückt G.L.P. Sievers Mozart jeglichen Bedingungen und umgeht damit ein Problem (*AmZ* 9 (1806/07), S. 697f.):

> »Dass Mozart's Daseyn ebenfalls in diese Periode des Skeptizismus fällt, darf Niemanden befremden, denn die Erscheinung wahrhaft vortrefflicher Geister ist an kein Zeitalter, so wie an kein Volk und an keine Einwirkungen von Aussen gebunden.«

Trotz Mozarts Auftreten hat sich für G.L.P. Sievers ein »goldenes Zeitalter« noch nicht durchgesetzt. Mozart ist ein Zeitgenosse Glucks und gehört derselben Periode wie dieser an. Doch Mozarts Genie erhebt ihn für G.L.P. Sievers über den sonst allgemeingültigen Periodenbau, so dass bei diesem Komponisten in gewisser Weise trotzdem von Vollendung gesprochen werden kann. Über andere Komponisten, die ebenfalls in diese noch andauernde zweite Periode fallen, mag G.L.P. Sievers dagegen nicht sprechen, da ihr Lebenswerk noch nicht abgeschlossen ist; die aufklärerische Theorie eines zielstrebigen Künstlertums wird vertreten: immer das jüngste Werk eines Komponisten ist auch sein bestes; ein idealer Künstler strebt stets nach Höherem und übertrifft sich dadurch immer wieder von neuem (*AmZ* 9 (1806/07), S. 698):

> »Denn wollte man seinen eigentlichen Kunstcharakter früher beurtheilen, so würde dies Urtheil nur ein Stückwerk und kein Ganzes seyn, weil der Künstler bis zu seinem Tode immer noch etwas Vortrefflicheres, als das Vorhergehende, zu liefern im Stande ist.«

G.L.P. Sievers kann lediglich an einem Komponisten nicht vorübergehen, da dieser schon zu Lebzeiten einer anderen Epoche anzugehören scheint. Es kann im folgenden (*AmZ* 9 (1806/07), S. 698) »nur noch von Haydn die Rede seyn, der wenn auch nicht physisch, so doch künstlerisch bereits vollendet hat.«

Joseph Haydn und Wolfgang Amadeus Mozart werden im Musikschrifttum allgemein bereits um die Wende vom 18. zum 19. Jahrhundert als Komponistenpaar gesehen – als Komponisten, die von den geistigen und gesellschaftlichen Veränderungen der Revolutionsjahre im wesentlichen unberührt blieben und dadurch – obwohl Haydn noch lebte – schon um 1800 von der Gegenwart getrennt werden konnten.[46] G.L.P. Sievers nun reiht Haydn und Mozart nicht als gleichgesinntes Paar ein, sondern verfährt ganz in seinem bisherigen Stil; er postuliert eine auf der Dialektik »Verstand« contra »Phantasie« bzw. »witzig« contra »poetisch« aufbauende Konstruktion, die Haydns und Mozarts jeweilige Vorzüge erklären soll – fast möchte man meinen, den etwa gleichaltrigen Georg Wilhelm Friedrich Hegel zu hören, freilich etwas trivialisiert (*AmZ* 9 (1806/07), S. 698f.):

»So wie die physische Welt durch Licht und Finsternis, durch Schwere und Leichtigkeit, durch Kälte und Wärme, die moralische durch Laster und Tugend, durch Vernichtung und Ewigkeit, eben so wird die künstlerische Welt durch zwey mächtige Antithesen regiert, nämlich durch den Verstand und durch die Phantasie. Diese beyden Antithesen haben sich, was die Musik anbetrifft, in Haydn und Mozart ganz vollkommen offenbart, und beyde sind in ihrer Art als vollkommen vollendete Geister zu betrachten.«

Den im Zusammenhang mit Mozart verwendeten Begriff »Phantasie« benutzte G.L.P. Sievers im übrigen bereits zur Definition einer »romantischen Poesie«, weshalb die nun erstmals explizit geäusserte Gegenüberstellung von »Phantasie« und »Verstand« durchaus mit früheren Modellen übereinstimmt; dies umso mehr als Haydns Musik seit Johann Friedrich Reichardt als witzig oder humorvoll bezeichnet worden war. Unser Protagonist macht sich die Charakterisierung »witzig« zu eigen, die sich für Haydnsche Kompositionen eingebürgert hatte, und erlaubt sich dadurch, zur bereits bekannten Gegenüberstellung von »witzig« und »poetisch« – und damit auch zu den »poetischen« Werken Mozarts – zurückkehren zu können (*AmZ* 9 (1806/07), S. 699):

»Haydn hat alles, was der Verstand Reizendes erschaffen kann, in der höchsten Vollkommenheit hervorgebracht. Vor ihm hatte noch kein Komponist die Laune, den Witz, den Humor, die Naivität, überhaupt alle Nüancen des producierenden Verstandes, bis zu einem so vollkommenen Grade von Liebenswürdigkeit gebracht. Da nun der Verstand das herrschende Princip auf der Erde ist, und diesem sonach die Phantasie untergeordnet seyn muss, so folgt daraus, dass Haydn's Productionen das allgemeinste Vergnügen gewähren müssen. Und dies ist der unwiderlegbare Grund von der wunderbaren Erscheinung, dass Mozart's Instrumentalmusik, in Hinsicht des Effekts auf das grosse Publikum, der Haydnschen durchaus nachstehen muss, und dass, zum Beyspiel, die Schöpfung ein allgemeineres Vergnügen verursacht als Don Juan.«

---

46 Arno Forchert, »'Klassisch' und 'romantisch' in der Musik des frühen 19. Jahrhunderts«, a.a.O., S. 409.

Die Dialektik bleibt nicht mehr nur auf grosse Zusammenhänge (etwa die Gegenüberstellung von französischer und italienischer Musik) beschränkt, sondern dringt auch in Unterabteilungen des Systems vor (auch bis zu musikalisch nahezu verwandten Komponisten). Wiederum manifestiert sich ein Jonglieren mit den verschiedensten Modellen; G.L.P. Sievers nutzt die ihm gegebenen Möglichkeiten in jedwelcher Situation.

Bei der dialektischen Gegenüberstellung von Haydn und Mozart könnte sich die Frage nach einer Synthese ergeben. Eine Synthese, die für spätere Beurteiler der Musikgeschichte dann in Ludwig van Beethoven gesehen wurde – eine Synthese, wie sie erstmals von E.T.A. Hoffmann formuliert wurde. Auch bei G.L.P. Sievers ist die zweite Periode, der Gluck, Haydn und Mozart angehören, nur »theilweise« noch nicht abgeschlossen, und es scheinen schon Exponenten einer dritten zu existieren. Beethoven wird von G.L.P. Sievers jedoch nie erwähnt!

7. *Das Wesen von G.L.P. Sievers' romantischer Musikästhetik*

Von G.L.P. Sievers werden in seinen *AmZ*-Aufsätzen zur Charakteristik der italienischen, französischen und deutschen Musik verschiedene Strategien verfolgt. Zum ersten soll die Kunst »Musik« gleichberechtigt zu ihrer Schwesterkunst »Poesie« erscheinen, weshalb sich die Definitionen von »rein-poetischer«, »romantisch-poetischer« bzw. »witziger« Kunst jeweils auf beide Künste anwenden lassen (*AmZ* 9 (1806/07), S. 693):

> »So wie die Poesie ein Aussprechen des Höchsten in der menschlichen Brust durch Worte ist, so ist die Musik das nämliche durch Töne. Daraus folgt nun schon von selbst, dass beyde Künste durchaus unabhängig von einander sind, und jede derselben vollkommen für sich allein bestehen kann. Wenn man demnach auch noch in neuern Zeiten die Musik der Poesie untergeordnet und jene zu einer dienenden Sklavin dieser herabgewürdigt hat, so ist das ein Irrthum gewesen, der theils aus einer ganz verfehlten und unphilosophischen Ansicht beyder Künste hervorgegangen, theils auch von der Idee erzeugt worden ist, welche man von dem Seyn und Wesen der griechischen Musik, die in der That jene mechanische Sklavin war, fälschlich auf die neuere übertragen hat.«

Dabei wird durch G.L.P. Sievers' Hinweis, dass es ein Irrtum sei, auch bei der Kunst »Musik« – analog zur »Poesie« – auf die Antike zurückzugreifen, verständlicher, dass ihm in diesem Zusammenhang eine ausgiebige Beschäftigung mit der Musik der Griechen unumgänglich erscheint – nicht nur von einem traditionsbezogenen Standpunkt aus, sondern auch in Hinsicht auf eine Emanzipation der Musik gegenüber der Poesie: Erstens wird verständlich, dass G.L.P. Sievers seine Einleitung zur »Charakteristik der deutschen Musik« mit den Griechen beginnen musste: Er suchte den Irrtum einer Vorbildhaftigkeit der griechischen Musik zu bereinigen. Zweitens wird deutlich, dass G.L.P. Sievers nicht beim die Antike zum Vorbild erhebenden triadischen Weltbild verweilen konnte, sondern auch auf das Mittelalter eingehen musste; da in der Antike kein Vorbild gefunden werden konnte, musste ein im Mittelalter situiertes Vorbild konstruiert werden – sozusagen ein zweites Paradies in Ermangelung eines ersten. Und drittens zeigt sich, dass durch die Nicht-Existenz einer griechischen Musik die Kunst »Musik« automatisch zur romantischen Kunst an sich werden musste (*AmZ* 9 (1806/07), S. 680):

> »Mit Entstehung der neuern, das heisst der romantischen Poesie schuf sich aber nun auch die Musik, die das tönende Bild jener ist und mit ihr in einem eben so innigen Verhältnisse steht, wie der Körper mit der Seele, weil die romantische Poesie sich nur durch die Musik auszusprechen im Stande ist. Somit ward die alte Grundlage der griechischen Musik, ein blosses Erzeugnis einer mechanischen Nothwendigkeit, zu einem herrlichen, kunstvollen, reinen Gebäude erhoben. Es entstand die neuere Musik, oder vielmehr die Musik, weil die Alten im Sinne einer reinen Kunstanschauung noch keine Musik gehabt hatten.«

G.L.P. Sievers verfolgt die Strategie einer Emanzipation der Kunst »Musik« als romantischer Kunst an sich. Darauf wird im vierten Teil der Arbeit noch ausführlicher eingegangen werden müssen. Es wird sich zeigen, dass dieses Anliegen gerade in der Zeit um 1800 von einigen weiteren Zeitgenossen ebenfalls vertreten wird.

Als zweites dienen G.L.P. Sievers frühe *AmZ*-Aufsätze dazu, eine Hegemonie der deutschen Musik gegenüber derjenigen anderer Nationen zu begründen, wobei sich diese Hegemonie für den Verfasser schlüssig aus der Kulturkreis-Theorie ergibt. Deutschland löst nach dieser Theorie Italien gerade zur Zeit der Niederschrift der Aufsätze als führende Nation in Sachen Kultur ab; Italien fällt nach einer längeren Periode der Führung wieder ins zweite Glied zurück (*Der Freymüthige* 5 (1808), S. 494):

> »Die Geschichte hat bis jetzt bewiesen, und es ist dem zu Folge ohne Widerspruch angenommen worden, dass in dem nie gehemmten Kreis-Laufe des physischen und intellektuellen Daseyns jedes Volk und jedes Zeitalter zu einer Epoche gelangt, wo seine unfehlbare Bildung anhebt, zum höchstmöglichsten Grade der Vollkommenheit gelangt, und dann wieder abnimmt, und in völlige Barbarey zurücksinkt.«

Italien hat seinen Höhepunkt kulturellen Fortschritts überschritten und ist nicht mehr fähig, überragende kulturelle Impulse zu initiieren (*AmZ* 9 (1806/07), S. 686):

> »Auch ist es nicht zu läugnen, dass Italien, eben weil dessen Bildung früher, als die der deutschen begonnen hat, nunmehr schon auf einer so hohen Stufe luxuriöser

> Verfeinerung steht, welche Verfeinerung eine nothwendige geistige und körperliche Entnervung in ihrem Gefolge haben muss, dass dort kein höherer Gipfel der Kunst zu erreichen seyn dürfte, und dass demnach ein Rückfall in die vorige Barbarey freylich noch nicht vor der Thür, aber doch keine viele hundert Jahre mehr entfernt seyn dürfte.«

Nach einem »Rückfall Italiens in die vorige Barbarey« liegt es an Deutschland ein romantisches Zeitalter zu ermöglichen; Deutschland fällt nach der Theorie G.L.P. Sievers' zu Beginn des neuen Jahrhunderts die Führungsrolle zu und die deutsche Musik beweist für ihn hinlänglich, dass solches auch tatsächlich zutrifft.

Dritte Strategie G.L.P. Sievers' ist es, eine Definition von »romantischer Musik« bzw. »romantischer Poesie« zu liefern, diese Begriffe auf ihre Ursprünge zurückzuführen. Seine Definition zeichnet sich dabei trotz des Plagiierens zahlreicher Ideen durch ihre Deutlichkeit vor vielen ähnlichen Versuchen seiner Zeit aus (*AmZ* 9 (1806/07), S. 684):

> »Da der Begriff der romantischen und alten Poesie von vielen noch nicht gehörig gefasst zu seyn scheint und überhaupt auch nur sehr selten bestimmt auseinander gesetzt worden ist, so halte ich es nicht für überflüssig, ja selbst für nothwendig, diesen Begriff so deutlich, als es die nothwendige Kürze dieser Blätter zu thun gestattet, durch sich selbst zu entwickeln.«

G.L.P. Sievers geht – wie dies oben anhand von Passagen aus den *Schauspieler-Studien* dargelegt wurde – vom Ideal einer »antiken, rein-poetischen Kunst« aus (*AmZ* 9 (1806/07), S. 684):

> »Die alte Poesie, welche ein reines Erzeugnis des herrschenden Kunstgeistes war, dichtete aus unmittelbarer Eingebung und schöpfte aus der ersten Quelle reiner, poetischer Kunstbegeisterung.«

Die angestrebte Romantik stellt dann einen Endzustand dar, wobei die ehemals in der Antike existente Vollkommenheit nicht mehr erreicht werden kann. Deshalb stellt sich jenes von den sogenannten »Romantikern« immer wieder angesprochene Gefühl der »Sehnsucht« ein (*AmZ* 9 (1806/07), S. 684):

> »Die romantische Poesie hingegen schafft ihre Poesieen nur vermöge einer mittelbaren Eingebung, welche ihr nicht von einem reinen poetischen Geiste, sondern von der Sehnsucht nach diesem zu Theile wird.«

G.L.P. Sievers' Verständnis des Begriffs »Romantik« zielt also nicht in Richtung eines absoluten Idealzustandes, sondern strebt lediglich nach einem höchsten noch erreichbaren Ideal – einem »mittelbar-freyen Kunstschaffen.«

Diese doch erstaunliche Selbstanalyse – man könnte sie die Erkenntnis eines rational denkenden Frühromantikers bzw. rationalen Idealisten nennen, eben jene Verknüpfung von sich entgegenstehenden Sehensweisen, die bereits zu Beginn dieses Teiles der Arbeit angesprochen wurde – wird von G.L.P. Sievers noch genauer umschrieben, wobei er der Realität der Geschichte ziemlich nahe zu kommen scheint (*AmZ* 9 (1806/07), S. 683):

> »Um nun wieder auf die Entstehung der neuern Musik, deren Ursachen weiter oben dargethan sind, zurück zu kommen, so ist sie eben so wie die neuere Poesie, nur mittelbar freyes, und in so fern bedingtes künstlerisches Schaffen, welches sich nicht unmittelbar aus dem Streben nach dem verlohrnen Urgeiste der reinen Poesie entwickelt hat, und beyde, die Poesie und Musik der Neuern, können nur in so fern reine, unbedingte Kunstschöpfungen genannt werden, als sie, obgleich nach dem Untergange der griechischen Poesie die Existenz der neuern romantischen Poesie und Musik als Gegensatz zu jener durchaus nothwendig war, sich dennoch nach freyen Kunstgesetzen gebildet haben. Man kann demnach die alte Poesie ein unmittelbar-, die neue hingegen ein mittelbar-freyes Kunstschaffen nennen.«

Obwohl auch G.L.P. Sievers einem romantisch-poetischen Zeitalter entgegenstrebt, vertritt er keine absoluten Ideale; er sieht, dass ein paradiesischer Zustand nicht mehr erreicht werden kann. Damit nähert er sich den Ansichten Friedrich Schillers, der ebenfalls mit den Begriffen »mittelbar« und »unmittelbar« argumentiert hatte. Das Einbeziehen von aufklärerischen Strategien hatte ein Erkennen der Historizität des eigenen Denkens ergeben: G.L.P. Sievers scheint die Historizität der Frühromantik oder des Idealismus noch zu erkennen und postuliert deshalb wie kurze Zeit später auch E.T.A. Hoffmann keine absoluten Ideale.

E.T.A. Hoffmanns Schriften wurden jedoch seit den 1830er Jahren in Richtung einer absolut geltenden romantischen Musikästhetik gedeutet: eine Sehensweise, die sich in der Folge durchsetzte. Die Kunst »Musik« wurde im 19. Jahrhundert mit Hilfe einer romantischen Musikästhetik tatsächlich zu jener absoluten Kunst, als die sie auch heute noch weitgehend gilt. Dass diese Kunst jedoch eben nicht absolut gesehen werden darf, dass es sich bei dieser Auffassung lediglich um eine Idee handelt, die ihren Anfang kurz vor 1800 nahm, wird von G.L.P. Sievers oder auch von E.T.A. Hoffmann noch weitgehend erkannt, von späteren Schreibern bis in unser Jahrhundert jedoch meist nicht mehr nachvollzogen. Die Idee einer absoluten Kunst kann jedoch lediglich in ihrer Historizität auf Verständnis stossen und müsste eigentlich längst aus unseren rational funktionierenden Köpfen verschwunden sein – wenn nicht eben auch wir gerade durch die Kunst »Musik« eine Flucht aus der Realität anstrebten und der Musik deshalb neben dem einzigen inneren Wert – dem Unterhaltungswert nämlich – noch weitere Werte zuschrieben. G.L.P.

Sievers' frühe Arbeiten stehen für eine Zeit, in der die Realität gerade noch erkannt wurde.

D. Das Zeitalter der Systemphilosophie

1. *Ein System der Künste*

In seinen im Jahre 1813 veröffentlichten *Schauspieler-Studien*, welche wohl – wie im zweiten Teil dieser Arbeit erläutert – bereits einige Jahre früher in Angriff genommen wurden, präsentiert G.L.P. Sievers quasi als vorangestellten Überbau seiner Ausführungen eine Definition von »Ästhetik« (S. 3):

> »Kunst-Philosophie (Ästhetik) nennen wir diejenige Wissenschaft, welche sich mit der Aufgabe beschäftigt, das Wesen der Kunst zu ergründen, einen einzigen, höchsten Grundsatz in derselben aufzufinden und für ihren praktischen Theil gewisse Regeln festzustellen. Letztere bringen dasjenige hervor, was die Theorie einer Kunst genannt wird; diese bezieht sich aber, wie gesagt, nur allein auf den praktischen Theil der Kunst: denn das Innere derselben muss, in so fern nemlich alle Kunst gänzlich frei ist, sich auch in gänzlicher Freiheit entwickeln, und sich aus sich selbst, und nicht nach gegebenen Regeln, gestalten.«

Mit dieser Definition von Ästhetik als einer Wissenschaft, die »das Wesen der Kunst zu ergründen sucht«, rechtfertigt G.L.P. Sievers seine Studien, die typisch sind für ein systematisierendes Zeitalter, als welches diese Zeit vielleicht am ehesten zu gelten hat – kein Zeitalter der Frühromantik, sondern ein Zeitalter der Systemphilosophie[47]. Ästhetik bedeutet für G.L.P. Sievers eine Wissenschaft der einzelnen Wissenschaften der Künste; eine Wissenschaft, welche über den einzelnen »Theorien« der Künste steht. Unser Protagonist lässt ein allumfassendes System der Künste erkennen, wobei er sich nicht ständig mit dem ganzen System beschäftigt, sondern etappenweise vorgeht. In den *Schauspieler-Studien* beispielsweise löst G.L.P. Sievers Poesie und Schauspielkunst aus seinem System heraus und beschränkt sich beim Ästhetisieren auf diese beiden Künste (S. 3):

> »Die Kunst-Philosophie beschäfftigt sich also mit der Kunst im Allgemeinen: hier aber kann nur von der Kunst der Poesie und der Schauspiel-Kunst die Rede sein.«

---

47 Vgl. Carl Dahlhaus, *Klassische und romantische Musikästhetik*, a.a.O., S. 12 und 219ff., der diese Charakterisierung vorschlug.

Poesie und Schauspielkunst sind Teil eines Systems, in welches auch die im Jahre 1807 dargelegte »Theorie« der Musik und eine bereits 1808 angedeutete »Theorie« der Poesie gehören. Ein umfassendes System der Künste hätte am Ende dieser Reihe von Veröffentlichungen stehen können, scheint jedoch später nicht mehr angestrebt worden zu sein; ein Zeitalter der Systemphilosophie war für G.L.P. Sievers ziemlich bald schon abgeschlossen. Ganz im Sinne Friedrich Schillers, der solches bereits in seiner Abhandlung *Über die ästhetische Erziehung des Menschen* (1793/94) ausgesprochen hatte, wandte auch er sich wieder der Realität zu:

> »Ist es nicht wenigstens ausser der Zeit, sich nach einem Gesetzbuch für die ästhetische Welt umzusehen, da die Angelegenheiten der moralischen ein so viel näheres Interesse darbieten und der philosophische Untersuchungsgeist durch die Zeitumstände so nachdrücklich aufgefordert wird, sich mit dem vollkommensten aller Kunstwerke, mit dem Bau einer wahren politischen Freiheit zu beschäftigen?«[48]

Der Kant-Schüler Schiller äusserte sich ganz im Sinne der Aufklärung. Die Wissenschaft »Ästhetik« war aus einer in der Aufklärung verankerten Systemphilosophie heraus entstanden und wurde zunächst als systematisches Zusammenfassen von Wissensformationen in Sachen Künste verstanden. Mit der Inflation des Wissens erfuhr dann auch der Begriff »Ästhetik« eine ständige Erweiterung und Differenzierung, bis schliesslich eine Wende in Richtung einer idealistischen Sehensweise nicht mehr zu vermeiden war. G.L.P. Sievers steht mit seiner Definition von »Ästhetik« gerade vor diesem Wendepunkt der Geschichte. Bei ihm hat der Begriff noch die rein praktische Bedeutung einer »Theorie« der Kunst, er versucht nicht auch das »Innere derselben« zu ästhetisieren.

Der zum universalen Prinzip erhobene subjektive Idealismus Johann Gottlieb Fichtes bewirkte dann eine Übersteigerung, so dass auf der Suche nach der Einlösung eines erweiterten Freiheits-Begriffs die Realität verlassen und in der Wissenschaft »Ästhetik« im »Innern der Künste« neue Möglichkeiten gesucht und gefunden werden mussten.[49] Dieser Schritt hin zum subjektiven Idealismus war jedoch zunächst – ähnlich wie die Idee einer »progressiven Universalpoesie« oder diejenige einer Antiken- bzw. Mittelalterrezeption – nicht als Abkehr von den Intentionen der Aufklärung gedacht, sondern sollte im Gegenteil

---

48 Friedrich Schiller, »Über die ästhetische Erziehung des Menschen«, in: *Philosophische und vermischte Schriften*, a.a.O., S. 76-207, S. 78.

49 Vgl. dazu auch Ernst Lichtenhahn, »Grundgedanken zu E.T.A. Hoffmanns romantischer Theorie der musikalischen Interpretation«, in: *Forum Musicologicum* 2 (1980), S. 252-264.

eine noch absolutere Realisierung der Aufklärung einleiten.[50] Fichtes Philosophie ist zudem lediglich als Reaktion auf die geschichtlichen Ereignisse jener Zeit zu verstehen – als Reaktion auf das Scheitern eines Übergriffs der Französischen Revolution auf Deutschland und als Reaktion auf das Nicht-Gelingen einer Verwirklichung republikanischer Ideen in der Realität.[51]

Über den eigentlichen Begriff »Ästhetik« herrschte im übrigen wenig Klarheit. G.L.P. Sievers beispielsweise grenzt sich mit seiner Definition einer »Wissenschaft des Wesens der Kunst« deutlich von August Wilhelm Schlegel ab, der in seinen *Vorlesungen über schöne Litteratur und Kunst* (1801/02) »Ästhetik« in der Nachfolge Alexander Gottlieb Baumgartens (1714-1762) und Immanuel Kants (1724-1804) als »Lehre von den sinnlichen Wahrnehmungen« definiert hatte. Auch Schlegel versucht jedoch eine »philosophische Theorie der schönen Künste«, welche als »Kunstlehre« betitelt in diesen Vorlesungen erscheint. Seine Einteilung geht von Skulptur über Architektur, Malerei, Musik und Tanzkunst zu Poesie; um in das Schlegelsche System aufgenommen werden zu können, bedarf eine Kunst der Fähigkeit, autonom Schönes hervorzubringen.[52] Gerade die von G.L.P. Sievers behandelte Schauspielkunst fehlt jedoch in Schlegels »Kunstlehre« und weitere Textvergleiche lassen den Schluss zu, dass G.L.P. Sievers dieses Werk unbekannt gewesen sein dürfte.

Sowohl im *Handbuch der klassischen Literatur* (1792) als auch in seinem *Entwurf einer Theorie und Literatur der schönen Redekünste* (1805) reiht dagegen der Braunschweiger Ästhetikprofessor und Literaturhistoriker Johann Joachim Eschenburg (1743-1820) die Schauspielkunst unter den schönen Künsten ein, womit klar wird, dass G.L.P. Sievers' Beschäftigung mit der Schauspielkunst so aussergewöhnlich nicht ist. Bei Eschenburg ist zudem der Begriff der »schönen Künste« noch nicht gefestigt, so dass er sich in seinen Arbeiten zur Veröffentlichung zweier verschiedener Aufstellungen entschliessen muss:

– »Musik, Tanzkunst, Schauspielkunst, Mahlerei, Kupferstecherkunst, Steinschneidekunst, Bildhauerei und Baukunst, welche letztere auch die schöne Gartenkunst unter sich begreift.«[53]

---

50 Wolfdietrich Rasch, »Zum Verhältnis der Romantik zur Aufklärung«, in: *Romantik. Ein literaturwissenschaftliches Studienbuch*, a.a.O., S. 7-21.

51 Gerda Heinrich, *Geschichtsphilosophische Positionen der deutschen Frühromantik*, a.a.O., S. 127ff.

52 August Wilhelm Schlegel, *Vorlesungen über schöne Litteratur und Kunst*, a.a.O., Bd. 17, S. 4ff. und 9f.

53 Johann Joachim Eschenburg, *Handbuch der klassischen Literatur*, dritte verbesserte Auflage, Berlin und Stettin 1792, S. 88.

– »Dichtkunst, Redekunst, Musik, Tanzkunst, Schauspielkunst, Zeichenkunst, Malerei, Kupferstecherei, Bildnerkunst, Baukunst und schöner Gartenbau.«[54]

Ähnliche Systeme der schönen Künste lassen auch die Verfasser diverser *AmZ*-Aufsätze durchblicken: Der Verfasser des Aufsatzes »Bemerkungen über die Ausbildung der Tonkunst in Deutschland im achtzehnten Jahrhundert« etwa nennt (*AmZ* 3 (1800/01), S. 230f. und 248) Mimik, Tanz, Musik, Poesie und Redekunst. Eine Diskussion der Kunst »Musik« als schöner Kunst fand also auch in dieser führenden Musikzeitschrift statt – und auch bereits vor G.L.P. Sievers' Aufsätzen von 1807.

2. *Ein System von Kunstwörtern*

G.L.P. Sievers wäre für die Musikgeschichte völlig uninteressant, wenn es beim Ästhetisieren und Philosophieren geblieben wäre. Bereits im Jahre 1815, im *Conversationslexikon*, wird er jedoch wieder zu jenem Skeptiker und Kritiker, als der er auch in der Vorrede zum Roman *Der Sarg oder die Zwillingsschwestern* aufgetreten war. Fehler seiner Zeitgenossen, denen er nachsagt, dass sie gleiches immer wieder anders darstellten und so eine Verwirrung der Begriffe auslösten, sucht er zu vermeiden. G.L.P. Sievers setzt sich im *Conversationslexikon* für Definitionen ein, für ein »System von Kunstwörtern«, eine »Theorie des terminus technicus«, die in einem Artikel »Kunstwort« begründet wird (*Brockhaus*, Bd. 5, S. 470):

> »Kunstwort (terminus technicus) heisst, im Allgemeinen, jede Benennung, deren man sich bedient, um damit die verschiedenen Theile eines mechanischen Kunstwerks, oder Gewerbproducts, und in den Künsten und Wissenschaften die eigenthümlichen Begriffe der einzelnen Theile derselben zu bezeichnen. Das Studium der Kunstwörter (Terminologie, so nennt man aber auch ein System solcher Kunstwörter, z.B. die juristische Terminologie,) ist von grosser Wichtigkeit, und um so unerlässlicher als durch den Missbrauch eines Kunstworts, besonders im abstracten Wissen, nicht selten auch in den materiellen Wissenschaften und Künsten, grosse Irrthümer und Verwirrungen entstehen können. Kunstwörter sind ganz unentbehrlich, weil man, um eine genaue Beschreibung eines Gegenstandes oder Begriffes zu geben, ohne deren Hülfe immer zur Verschwendung von mehr oder weniger – Worten seine Zuflucht nehmen müsste. So wie nun aber einerseits Denjenigen, die eine Wissenschaft studiren, die Pflicht obliegt, sich mit dem eigentlichen Sinne der in derselben vorhandenen Kunstwörter so vollkommen als möglich bekannt zu

54 Johann Joachim Eschenburg, *Entwurf einer Theorie und Literatur der schönen Redekünste,* Berlin und Stettin 1805, S. 4 und 8.

machen; so ist es an der andern Seite auch Pflicht jedes Erfinders oder Begründers einer Wissenschaft, die Terminologie derselben so bestimmt als möglich aufzustellen, d.h. einmal, die Begriffe möglichst streng von einander zu trennen, und nichts Heterogenes in ein und dasselbe Kunstwort zu fassen, zweitens den Begriff dieses Kunstworts mit der höchsten Klarheit zu entwickeln und durchaus in keinem Falle Ausnahmen in demselben zu gestatten. Nur dann, wann diese Regeln mit steter Umsichtigkeit beobachtet sind, kann es den Lesern möglich werden, das aufgestellte System von allen Seiten zu verstehen und gründlich zu durchschauen.«

G.L.P. Sievers scheint zum Zeitpunkt der Abfassung der Artikel im *Conversationslexikon* von der um 1806 erlittenen (*Caecilia* Bd. 5 (1826), S. 276) »ästhetischen Influenza« geheilt und lexikographiert aus einer wieder erstehenden kritischen Haltung heraus. Deutlich werden deshalb im Artikel »Kunstwort« die eigentlichen »materiellen Wissenschaften« und die »abstracten Künste« voneinander unterschieden. Eine Wissenschaft der »abstracten Künste«, wie sie von einigen seiner Zeitgenossen angestrebt wurde, konnte G.L.P. Sievers wohl bereits zu diesem Zeitpunkt nicht mehr tolerieren.

3. *Von der Schauspielkunst*

Am eindeutigsten als Versuch einer »Theorie« einer Kunst zu bezeichnen, sind G.L.P. Sievers' *Schauspieler-Studien*. Darin wird versucht, die nach der Meinung des Verfassers schwierigste aller Künste, nämlich die Schauspielkunst, systematisch und umfassend abzuhandeln. G.L.P. Sievers' Meinung, diese Kunst sei vor seinem Unternehmen niemals theoretisch untersucht worden, muss dabei als Anstoss zu diesem Werk bezeichnet werden. Die Schauspielkunst soll durch theoretische Fundierung eine Aufwertung erfahren, soll an hervorragender Stelle ins System der Künste eingegliedert werden. Der Schreiber versucht eine ihm bisher vernachlässigt erscheinende Kunst – die hauptsächlich als Interpretationskunst aufgefasst wurde[55] – aufzuwerten – ähnlich wie dies von ihm in der *AmZ* für die Kunst »Musik« unternommen worden war (S. III):

»Wenn bei weitem der grösste Theil der Schauspieler den Mangel an einer tieferen Einsicht in das Wesen seiner Kunst, welche die schwerste, complicirteste und umfassendste unter allen Künsten ist, so wie die nicht seltene Unlust zum practischtheoretischen Studium derselben (das Lernen und die oft nicht eben künstlerische Beurteilung seiner darzustellenden Rolle ausgenommen) mit dem Vorwande zu rechtfertigen sucht, als habe es ihm zur Zeit noch immer an einer eigentlichen,

55 Vgl. dazu auch Ernst Lichtenhahn, »Grundgedanken zu E.T.A. Hoffmanns romantischer Theorie der musikalischen Interpretation«, a.a.O.

systematischen, fasslich dargestellten Anleitung zum Studium seiner Kunst gemangelt; so scheint diese Rechtfertigung in so fern in der That nicht ohne Grund zu sein, als dasjenige, was bis jetzt theoretisch über die Schauspiel-Kunst geschrieben worden, theils zu zerstreut, theils zu speculativ, zu einseitig, oder auch (was am häufigsten der Fall sein dürfte) zu oberflächlich gedacht gewesen ist, als dass es hätte fähig sein sollen, zu einem ernsten, redlichen Studium dieser nie ganz auszulernenden, nie ganz zu ergründenden Kunst Anleitung zu geben.«

Da sich die *Schauspieler-Studien* jedoch grösstenteils an der Praxis orientieren und somit keine eigentliche »Theorie der Kunst« darstellen, gibt sich G.L.P. Sievers mit dem Ergebnis seiner Bemühungen nicht ganz zufrieden und kündigt eine »systematische Theorie der Schauspiel-Kunst« an, in welcher die theoretischen Ausführungen wohl noch vertieft werden sollten. Das Projekt wurde jedoch nie realisiert – wahrscheinlich eben weil das Ästhetisieren in späteren Jahren nicht mehr erstrebenswert erschien (S. III):

»Der Mangel an einem solchen systematischen Lehr-Buche der Schauspiel-Kunst hat mich daher veranlasst, alle Ideen, welche ich mir im Wege eines mehr als zwanzigjährigen Studiums jener Kunst zu eigen gemacht habe, zu einem Lehr-Gebäude zusammenzustellen und somit eine eigentliche systematische Theorie der Schauspiel-Kunst zu entwickeln. Da sich jedoch die endliche Vollendung und Erscheinung derselben, ausser andern Schwierigkeiten, auch noch die vielleicht nicht unbegründete Befürchtung entgegenstellt, dass ein solches, obgleich plan dargestelltes, doch auf einem rein philosophischen Wege gedachtes und geschaffenes Werk dem grössten Theile der Schauspieler zu abstract scheinen und deshalb den beabsichtigten Eingang bei ihnen nicht finden dürfte; so habe ich gegenwärtiges Werk als einen Vorläufer meiner Theorie der Schauspiel-Kunst herausgeben und in dasselbe nur die wissenswerthen Resultate, practisch und mit Vermeidung jeder abstracten Ansicht dargestellt, niederlegen wollen.«

Ein von G.L.P. Sievers in den *Schauspieler-Studien* angesprochenes »mehr als zwanzigjähriges Studium« der Schauspielkunst lässt darauf schliessen, dass er sich bereits als Verfasser seiner im zweiten Teil der Arbeit angesprochenen Schauspiele theoretische Überlegungen zur Schauspielkunst machte. Inwieweit diese Überlegungen die Anlage seiner Schauspiele beeinflussten, muss hier offen bleiben; eine solche Untersuchung würde im hier gewählten Rahmen zu weit führen. Auch kann nicht auf Einzelheiten seiner Ideen zu Deklamation, Mimik oder Gebärden eingegangen werden. Es sei lediglich ein Blick auf G.L.P. Sievers' allgemeines Verständnis der Schauspielkunst geworfen. Einen solchen lassen die *Schauspieler-Studien* nämlich zu – dies obwohl sie vorgeben, nur ein »Handwerksbuch« zu sein (S. IX):

»Überhaupt bin ich davon, wie von der vollkommensten Wahrheit überzeugt, dass wol mechanische Künste und Handwerke, aber keine eigentliche poetische Kunst, unmittelbar von Theorieen gefördert werden dürften, es sei denn in ihren praktischen Theilen, wo allerdings eine Zurechtweisung von aussen her durch Regeln, die von der Erfahrung als zweckmässig bewährt worden, Statt finden kann. Kein Dichter wird aber, zum Beispiele, durch eine Theorie der Dichtkunst, wenn es auch dergleichen gäbe, zum Dichter werden können, wenn er nicht von Natur dazu geboren ist. Das Technische hingegen kann durch Theorieen unmittelbar gelehrt werden.«

G.L.P. Sievers verfolgt bei der Beurteilung der Schauspielkunst ähnliche Strategien, wie sie oben bereits für seine Beurteilung der Kunst »Musik« formuliert wurden. Zum einen befindet er sich mit der Meinung, dass zur Berufung »Künstler« mehr gehöre, als durch das Studium eines Buches angeeignet werden kann, dass jedoch trotzdem ein Studium der jeweiligen »Kunst« unumgänglich sei, erneut auf jenem Mittelweg zwischen frühromantischen und aufklärerischen Ideen, auf dem er bereits als Musikästhetiker lokalisiert werden konnte. Zum andern wird die Schauspielkunst ebenfalls an hervorragender Stelle in jenem angesprochenen System der Künste plaziert – ja zur (S. XIIIf.) »schwersten aller Künste« erklärt, die »die gesammte geistige Kraft ihrer Ausüber unter allen Künsten am meisten in Anspruch nimmt«. Beide Ideen tragen dazu bei, den Beruf des Schauspielers – parallel zu demjenigen des Komponisten bzw. Musikinterpreten – aufzuwerten.

G.L.P. Sievers' für die Zeit nach 1806 symptomatische Haltung, divergierende Standpunkte zu verbinden, sowohl spätaufklärerische als auch frühromantische Auffassungen auf einen Nenner zu bringen, manifestiert sich auch in seiner in den *Schauspieler-Studien* gelieferten eigentlichen Definition von »Schauspielkunst«: Einerseits wird die alte Nachahmungstheorie weitertradiert, andererseits eine Emanzipation der Schauspielkunst von der Natur angestrebt – die Schauspielkunst – bzw. die Interpretationskunst – soll ähnlich der Kunst »Musik« zu einer absoluten Kunst erhoben werden (S. 41f.):

»Die Schauspiel-Kunst ist die Kunst, welche durch lebendige Personen eine ideale Handlung darstellt, und zwar nicht natürlich, das heisst, nicht so, wie sie, wenn sie wirklich sich ereignet hätte, die dabei interessierten Menschen dargestellt haben würden, sondern so, wie sie hätte dargestellt werden müssen, wenn sie keine natürliche, sondern eine künstlerische Handlung gewesen wäre. Ich will dies deutlicher erklären. Kunst und Natur sind, obgleich jene diese nachahmen soll, doch ganz absolut von einander verschieden, ja, sie müssen sogar als absolute Gegensätze betrachtet werden. Kunst heisst dasjenige, was mit Bewusstsein nach der höchsten Consequenz, nach dem vollkommensten Zusammenhange strebt. Und eben diese Consequenz, dieser Zusammenhang ist es, welche die Natur entbehrt. Denn diese verfährt (nicht im sittlichen, oder physischen, sondern im rein – ästhetischen Sinne gesprochen) in Betreff der äussern Form nicht nach künstlerischen Grundsätzen, sondern vollkommen zufällig.«

IV. Das Entstehen einer romantischen Musikästhetik (*AmZ* 1798-1807)

Die Idee, dass eine romantische Musikästhetik zeitverschoben zur Frühromantik erst durch die Person E.T.A. Hoffmanns formuliert wurde, wie sie zuletzt auch immer wieder von Carl Dahlhaus im Sinne eines Paradigmenwechsels um 1810 vertreten wurde, kann bereits durch eine Untersuchung der ersten Jahrgänge der *AmZ* eindeutig widerlegt werden. Diese Jahrgänge belegen, dass es keinen Sinn macht, die ewig gleiche romantische Geschichte von Wilhelm Heinrich Wackenroder, Ludwig Tieck und E.T.A. Hoffmann zu wiederholen.[1] Die Anfänge einer romantischen Musikästhetik reichen gerade in der *AmZ*, jener für das Musikschrifttum ausserordentlich wichtigen Zeitschrift, in welcher auch G.L.P. Sievers und E.T.A. Hoffmann publizierten, bis in den ersten Jahrgang zurück. Und wenn diese Zeitschrift schon vor dem Herbst 1798 erschienen wäre, liessen sich darin wahrscheinlich auch bereits einige Zeit vorher Ansätze zu dieser Ästhetik eruieren. E.T.A. Hoffmanns Schriften stellen also nicht den Anfang einer romantischen Musikästhetik, sondern deren Endstadium dar, so wie auch die Frühromantik um 1810 bereits ein Endstadium erreicht hatte. Ich beschränke mich im übrigen auf die *AmZ*, da gerade diese Zeitschrift auch für G.L.P. Sievers eine zentrale Rolle spielt.

A. Die frühen »Hoffmanns«

Mit dem Begriff »Hoffmanns« sei darauf hingewiesen, dass in den ersten Jahrgängen der *AmZ* neben E.T.A. Hoffmann noch einige weitere Zeitgenossen für die Formulierung einer romantischen Musikästhetik verantwortlich zeichnen. Bei der Beschreibung dieser »Autoren« wird dabei in dieser Arbeit hauptsächlich auf deren Auffassung von Instrumentalmusik eingegangen werden. Es wird sich zeigen, dass man bereits um die Jahre 1800 bis 1810 weit von einem Prinzip der Nachahmung abgerückt war – E.T.A. Hoffmann brauchte in seiner berühmten Abhandlung aus dem Jahre 1810 nur noch als Kompilator aufzutreten.

---

1 Carl Dahlhaus, *Klassische und romantische Musikästhetik*, a.a.O., S. 111. – Siehe das Zitat in der Einleitung dieser Arbeit, S. 17.

1. *Johann Friedrich Rochlitz*

a) Das System der Künste

Bereits der erste Abschnitt der *AmZ* ist jener idealistischen bzw. frühromantischen Grundhaltung gewidmet, welche schliesslich auch im Musikschrifttum als romantische Musikästhetik historisch wurde. Johann Friedrich Rochlitz, der erste Redakteur und Schriftleiter der Zeitschrift, beginnt damit seine Abhandlung »Gedanken über die Oper«, die erste Abhandlung der *AmZ* überhaupt, welche zwar anonym erschien, doch aus Rochlitz' Feder stammt[2] (*AmZ* (1798/99), S. 1f.):

> »So lange die Menschen philosophiren, hat man keine so vortrefflichen Theorien der Kunst im Allgemeinen; keine so vortrefflichen Betrachtungen über die besten Werke, besonders der bildenden Künste gehabt, als seitdem man äusserst wenige oder gar keine solchen Kunstwerke mehr liefert – in unsern Tagen. Sonderbar ist es aber, und jene allgemeine Erfahrung bestätigend – dass gerade die Kunst, deren Werke in unseren Zeiten am meisten vervollkommnet sind; dass die Musik, auch noch in unserm theorienreichen Decenium, in den Kritiken, Analysen, Theorien der einzelnen Künste nicht gleichen Schritts mit fortgezogen, sondern entweder mit den allgemeinen Kunstbetrachtungen (ohne specielle Anwendung auf sie) zur Ruhe gesetzt, oder, der Sache nach, so gut als übergangen worden. Selbst der grosse Kritiker unsrer Zeit, Kant, behandelt an den Orten, wo er Etwas specielles von Musik sagen muss (als z.B. in der Kritik der Urtheilskraft) sie meistens ohngefähr so, als gäbe es keine andere, als Tafel- oder Tanzmusik.«

Rochlitz weist darauf hin, in einer »kunstlosen« Zeit zu leben und lässt eine gewisse Resignation erkennen; er zeichnet das Bild einer gescheiterten Revolution: Impulse aus dem Bürgertum sind nach dieser Revolution keine mehr zu erwarten; keine Impulse für die Geschichte und auch keine für die Kunst. Die Ziele der Französischen Revolution, für die gebildete Bürger auch im deutschsprachigen Raum eingestanden waren, waren begraben worden; man hatte sich in eine idealistische Gegenwelt geflüchtet – eben in jene »vortrefflichen Theorien der Kunst«, in denen sich Rochlitz um 1800 bereits ganz selbstverständlich bewegt. Rochlitz stört sich jedoch daran, dass diese »Theorien der Kunst« die Kunst »Musik« noch vergleichsweise wenig ergriffen hätten.

Judith Rohr geht richtig in der Annahme, dass diese kritisch polemischen Sätze Rochlitz' die Tendenz der musiktheoretischen Bemühungen der *AmZ* in

2 Die Autorschaft Rochlitz' wurde durch Textvergleiche nachgewiesen (vgl. Hans Ehinger, *Friedrich Rochlitz als Musikschriftsteller*, Diss. Basel 1927, S. 113).

ihren ersten Jahrgängen zeigen, jedoch sieht sie Rochlitz' Bemühungen zu eng, wenn sie in der Nachfolge Dahlhaus die Ansicht vertritt, es gehe lediglich um eine »schrittweise Legitimierung der Instrumentalmusik als 'schöne Kunst'«, um eine »Auseinandersetzung mit Immanuel Kants Musikanschauung«.[3] Rochlitz geht es nicht nur um die Instrumentalmusik, sondern vielmehr um eine Ästhetik der Kunst »Musik« und darum, mit Hilfe dieser Ästhetik der von ihm bevorzugten Kunst in einem für das Zeitalter der Systemphilosophie typischen System der Künste einen hervorragenderen Platz zuzuweisen.[4] Um 1800 scheint solches noch nötig; um 1810 in E.T.A. Hoffmanns Aufsätzen ist dieser hervorragende Platz dann eine Selbstverständlichkeit.

Im Wissen um die idealistische Grundhaltung Rochlitz' erscheint es selbstverständlich, dass sich unser »Hoffmann« im weiteren Verlauf seines Aufsatzes gegen Christian Friedrich Michaelis (1770-1834) wendet, der in der Nachfolge Kants in seinem Buch *Über den Geist der Tonkunst mit Rücksicht auf Kants Kritik der Urteilskraft* (1795) eine rationalere Auffassung der Kunst »Musik« aufrecht zu erhalten suchte (*AmZ* 1 (1798/99), S. 2):

> »Es möchte doch wohl scheinen, als ob die Kunst ein wenig zu kalt behandelt wäre; und ihre Werke dürften doch wohl wahre Kunstwerke, d.h. Werke schöner Kunst genannt werden.«

Ein System der Künste hatte es zwar bereits zur Zeit von Kants *Kritik der Urtheilskraft* (1790) gegeben, jedoch hatte nun eben jene Wende stattgefunden, welche der Kunst »Musik« einen vorteilhafteren Platz in diesem System zuwies: Der aufklärerische Rationalismus Kants hatte ausgedient; man wandte sich mehr und mehr idealistischen Idealen zu, welche die Kunst »Musik« in neuem Licht erscheinen liessen. Auch Rochlitz ist in seinem Denken durchaus dieser Tendenz zuzuordnen. Mit Hans Ehinger kann zwar festgehalten werden, dass Rochlitz »als Ästhetiker keine überragende Erscheinung« war, doch im Gegensatz zu Ehinger, der Rochlitz mehr der Aufklärung zugeordnet sehen will, meine ich, dass sich vor allem in seinen Arbeiten in den ersten Jahrgängen der *AmZ* durchaus Ansätze zu einer romantischen Musikästhetik manifestieren. Rochlitz muss deshalb gerade in Umkehrung von Ehingers Meinung als Mitbegründer einer romantischen Musikästhetik bezeichnet werden. Und ohne Roch-

3 Judith Rohr, *E.T.A. Hoffmanns Theorie des musikalischen Dramas*, Diss. Zürich 1985, S. 8.

4 Ob Rochlitz seine Ideen bereits zu einem früheren Zeitpunkt in Buchform veröffentlicht hatte, konnte nicht geklärt werden, spielt in diesem Zusammenhang jedoch nur eine untergeordnete Rolle (vgl. Friedrich Rochlitz, *Blicke in das Gebiet der Künste und der pracktischen Philosophie*, Gotha 1796).

litz' Zutun wäre die *AmZ* in ihren ersten Jahrgängen auch nicht zu jenem Forum einer romantischen Musikästhetik geworden, als welches sie im folgenden beschrieben werden soll.[5]

Kants Ansicht, dass die Instrumentalmusik »freilich mehr Genuss als Kultur« sei, musste auf den Idealisten Rochlitz in mehrfacher Hinsicht als Provokation wirken. Zum einen suchte sich Rochlitz grundsätzlich von Kant zu distanzieren und ein neues System – dasjenige Johann Gottlieb Fichtes und Friedrich Wilhelm Joseph Schellings – in die Kunst »Musik« einzuführen. Zum zweiten hatte man in dieser Kunst auf deutschem Boden – wie Rochlitz betont – gerade in Sachen Instrumentalmusik mit Mozarts und Haydns Werken grösste Fortschritte gemacht. Und zum dritten hatte sich auch das Gefühl längst als grundlegende Kategorie des Nachdenkens über Musik etabliert, was von Kant jedoch nicht berücksichtigt worden war. Rochlitz fühlt sich deshalb wie viele seiner über Musik schreibenden Zeitgenossen von Kant herausgefordert und verkehrt den Kantschen Gegensatz von Schönheit und Gefühl gerade ins Gegenteil (*AmZ* 1 (1798/99), S. 3):

> »Das Gefühl räumt der Musik überhaupt (was man nicht abgestritten hat), aber auch der Gattung derselben, von welcher hier die Rede seyn wird (was man oft bestritten hat) ihren hohen Platz unter den allerwirksamsten Künsten und Kunstprodukten ein.«

Es bleibt im übrigen nicht bei einer einmaligen Äusserung Rochlitz' in diese Richtung. Im Jahre 1800 sieht sich der Schriftleiter der *AmZ* veranlasst, seine Argumentation gegen den Kantianer Michaelis zu wiederholen, da dieser einen zweiten Versuch einer Ästhetik veröffentlicht hatte.[6] In Michaelis Arbeit ist von Musik als feiner, gefälliger und nützlicher Kunst die Rede und aus dieser rationalen Sicht heraus wird auch von einer Verwandtschaft derselben mit Poesie und Plastik gesprochen. Rochlitz wirft Michaelis Abhängigkeit von Kant vor und stellt sich gegen dessen Annahme, dass Musik (*AmZ* 3 (1800/01), S. 380) »ein Spiel mit äusseren Empfindungen sey, und unter den angenehmen

---

5 Hans Ehinger, *Friedrich Rochlitz als Musikschriftsteller*, a.a.O., S. 97 und 110. – Zu Ehingers Wertungen vgl. auch Joseph Müller-Blattau, »Friedrich Rochlitz und die Musikgeschichte«, in: *Hans Albrecht in Memoriam,* Kassel 1962, S. 192-199, S. 192 (Anmerkung 1) und S. 198: Müller-Blattau stellt fest, dass E.T.A. Hoffmanns Beethoven-Rezension ohne Rochlitz' Anregung nicht entstanden wäre und verweist auf die bekanntlich grosse Hochachtung, die Beethoven für Rochlitz hegte.

6 Christian Friedrich Michaelis, *Über den Geist der Tonkunst mit Rücksicht auf Kants Kritik der Urteilskraft*, 2 Bde., Leipzig 1795 und 1800.

Künsten zwar die höchste, unter den schönen Künsten aber, wenn sie ja noch darunter zu zählen sey, die unterste Stelle einnehme. Es scheint aber wirklich einmal Zeit zu werden, das Unzulängliche dieser Ansicht frei und ohne Hinterhalt aufzudecken.« Und um solches sogleich zu realisieren, exponiert Rochlitz noch im gleichen Aufsatz seine idealistische Sicht der Dinge; er möchte die Musik als »Kunst der Empfindung des inneren Sinnes« innerhalb des Systems der Künste neu bewertet sehen (*AmZ* 3 (1800/01), S. 382f.):

»Soll durch die Musik etwas dargestellt, und Musik durch diese Darstellung zur schönen Kunst erhoben werden, so kann das Darzustellende nichts anderes sein, als eine Empfindung des inneren Sinnes (Affekt). Denn das Mittel der musikalischen Darstellung, der Ton, ist bloss in der Zeit und nicht im Raume wahrnehmbar, es kann daher bloss als Zeichen für etwas dienen, welches ebenfalls bloss in der Zeit wahrgenommen wird: ausserhalb des Raumes und bloss in der Zeit werden aber nur Empfindungen des innern Sinnes wahrgenommen. Von diesen Empfindungen kann jedoch die Musik nur die Form darstellen, denn der Inhalt der Empfindung – d.h. das Bewusstseyn von der Realität der erregenden Ursache – ist nur durch Begriffe mittheilbar und gehört für die Poesie, deren Material Begriffe sind. Bey der Klage z.B. über welchen Gegenstand sie immer sey, hält sich der musikalische Ausdruck bloss an die Form der Empfindung, die Traurigkeit, und ihren, durch den Gegenstand bestimmten Grad – und hieraus erklärt sich von der einen Seite die nothwendige Unbestimmtheit des musikalischen Ausdrucks in Beziehung auf Begriffe, und von der andern, der ausgezeichnete Vorzug der Musik vor allen andern Künsten, dass jede ihrer Darstellungen schön ist, so bald sie nur wahr ist. Denn eben, weil ihre Darstellung bloss das Formale der Empfindung angeht, so ist sie durch ihr Wesen bloss auf das eingeschränkt, welchem einzig und allein die Schönheit inhärirt, und welches, da die Form der Empfindung selbst Idee ist, allzeit nur im Idealen besteht. Töne sind nun das einzige mögliche Mittel für äussere Wahrnehmung der reinen Zeiterfüllung, und Musik – sobald sie nicht gegen das Wesen aller Kunst das natürliche Lautwerden der Affekte nachahmen will, die reine Allegorie für Idee, dahingegen bildende Kunst sich durch Anschauung der Gegenstände selbst, und Poesie durch Symbolik der Begriffe mittheilt. Von dieser Seite betrachtet möchte die Musik, wo sie einmal schöne Kunst ist, wohl den ganz entgegengesetzten Platz von dem einnehmen, welchen ihr die Kritik der Urtheilskraft unter den schönen Künsten anweisen will.«

b) Der vollzogene Paradigmenwechsel

Wenn Rochlitz im ersten Jahrgang der *AmZ* ästhetische Ansichten vertritt, benutzt er dazu die Gattung Oper – jene Gattung, die sowohl im 18. als auch im 19. Jahrhundert als die die Musikgeschichtsschreibung dominierende gesehen werden muss, und die nach Rochlitz' Meinung beispielsweise auch in der mehrmals erwähnten und für ihn vorbildhaften *Allgemeinen Theorie der schönen Künste* (1771/74)[7] Johann Georg Sulzers (1720-1779) zu wenig berücksichtigt worden war (*AmZ* 1 (1798/99), S. 4):

> »Er wählt sich gerade die Oper – nicht die Musik im Allgemeinen: weil er für die gegenwärtige Bestimmung seines Aufsatzes nicht zu weitläufig und nicht zu abstrakt werden darf; gerade die Oper – weil auch diese, nächst der wahren Kirchenmusik, das höchste ist, was der musikalische Kunstgeist hervorbringt und hervorgebracht hat: jene, die Kirchenmusik, aber zur Zeit noch theils zu sehr im Argen liegt, theils zu wenig allgemein gekannt wird.«

Im dritten Jahrgang der *AmZ* verdeutlicht Rochlitz dann im Aufsatz »Veranlassung zu genauer Prüfung eines musikalischen Glaubensartikels« seine Auffassung von Oper. Das alte Prinzip der Nachahmung scheint ihm für diese musikalische Gattung überholt und wird durch eine Ästhetik der Instrumentalmusik ersetzt; bereits im Jahre 1800 hatte ein Paradigmenwechsel von der Oper zur Instrumentalmusik stattgefunden, den Rochlitz an Werken Luigi Cherubinis (1769-1842), Mozarts und Glucks erläutert – ein Paradigmenwechsel, der jedoch von der musikwissenschaftlichen Literatur bis heute weitgehend mit E.T.A. Hoffmann und mit dem Jahr 1810 in Verbindung gebracht wird (*AmZ* 3 (1800/01), S. 677):

> »Ein französischer Kunstrichter von Verdienst erklärt, bey Betrachtung der revolutionären Tendenz einiger berühmter musikalischer Komponisten seines Vaterlandes, die Hauptsätze der Opern, vornehmlich Cherubini's, für 'grosse, gründlich und feurig gearbeitete Sinfoniesätze, beyher mit Gesang' – wirft beyläufig ein etwas scheeles Seitenlicht auf das Nachahmen 'grosser deutscher musikalischer Genie's in ihren Verirrungen' (Mozart in seinen Ensembles scheint er besonders zu meynen) und beschliesst: solch Verfahren der Komponisten könne wohl Nachahmer, werde aber keinen Verteitiger finden. Es soll ihn doch finden: wäre es auch nur an mir, und taugte meine Vertheidigung auch zu nichts, als zur Veranlassung der genauern Prüfung eines musikalischen Glaubensartikels.«

Wenn Rochlitz von der Oper spricht, ist nicht mehr von einer im Prinzip der Nachahmung aufgehobenen Gattung die Rede, bei welcher der Text für die Gestaltung der Musik bestimmend wäre; für Rochlitz wird die Musik zum Ausgangspunkt – besonders in den Opern Mozarts, die als »Sinfonie mit Gesang« bezeichnet werden (*AmZ* 3 (1800/01), S. 677):

---

7 Johann Georg Sulzer, *Allgemeine Theorie der schönen Künste*, 2 Bde., Leipzig 1771 und 1774; dritte vermehrte Auflage mit Zusätzen von Christian Friedrich von Blanckenburg, 4 Bde., Leipzig 1786/87, Neuabdruck mit Register, Leipzig 1792-1799. Blanckenburgs Zusätze auch separat: 3 Bde., Leipzig 1796-1798; Nachdruck: Hildesheim 1967.

»Jene Sätze sind allerdings Sinfonie mit Gesang, und eben darum lobenswürdig – das ist, däucht mich, die Wahrheit (...). Man wusste nicht, dass es eine Wahrheit, und gerade dies Verfahren etwas Lobenswürdiges sey, denn man hängt ja noch an dem unstatthaften und unzulänglichen Nachahmungsprincip für alle Künste, folglich auch für die Musik.«

Der Begriff »Sinfonie mit Gesang« bleibt dabei jedoch nicht nur auf die Kompositionen Mozarts beschränkt, sondern wird auch auf Glucks *Iphigénie en Tauride* ausgedehnt (*AmZ* 3 (1800/01), S. 679):

»Was ist denn Verkehrtes in dem Begriff einer Sinfonie mit Gesang – d.h. eines frei gearbeiteten charakteristischen Instrumentalstücks, wobey gesungen wird, aber der Gesang (die Behandlung der Worte, und die Worte selbst) nur als Mittel behandelt ist?«

Die Auffassung, dass Rochlitz grundsätzlich auf eine »Legitimierung der Instrumentalmusik als 'schöne Kunst'« hinarbeitete, erweist sich auch bei einer Abstrahierung von einem System der Künste als ungenau. Eine Legitimierung der Instrumentalmusik und eine Emanzipation der Kunst »Musik« als »schöne Kunst« war zur Zeit von Rochlitz' Aufsätzen bereits Realität. Und diese Ästhetik wurde von Rochlitz spätestens seit dem dritten Jahrgang der *AmZ* auch auf die Oper übertragen. Die Instrumentalmusik wird nicht schrittweise legitimiert, sondern erscheint bereits im ersten Jahrgang der *AmZ*, im Aufsatz »Einige flüchtige Worte über die Verbindung von Musik mit der Poesie«, als unter die »schönen Künste« eingereiht und damit als keiner Legitimierung mehr bedürftig. Es macht sogar den Anschein, als ginge es Rochlitz nicht einmal darum, etwas neues zu postulieren; vielmehr formuliert er Ansichten, die ihm bereits zu dieser Zeit selbstverständlich erscheinen (*AmZ* 1 (1798/99), S. 438):

»Gretry sagt irgendwo in seinem voluminösen Werke über Musik, da er von dem bestimmten Charakter Haydnscher Instrumentalmusik redet: er möchte oft einer Sinfonie dieses Komponisten Text unterlegen. Wenn man auch ihn drängte Wort zu halten, so würde er die Schwierigkeit, von der wir oben sprachen deutlich genug einsehen – er würde nicht im Stande seyn, sein Versprechen, wenn es anders eines ist, zu erfüllen (...) So bestimmt man nemlich sagen kann, z.B. in diesem Sinfoniesatz herrscht Erhabenheit, in jenem Schwermut u.s.w.: so wäre doch ein dem Ganzen unterlegter Text gerade das, was ein Komponist der Ilias oder der Alpen seyn würde.«

Rochlitz sieht eine gewisse Unbestimmtheit von Instrumentalmusik nicht als Mangel. Der Unaussprechlichkeitstopos einer romantischen Musikästhetik, wie er später auch von E.T.A. Hoffmann beschrieben wird, ist für ihn bereits um 1800 eine Selbstverständlichkeit.

c) Romantik

Neben Kant und Sulzer, die in Rochlitz' Aufsätzen eine Orientierung in Richtung Philosophie und Musikschrifttum vermuten lassen, nennt dieser erste »Hoffmann« in seinem Aufsatz »Die Verschiedenheit der Urtheile über Werke der Tonkunst« noch eine weitere Quelle: Jean Pauls *Die unsichtbare Loge* (1793); ein Buch, in welchem – in diesem Zusammenhang von Interesse – Spaziergänger in vier Klassen eingeteilt werden. Ähnlich dieser Klassifikation teilt auch Rochlitz Hörerinnen und Hörer von Musik in verschiedene Klassen ein (*AmZ* 1 (1798/99), S. 499ff.):

> »In der ersten Klasse sitzen auch hier die jämmerlichen, die nur aus Eitelkeit und Mode Musik hören, oder vielmehr der Musik beywohnen (...). In die zweyte Klasse gehören die, welche aufmerksam, aber (wenn ich mich so ausdrücken darf) nur mit dem Verstande hören, und welche – ich weiss nicht ob durch Usurpation oder Verjährung – den Namen der Kunstkenner führen, und gern allein führen (...). Die dritte Klasse nehmen diejenigen Hörer und Beurtheiler musikalischer Kunstwerke ein, welche bloss mit dem Ohre hören – gute, harmlose Leutchen beyderley Geschlechts (...). In der vierten Klasse stehen, oft übersehen, fast immer unbefragt, diejenigen, welche mit ganzer Seele hören.«

Eine vierte Klasse, welche als »romantisch« bezeichnet werden könnte, scheint diejenige, welcher sich auch Rochlitz selbst für zugehörig betrachtet; durch ein System von Wissenschaften und Künsten sucht diese Klasse nach Rochlitz' Meinung einer »Vervollkommnung und Veredlung des Geschlechts« entgegenzustreben (*AmZ* 1 (1798/99), S. 505):

> »Sie gehen von richtigen Grundsätzen über die Kunst im Allgemeinen aus. Ihnen ist die Kunst eins der Mittel zur Vervollkommnung und Veredlung des Geschlechts. Was die Wissenschaft durch Lehren, an die Vernunft gerichtet, bewirken soll, das soll, wie sie glauben, die Kunst durch ihre Darstellungen, dem Gefühl vorgehalten, bewirken. Jene weist den Menschen auf sein Höchstes hin, diese macht ihn geneigter, es zu erreichen.«

Noch im ersten Jahrgang erscheinen auch Rochlitz' »Vorschläge zu Betrachtungen über die neueste Geschichte der Musik«, durch welche eine Abhandlung zur neuesten Geschichte dieser Kunst angeregt werden sollte. Der Schriftleiter der *AmZ* liefert mit diesen Vorschlägen zwar lediglich Stichworte – »Träumereyen« –, doch er lässt die Idee der Darstellung einer Epoche erkennen, für welche ein »mächtiges Wiederhallen des Gefühls« und eine »Erweckung der Idee vom Idealen« kennzeichnend ist. Rochlitz sieht keinen Bruch in der Musikgeschichte, keinen Paradigmenwechsel, sondern eine kontinuierliche

Entwicklung seit Beginn der zweiten Hälfte des 18. Jahrhunderts bis hin zu seiner eigenen Gegenwart (*AmZ* 1 (1798/99), S. 628f.):

> »Anfang unsrer jetzigen Zeit. Politische und philosophische Unruhe, Aufreisen des Geistes, zum Theil durch Drang und Gewalt der Umstände; Kraft kämpft gegen Kraft; grosse, zuweilen verwegene Selbständigkeit; kühne, zuweilen ausschweifende Originalität; hoher Schwung und mächtiges Wiederhalten des Gefühls; zertrümmerter Eudämonismus – wenigstens in Büchern und in der Meynung; Erweckung der Idee vom Idealen überall; edles, zuweilen gewaltsames Ringen und Aufstreben zur Erreichung desselben – – In der Dichtkunst, – um, aus gleichfalls leicht begreiflichen Ursachen, nur Einiges anzuführen – Göthe, Schiller, und Sinn für sie – Und nun in der Musik, Mozart und J. Haydn als Helden und Führer; die neuesten Italiener meistens verdrängt, Händel und die Bache mit Ehrerbietung hervorgesucht. – Neue deutsche Oper, heroisch-komisch – vielleicht besser humoristisch genannt, u.s.w.«

Die literarische Gattung des Künstlerromans aufgreifend erscheinen schliesslich im fünften Jahrgang der *AmZ* Rochlitz' »Bruchstücke aus dem noch ungedruckten Buche: Ferdinand, Geschichte der Bildung eines Tonkünstlers«, in denen, den Verfahren der literarischen Frühromantik entsprechend, musikästhetische Ansichten in eine Erzählung eingewoben werden, wobei sich Rochlitz mit dem Begriff »Herzensergiessungen« direkt auf Wackenroder zu beziehen scheint (*AmZ* 5 (1802/03), S. 1):

> »Was Ferdinand in diesen Bruchstücken über Tonkunst und einige vorzügliche musikalische Produkte äussert, sind keine Evangelien, sondern Herzensergiessungen eines Jünglings, der von da an, wo er der Leitung der Natur entnommen, dem Zweifel, dem Raisonnement, der Spekulation hingegeben worden, sich durch Muster, Theorien und Systeme aller Art hindurchwinden, nach allen sich versuchen, durch alle sich verirren – folglich sich erst bilden soll, nicht schon gebildet ist. Er wird am Ende das Unbefriedigende von allem, was uns von aussen kömmt, fühlen; wird bemerken lernen, dass ein solcher Gang, wie unser körperliches Gehen, ein stetes Schwanken und Fallen (zum Glück, meistens vorwärts) ist; wird durch sein Herz und unter der Oberaufsicht eines günstigen Verhängnisses in sich selbst zurückgeleitet werden und dann fest stehen: aber das ist jetzt noch nicht.«

Bei ihrem »schwankenden und fallenden Gang« durchs Leben verfällt Rochlitz' Romanfigur Ferdinand in ähnliche metaphysische Zustände, wie sie in Wackenroders *Herzensergiessungen eines kunstliebenden Klosterbruders* vorkommen, oder wie sie dann einige Jahre nach Rochlitz auch von E.T.A. Hoffmann für seinen Ritter Gluck bzw. für Johannes Kreisler beschrieben werden.[8] Roch-

---

8 Wilhelm Heinrich Wackenroder, *Herzensergiessungen eines kunstliebenden Klosterbruders*, a.a.O., S. 231ff. – E.T.A. Hoffmann, »Ritter Gluck«, in: *AmZ* 11

litz' Romanfigur bewegt sich also ganz im Trend der Zeit (*AmZ* 5 (1802/03), S. 7):

»An hohen Festtagen zündete ich viel Lichter an, obschon es heller Tag war, und setzte das durch bey der guten Mutter – Er hiess es albern Zeug. Wenn ich mich nun die Woche durch auf dem alten Flügel vorbereitete; ohne alle Leitung die Kirchenmelodien aufsuchte, dann mir eine Harmonie ersann, und endlich gar Abwechslung in derselben nach dem frohern oder traurigern Inhalt dieses oder jenes Verses, und darüber stundenlang versank in stilleres Anschaun der Geheimnisse des Wohl- oder Übellauts und meines eigenen innern Wesens; und es mich zuweilen ergriff, wie mit kalter Hand aus dem Grabe; ich schüchtern mich verbergen wollte vor den Ahndungen des Unendlichen, die in mir dämmerten; und ich still weinen konnte, aber dabey so unaussprechlich glücklich war – : sieh, Bruder, da, da lebte ich mein eigenes Leben! da war ich religiös und Künstler, oder ich war beydes nie, und verstehe die Worte nicht. O dass man mich mir selber überlassen hätte!«

Die Dominanz einer romantischen Musikästhetik manifestiert sich in Rochlitz' Aufsätzen in mehrfacher Hinsicht. Zum ersten ist eine Tendenz zu einer »Metaphysik der Klänge«, zu einer »Andacht« gegeben, wie sie in frühromantischen Erzählungen und beispielsweise auch in Johann Gottfried Herders *Kalligone* (1800) angestrebt worden war; Musik war bei Herder zu einer »Sprache der Genien« geworden, die »unmittelbar an unser Innerstes als einen Mitgeist der Schöpfung spräche«.[9] Zum zweiten ist die Sprache, derer sich Rochlitz in seinen Aufsätzen bedient, als »poetische Prosa« zu bezeichnen, d.h. als metaphorische Sprache, wie sie bereits um 1800 bei einigen musikschriftstellerischen Zeitgenossen E.T.A. Hoffmanns nachgewiesen werden kann.[10] Drittens benutzt Rochlitz die Form des Künstlerromans, wobei zudem nur Fragmente desselben vorgetragen werden, eine lose Brieffolge, die auf Vollumfänglichkeit und Vollständigkeit keinen Wert legt. Und viertens zeigt sich eine romantische Musikästhetik auch in der typischen Mischung von Genialität und Abhängigkeit, Gefühl und Verstand, im Doppelcharakter Ferdinands und wahrscheinlich auch Rochlitz' selbst: dem Doppelcharakter eines musikalischen Publizisten bzw. wortgewandten Komponisten.

(1808/09), S. 305-319. – ders., »Johannes Kreisler's, des Kapellmeisters musikalische Leiden«, in: *AmZ* 12 (1809/10), S. 825-833. – ders., »Des Kapellmeisters, Johannes Kreislers, Dissertatuncta über den hohen Werth der Musik«, in: *AmZ* 14 (1812), S. 505-509. – ders., »Nachricht von einem gebildeten, jungen Mann. Aus den Papieren des Kapellmeisters, Johannes Kreisler«, in: *AmZ* 16 (1814), S. 178-187.

9 Johann Gottfried Herder, *Kalligone*, in: *Herders sämtliche Werke*, a.a.O., Bd. 22, speziell S. 62-73 und 178-191.

10 Vgl. Hermann Danuser, *Musikalische Prosa*, Regensburg 1975.

d) *Idealismus*

Rund dreissig Jahre nach seinen ersten Arbeiten blickt Rochlitz auf die Geschichte der romantischen Musikästhetik zurück und macht darauf aufmerksam, dass ohne die Vorarbeiten Immanuel Kants, Friedrich Schillers und Friedrich Wilhelm Joseph Schellings eine solche Entwicklung nicht möglich gewesen wäre. Rochlitz scheint zu erkennen, dass der Durchbruch zu einer romantischen Musikästhetik – ja zu einer Ästhetik überhaupt – mit jener Zeit kurz vor 1800 zusammenhängt, als die aufklärerische Wissenserweiterung und -systematisierung unüberschaubar geworden war und idealistische Auffassungen von Wissen herangezogen werden mussten (*AmZ* 33 (1831), S. 502):[11]

> »Ehe Kant die sogenannte Ästhetik in (nach meinem Urtheil) dem herrlichsten aller Werke – in der Kritik der Urtheilskraft – so neu und so tief begründete, wenn er auch zuweilen in der Anwendung seiner Grundsätze, besonders auf die Tonkunst, sich vergriff; ehe Schiller diesen seinen und unser Aller Meister so von Grund aus gefasst und in der Darstellung des von ihm Herübergenommenen uns so unübertreffliche Muster aufgestellt hatte; ehe dann Schelling Alles bis dahin Vorhandene mit Fülle des Tiefsinns es neu – ihm ganz eigen – begründet, in weiter ausgreifenden Zusammenhang gebracht, aber damit auch, wider seinen Willen, die Theorie von der Praxis noch weiter zu trennen begonnen hatte: ehe, sag' ich, dies Alles in Deutschland geschehen war – es erfüllte und erfüllt nun fast ein halbes Jahrhundert: da war die Ästhetik eine freylich nicht tiefe und noch weniger eine innerlich systematisch-ausgebaute Wissenschaft; nach dem jetzigen Sprachgebrauche würde man ihr kaum den Ehrennamen einer Wissenschaft gönnen, sondern nur den eines ziemlich geordneten Aggregats scharfsinniger Bemerkungen, wahrer und feiner Urtheile, brauchbarer und angenehmer Rathschläge.«

Ein Begriff »Ästhetik« hatte zwar bereits seit der *Ästhetica* (1750) Alexander Baumgartens und bis zum Neuabdruck von Sulzers *Allgemeiner Theorie der schönen Künste* (1792-1799) existiert, doch symptomatisch für die Zeit und den Gang der Geschichte meint Richlitz richtig, dass »Ästhetik« erst in den 1790er Jahren zu einer »tiefen und innerlichen Wissenschaft« geworden war; durch die diversen Arbeiten der 1790er Jahre auf diesem Gebiet fühlte sich auch das Musikschrifttum herausgefordert und ein Nachdenken über die Kunst »Musik« setzte in einem bisher nicht gekannten Masse ein. Ein direkter Zusammenhang zwischen diesen philosophischen Vorarbeiten und den mehr praxisbezogenen Ausführungen Rochlitz' deutet sich beispielsweise in Rochlitz' Versuch einer Bestimmung des Begriffs des »Schönen« an, in seinem Versuch, einen Kunst-

11 Zur Datenflut in der Frühromantik vgl. auch Friedrich A. Kittler, »Über romantische Datenverarbeitung«, in: Ernst Behler und Jochen Hörisch (Hg), *Die Aktualität der Frühromantik*, Paderborn 1987, S. 127-140.

werk- bzw. Schönheitsbegriff zu definieren. Judith Rohr wies in diesem Zusammenhang darauf hin, dass dabei eine direkte Beziehung zu Friedrich Wilhelm Joseph Schelling nachgewiesen werden könne: Schelling hatte den Grundcharakter eines Kunstwerks als »bewusstlose Unendlichkeit« beschrieben; eine Ansicht, mit der sich Rochlitz durchaus einverstanden erklären konnte (*AmZ* 3 (1800/01), S. 679):[12]

> »Die Freyheit, (d.h. die Fähigkeit eines endlichen Wesens zu streben nach dem Unendlichen) ist des Menschen Höchstes, Eigenstes. Das Unendliche kann nicht erkannt werden, denn es ist unendlich: nur gedacht wird es. Dies Denken ist aber nur ein leeres. Gleichwohl will der Mensch das Gedachte – nicht nur erkennen, sondern auch anwenden; zu dem Ende sich Etwas dabey denken. Er setzt also das Unendliche in Beziehung zu sich selbst – nicht als gedächte er's zu theilen u. dgl., sondern nur in der Idee, um besondere Ansichten davon zu bekommen. Das Unendliche nun bezogen auf den Verstand, ist das Wahre; das Unendliche bezogen auf den Willen, ist das Gute, das Unendliche bezogen auf den Sinn (d.h. auf das Ganze unsrer verschiednen Kräfte) ist das Schöne. Um das Schöne zu verfolgen, bildet der Mensch aus sich heraus die Kunst.«

Ein idealistisches System ermöglicht es Rochlitz, den Kunstcharakter von »Musik« neu zu definieren (AmZ 3 (1800/01), S. 680):

> »Um den Sinn für das Schöne (ästhetischen Sinn) zu erhöhen, zu nähren, zu beleben u.s.w., somit sich selbst –, aber auch, um Andere für die Kunst zu erziehen, wünscht der ästhetische Mensch das Schöne zu erfassen und darzustellen (wie der denkende, das Wahre). Das ist aber jenem (wie diesem) unmöglich. Jener bestrebt sich also das Schöne zu denken und zu empfinden (wie dieser das Wahre) und begnügt sich mit dem Versuch, die Schönheit (wie jener die Wahrheit) zu erkennen, und Etwas Schönes (wie jener Etwas Wahres) darzustellen. Er greift nun um sich nach Mitteln der Darstellung. Die Natur bietet sie ihm. Die Verschiedenheit der Mittel, die er wählt, giebt verschiedene Künste. Unter den Mitteln, welche die Natur bietet, das Schöne darzustellen, sind auch die Töne (auf einander folgend und zusammenklingend) und der Rhythmus. Die Kunst, durch Töne und Rhythmus das Schöne darzustellen, heisst die Musik.«

Und dieses idealistische System führte dann bereits bei Rochlitz zu einer Ästhetik der Instrumentalmusik, in welcher die menschliche Stimme nur noch ein Instrument unter vielen darstellt (*AmZ* 3 (1800/01), S. 680):

---

12 Judith Rohr, *E.T.A. Hoffmanns Theorie des musikalischen Dramas*, a.a.O., S. 11 speziell auch Anm. 6.

»Unter den Tönen, welche die Natur als Mittel musikalischer Darstellung des Schönen darbietet, sind nun auch die Töne der Menschenstimme. Der Musiker benutzt also auch diese.«

Rochlitz gelangt auf seinem Weg zu einer neuen Definition der Kunst »Musik«, bei welcher nicht mehr die Oper als Ausgangspunkt zu gelten hat, sondern die »Sinfonie« (*AmZ* 3 (1800/01), S. 681):

»Ist nun ein Tonstück der reinen Musik in's Grosse (nach Geist und Materie) gearbeitet und hat – weniger freyes Spiel der Ideen, als Versinnlichung der Gefühle eines Subjects, oder wie wir's gewöhnlich nennen, mehr bestimmten, durchgehaltenen Charakter: so heisst es eine Sinfonie – mögen übrigens Menschenstimmen dabey tönen, oder nicht.«

2. *Christian Friedrich Michaelis*

a) Emanzipation von Kant

Ein zweiter, gedanklich anfangs etwas abseits stehender »Hoffmann«, der sich an der Diskussion einer romantischen Musikästhetik beteiligt, ist Christian Friedrich Michaelis. Wie bereits erläutert, bekannte sich Michaelis Anfangs zur Nachfolge Kants und versuchte in seinen beiden von Rochlitz kritisierten Arbeiten Kants *Kritik der Urtheilskraft* konsequent auf Musik anzuwenden. Trotz dieser Rochlitz' Ansichten entgegenstehenden Haltung erhielt Michaelis weiterhin Gelegenheit, sich in der *AmZ* zu äussern, ein Hinweis auf eine liberale Grundhaltung dieser Zeitschrift in ihren ersten Jahrgängen. Michaelis' Aufsatz »Über den Rang der Tonkunst unter den schönen Künsten« deutet dabei an, dass auch dieser zweite »Hoffmann« ein übergeordnetes System der Künste propagiert, wobei der Kunst »Musik« darin jedoch ganz im Sinne Kants kein hoher Rang eingeräumt wird (*AmZ* 2 (1799/1800), S. 184f.):

»Wir haben also drei Hauptklassen der schönen Künste, welche sich zunächst an verschiedene Gemüthsvermögen wenden. Beredsamkeit und Dichtkunst sprechen zunächst zum Verstande (...). Die bildenden Künste wenden sich zunächst an den Sinn des Gesichts, und an die im Raume anschauende Einbildungskraft (...). Die Tonkunst spricht zunächst zum Gefühlsvermögen (...). Ohne Zweifel hat daher die Dichtkunst unter den Künsten den ersten Rang, und geht mit ihrer anspruchslosen Energie selbst der weniger befriedigenden Beredsamkeit vor, welche auch durch abgezweckte Nützlichkeit sich vom Gebiete reiner Schönheit entfernt.«

Den ersten Rang unter den schönen Künsten nimmt bei Michaelis die Dichtkunst ein. Und nach einer Rangierung der bildenden Künste – Zeichenkunst,

Malerei, Plastik und Bildhauerkunst – auf einem zweiten Platz, folgt schliesslich im dritten Rang die Kunst »Musik«. Dieser unvorteilhafte Platz wird ihr zugewiesen, da sie den Prinzipien einer Nachahmungslehre nicht zu genügen vermag, sondern nur »unbestimmte Ideen von Affekten« ausdrückt (*AmZ* 2 (1799/1800), S. 185):

> »Den dritten Rang nimmt die Tonkunst ein, welche den grössten Genuss, aber für sich die wenigste Kultur gewährt, indem sie mit blossen Empfindungen spielt, die nur auf unbestimmten Ideen von Affekten führen.«

In seinem nächsten Aufsatz, der in der *AmZ* erst nach den Kritiken Rochlitz' erscheint, ergibt sich dann in der Haltung Michaelis' ein überraschender Wandel. Die »unbestimmten Ideen« der Kunst »Musik« scheinen nun plötzlich kein Hindernis mehr, dieser einen hohen Rang unter den schönen Künsten einzuräumen. Michaelis wendet sich gegen seine früheren Ansichten und gibt als Ursache für diesen Wandel die Lekture von Johann Gottfried Herders *Kalligone* an, woraus in der Einleitung zu diesem ergänzenden Aufsatz »Noch einige Bemerkungen über den Rang der Tonkunst unter den schönen Künsten (als Nachtrag und nähere Bestimmung zu einem früheren Aufsatze)« zitiert wird (*AmZ* 6 (1803/04), S. 765):

> »Herder bemerkt in seiner Kalligone (II. Th. in der Abhandlung von der Musik S. 145-181) im Ganzen mit Recht, der Streit über den Werth der Künste untereinander oder in Rücksicht auf die Natur des Menschen sey allezeit leer und nichtig. 'Raum kann nicht Zeit, Zeit nicht Raum, das Sichtbare nicht hörbar, dieses nicht sichtbar gemacht werden.'«

Und mit Herder gesteht nun auch Michaelis der Musik einen höheren Rang unter den schönen Künsten zu (*AmZ* 6 (1803/04), S. 765f.):

> »Ungeachtet Herder den Streit über den Werth der Künste unter einander für nichtig erklärt, so räumt er doch der Musik in Folgendem einen Vorzug ein, den man nur zu lange verkannt, oder nicht deutlich zugestanden zu haben scheint, und der auch Kant's Scharfblick entgangen ist. 'Von der Musik (heisst es in der Kalligone) muss jede Kunst, die am Sichtbaren haftet, an innerer Wirksamkeit übertroffen werden, wie der Körper vom Geiste: denn sie ist Geist, verwandt mit der grossen Natur innerster Kraft, der Bewegung. Was anschaulich dem Menschen nicht werden kann, wird ihm in ihrer Weise mittheilbar, die Welt des Unsichtbaren. Vorübergehend ist jeder Augenblick dieser Kunst: denn eben das kürzer und länger stärker und schwächer, höher und tiefer, mehr und minder, ist seine Bedeutung, sein Eindruck. Im Kommen und Fliehen, im Werden und Gewesenseyn liegt die Siegeskraft des Tons und der Empfindung. Dagegen jede Kunst des Anschauens, die an beschränkten Gegenständen und Gebehrden, gar an Lokalfarben haftet, obwohl sie auf einmal Alles zeigt, dennoch nur langsam begriffen wird.'«

Michaelis rekapituliert im folgenden zwar seinen früheren Aufsatz und Kants Idee von einer Tonkunst, die lediglich einen niederen Rang unter den schönen Künsten einnehmen könne; diese früher vertretene These wird nun jedoch endgültig verworfen (*AmZ* 6 (1803/04), S. 767f.):

> »Diese letztere Meynung ist von neuern Ästhetikern mit Recht bestritten worden. (...) Dass nun die Musik unter den übrigen Künsten am wenigsten Kultur gewähre, geben die Verehrer derselben dem Königsberger Philosophen nicht so schlechthin zu, und scharfsinnige Männer der neuesten Zeit haben die Grundlosigkeit jener Herabsetzung der Musik gezeigt.«

b) Physiologisch-psychologischer Ausblick

Wenn Michaelis im weiteren Verlauf seiner Abhandlung ganz im Sinne der sinnespsychologischen Forschungen seiner Zeit nach einer physiologisch-psychologischen Begründung einer romantischen Musikästhetik strebt, blickt er in der Wissenschaft »Musikästhetik« bereits weit ins 19. Jahrhundert. Michaelis scheint sich als Kantianer nicht mit einer idealistischen Position zufrieden geben zu können und sucht deshalb nach rationalen Beweisen derselben. Die zu diesem Zwecke angestellte physiologisch-psychologische Erforschung des Gehörs soll helfen, ästhetische Urteile rational zu verstehen (*AmZ* 6 (1803/04), S. 769f.):

> »Die Einbildungskraft ist es, welche aus den Gehörsempfindungen sich ein schönes und erhabenes und vielfach interessantes Ganzes zusammensetzt, und in dem daraus gezogenen Genusse uns über die körperlichen Bedürfnisse und Sinnenreize still erhebt. Wir verlieren uns in geistiger Anschauung des Objektiven einer schönen musikalischen Komposition so gut, als in der Erhabenheit einer Klopstockschen Ode; nur mit dem Unterschiede, dass durch Begriffe hier unsre Thätigkeit mehr bestimmt wird, dort aber die Freyheit uns bleibt, zu der blossen Form der Empfindungen einen Inhalt hinzu zu dichten.«

Michaelis gelangt am Ende seines Weges zu einer im Idealismus Schellings verankerten und auf einer höheren Ebene wieder rationale – nämlich physiologisch-psychologische – Positionen berücksichtigenden Auffassung einer Kunst »Musik« (*AmZ* 6 (1803/04), S. 771):

> »Erstens betrachte ich die Tonkunst nach ihrer innern Vollkommenheit, in der ästhetischen Vollendung ihrer Formen, ihrer Darstellung. Sie behauptet, dünkt mich, in ihren idealisch gebildeten Werken rein ästhetische Würde, wie die andern schönen Künste. Sie ist eben so schöne Kunst, wie die Poesie und die bildenden Künste. Ihr Stoff und ihre Mittel thun ihrer Würde keinen Eintrag; sondern begünstigen sie vielmehr. Denn ihre Macht waltet nicht unbeschränkt im Gebiete der

freyen Kunst, im Gebiethe der Einbildungskraft. Sie vermag, wie jede andre schöne Kunst, Schönes und Erhabnes darzustellen. Dass sie dies auf dem Wege des Gehörs thut, und zugleich unsre Nerven rührt; kurz, dass sie zu unsern Sinnen sprechen, unsern Körper afficieren muss, um unsere Einbildungskraft ins Spiel zu setzen, das kann sie eben so wenig herabwürdigen, als jede andre schöne Kunst dadurch herabgesetzt wird, dass sie durch verschiedne Sinne zunächst auf uns wirken muss, und Reize unsers Empfindungsvermögens nicht ausschliessen kann. Die Tonkunst ist vielleicht unter den übrigen Künsten als die freyeste Kunst zu betrachten, weil sie am unmittelbarsten sich unsrer Einbildungskraft bemächtigen und sie mit ihren schönen und erhabenen Formen erfüllen kann, ohne durch das Verstandesgebiet der Begriffe, ohne durch Anschauungen der gemeinen Wirklichkeit beschränkt zu seyn. In ihr scheint sich am leichtesten und innigsten das Individuelle mit dem Idealen zu verbinden, in ihr drückt sich vielleicht am lebendigsten (wie die modernen Ästhetiker sagen) das Unendliche durch das Endliche aus.«

Selbst der Kant-Schüler Michaelis hatte sich also bereits 1803 von seinen früheren Idealen gelöst und im Sinne einer auf einem idealistischen System aufbauenden romantischen Musikästhetik der Musik einen höheren Rang unter den schönen Künsten zugewiesen. Michaelis verweilte jedoch nicht auf dieser idealistischen Position, sondern suchte nach Erklärungen im Bereich der Psychologie: ein Weg, der dann in einem weiteren Aufsatz »Ein Versuch, das innere Wesen der Tonkunst zu entwickeln« im achten Jahrgang der *AmZ* fortgesetzt wird (*AmZ* 8 (1805/06), S. 675):

»Die Musik wirkt durch den äussern Sinn auf den innern, oder durch das Gehör auf Einbildungskraft und innere Empfänglichkeit. Sie dringt gleichsam durch das Ohr zum Geiste und zum Herzen.«

c) Der Begriff »Form«

Bei seiner Bewertung der Kunst »Musik« stellt sich für Michaelis im letztgenannten Aufsatz ein neues Problem; ihn stört die scheinbar freie Organisation dieser Kunst. Deshalb wird ausführlich auch auf die Begriffe »Form« und »Harmonie« eingegangen (*AmZ* 8 (1805/06), S. 679f.):

»Eine Regelmässigkeit ohne Zwang, eine Verschmelzung sinnlicher Eindrücke ohne Verwirrung, kurz eine freie Zweckmässigkeit der Formen des Sinnlich-gegebenen findet bei der Musik, wie bei andern Künsten, Statt. Diese Regelmässigkeit beruht grösstentheils auf den Gesetzen der Harmonie.«

Und der Begriff »Form« wird dann bereits für Michaelis zu einer zentralen Kategorie romantischer Musikästhetik – wird zum Ziel der »eigentlichen

Dichtung«, der Komposition. Es zeichnet sich eine Inhalt-Form-Debatte ab, wie sie im Musikschrifttum im gesamten 19. Jahrhundert nicht mehr abbrechen sollte (*AmZ* 8 (1805/06), S. 681f.):

»Wollte man sagen, die Tonkunst sey ursprünglich Nachahmung des lauten natürlichen Ausdrucks der Gefühle des Menschen, so dürfte man wohl irren. Eine Nachahmung des rohen kunstlosen Gefühlsausdrucks durch Töne wäre das nicht, was der Begriff von Musik in und unter sich befasst; es würde die zweckmässige schöne Form fehlen. (...) Sollte aber der eigentliche wahre Gesang der Musik zum Grunde liegen, so wäre dieser in seiner zweckmässigen Form selbst schon Musik und dieser Gesang hätte ebenfalls kein Original ausser sich. Daher zeichnet sich die Tonkunst ihrem ursprünglichen Wesen nach durch etwas Idealisches und Orginelles vor den andern Küsten so sehr aus, dass die musikalische Schöpfung recht eigentlich Dichtung genannt werden kann, und sich am meisten noch mit der poetischen Schöpfung vergleichen lässt.«

3. *J.K.F. Triest und Pseudo-Triest*

In seinem Aufsatz »Ideen zu einer metaphysischen Entwicklung der Lehre vom Takt (in der Musik)« formuliert auch der Stettiner Prediger J.K.F. Triest ein in der Beschäftigung mit Kant gründendes Verständnis der Kunst »Musik«. Musik wird als »schönes Spiel der Empfindungen« beschrieben; eine Charakterisierung, durch die sich Kant veranlasst sah, diese Kunst gegenüber im Prinzip der Nachahmung verankerten Künsten abzuwerten und als »freilich mehr Genuss als Kunst« zu bezeichnen. Wie Michaelis setzt sich nun aber auch Triest über Kants Ansichten hinweg. Er bringt den Begriff der Zeit ins Spiel; ein Begriff, der den Gegensatz zwischen der Kunst »Musik« und den bildenden Künsten auszudrücken scheint und einen zumindest anderen – wenn vielleicht auch nicht höheren – Kunstcharakter erklärt. Der Begriff Zeit steht dabei für eine auch bei Triest einsetzende Überwindung bzw. Umdeutung des Prinzips der Nachahmung (*AmZ* 3 (1800/01), S. 4f.):

»Die Musik an sich ist schönes Spiel der Empfindungen. Sie beschäftigt sich also eigentlich (ihr höchster Zweck) mit innern Erscheinungen. Die Form ihrer Anschauung ist die Zeit.«

Der Prediger Triest wäre jedoch nicht der Erwähnung wert, wenn nicht im dritten Jahrgang der *AmZ* im Autorenregister ein zweiter Aufsatz mit seinem Namen versehe wäre. Triest scheint aber als Autor dieses Aufsatzes nicht gesichert, wird doch dann dieser Aufsatz »Bemerkungen über die Ausbildung der Tonkunst in Deutschland im achtzehnten Jahrhundert« innerhalb der Zeitschrift anonym abgedruckt. Im Inhaltsverzeichnis könnte es sich also um ein Versehen handeln. Zudem soll nach einer Anmerkung zu Beginn des Aufsatzes der Verfasser identisch sein mit demjenigen des Aufsatzes »Über den Werth der Musik überhaupt, und die Mittel, ihn zu erhöhn« im zweiten Jahrgang der *AmZ*, der dort jedoch ebenfalls anonym abgedruckt ist, und der im dritten Teil dieser Arbeit bereits angesprochen wurde. Der oben vorgestellte Aufsatz scheint also von einem nicht mehr genauer zu ermittelnden Verfasser zu stammen. Aufgrund der Zuweisung im Inhaltsverzeichnis soll dieser Verfasser jedoch im weiteren Verlauf dieser Arbeit als »Pseudo-Triest« bezeichnet werden.

a) Die Poetisierung der Kunst »Musik«

Die »Bemerkungen über die Ausbildung der Tonkunst in Deutschland im achtzehnten Jahrhundert« lassen ein für die Zeit um 1800 symptomatisches Verständnis der Geschichte der Kunst »Musik« erkennen: Wie G.L.P. Sievers einige Jahre später entwirft auch Pseudo-Triest ein idealistisches Modell der Geschichte; ein Modell, in welchem Johann Sebastian Bach (1685-1750) den Höhepunkt und Abschluss einer »mechanischen Epoche« darstellt (*AmZ* 3 (1800/01), S. 259):

> »Hoch und hehr strahlt der Name Johann Sebastian Bachs vor allen deutschen Tonkünstlern in der ersten Hälfte des vorigen Jahrhunderts. Er umfasste mit Newtons Geist alles, was man bisher über Harmonie gedacht und als Beyspiel aufgestellt hatte, durchwühlte ihre Tiefen so ganz und so glücklich, dass er mit Recht als der Gesetzgeber in der ächten Harmonik, die bis auf den heutigen Tag gilt, anzusehen ist.«

Von einer entsprechend »mechanischen« Musik wird dann eine »poetische« unterschieden, wobei diese Entwicklung der deutschen Instrumentalmusik zu verdanken sei, die unter dem Einfluss des italienischen Gesanges im 18. Jahrhundert einen ungeahnten Aufschwung durchlebt habe (*AmZ* 3 (1800/01), S. 297f.):

> »Allein die Einimpfung des italienischen Gesanges in Deutschland blieb auch in Absicht auf blosse Instrumental-Kompositionen nicht ohne Wirkung. Die allgemeiner werdende Liebhaberei zur Musik hielt sich, wie überall, an schöne Melodien. Doch konnte nicht jedermann singen und besonders nicht italienische Arien vortragen. Aber das Spielen ging eher. Man fühlte also das Bedürfnis, auch für das Klavier u. dgl. angenehm ins Ohr fallend, zu setzen. In der Privatmusik sowohl wie in Konzerten trat nun an die Stelle der kontrapunktisch gearbeiteten Sätze der Theaterstyl – Chöre u. dgl. etwas ausgenommen. Doch gab man jenen nicht ganz auf sondern suchte ihn mit diesem zu vereinigen, woraus der Kammerstyl entstand, den die strengen Grammatiker und Kirchenkomponisten spottweise die galante Schreibart nannten.«

Am Anfang einer »poetischen Musik« steht für Pseudo-Triest Carl Philipp Emanuel Bach (1714-1788); mit diesem begann eine neue Epoche, wobei Bach mit jenem sagenhaften Ossian verglichen wird, der durch die Fälschungen James Macphersons (1736-1796) gleichsam zum Inbegriff eines Zeitalters der Empfindsamkeit geworden war (*AmZ* 3 (1800/01), S. 299):

> »Wie Ossian griff er in die Saiten, und das leere Geklingel verstummte zwar nicht, aber es wich vor seiner magischen Kraft, so lange diese würken konnte. Zu einem solchen Aufschwunge der reinen Musik bedurfte es schlechterdings der vorzüglichen Kultur eines Instruments, das nicht bloss Melodien, sondern auch Harmonien darstellen kann, und zwar so, dass ein Einziger dabey alles in seiner Gewalt habe, was zum innern Tonmechanismus gehört. Dies war von Alters die Orgel, in neuern Zeiten, das Klavier.«

Carl Philipp Emanuel Bachs Klaviermusik wird für den Nachgeborenen Pseudo-Triest zum ersten Ausdruck einer zu seiner Zeit bereits etablierten romantischen Musikästhetik. Das Prinzip der Nachahmung, wie es noch in den Orgelwerken Johann Sebastian Bachs manifest gewesen war, war nach der Ansicht Pseudo-Triests bereits in den Kompositionen des Sohnes durch »irgend eine ästhetische (...) Idee, welche sich nicht in Worten ausdrücken lässt« abgelöst worden (*AmZ* 3 (1800/01), S. 300):

> »In ihm regte sich irgend eine ästhetische, d.h. aus Begriff und Empfindung zusammengesetzte, Idee, welche sich nicht in Worten ausdrücken lässt, ob sie gleich nahe an die bestimmte Empfindung streift, welche uns der Gesang darstellen kann, und wovon sie gleichsam das Urbild ist. Diese trug er auf sein Klavier (oder in Noten) über, indem seine innige Vertrautheit mit der Tonmechanik ihm die nöthigen Formen dazu fast von selbst zuführte. Da ihn nun sein Dichtergeist von gemeinen Ideen zurückhielt, wenn er frey komponieren durfte, so konnte es nicht fehlen, dass diejenigen, deren Geist dem seinigen nicht verwandt war, ihn nicht verstanden, und nur nach wiederhohlter Übung kaum ahndeten, was für ein Gedankenreichthum darin verborgen wäre. Bach war ein andrer Klopstock, der Worte statt Töne gebrauchte.«

Pseudo-Triest vertritt in seinen Ausführungen die These einer Poetisierung der Kunst »Musik« bereits im Verlauf des 18. Jahrhunderts. Die Klaviersonaten und -phantasien Carl Philipp Emanuel Bachs deutet er im Sinne einer romantischen Musikästhetik. Zehn Jahre später wird dann die fünfte Symphonie Ludwig van Beethovens von E.T.A. Hoffmann ähnlich beschrieben werden (*AmZ* 3 (1800/01), S. 301):

> »Die reine Musik sey nicht blosse Hülle für die angewandte, oder von dieser abstrahirt, sondern könne für sich allein grosse Zwecke errichten. Sie habe nicht

nöthig, sich als blosses Sinnen- oder Verstandesspiel prosaisch oder höchstens rhetorisch herumzudrehen, sondern vermöchte sich zur Poesie zu erheben, die um desto reiner sey, je weniger sie durch Worte, (die immer Nebenbegriffe enthalten) in die Region des gemeinen Sinnes hinabgezogen würde.«

Als Nachfolger Carl Philipp Emanuel Bachs sieht Pseudo-Triest dann Haydn und Mozart, die in seinem Aufsatz zunächst anonym bleiben, aber trotzdem zweifelsfrei identifiziert werden können. Einiges erinnert dabei an eine bereits im dritten Teil der Arbeit angesprochene Heilserwartung, die nach der Meinung diverser Zeitgenossen E.T.A. Hoffmanns einer romantischen Musikästhetik inhärent zu sein scheint (*AmZ* 3 (1800/01), S. 331):

»Jetzt sind wir bis zu den beyden letzten Dezenien des vorigen Jahrhunderts gekommen die uns noch manche merkwürdige Ansichten der Ausbildung unsrer Musik liefern. Zwar wird es nun immer schwerer, ihrer Chamäleons-Gestalt zu folgen; doch erscheinen uns hier zwey Sterne erster Grösse, welche ihre Strahlen über ganz Deutschland (und noch jetzt auch in ferne Länder) verbreiten. Der eine davon erhielt zwar schon früher grosse Verehrung, doch ward seine Sanktifikation erst in dieser Zeit vollendet. Der andre entfernte sich zwar vor mehreren Jahren in die Bahn grösserer Sphären, doch dringt sein Sonnenlicht noch zu uns und wekt uns oft zu hoher Begeisterung. Die Dankbarkeit fordert es, ihrem grossen Einflusse auf den neuen und vielleicht auch künftigen Gang der Musik ausführlichere Betrachtung zu weihen.«

Im weiteren Verlauf der Abhandlung werden die Namen der beiden Heroen dann aber genannt, wobei Pseudo-Triest Mozart als denjenigen Komponisten betrachtet, der Carl Philipp Emanuel Bachs Ästhetik der Klavier- bzw. Cembalomusik auf alle Gattungen der Kunst »Musik« ausdehnte (*AmZ* 3 (1800/01), S. 392):

»Er war, um es kurz zu sagen, einer der grössten poetischen (oder musikalisch-poetisirenden) Tonkünstler, den Deutschland im vorigen Jahrhundert sah. Wie das zu verstehen sey, wird jeder wissen, der sich erinnert, was in diesem Aufsatze von C.P.E. Bach gesagt ist. Ja, ich wage es zu behaupten, dass unter unsern berühmten Komponisten des vorigen Jahrhunderts nur von den drey Männern E. Bach, Mozart und J. Haydn jene Eigenschaft in einem eminenten Grade prädizirt werden kann. Aber Mozart umfasste mehr Fächer als Bach. Dieser poetisirte für das Klavier, für die reine Musik. Mozart that es auch, aber vielleicht noch vorzüglicher in der angewandten Tonkunst.«

b) Mechanisches und ästhetisches Musikschrifttum

Pseudo-Triest beschäftigt sich nicht nur mit der eigentlichen Kunst »Musik«, sondern kommt auch auf das Musikschrifttum zu sprechen, wobei ihm hier ein ähnlicher Wechsel von einem mechanischen zu einem poetischen Zeitalter vorschwebt (*AmZ* 3 (1800/01), S. 302f.):

> »Gründliche Theorien sind ein sicherer Maassstab für die Ausbildung der Kunst, ob es gleich schon früher an Versuchen der Art nicht fehlt. Deutschland erfuhr die letztere schon im 16ten und 17ten Jahrhundert, wenn man die einseitigen scholastischen Untersuchungen der Tonleitern und des Kirchengesanges so nennen will. Allein zu einer gründlichen Theorie gehört: dass sie auf festen Principien beruhe, und dass sie ohne bedeutende Lücken, mithin weitumfassend sey, aber dabey doch nicht die Grenzen ihres Gebiets überschreite. Ausserdem giebt es für jede schöne Kunst eine doppelte Theorie: 1) eine mechanische, d.h. die, welche ihren Mechanismus betrifft und für den praktischen Künstler, die Kenntnis der Handgriffe abgerechnet, mehr negativ als positiv ist, d.h. ihn nur zur Vermeidung mechanischer Fehler geschickt macht; 2) eine ästhetische, welche jene voraussetzt, und sich mit den eigentlichen Kunstzwecken philosophisch beschäftigt.«

Mit Carl Philipp Emanuel Bach setzte wie oben gesehen nach der Meinung Pseudo-Triests in der Kunst »Musik« ein ästhetisches Zeitalter ein. Auf dem Gebiet des Musikschrifttums dagegen spricht derselbe Autor bis in seine Gegenwart lediglich von mechanischen Erklärungsversuchen; eine einem Zeitalter der Empfindsamkeit angemessene Theoriedebatte hatte für ihn noch nicht begonnen (*AmZ* 3 (1800/01), S. 303):

> »So lange nun noch das Tonsystem selbst in grosser Gährung war, so lange konnte es auch keine vollständige Theorie davon geben. Erst J.S. Bach endete diese Gährung (...). Erst Kirnberger, Marpurg und C.P.E. Bach beschenkten Deutschland mit Theorien der Musik und zwar natürlicherweise von der ersteren Art, wodurch sie denen von der zweyten, welche uns hoffentlich das neue Jahrhundert liefern wird, den Weg bahnten.«

Pseudo-Triest vertritt die Meinung, dass ästhetische Theorien just um 1800 im Entstehen begriffen seien – dass eine romantische Musikästhetik als Musikästhetik überhaupt zu seiner Zeit entstehe und dass der Grund dieser Musikästhetik im Wandel der Musik im 18. Jahrhunderts zu suchen sei. Für Pseudo-Triest ist es daher auch ganz selbstverständlich, dass diese Ästhetik sich an den Werken Carl Philipp Emanuel Bachs, Haydns und Mozarts orientiert.

c) Aufklärung

Bei der Suche nach den Anfängen der Entstehung einer romantischen Musikästhetik beschränkt sich Pseudo-Triest jedoch nicht nur auf innermusikalische Zusammenhänge, sondern sucht solche auch ausserhalb der Kunst »Musik« aufzuspüren; er beschreibt die politische Situation Preussens zur Zeit König

Friedrichs II. und zeichnet ein wie ich meine realistisches Bild des Übergriffs der Aufklärung auch auf den deutschsprachigen Raum; ein Übergriff, der dann auch Auswirkungen auf die Kunst »Musik« zeitigte (*AmZ* 3 (1800/01), S. 322f.):

»Friedrich der 2te verbreitete durch sein Beyspiel und Ansehen den Saamen der Aufklärung schnell und weit. Die gefälligen Theatermelodien drangen hier und da selbst in entlegene kleine Örter. Die Kirchenmusik ward, die blossen Orgelstücke etwas ausgenommen, auch einfacher, melodiöser und für das Volk durch den Gebrauch mehrerer Instrumente glänzender. Die Oratorien wurden allmählig zu Mitteldingen zwischen Theater- und Kirchenmusik und halfen dadurch nicht wenig zum Sturz des Vorurtheils gegen die ausserkirchliche Tonkunst. Vor allem aber drängte sie sich durch die Nachahmung des lieblichen einschmeichelnden Theaterstyls in der blossen Instrumentalmusik, welche die Ausübung dieser so leicht machte, und wodurch auch die gewöhnliche Tanzmusik an Lebhaftigkeit und Sangbarkeit gewann, den Ohren des Volkes auf. Nun entwickelten sich immer mehr die natürlichen Anlagen der Tonkunst, welche in gewissen Provinzen Deutschlands (besonders in Sachsen, Böhmen, Schlesien und Schwaben) so allgemein sind. (...) Im Anfange des Jahrhunderts war die Kirchenmusik das wichtigste, wofür man arbeitete. Späterhin musste sie der Theatermusik gleichen Rang zugestehen. Die reine (oder wenn man lieber will, blosse Instrumental-) Musik ähnelte erst mehr dem Kirchenstyl, und war nur Nebensache. Aber als diese dem melodiösen Theaterstyl folgte, als sie mehr für die Sinne und das Herz wie für den Verstand bearbeitet ward, als die Liebhaberey zur Musik sich überall verbreitete, kurz, als die vorhin erwähnten Ursachen der Veränderung des Geschmacks und der Sitten eintraten, da fing auch die Kirchenmusik an zu wanken, da blieben die vorzüglichsten Hebel der Tonkunst das Theater und das Konzert.«

Durch die Aufklärung hatten sich dabei für die einzelnen Musiker neben den politischen auch ökonomische und soziologische Veränderungen ergeben: so die im Verlauf des 18. Jahrhunderts immer unzureichendere Besoldung von Kantoren und Organisten oder auch das Entstehen des Musikverlagswesens (*AmZ* 3 (1800/01), S. 323ff.):

»Hierzu kam die wenige Aufmunterung, die kärgliche, den täglichen Bedürfnissen nicht mehr wie sonst angemessene Besoldung der Kantoren und Organisten, die sich nur durch Privat-Unterricht oder durch Theilnahme an Konzerten forthelfen konnten (...) Joh. Gottlob Emanuel Breitkopf legte durch seine Handlung und durch seinen neuen Notendruck, dem seine Nachkommen immer mehr Vollkommenheit zu geben strebten, den Grund zu einer schnelleren Beförderung neuer Musikwerke, die verhältnissmässig der Tonkunst eben den Dienst leistete, als die Buchdruckerkunst den Wissenschaften nützlich war.«

Für Pseudo-Triest stellt die zweite Hälfte des 18. Jahrhunderts eine Zeit des bis dahin grössten Umbruches in der Geschichte dar. In bezug auf die Kunst

»Musik« minderte nach seiner Meinung die Aufklärung den Einfluss der Institution Kirche, so dass kompositorische Anstrengungen vermehrt in Richtung der Oper oder in Richtung instrumentaler Gattungen unternommen wurden.

d) Inhalt-Form-Problematik

Ähnlich wie für Michaelis stellt sich auch für Pseudo-Triest die Frage nach dem Inhalt von Instrumentalmusik. Er beschäftigt sich deshalb in seinem *AmZ*-Aufsatz auch mit der Entstehungsgeschichte derselben und konstatiert, dass instrumentale Musik zu einem späteren Zeitpunkt entstand als vokale; ursprünglich habe es nur Vokalmusik gegeben (*AmZ* 3 (1800/01), S. 230):

> »Diese (die Tonkunst) – wie schon erwähnt – ursprünglich nur als angewandte Kunst, Werth, d.h. man brauchte sie nur als Ausdruck der Empfindungen eines Subjekts und es dauerte längere Zeit, ehe man sie als reine Kunst übte, d.h. die Melodie, Harmonie u.s.w., als schönes Spiel auch ohne Beziehung auf den Text u. dgl. kultivirte. Daher die frühere fast unzertrennliche Verbindung der Musik mit ihren Schwesterkünsten, der Mimik und Poesie. Daher die Wunder der Tonkunst nach den Sagen des Alterthums. Allein schon in ihr selbst lag der Keim zu einer unvermeidlichen Trennung in der Zeit, als bey Bearbeitung der schönen Künste der menschliche Verstand jene Fesseln zu verschmähen anfing, welche Sinnlichkeit und Einbildungskraft ihm bisher angelegt hatten. Und dies war – der Mechanismus der Tonkunst selbst*). Hier hatte der Verstand die natürlichste Gelegenheit, sich bey Behandlung der schönen Künste über die andern Seelenkräfte empor zu schwingen, und hier öffnete sich ihm auch ein weiteres Feld, als bey den andern beyden Künsten.«

Pseudo-Triest begreift die Instrumentalmusik über den Begriff »Mechanismus der Tonkunst«, welcher in einer Fussnote näher beschrieben wird (*AmZ* 3 (1800/01), S. 229f.):

> »Unter Mechanismus wird hier der Inbegriff der natürlichen Mittel verstanden, wodurch eine schöne Kunst ihre Formen produziren kann, und wodurch sie auch eine für sich bestehende Kunst wird.«

Doch es bleibt nicht bei dieser an Eduard Hanslick mahnenden, die Form zum Inhalt erhebenden Erklärung[13], sondern Pseudo-Triest liefert gleichzeitig auch die Gegenposition, einen in der Instrumentalmusik wahrzunehmenden und aus

---

13 Eduard Hanslick, *Vom Musikalisch-Schönen. Ein Beitrag zur Revision der Ästhetik der Tonkunst*, Leipzig 1854, siebte Auflage 1885; Nachdruck: Darmstadt 1965.

dem »Analogon der Empfindungen« herzuleitenden »Ausdruck bestimmter, nur nicht ausgesprochener Ideen oder Empfindungen« (*AmZ* 3 (1800/01), S. 397):

> »Die angewandte (mit Gesang verbundene) Tonkunst drückt bestimmte Empfindungen und Ideen aus, und will mehr auf das Herz, als auf die Phantasie würken. Die blosse Instrumentalmusik, welche sich in diesem Betracht zu jener etwa wie die spekulative Philosophie gegen die praktische verhält, ist auch in ihren schönsten Produkten nicht im Stande, mehr als ein Analogon der Empfindungen darzustellen, ob sie gleich oft mittelbar, d.h. durch die Stimmung des Zuhörers, in diesem eben so gewaltige Gemüthsbewegungen als die mit Worte verbundene Musik erregen kann. Ihr eigentlicher Zweck ist also: durch das Unbestimmte ihrer Phrasen (was man aber mit dem Verworrenen, Faden, Nichtssagenden nie verwechseln darf) dem Theilnehmer einen freyeren Gebrauch der Einbildungskraft zu verschaffen, und es ihm (oder den Umständen) dann zu überlassen, zu welchen bestimmten Ideen und Empfindungen ihn dieses Tonspiel hinführen möchte. Die niedrigste Würkung desselben ist ein blosser Sinnenkitzel (eine angenehme Bewegung des Gehörs, mehr als Organ – denn als Vitalsinn). Grösser ist die, wenn der Verstand dabey zur Untersuchung der Richtigkeit, Schönheit, Künstlichkeit der Tongänge gereizt wird (z.B. bey Stücken oder Passagen im gebundenen Styl). Am grössten aber, wenn der Zuhörer – auch ohne durch Nebenumstände dazu veranlasst zu seyn, wie etwa bey Balletten, Märschen u. dgl. – in der vorgetragenen Komposition den Ausdruck bestimmter, nur nicht ausgesprochener Ideen oder Empfindungen wahrzunehmen glaubt, und gleichsam in Gedanken den Text mit leichter Mühe suppeditirt.«

Einem Komponisten, der »durch Genie und Studium« das »Analogon der Empfindungen« anzuwenden gelernt hat, ist es möglich, seinen Zuhörern durch Instrumentalmusik »nicht ausgesprochene Ideen oder Empfindungen« eindeutig zu vermitteln (*AmZ* 3 (1800/01), S. 397f.):

> »Auf letzeres kann nur der Instrumentalkomponist mit Zuverlässigkeit rechnen, der den Tonmechanismus – den innern wie den äussern – ganz oder doch grösstentheils kennt und geschickt anzubringen weiss, der mithin den allgemein gültigen, natürlichen, auf jenes Analogon der Empfindungen sich beziehenden Charakter aller Töne, Tonarten, Tonreihen, Harmonien, Rhythmen, Instrumenten-Verbindungen u.s.w., die er gebrauchen will, durch Genie und Studium ausfindig gemacht hat; der endlich auch bey der Anlage und Ausführung seines Werks nicht bloss den ersten besten klingenden oder künstlichen Satz wählte, sondern sich dabey auch selbst bemühte, irgend eine möglichst bestimmte Idee oder Empfindung auszudrücken und – ihr treu zu bleiben.«

Gleichzeitig mit der Proklamation einer Etablierung der Instrumentalmusik erkannte man auch jenes Dilemma zwischen Form und Inhalt, welches sich daraus ergab. Bereits Pseudo-Triest trägt ums Jahr 1800 die beiden möglichen Positionen vor. Bereits bei ihm zeichnet sich jedoch die Unlösbarkeit des Problems ab: die Unlösbarkeit eines Problems, das auf idealistischem Denken fusst und ohne dieses Denken nicht existent sein könnte.

4. *Carl Friedrich Zelter*

Carl Friedrich Zelter (1758-1832) rezensiert im vierten Jahrgang der *AmZ* Joseph Haydns Oratorium *Die Schöpfung* (1798). Textvergleiche lassen dabei die Vermutung zu, dass Zelter bereits auch für die ein Jahr zuvor in der *AmZ* veröffentlichten »Briefe an einen Freund über die Musik in Berlin« verantwortlich zeichnet; Briefe, in denen vom gleichen Oratorium die Rede ist. Wie Rochlitz setzt sich auch der Verfasser dieser Briefe für eine an der Instrumentalmusik orientierte Auffassung von Vokalmusik ein; Haydns Oratorium sei »ein eigenes freyes Spiel der Kunst« (*AmZ* 3 (1800/01), S. 291):

> »Es ist eine eigene Schöpfung auf eigene Art, und ein eigenes freyes Spiel der Kunst, die sich der Hand des Meisters zur Anlegung eines neuen Gartens, eines neuen Edens bedient.«

Haydn zeichnet nicht mehr einzelne Stimmungen und Handlungen nach, sondern erreicht nach der Meinung des Rezensenten eine höhere Ebene; eine im Prinzip der Nachahmung verankerte Vertonung des Bibeltextes wird durch eine übergeordnete »Ordnung« abgelöst (*AmZ* 3 (1800/01), S. 292):

> »Es ist nicht die Historia von der Susanna oder von der Bathseba, die hier abkonterfeyt seyn soll: es ist eine wahre Phantasie eines grossen Geistes, die ein Durcheinanderwürken ungeheurer Kräfte, welche sich nach und nach in eine Ordnung fügen, dem innern Geist darstellen soll und darstellt.«

Eine Autonomie der Instrumentalmusik hatte auch auf die Gattung Oratorium übergegriffen; der Text des Oratoriums war nebensächlich geworden (*AmZ* 3 (1800/01), S. 293):

> »Es ist allerdings wahr, dass das ganze Interesse dieses Oratoriums sich auf Ideal und auf Instrumentalmusik fundiert; aber das ist auch das Eigne, Originelle daran, dass es ganz unabhängig von dem Ausdruck der Sprache, seinen Gang geht und die Erzählung der Historie bloss als die Gelegenheit ansieht, die hier untergeordnet seyn soll.«

Im vierten Jahrgang der *AmZ* beschreibt der Rezensent Zelter dann im Zusammenhang mit Haydns Oratorium eine Fantasiewelt, die dem bereits beschriebenen Taumel bzw. der Traumwelt von Wackenroders Berglinger und Rochlitz' Ferdinand nicht unähnlich erscheint (*AmZ* 4 (1801/02), S. 387):

> »Die Sicherheit und Gewandtheit in den Künsten des Kontrapunktes, von einer nie erschöpften Gedankenquelle unterhalten, führen das Ohr unvermutet in Wildnisse und Tiefen, wohin es einer so sichern Leitung gern folgt und immer dafür reichlich belohnt wird. Dieses Spiel der leichten Fantasie, die sich alle Kunstmittel unterthan zu machen weiss, giebt dem kleinsten Fluge des Genius eine Keckheit und Dreistigkeit, die von allen Seiten abwärts geht und das Feld ästhetischer Kunst bis in's Unendliche erweitert, ohne Schaden oder Furcht zu bewürken. So wie die Natur selbst, der jedes neue Produkt gelingen muss, ist dieser Genius. In ihm ruht alles beysammen; er setzt sich in Bewegung und was da wird, das bleibt und gehört zu den Dingen.«

Haydns Oratorium wird dabei als eine »ganz neue (...) Art romantischer Gemählde für das Ohr« beschrieben: Haydn übertrug die von ihm in seinen Instrumentalwerken entwickelte neue Art der Komposition auch auf die Gattung »Oratorium« (*AmZ* 4 (1801/02), S. 389):

> »Diesen hier entwickelten Elementargeist haben bis jetzt alle Haydnschen Werke, mehr oder weniger, offenbart und das Resultat desselben ist: dass alle Haydnschen Instrumentalkompositionen eine ganz neue, von ihm allein erschaffene Art romantischer Gemählde für das Ohr sind, die sich eben so wenig in Worte und Begriffe übersetzen lassen, als Verstand und Empfindung ihren angenehmen Eindrücken widerstehn können. (...) Mit diesem Geiste nun hat unser Meister ein anderes Feld angebaut und befruchtet, wodurch natürlich wieder eine neue, von der hergebrachten Art gänzlich verschiedene Gattung hat entstehn müssen, die in ihrer Zusammensetzung eben so besonders ist wie die Elemente selbst, woraus sie besteht, und so hat sich das Oratorium die Schöpfung entwickelt.«

Was Rochlitz für die Opern Glucks, Mozarts und Cherubinis formuliert hatte, wird von Zelter nun auch für das Haydnsche Oratorium *Die Schöpfung* bestätigt. Auch diese Komposition basiert nach Zelters Meinung auf einer Ästhetik der Instrumentalmusik, die durch Haydn und Mozart in ihren Kompositionen eindrücklich vorgeführt worden war, und welche nun als romantische Musikästhetik auch eine nachträgliche theoretische Begründung erfuhr. Eine romantische Musikästhetik wird von den Zeitgenossen E.T.A. Hoffmanns ohne Ausnahme an Werken der sogenannten »Wiener Klassik« expliziert.

5. *C.G. Horstig*

Noch im gleichen Jahrgang der *AmZ* beschreibt dann auch der sonst nicht näher bekannte C.G. Horstig das romantische Gemälde des Haydnschen Oratoriums. In seinem Bericht zum ersten deutschen Musikfest in Minden, »Aufführung der Schöpfung von Haydn, in der Mindner Messe«, versetzt sich der Verfasser dabei in eine Traumwelt, wie sie gerade eben auch bei Zelter angetroffen werden konnte. Wohl wegen dieser allzu enthusiastischen Schwärmerei scheint Horstigs Erlebnisbericht vom Schriftleiter Rochlitz in den Anmerkungsteil verbannt worden zu sein (*AmZ* 4 (1801/02), S. 695f.):

> »Ich stand am ersten Tag unter 2000 Zuhörern ohngefähr in der Mitte des Doms. Es war nicht der Bogenstrich der Geige, nicht der Ansatz der Blasinstrumente, der ans Ohr schlug. Es war ein durch unzählige Reperkussionen angeschwollener Ton, eine fibrirende Atmosphäre, die tausend Zungen erhalten hatte, ein Echo, welches süsser wie die Harmonika die Töne in einander schmolz, ohne sie zu verschlingen und zu verwirren. Man konnte sich vorstellen, ein Chor von hundert Nonnen zu hören, wenn die obern Stimmen nach einander eintraten. Flöten und Oboen verwandelten sich in Singstimmen, die Bässe in tiefe Orgeltöne, die Pauken in einen fernen Donner. Kurz, es waren nicht mehr die bekannten Instrumente unsrer gewöhnlichen Konzertsäle, es waren lauter unbekannte Stimmen, die aus einer andern Welt zu uns herübertönten. Das Brüllen des Löwen, das Gewimmel der Insekten u.s.w. alles erhielt Leben und Bedeutung – es war nicht mehr musikalische Malerey, nein! es war unmittelbar das Gefühl der Sache selbst.«

6. *Franz Christoph Horn*

Wie durch die obigen Textstellen bereits angedeutet, könnte der vierte Jahrgang der *AmZ*, in welchem sich Äusserungen zur romantischen Musikästhetik häufen, als vielleicht romantischster Jahrgang überhaupt bezeichnet werden.[14] Es manifestiert sich eine intensive Auseinandersetzung mit den Tendenzen der Zeit, was für spätere Jahrgänge der *AmZ* dann nicht mehr als charakteristisch zu gelten hat. Die Ansicht, dass in der *AmZ* eine rational Musikanschauung dominant sei, verdiente deshalb zumindest für die ersten Jahrgänge bis um 1810

14 Diese Tendenz beschreibt auch Judith Rohr in ihrer Lizentiatsarbeit (Judit Rohr, *Aspekte des Begriffs »Romantik« in der Leipziger Allgemeinen musikalischen Zeitung*, Lizentiatsarbeit Universität Zürich 1977, S. 8 (maschr. Zentralbibliothek Zürich).

modifiziert zu werden.[15] Die unterschiedlichen Exponenten einer romantischen Musikästhetik deuten zudem an, dass sich diese Ästhetik bereits um 1800 einer allgemeinen Verbreitung erfreute.

Einer der produktivsten Schreiber des vierten Jahrgangs der *AmZ* ist Franz Christoph Horn (1781-1837). Seine »musikalischen Fragmente«, die in diesem Jahrgang gedruckt erscheinen, scheinen dabei durch die Fragmente eines Novalis bzw. die Aphorismen eines Friedrich Schlegel angeregt, die jene einige Jahre zuvor im *Athenäum* veröffentlicht hatten, und die Horn, der in Jena studiert hatte, sicherlich kannte. Horn äussert sich dabei in einer auch für die Fragmente Novalis' oder Schlegels typischen, unverbindlichen C'est à prendre ou à laisser-Mentalität. In lockerer und oft unzusammenhängender Form werden Fragen, die für eine Ästhetik der Kunst »Musik« von Interesse scheinen, aufgeworfen und teilweise auch beantwortet.

a) Erste Fragmentserie[16]

In einem der ersten Fragmente Horns begegnet eine bereits des öfteren besprochene und für eine romantische Musikästhetik typische Erwartungshaltung: die Hoffnung auf ein in naher Zukunft eintretendes »goldenes Zeitalter«. Den Künsten »Poesie« und »Musik« wird von Horn die Fähigkeit zugeschrieben, eine »Menschheit der erhabensten Blüthe« hervorzubringen (*AmZ* 4 (1801/02), S. 404):

> »Die Musik wird, wie die Poesie, den Menschen in seiner Gesammtheit ergreifen, sie wird alles Vereinzelte in ihm zu einer einzigen Harmonie zusammenfassen, die Menschheit in der erhabensten Blüthe in ihm hervorrufen, und auf diesem Standpunkte dürfte nicht leicht mehr von Thränenergiessungen die Rede seyn, die sich überhaupt wohl nur mit einer kränklichen einseitigen Peceptivität vertragen.«

In einem anderen Fragment wird auf die Frage eingegangen, ob Musik malen dürfe, was Horn verneint, womit er sich gegen ein zu vordergründiges Prinzip der Nachahmung ausspricht. Musik hat für Horn schlicht »musikalisch« zu sein (*AmZ* 4 (1801/02), S. 406):

15 Die Ansicht einer dominanten rationalen Musikanschauung mit nur spärlichen Ansätzen zu romantischer Ideologie vertritt Marta Bruckner-Bigenwald, *Die Anfänge der Leipziger Allgemeinen musikalischen Zeitung*, a.a.O., S. 78.

16 Die Ausführungen zu Horns Fragmenten bleiben der ursprünglichen Chronologie des Verfassers verpflichtet, weshalb die Gedankengänge oft sprunghaft erscheinen mögen.

»Die Frage, ob die Musik malen dürfe, über die so viel gestritten worden ist, wird durch den einfachen Satz, welchen Jedermann zugeben muss: die Musik soll – musikalisch seyn, das heisst, sie soll für das Höchste der Empfindung die reinste Form geben – hinlänglich beantwortet und offenbar – verneint.«

»Musikalisch« verselbständigt sich bei Horn zu einer ästhetischen Kategorie, wobei diese Idee aus Novalis' Konzeption des romantischen Märchens entlehnt scheint, welches von diesem als »ganz musikalisch« beschrieben worden war: Novalis bezeichnete das Märchen als »musikalische Fantasie«, als ein »Traumbild – ohne Zusammenhang« und strebt ein »höheres Märchen« an; eine literarische Gattung, von der er verlangt, dass sie »prophetische Darstellung« sei und dass »ohne den Geist des Märchens zu verscheuchen irgendein Verstand – (Zusammenhang, Bedeutung etc.) hineingebracht« werde. Schon bei Novalis sind dabei die Begriffe »musikalisch«, »poetisch« bzw. »schön, romantisch, harmonisch« bedeutungsgleich.[17]

Die frühromantischen Ideen eines Novalis scheinen Horn bei seiner Bestimmung der Kunst »Musik« nicht nur formal – die Verwendung des Fragmentes als Form ist gemeint – beeinflusst zu haben, sondern auch im Inhalt derselben scheint sich dieser »Hoffmann« auf Novalis zu beziehen. »Musikalische Musik«, die von Horn auch als »unsichtbare Malerei« bezeichnet wird, scheint der Versuch einer Vermittlung von Nachahmungprinzip und romantischer Musikästhetik: Ganz im Sinne von Novalis' Konzeption eines »höheren Märchens« wird eine »höhere Musik« angestrebt, welche Romantik und Nachahmungsprinzip in sich vereint (*AmZ* 4 (1801/02), S. 407):

»Ganz anders verhält es sich indess mit einer gewissen mahlerischen Darstellung in der Musik, die gerade die vollendetsten Kunstwerke bezeichnet. Ich möchte sie die unsichtbare Mahlerey nennen, aber sie ist nur in den erhabensten Genies, einem Mozart, Cimarosa, Cherubini und einigen wenigen andern eigen.«

Horn bestätigt in diesem Zusammenhang auch, dass dem Verstand in diesem vom Rationalismus losgelösten System nicht mehr die einzige bzw. führende Rolle zukommen kann: Der Verstand alleine ist nicht in der Lage, diese Ästhetik vollständig zu verstehen (*AmZ* 4 (1801/02), S. 417):

»Da eine jede Kunst, als solche, das Unendliche im Endlichen darzustellen strebt, so begreift es sich schon um deswillen leicht, dass die ächten, vollendeten Werke derselben nicht eigentlich begriffen werden sollen. Der Verstand wird seine Fragen hier nicht beantwortet finden, denn die Kunst hat eine höhere Aufgabe zu lösen, als

---

17 Nach Ernst Lichtenhahn, »Bemerkungen zum 'poetisierenden' Verfahren der romantischen Beethovendeutung«, a.a.O., S. 114.

die er ihr geben könnte. (...) Sie ist die reine Unbegreiflichkeit, aber gerade deshalb lässt sie auch die reine, intellektuelle Anschauung zu, die sich freylich nicht lernen lässt.«

Durch Potenzierung der Begriffe trennt Horn in einem weiteren Fragment die Kunst »Musik« dann von ihrer Schwesterkunst »Poesie« und formuliert mit nochmals anderen Worten seine Idee einer »musikalischen Musik« (*AmZ* 4 (1801/02), S. 453):

»Man könnte sagen, hier im Gebiet der Romantik sey das Spiel des Spiels, das Leben, das sich im Leben ergötzt, dessen tiefste Geheimnisse nur die Tonkunst auszusprechen im Stande ist – (welche sie aber nicht können wird, sobald sie nur Begleiterin der Poesie ist, in welchem Falle sie eigentlich nicht Musik, sondern nur musikalische Übersetzungskunst genannt werden sollte).«

Ähnlich wie Rochlitz richtet auch Horn sein Augenmerk auf die Oper; auch er möchte eine romantische Musikästhetik bzw. eine »musikalische Musik« in dieser Gattung verwirklicht sehen. Und ebenfalls wie Rochlitz sucht auch Horn nach einer vom Text losgelösten Ästhetik: Horn wendet sich jedoch nicht so uneingeschränkt jener anhand anderer »Hoffmanns« erörterten Ästhetik der Instrumentalmusik zu, sondern die Künste »Musik« und »Poesie« erfahren bei ihm eine gleichberechtigte Behandlung (*AmZ* 4 (1801/02), S. 436):

»Allerdings würkt die Musik mit der Poesie gemeinschaftlich, aber nur um ein neues Produkt zu bezwecken. Diese Vereinigung ist dynamisch, (nicht mathematisch, in welchem Fall allein von einer ersten und zweyten, einer oberen und einer untergeordneten Kunst geredet werden dürfte) und durch sie entsteht die Oper. In ihr dient weder die Poesie der Musik, noch die Musik der Poesie zum Vehikel, welches, streng genommen, überhaupt nicht einmal einen ächten Sinn giebt; will man aber auf einen Augenblick bey dieser schwankenden Idee bleiben, so müsste es wohl noch eher scheinen, als diene hier die Poesie der Musik zum Vehikel. Wer ist dieser Don Juan, diese Lodoiska, dieser Tamino, dieser Figaro, ohne diese Töne, in denen sie, wie die Götter und Göttinnen im Homer, gleichsam auf Wolken, als lebende Gestalten daher schweben?«

Trotzdem – oder vielleicht gerade weil sich in der Oper »Poesie« und »Musik« vereinigen, ist diese für Horn »durchaus romantisch«, was durch ein weiteres Fragment bestätigt wird (*AmZ* 4 (1801/02), S. 452):

»Die wahre Oper ist durchaus romantisch. Sie lässt das blühendste, harmonische Leben im üppigen Schwunge leicht an uns vorbeygleiten und von dem Wohllaut zarter Musik gehoben, sprechen uns die schönsten Momente jenes Lebens mit höherer Klarheit an, als es je in einem blossen Drama wird geschehen können.«

Der Charakter dieser »durchaus romantischen« Oper wird dabei als offen und handlungsreich beschrieben (*AmZ* 4 (1801/02), S. 453f.):

> »Der Charakter der Oper sey Freyheit nach allen Seiten hin. (...) Die Handlung ruhe nie, denn in der Romantik ist die Schönheit – zwar nicht im Kampfe, der bey ihr unmöglich seyn muss, aber gleichsam – im Siegen. – (Der Mond am heitern Himmel ist schön; bricht er aber durch Gewölk und Nebel siegend hervor, so nennen wir den Anblick romantisch.)«

In Horns Fragmenten wird im übrigen auf eine ähnliche Auswahl von Opern zurückgegriffen, wie sie dann auch von G.L.P. Sievers immer wieder verwendet wird: *Le Nozze di Figaro* (1786) und *Don Giovanni* (1787) von Mozart, *Axur re d'Ormus* (1788) von Antonio Salieri (1750-1825), *Il matrimonio segreto* (1792) von Domenico Cimarosa (1749-1801), *Die schöne Müllerin* (1793) von Giovanni Paisiello (1740-1816) und *Les deux journees, ou le Porteur d'eau* (1800) von Luigi Cherubini. Gleichzeitig mit einer romantischen Musikästhetik scheint sich um 1800 auch ein Kodex von Kompositionen herauszubilden; ein Kodex von Kompositionen, die dieser Ästhetik genügen.

b) Zweite Fragmentserie

Eine zweite Fragmentserie, die noch im gleichen Jahrgang der *AmZ* einige Zeit nach der ersten erscheint, eröffnet Franz Christoph Horn mit der Propagierung eines Systems der Künste. »Musik« und »Poesie« zeichnen sich dabei dadurch vor anderen Künsten aus, dass sie nicht auf einer Verstandesebene stehen bleiben (*AmZ* 4 (1801/02), S. 782):

> »Dass die Poesie unendlich vielseitiger sey, als die Mahlerey und Bildhauerkunst, die selbst auf ihrer höchsten Stufe doch immer nur die Reflexion erregen können, gerade weil sie nur von diesem Standpunkte aus zu denken sind, das hat man freylich von jeher wenigstens nicht abgeleugnet, wenn man es auch nicht eben als einen folgenreichen Satz sollte bedacht und bey der Kritik der Künste und der Darstellung ihres wechselseitigen Verhältnisses angewandt haben. Allein nicht bloss die Poesie, sondern auch die Musik behauptet dies Übergewicht über jene Künste.«

Und auch bei Horn findet sich eine nationale Polarisierung, eine Kulturkreis-Theorie, in welcher die drei Nationen Frankreich, Italien und Deutschland wie üblich dominieren, wobei jedoch daneben auch Spaniens und Portugals »Mystik tiefer Sinnlichkeit« und Englands »Mangel an ausgezeichneten musikalischen Genies« angesprochen werden. Über französische Musik lässt der Autor bei seiner Aufzählung dagegen nichts positives verlauten. Und auch für Horn stellen die italienische und die deutsche Musik einen Höhepunkt der

Musikgeschichte dar: Zur Charakterisierung der italienischen Musik benutzt Horn die Begriffe (*AmZ* 4 (1801/02), S. 788) »Gefälligkeit« und »Anmuth«; und zur deutschen hält er fest (*AmZ* 4 (1801/02), S. 807): »Die Musik der Deutschen hat der Stufen viele durchwandeln müssen, ehe sie die Höhe erreichte, auf der wir sie jetzt erblicken.«

In einem weiteren Fragment beschäftigt sich Horn dann mit Dilettantismus; ein Phänomen gerade der damaligen Zeit, welches mit zwei kurzen Sätzen abgetan wird, so dass genügend Platz bleibt, sich erneut der Kulturkreis-Theorie und der Vollkommenheit der deutschen Musik zuzuwenden (*AmZ* 4 (1801/02), S. 809f.):

> »Es giebt keinen Dilettantismus in der Kunst. Man ist entweder Künstler, oder man ist es nicht. Dieses Axiom scheint denn auch wirklich bey der Kultur der Musik in Deutschland geherrscht zu haben, und die trefflichsten Resultate davon liegen vor uns. Man darf es ohne Ungerechtigkeit gegen andre Nationen, sagen, dass keiner derselben die objektive Wahrheit der Kunst so klar geworden sey, als den Deutschen. Wir finden in den Werken ihrer ächten Meister auch nicht die entfernteste Spur einer sich einmischenden Persönlichkeit, entfernt ist jede unkünstlerische Beschränkung in Hinsicht des Technischen, entfernt jeder Standpunkt einer unmusikalischen Reflexion, durch den selbst manche höchst bedeutende Werke der italienischen Schule den Charakter des Pitoresken bekommen haben (wie dies z.B. bey einigen Kompositionen Salieri's, Sachini's, Sarti's der Fall seyn möchte); es sind nicht Stücke aus dem Endlichen herausgerissen worden, durch deren Modificirung und Umbildung eine witzige Frivolität zu gefallen sucht: es ist das Unendliche selbst, das sich hier im Endlichen spiegelt, wir erblicken den Charakter ächter Religiösität, das fromme Hinweggeben einer engbegränzten Persönlichkeit, um sich allmälig in dem Unendlichen zu verlieren, ein Universum jenseits und über der Menschheit zu entdecken.«

Neben einer Besprechung von Mozarts *Zauberflöte* (1791), die anscheinend in dieser Zeit in keiner musikästhetischen Abhandlung fehlen darf, liefert Horn auch Reflexionen zur »ächt deutschen Mythe« *Das Donauweibchen* (1798/1800) des Komponisten Ferdinand Kauer (1751-1831), eine der beliebtesten Opern der damaligen Zeit, die dann auch von G.L.P. Sievers in seiner Wiener Zeit rezensiert wird. Ähnlich wie für Mozarts Opern konstatiert Horn, dass auch bei dieser Märchenoper nicht die Worte das entscheidende seien – also wiederum eine Untermauerung seiner These einer »musikalischen Musik« (*AmZ* 4 (1801/02), S. 828):

> »Es ist dem Worte vielleicht nicht möglich, diese mystischen Wesen mystisch genug und doch auch klar genug darzustellen, aber der Musik ist nichts von der Art unmöglich. Wenn sie es will, so entstehen vor unsern Augen Sylphen, Salamander und Ondinen und wir glauben an sie, so lange der Zauber währt, so gern, so willig!

Jede Nüchternheit ist dann von uns hinweggenommen, wir glauben das Unglaubliche, gerade weil es unglaublich ist, wir sehen das Unsichtbare und begreifen das Unbegreifliche. Mit einem Worte: Wir würden uns hier im Gebiete des Romantischen befinden.«

Und in einer nochmals anderen Definition von »romantischer Musik« kommt Horn dann auf einen oszillierenden Charakter derselben zu sprechen, was später beispielsweise auch von G.L.P. Sievers aufgenommen wird (*AmZ* 4 (1801/02), S. 829):

»Im Romantischen ist wohl weder Kampf noch Sieg, sondern, um mich figürlich auszudrücken, ein Oscilliren der Empfindungen auf die Seite des Sinnlichen (Angenehmen) und Geistigen (Erhabenen). Daher erregt das Romantische die Phantasie und bringt ein Interesse hervor.«

Horn verbreitet seine Theorie einer »romantischen« bzw. »musikalischen Musik« zwar in einer immer wieder abreissenden und oft unzusammenhängenden Fragmentform, dennoch lassen sich jedoch Konstanten dieser Theorie herauslesen: so erstens ein triadisches Weltbild, in welchem ein zukünftiges »goldenes Zeitalter« angestrebt wird, zweitens eine Kulturkreis-Theorie, mit deren Hilfe ein im deutschen Sprachraum zu situierender Höhepunkt der Musikgeschichte expliziert wird, und drittens eine Ästhetik der »musikalischen Musik«, welche versucht das alte Prinzip der Nachahmung und eine neue romantische Musikästhetik zu vereinigen.[18]

7. *Exkurs: Künstlertypologien*

Seit Wilhelm Heinrich Wackenroder den Maler Raffael/Raffaelo Santi (1483-1520) als »leuchtende Sonne unter den Malern«, als »einen der grössten Meister der Kunst« beschrieben und Friedrich Wilhelm Joseph Schelling ihn in seiner *Philosophie der Kunst* (1800) als »das höchste und wahrhaft absolute Wesen der Kunst« bezeichnet hatte, spielte die Person des italienischen Renaissance-Künstlers eine gewichtige Rolle bei der Ausbildung des Begriffs

---

18 Franz Christoph Horn bleibt auch im fünften Jahrgang der *AmZ* Mitarbeiter der Zeitschrift und veröffentlicht darin seine »Vermischten Bemerkungen bey Gelegenheit eines alten Buchs über die Musik«. Mit diesem Buch ist *Der critische Musikus* (1738/40) von Johann Adolph Scheibe (1708-1776) gemeint. Horn glaubt sich durch Scheibe in seinen Ansichten bestätigt zu finden.

»Genie« – eines zentralen Begriffs der romantischen Musikästhetik.[19] Friedrich Rochlitz überträgt diesen Geniebegriff im zweiten Jahrgang der *AmZ* auf die Kunst »Musik«. Sein Vergleich des Malers Raffael mit dem Komponisten Mozart im Aufsatz »Mozart und Raphael« eröffnet ein Jahrhundert der typologischen Vergleiche, wobei in diesem Rahmen nur auf die ersten Jahrgänge der *AmZ* eingegangen werden soll. Nach Judith Rohr, die die Typologie Raffael – Mozart ausführlich behandelt, baut Rochlitz seine Analogie auf den Momenten Biographie und Werk auf, wobei es darum gehe, die Idee eines idealistischen Kunstwerksbegriffs zu erörtern und zu zeigen, dass bei beiden Künstlern die Forderungen eines sogenannt »poetischen Kunstwerks« in höchstem Masse erfüllt sind.[20] Neben Raffael und Mozart werden dabei in Rochlitz' Aufsatz auch noch Michelangelo/Michelangelo Buonarroti (1475-1564) und Johann Sebastian Bach einander zugeordnet (*AmZ* 2 (1799/1800), S. 642f.):

> »Michael Angelo und Sebastian Bach hiessen die Helden, zwischen denen sich vielleicht nicht nur Ähnlichkeiten finden, sondern fortlaufende Parallelen ziehen liessen. Raphael lernte Angelo's, Mozart Bachs Arbeiten kennen und beyde wurden von ihnen so hingerissen, dass – ersterer seine bisherige Art zu mahlen, letzterer seine bisherige Art zu schreiben, ganz veränderte.«

Die von Rochlitz begonnene Methode der Künstlertypologie wird dann im dritten Jahrgang der *AmZ* von Pseudo-Triest fortgesetzt. In seinem bereits besprochenen Aufsatz »Bemerkungen über die Ausbildung der Tonkunst in Deutschland im achtzehnten Jahrhundert« erscheinen wie bei Rochlitz Michelangelo und Johann Sebastian Bach als Paar (*AmZ* 3 (1800/01), S. 302):

> »Wie Michel Angelo Buonarotti als Baumeister, Bildhauer und Mahler glänzte, so unser Bach nicht nur als Komponist und Klavierspieler, sondern auch als – Theoretiker.«

Mozart dagegen wird nun nicht mehr mit einem Maler, sondern mit dem Dichter Shakespeare in Verbindung gebracht, wobei jedoch von Pseudo-Triest auch auf die Rochlitzsche Typologie hingewiesen wird (*AmZ* 3 (1800/01), S. 392f.):

> »Vergleichungen unter berühmten Männern unter einander haben manchen Nutzen, wäre es auch nur den, dass die Verehrung des zuletzt lebenden dadurch vergrössert

---

19 Wilhelm Heinrich Wackenroder, *Herzensergiessungen eines kunstliebenden Klosterbruders*, a.a.O., S. 142ff. – Friedrich Wilhelm Joseph Schelling, *Philosophie der Kunst*, in: *Sämmtliche Werke*, hg. von Carl Friedrich August Schelling, 14 Bde., Stuttgart und Augsburg 1857-1861, Bd. 5, S. 353-736, S. 537.

20 Vgl. Judith Rohr, *E.T.A. Hoffmanns Theorie des musikalischen Dramas*, a.a.O., S. 16ff., speziell S. 18.

wird, weil die Menschen gewohnt sind, das Alte und Entfernte mehr als das Neue und Gegenwärtige zu bewundern, wenn sie auch das Letztere mehr lieben sollten. – Man hat schon in diesen Blättern (von einer andern Hand) eine treffliche Parallele zwischen Raphael und Mozart gelesen. – Es sey mir erlaubt, hier noch einen andern berühmten Mann der Vorzeit anzuführen, zwischen dessen Geist als Künstler und dem unsers Mozart ich manche Ähnlichkeiten wahrzunehmen glaube, nämlich – Shakespear. Tiefe, kühne, glückliche Griffe in's menschliche Herz und lebhafte Darstellung der Affekte sind beyden gemein. Eben so der Hang und das Talent zum Grotesken, sowohl im Tragischen als im Komischen. Beyde trifft der Vorwurf einer gewissen Gleichgültigkeit gegen alte Kunstregeln – z.B. bey Shakespear gegen die poetische Einheit, bey M. gegen den reinen Satz. Beyde hatten tiefes ästhetisches Gefühl ohne ganz geläuterten Geschmack, aus Mangel an wissenschaftlicher Bildung. Daher die öftere Verletzung des Schicklichen, bey Sh. durch Anachronismen und Greuelscenen, – bey M. durch zu häufigen Kontrast des Komischen mit dem Tragischen und durch bizarre Tongänge. (Indessen war hieran ihr Publikum auch nicht wenig Schuld.) Dagegen unterdrückt Sh. wieder die Stimme der Kritik durch frappante Situationen, M. durch frappante Modulationen u.s.w. – Eine ausführliche Parallele zwischen ganzen Werken beyder Künstler, z.B. D. Giovanni mit Lear oder Hamlet, Othello u. dgl. und zwischen einzelnen Charakteren, als Falstaff und Leporello (den musikalischen,) könnte vielleicht für die Ästhetik nicht ohne Nutzen seyn.«

Das dritte Genie der Tonkunst schliesslich, welches bei Pseudo-Tiest einer Typologisierung unterzogen wird, ist Joseph Haydn. Bei diesem werden ebenfalls literarische Persönlichkeiten herangezogen: Jean Paul bzw. Laurence Sterne (1713-1768) (*AmZ* 3 (1800/01), S. 407):

»Wollte man auch hier eine Parallele mit andern berühmten Männern aufsuchen, so liesse J. Haydn sich in Ansehung der Fruchtbarkeit seiner Phantasie vielleicht mit unserm Jean Paul (die chaotische Anordnung, wie sich versteht, abgerechnet, denn die lichtvolle Darstellung (lucidus ordo) ist keiner von Haydns geringsten Vorzügen) vergleichen, und in Ansehung seines Humors, seiner originellen Laune (vis comica) mit Lor. Sterne.«[21]

Pseudo-Triests Typologie Mozart – Shakespeare wandert dann auch in Franz Christoph Horns zweite Fragmentserie, welche mit einem Shakespeare-Zitat eröffnet wird. Auf der Suche nach einer Shakespeare entsprechenden Gestalt in der Musikgeschichte trifft Horn auf Mozart, auf den seiner Meinung nach ein-

21 Jean Paul nimmt im übrigen diesen Vergleich einige Jahre später selbst auf und setzt in seiner *Vorschule der Ästhetik* den »vernichtenden Humor« Haydns und Sternes parallel (vgl. dazu Ernst Lichtenhahn, »Über einen Ausspruch Hoffmanns und über das Romantische in der Musik«, a.a.O., S. 194).

zigen Komponisten, der einem Vergleich mit Shakespeare standhält (*AmZ* 4 (1801/02), S. 421f.):

> »Dieser Mozart ist denn auch unter allen modernen Künstlern der einzige, der eine Vergleichung leidet mit Shakspear. In ihnen beyden erscheint uns das allseitige Leben in jenem warmen Glanze, der sich Niemanden beschreiben lässt, der ihn nicht selbst zu erblicken vermag, in ihnen beyden ist kein Streit mehr zwischen dem Ideellen und Reellen, dem Intensiven und Extensiven, die hier in sicherer Vereinigung ruhen, in ihnen ist überhaupt von keinem Kampfe mehr die Rede, sondern wir erblicken nur stille, ewig siegende Gewalt, die in sich selbst beschlossen ist, da sie das Übersinnliche ergriffen hat.«[22]

Horn erweitert die Palette von Künstlertypologien im weiteren Verlauf seines Fragments noch um eine Reihe weiterer Paare (*AmZ* 4 (1801/02), S. 423f.), wobei bei Johann Wolfgang von Goethe gleich auf eine Vereinigung aus den Komponisten Luigi Cherubini, Peter Winter (1754-1825) und Giovanni Paesiello zurückgegriffen werden muss. Weitere »normale« Paare sind Cervantes/ Miguel de Cervantes Saavedra (1547-1616) und Domenico Cimarosa, Friedrich Schiller und Antonio Salieri und Carlo Gozzi und Nicola Piccini (1728-1800).

B. Soziologischer Aspekt

Eine Geschichte des deutschen Idealismus bzw. der Frühromantik und eine Geschichte der romantischen Musikästhetik lassen sich auf einen sehr engen geographischen Raum beschränken. Beide Geschichten passieren im Umfeld der protestantischen und aufgeklärten Staatsgebilde Preussen und Sachsen. Die Idealisten Fichte und Schelling, die Frühromantiker Wackenroder und Tieck, Novalis und die Gebrüder Schlegel, die Klassiker Goethe und Schiller und viele andere ihrer Zeitgenossen, so auch der über die Kunst »Musik« urteilende E.T.A. Hoffmann, die weiteren erwähnten oder verschwiegenen »Hoffmanns« und auch G.L.P. Sievers selbst gehören einem gebildeten, protestantischen und deutschen Bürgertum an. Dieses Bürgertum hat sich zum einen mit den überwältigenden Geschehnissen der Französischen Revolution und der nachfolgenden Realisierung eines bürgerlichen Vernunftstaates auseinanderzusetzen, sieht

22 Die Typologie Mozart – Shakespeare wird dann auch von G.L.P. Sievers in einem seiner Aufsätze aufgenommen (*AmZ* 9 (1806/07), S. 509f.).

sich zum anderen aber auch einem einsetzenden ersten Schub der Industrialisierung ausgesetzt.

Es zeigt sich, dass ziemlich präzis bestimmt werden kann, wo und wann eine romantische Musikästhetik entstand. In den Jahren zwischen Kants *Kritik der Urteilskraft* (1790) und den Anfängen der *AmZ* (1797) wurde eine Generation von »Hoffmanns« in einem oben beschriebenen soziologisch und geographisch klar einzugrenzenden Umfeld damit konfrontiert, dass die anfänglich in bürgerlichen Kreisen zumindest nicht abgelehnte Französische Revolution (1789) scheiterte und in die Herrschaft eines grossbürgerlichen Direktoriums (1794) und schliesslich in die Herrschaft eines Einzelnen (1797) mündete.

Die Entwicklung passierte in einem industriell im Vergleich mit dem restlichen Europa weit fortgeschrittenen Umfeld; einem Umfeld, in welchem die bestmöglichen ökonomischen und gesellschaftlichen Voraussetzung für den weiter unten zu beschreibenden soziologischen Typus eines »Hoffmanns« gegeben waren. Die Industrialisierung hatte einerseits einen gewissen Wohlstand gebracht, der es Zeitgenossen vermehrt ermöglichte, sich überhaupt dem Schreiben, der Belletristik, dem Ästhetisieren zu widmen. Andererseits waren gerade als Folge dieser Industrialisierung auch im Druck- und Verlagswesen Fortschritte gemacht worden, wie sie vorher nie erlebt worden waren. Auf dem Zeitschriftenmarkt hatte seit der zweiten Hälfte des 18. Jahrhunderts eine Inflation stattgefunden, die auch das Musikschrifttum erfasste. Und erst diese Fülle von Zeitschriften, die um 1800 auch in Sachen Kunst existierte, ermöglichte es dem im folgenden an Beispielen näher zu charakterisierenden soziologischen Typus eines »Hoffmanns«, sich vom Schreiben zu ernähren – vom Ästhetisieren zu leben. Symptomatisch muss es in diesem Zusammenhang erscheinen, dass auch die Zeitgenossen dieser »Hoffmanns« auf die Inflation in Sachen Musikschrifttum aufmerksam wurden. Der Lexikograph Ernst Ludwig Gerber beispielsweise nimmt in seinem Lexikon einen entsprechenden Artikel zum Prediger J.K.F. Triest zum Anlass, auf die eben gerade zu jener Zeit als Folge der Industrialisierung sich abzeichnende Inflation des Musikschrifttums einzugehen – auf den Beginn einer Vielschreiberei, die natürlich ästhetischen Strategien nur förderlich sein konnte: »In unseren Tagen erfreut sich die Kunst wieder mehrerer würdigen Dilettanten von Gelehrsamkeit und Geschmack, welche in den der Kunst gewidmeten Zeitschriften auch über musikalische Gegenstände ihre Beobachtungen mittheilen, was seit D. Luthers Jahrhundert unter den Gelehrten immer seltener geworden war.«[23]

Eine sogenannte romantische Musikästhetik wird zum überwiegenden Teil nicht von Musikern postuliert, sondern von über die Kunst »Musik« schreiben-

23 Ernst Ludwig Gerber, *Neues historisch-biographisches Lexikon der Tonkünstler*, a.a.O., Bd. 4, S. 388ff.

den Angehörigen des oben soziologisch und geographisch eingeschränkten Bürgertums, wobei die Hinwendung zum Musikschrifttum oft aus einem verhinderten Komponisten-Dasein heraus zustande zu kommen scheint. Die Übereinstimmungen der Biographien der in ihren Ideen oben beschriebenen »Hoffmanns« aus der *AmZ* sollen diese These bestätigen.

Friedrich Rochlitz wurde als Sohn einfacher Eltern in Leipzig geboren, wo er die Thomasschule besuchte. Zunächst wollte er als ehemaliger Chorknabe Musiker werden und erhielt Kompositionsunterricht beim Thomaskantor Johann Friedrich Doles (1715-1797). Rochlitz studierte jedoch Theologie und betätigte sich seit 1794 als vielseitiger Schriftsteller und seit 1797 als Redakteur und Schriftleiter der *AmZ*.

Der ein Jahr jüngere Zeitgenosse Rochlitz', Christian Friedrich Michaelis, erblickte das Licht der Welt als Sohn eines Arztes ebenfalls in Leipzig. Erste musikalische Ausbildung erhielt auch er an der Thomasschule, er wechselte später jedoch an die Nicolai-Schule. Michaelis war also wie Rochlitz noch ganz traditionell als Chorknabe zur Musik gekommen. Auch dieser »Hoffmann« wurde jedoch nicht Berufsmusiker, sondern studierte Jura, Philologie und Philosophie an den Universitäten von Leipzig und Jena. Nach Abschluss seiner Studien lass er als Privatdozent für Metaphysik und Ästhetik, wurde jedoch wegen seiner Kontakte zum Atheisten Fichte nicht zum Dozenten berufen. Michaelis wurde Privatlehrer und entwickelte musikjournalistische Aktivitäten.

Michaelis Universitätslehrer in Leipzig, Karl Heinrich Heydenreich (1764-1801), könnte ebenfalls noch in diese Aufzählung einbezogen werden. Heydenreich wurde in Stolpen geboren und durchlief die Thomasschule und die Universität in Leipzig. Er gilt durch sein *System der Ästhetik* (1790) bei verschiedenen späteren Autoren als »Begründer einer musikalischen Ästhetik« in Deutschland.[24] Heydenreich lehrte bis 1798 an der Leipiger Universität Philosophie und Philologie, soll jedoch in den 1790er Jahren in Schwermut und Resignation verfallen sein: jedenfalls trat er von seinem Posten zurück und starb an den Folgen einer Alkoholsucht.

Ein fünfter in der Reihe dieser »Hoffmanns« – neben E.T.A. Hoffmann selbst, neben Rochlitz, Michaelis und Heydenreich – wäre der Prediger J.K.F. Triest, ein Prediger aus dem etwas abseits gelegenen Stettin. Über ihn scheint jedoch wie auch über C.G. Horstig wenig in Erfahrung zu bringen. Triest scheint aber wie Rochlitz ein Theologiestudium absolviert zu haben und passt somit bestens ins Bild dieser ästhetisierenden Theoretiker.

---

24 Vgl. Gustav Nauenburg, »Beiträge zu einer Ästhetik der Tonkunst«, in: *NZfM* 1 (1834), S. 177-179 und 181-182, S. 181f. – Gustav Schilling, *Encyclopädie der gesammten musikalischen Wissenschaften, oder Universal-Lexikon der Tonkunst*, a.a.O., Bd. 3, S. 540.

Carl Friedrich Zelter ist in der Musikgeschichte zu bekannt, als dass er näher vorgestellt werden müsste. Weniger geläufig dürfte jedoch sein, dass auch er nicht unbedingt als Berufsmusiker zu gelten hat. Zelter widmete sich auch noch nach der Übernahme der Berliner Singakademie bis zumindest ins Jahr 1815 einem Bauunternehmen, welches er von seinem Vater ererbt hatte.

Franz Christoph Horn schließlich wurde in Braunschweig geboren und könnte mit G.L.P. Sievers, der im übrigen durch seine ausführlich dargelegte Biographie ebenfalls bestens in diese Reihe eingegliedert werden kann, bekannt gewesen sein. Horn studierte Jura, zunächst seit 1799 in Jena, dann in Braunschweig, wo er sich jedoch auch der Geschichte, der Ästhetik und der Philosophie zuwandte und 1802 promovierte. Als Lehrer war er seit 1803 in Berlin und seit 1805 in Bremen tätig, nahm jedoch wegen Krankheit im Jahre 1809 seinen Abschied. Horn wurde zum freien Schriftsteller, veröffentlichte Novellen, Gedichtbände, Essays und literarische Geschichten.[25] Er beschäftigte sich auch in den 1820er Jahren nochmals mit dem Thema »romantische Musikästhetik« und veröffentlichte in der Zeitschrift *Caecilia* weitere »Fragmente über Musik«; Horn wiederholt dabei früher gefasste ästhetische Ansichten und zeigt sich wenig geneigt, von diesen abzuweichen.[26] Dieser gewisse Mangel an Flexibilität scheint Heinrich Heine (1797-1856) dazu veranlasst zu haben, Franz Christoph Horn im 18. Kapitel seines *Atta Troll. Ein Sommernachtstraum* (1841) dazu zu verdammen, auf immer und ewig seinem Vorbild Shakespeare nachzufolgen:

An des Mundes holdem Lächeln
Hab ich auch erkannt den William,
Den die Puritaner gleichfalls
Einst verflucht; auch dieser Sünder

Muss das wilde Heer begleiten
Nachts auf einem schwarzen Rappen.
Neben ihm, auf einem Esel,
Ritt ein Mensch – Und, heil'ger Himmel,

An der matten Betermiene,
An der frommen weissen Schlafmütz,
An der Seelenangst, erkannt' ich
Unsern alten Freund Franz Horn!

---

25 Diese spärlichen Hinweise auf eine ebenso interessante Biographie wie diejenige G.L.P. Sievers' und mit einem direkten Bezug zum »Jenaer Kreis« liefert Karl Goedeke, *Grundriss zur Geschichte der deutschen Dichtung*, a.a.O., Bd. 6, S. 388f.

26 Franz Christoph Horn, »Fragmente über Musik«, in: *Caecilia* Bd. 2 (1824), S. 241-246; Bd. 6 (1826), S. 5-8; Bd. 7 (1828), S. 128-132 und Bd. 8 (1828), S. 33-35.

Weil er einst das Weltkind Shakespeare
Kommentiert, muss jetzt der Ärmste
Nach dem Tode mit ihm reiten
Im Tumult der Wilden Jagd!

Ach, mein stiller Franz muss reiten,
Er, der kaum gewagt zu gehen,
Er, der nur dem Teegeschwätze
Und im Beten sich bewegte!

Werden nicht die alten Jungfern,
Die gehätschelt seine Ruhe,
Sich entsetzen, wenn sie hören,
Dass der Franz ein Wilder Jäger!

Wenn es machmal im Galopp geht,
Schaut der grosse William spöttisch
Auf den armen Kommentator,
Der im Eselstrab ihm nachfolgt,

Ganz ohnmächtig, fest sich krampend
An den Sattelknopf des Grauchens,
Doch im Tode, wie im Leben,
Seinem Autor treulich folgend.[27]

27 Heinrich Heine, *Atta Troll. Ein Sommernachtstraum*, kritisch durchgesehene Ausgabe mit Dokumentation, Kommentar und Nachwort von Winfried Woesler, Stuttgart 1977, S. 54f.

V. Auswirkungen von G.L.P. Sievers' Denkmodellen

A. Die Reaktion Ernst Ludwig Gerbers

Dass der Lexikograph Ernst Ludwig Gerber im *Neuen historisch-biographischen Lexikon der Tonkünstler* (1812-1814) ungewöhnlich ausführlich auf G.L.P. Sievers' *AmZ*-Aufsätze zur Charakteristik der italienischen, französischen und deutschen Musik reagiert, beweist, dass diese Aufsätze eine gewisse Aufmerksamkeit erregten. Zudem wurden auch weitere, im vierten Teil der Arbeit angesprochene Aufsätze von Zeitgenossen G.L.P. Sievers ähnlich beachtet. Im Jahre 1810 also, als E.T.A. Hoffmanns Kritik zu Beethovens Fünfter in der *AmZ* erschien, ist Hoffmann bei weitem kein Einzelfall, sondern eine von mehreren Hauptpersonen der Geschichte einer romantischen Musikästhetik. Es bestätigt sich die anfangs geäusserte These, dass die Entstehung einer romantischen Musikästhetik als ein über mehrere Jahrzehnte andauernder Prozess aufzufassen ist; ein Prozess, der natürlich von einer Gegenpartei auch aufzuhalten gesucht wurde. Der Lexikograph Gerber beispielsweise reagierte auf die jüngsten Entwicklungen seiner Zeit ausgesprochen heftig und setzte zu einer Kritik speziell auch von G.L.P. Sievers' Ansichten an, wie sie für ein Lexikon auch in der damaligen Zeit nicht ganz üblich war:

> »Sievers (G.L.P.) ein junger Gelehrter und wahrscheinlich Dichter zu Braunschweig, hat im J. 1807, ausser verschiedenen mehr die Poesie betreffenden Aufsätzen auch eine lesenswerthe Abhandlung: Charakteristik der deutschen Musik, S. 677-702 des IX. Jahrgangs der mus. Zeitung eingerückt. Wenn er aber S. 684 behauptet, dass unsere Musik ein Werk der Italiäner ist, durch deren Kirchenmusik sie gepflegt und bis zu der Höhe gebracht wurde, welche sie auch den Deutschen wünschenswerth machte; so dürfte ihm dies doch wohl nicht so ganz unbedingt zugestanden werden; wir müssten denn die berühmten Namen: Josquin de Pres, Obrecht, Ricciafort, Adr. Willaert, Mouton, Verdelot, Combert, Clemens non Papa, Corn. Canis, Cypr. di Rore, Gian le Coik, Phil de Monte, Orl. di Lasso, Mancicourt, Bassi, Josq. Baston, Christ. Holland, Giach. di Waer, Bonmarche, Sever. Cornetto, Pierre de Hot, Gher. di Tornout, Hub. Waelrant, Giach. di Berkem u.s.w. lauter Niederländer und Deutsche, vergessen haben, welche alle im 15. und 16. Jahrhunderte in Italien blühten, und indem sie für die dasigen Höfe und Kirchen das Beste lieferten, was daselbst gehört wurde, die Kunst in Italien hauptsächlich empor gehoben haben. Dies beweist auch der Umstand, dass die damalige italiänische Musik ganz in niederländischem Geschmacke, d.h. grösstentheils im kontrapunktischen

und kanonischen Style, verfasst war. Auf welcher Art liesse sich auch sonst erklären, dass damals so viele niederländische Künstler an die Höfe Italiens berufen wurden, und noch mehrere andere für sich dahin auswanderten u. daselbst ihr Glück fanden, wenn die Niederländer den Italiänern damals in der Kunst nicht weit überlegen gewesen wären? Dies war auch die Zeit, wo noch die Engländer, ein Tallis und Bird u.a. mit um den Lorbeerkranz in der Kunst stritten. Diese Kunst hatte aber so wenig Ähnliches mit der griechischen Musik, konnte so wenig eine Nachahmung von ihr genannt werden, dass sie vielmehr ganz das Gegentheil von ihr war, indem die niederländischen Komponisten, statt, wie die griechischen, von den Poeten abzuhängen, ihre Kunst durchaus selbstständig, von der Poesie unabhängig, und einzig nach den Regeln des Kontrapunkts ausübten. Erst 100 Jahre später haben die grossen Italiäner, ein Vinc. Galilei, Emil del Cavalieri, Giul. Caccini, Corsi, Peri, Loret. Vittorio, bey Einführung der Oper, durch Bildung und Verschönerung des einfachen Gesanges und der Melodie, sich der Idee von der griechischen Musik wieder zu nähern gesucht. Durch diese damals ganz neue Art der Musik, gestützt auf die Grundregeln der Harmonie und des Kontrapunkts, gelang es den Italiänern aber erst im 17. Jahrhunderte, sich in der Musik zum Muster und zu Gesetzgebern aller Nationen empor zu schwingen, und sich über ein halbes Jahrhundert in diesem Vorzuge zu behaupten.«[1]

Im Gegensatz zu G.L.P. Sievers möchte der Lexikograph Ernst Ludwig Gerber auch die niederländische und deutsche Musik des 15. und 16. Jahrhunderts ins Geschichtsbild seiner Zeit einbezogen sehen. Obwohl er sich damit eigentlich von G.L.P. Sievers abzusetzen versucht, entwirft jedoch auch Gerber lediglich ein idealistisches Modell der Geschichte: Gerber empört sich zwar über G.L.P. Sievers' Herleitung einer deutschen Musik aus der italienischen, ist jedoch grundsätzlich mit dessen Idee einer romantischen Musik deutschen und italienischen Ursprungs einverstanden. Auch bei Gerber zeigt sich dabei die Idee einer von anderen Künsten unabhängigen Kunst »Musik«; erst durch diese Unabhängigkeit, etwa durch eine selbständige Instrumentalmusik, konnte sich diese Kunst in Richtung einer Romantik entwickeln. Und quasi zum Beweis, dass solches schon von langer Hand eingeleitet worden war, wird von Gerber darauf hingewiesen, dass bereits die niederländische Musik »durchaus selbstständig, von der Poesie unabhängig, und einzig nach den Regeln des Kontrapunkts« gearbeitet gewesen sei.

Sowohl Gerbers als auch G.L.P. Sievers' Modell entsprechen im übrigen teilweise der Realität; sowohl die Bedeutung der Niederländer als auch der Einfluss des italienischen Stils auf die Musik deutscher Komponisten des 18. und frühen 19. Jahrhunderts sind nicht von der Hand zu weisen. Beide Modelle sind jedoch romantische Geschichten.

---

1 Ernst Ludwig Gerber, *Neues historisch-biographisches Lexikon der Tonkünstler*, a.a.O., Bd. 4, S. 205.

B. G.L.P. Sievers und E.T.A. Hoffmann

Wie der dritte und vierte Teil der Arbeit zeigte, markiert E.T.A. Hoffmann nicht den Anfangspunkt einer romantischen Musikästhetik, sondern kann höchstens als deren Vollender bezeichnet werden. Der Paradigmenwechsel zur Instrumentalmusik war bereits um das Jahr 1800 vollzogen worden und von diesem neuen Paradigma ausgehend hatte man auch die Oper bzw. die Kirchenmusik bereits neu bewertet. E.T.A. Hoffmann war jedoch derjenige Zeitgenosse, der diese Ästhetik als erster auf die Musik Beethovens anwandte. Dadurch war es ihm vergönnt, bis heute im Fahrwasser des Giganten der Musikgeschichte des 19. Jahrhunderts mitfahren zu dürfen und so selbst zu jenem Heroen einer romantischen Musikästhetik zu werden, als welcher er noch heute gilt.[2]

1. *Instrumentalmusik*

Da das Ziel von G.L.P. Sievers' musikschriftstellerischen Bemühungen die Gattung Oper ist, kommt er nur spärlich und selten ausdrücklich auf seine Ansichten zur Instrumentalmusik zu sprechen. Wie seine im vierten Teil der Arbeit angesprochenen Zeitgenossen scheint er jedoch von einer emanzipierten Instrumentalmusik auszugehen; eine Auffassung, die sich in seiner »Charakteristik der deutschen Musik« bei der Besprechung der Komponisten Haydn und Mozart für einmal auch manifestiert (*AmZ* 9 (1806/07), S. 693f.):

> »Sobald sich aber die Musik nicht selbst ausspricht, was sie als Singemusik, zum Beyspiel, nicht thut, sondern mit der Poesie verbunden ist, so ist es natürlich ihre Pflicht, diese auszudrücken zu suchen. Aber auch dann kann sie durchaus der Poesie nicht untergeordnet werden, sondern sie dient, gleich dieser dazu, das höchste Ideal im Menschen durch Töne, wie jene durch Worte, auszusprechen. Nun heisst es aber, gar keine Ahnung vom eigentlichen Wesen der Musik haben, wenn man, statt subjektive Empfindungen in ihr darzustellen, sich unterfängt, objektive Gegenstände, an sich selbst und als blosse physische Erscheinungen mahlen zu wollen.

---

2 Vgl. dazu auch einen Ausspruch Karl Gustav Fellerers in der Diskussion eines Aufsatzes von Jürgen Kindermann, »Romantische Aspekte in E.T.A. Hoffmanns Musikanschauung«, in: Walter Salmen (Hg), *Beiträge zur Geschichte der Musikanschauung im 19. Jahrhundert*, (= *Studien zur Musikgeschichte des 19. Jahrhunderts* Bd. 1), Regensburg 1965, S. 51-59, S. 59: »Vielleicht ist es nicht so sehr Hoffmann selber, der so stark gewirkt hat, als vielmehr das Bild von ihm, das man sich in den 30er und 40er Jahren gemacht hat.«

Denn die Musik, selbst eine höchst poetische Kunst, kann sich wol mit dem Geiste, aber nie mit dem prosaischen Buchstaben vermälen.«

Durch Musik – ob mit oder ohne Text – sollen nach G.L.P. Sievers' Ansicht »subjektive Empfindungen« dargestellt werden – »objektive Gegenstände« möchte er dagegen nicht nachgemalt sehen. Die Musik stellt für ihn also nicht mehr ein Reich bestimmter Gegenstände dar – bestimmter nachgeahmter Affekte –, sondern wird zum E.T.A. Hoffmannschen »Reich des Unaussprechlichen«. Auch in G.L.P. Sievers' im Jahre 1807 formulierten Aufsätzen ist also wie bei anderen Zeitgenossen der Wechsel zu einer von der Instrumentalmusik ausgehenden Ästhetik bereits vollzogen, doch behandelt speziell unser Protagonist diesen Paradigmenwechsel nur am Rande, was wiederum als Hinweis dafür gesehen werden muss, dass er für ihn bereits selbstverständlich ist.

E.T.A. Hoffmanns berühmte Rezension zu Beethovens fünfter Symphonie setzt dann die Instrumentalmusik Beethovens ins Zentrum der Diskussion. Sie kann als Zusammenfassung der Intentionen der ersten zehn Jahre der *AmZ* gesehen werden. Was Johann Friedrich Rochlitz, Christian Friedrich Michaelis, Carl Friedrich Zelter, Franz Christoph Horn und andere für Haydns und Mozarts Instrumentalmusik festgehalten hatten, erweitert E.T.A. Hoffmann nun auf Beethoven (*AmZ* 12 (1810), S. 630ff.):[3]

»Rezensent hat eins der wichtigsten Werke des Meisters, dem als Instrumentalkomponisten jetzt wohl keiner den ersten Rang bestreiten wird, vor sich; er ist durchdrungen von dem Gegenstande, worüber er sprechen soll, und niemand mag es ihm verargen, wenn er, die Grenzen der gewöhnlichen Beurteilung überschreitend, alles das in Worte zu fassen strebt, was er bei jener Komposition tief im Gemüthe empfand. (...) Wenn von der Musik als einer selbständigen Kunst die Rede ist, sollte immer die Instrumentalmusik gemeint sein, welche, jede Hülfe, jede Beimischung, einer andern Kunst verschmähend, das eigentümliche, nur in ihr zu erkennende Wesen der Kunst rein ausspricht. Sie ist die romantischste aller Künste, – fast möchte man sagen, allein rein romantisch. (...) So öffnet uns auch Beethovens Instrumentalmusik das Reich des Ungeheueren und Unermesslichen. Glühende Strahlen schiessen durch dieses Reiches tiefe Nacht, und wir werden Riesenschatten gewahr, die auf- und abwogen, enger und enger uns einschliessen, und alles in uns

3 Im Gegensatz zu Ernst Lichtenhahn vertrete ich die Meinung, dass E.T.A. Hoffmann keine so entscheidende Rolle bei der Ausbildung einer romantischen Musikästhetik zukommt. Lichtenhahn nennt meines Erachtens bei seinem Rückgriff auf Johann Nikolaus Forkel, Christian Gottfried Körner, Johann Karl Gottlieb Spazier oder eine Passage Rochlitz' von 1805 gerade nicht die für die Zeit charakteristischen und die Veränderung andeutenden Textstellen (Ernst Lichtenhahn, »Über einen Ausspruch Hoffmanns und über das Romantische in der Musik«, a.a.O., S. 182ff.).

vernichten, nur nicht den Schmerz der unendlichen Sehnsucht, in welcher jede Lust, die, schnell in jauchzenden Tönen emporgestiegen, hinsinkt und untergeht, und nur in diesem Schmerz, der, Liebe, Hoffnung, Freude in sich verzehrend, aber nicht zerstörend, unsre Brust mit einem vollstimmigen Zusammenklange aller Leidenschaften zersprengen will, leben wir fort und sind entzückte Geisterseher.«

Wenn E.T.A. Hoffmann von der »romantischsten aller Künste« bzw. von der »allein rein romantischen Kunst« spricht, lässt auch er Ideen erkennen, wie sie bereits des öfteren bei seinen Zeitgenossen angetroffen werden konnten, wobei für ihn nun die Musik – speziell die Instrumentalmusik – ganz selbstverständlich »romantisch« zu sein scheint. Und auch E.T.A. Hoffmann wendet sich gegen jene aus dem Prinzip der Nachahmung gewachsene Idee von der Darstellung »bestimmbarer Empfindungen und Begebenheiten« – gegen die auch nach der Meinung G.L.P. Sievers' für die Musik unpassenden »objectiven Gegenstände« (*AmZ* 12 (1810), S. 631):

»Die Musik schliesst dem Menschen ein unbekanntes Reich auf; eine Welt, die nichts gemein hat mit der äussern Sinnenwelt, die ihn umgibt, und in der er alle durch Begriffe bestimmbaren Gefühle zurücklässt, um sich dem Unaussprechlichen hinzugeben. Wie wenig erkannten die Instrumentalkomponisten dies eigentümliche Wesen der Musik, welche versuchten, jene bestimmbaren Empfindungen, oder gar Begebenheiten darzustellen, und so die der Plastik geradezu entgegengesetzte Kunst plastisch zu behandeln!«

E.T.A. Hoffmann formuliert also keine neuen Ideen, sondern fasst lediglich Errungenschaften aus früheren *AmZ*-Aufsätzen zusammen. Mit E.T.A. Hoffmann fand die Exposition einer romantischen Musikästhetik ihren Abschluss: die Exposition einer Ästhetik, die die Instrumentalwerke Haydns, Mozarts und Beethovens als Paradigmen betrachtet. Die romantische Musikästhetik sanktioniert in der Kunst »Musik« die neue Aufgabe derselben: nämlich statt »durch Begriffe bestimmbare Gefühle« Unaussprechliches, Unendlichkeit und Sehnsucht nach derselben darzustellen; eine Idee, die dann auch auf Vokalwerke – Oper und Kirchenmusik – übertragen wurde.[4]

Dass im übrigen bei dieser Entwicklung nicht nur musikalische Ursachen zu berücksichtigen sind, erkannte bereits Arno Forchert: Er spricht von »der allmählichen Erhebung einer Reihe von Werken, die als einmalig mustergültige Vereinigung von handwerklicher Vollendung, formaler Proportioniertheit und ausdruckshafter Beseelung erscheinen, in den Rang kanonischer Geltung und der Auszeichnung und Verklärung eines bestimmten Abschnittes der Musikge-

4 Bei der Deutung der E.T.A. Hoffmannschen Intentionen stimme ich mit den diesbezüglichen Arbeiten Ernst Lichtenhahns überein, weshalb ich mich hier kurz fassen kann.

schichte, speziell der deutschen Musikgeschichte, als eines den Nationalcharakter in idealer Weise verwirklichenden Höhepunktes aller bisherigen Musikentwicklung.«[5] Dieser entstehende Kanon an Werken wird dabei zunächst als »romantisch« charakterisiert und erhält erst mit der immer grösseren zeitlichen Entfernung im Verlauf der ersten Hälfte des 19. Jahrhunderts teilweise das Attribut »klassisch«. Die Anwendung des Begriffs »Klassik« auf die Musik Haydns, Mozarts oder Beethovens deutet – wie bereits in der Einleitung erörtert – auf ein in der Zeit nach 1830 an der zeitgenössischen Musik und an der Hegelschen Dialektik gefestigtes neues Verständnis der Musikgeschichte – auf ein romantisches Verständnis.

Es gilt nochmals zu betonen, dass auch das Attribut »klassisch« in bezug auf die Musik Haydns, Mozarts und Beethovens seinen Ursprung in einer romantischen Musikästhetik hat. Die bis heute weitgehend als gegensätzlich aufgefassten Begriffe »Klassik« und »Romantik« entbehren deshalb zum einen für das Entstehen einer romantischen Musikästhetik jeglicher Bedeutung, so dass mitnichten von einer als Gegensatz zur klassischen Musikästhetik sich entwickelnden romantischen gesprochen werden kann. Zum andern ist aber auch die in den 1830er Jahren einsetzende und bis heute nicht abbrechende Diskussion der E.T.A. Hoffmannschen Ansichten – und eben nur derjenigen des letzten »Hoffmann« als dem letzten Exponenten einer romantischen Musikästhetik – ebenso ahistorisch: Eine Kritik einer romantischen Deutung einer sogenannt »klassischen Symphonie«, wie sie sich etwa bei Gustav Becking und Arnold Schmitz aber auch noch bei Carl Dahlhaus manifestiert, zeigt lediglich an, dass sich die Kritiker ihres Geschichtsmissverständnisses nicht bewusst sind.[6] Dass eine historisch-kritische Diskussion zum Thema »romantische Musikästhetik« stattzufinden habe, deutete jedoch bereits Ernst Lichtenhahn an, als er vielleicht zu optimistisch darauf hinwies, dass in der Musikwissenschaft diese »historisch inadäquate, von späteren Gegebenheiten und einer zu starren Epochengliederung ausgehende Unterscheidung zwischen Klassisch und Romantisch allmählich zurückgetreten« sei, »die Bezeichnung einer 'klassischen' Sinfonie als 'romantisch' also nicht mehr von vornherein als verfehlt« gelte.[7] Eine kritische Diskussion des Phänomens »romantische Musikästhetik«

---

5 Arno Forchert, »'Klassisch' und 'romantisch' in der Musikliteratur des frühen 19. Jahrhunderts«, a.a.O., S. 408.

6 Gustav Becking, »Zur musikalischen Romantik«, in: *Deutsche Vierteljahresschrift für Literaturwissenschaft und Geistesgeschichte* 2 (1924), S. 581-615. – Arnold Schmitz, *Das romantische Beethovenbild. Darstellung und Kritik*, Berlin und Bonn 1927. – Carl Dahlhaus, *Klassische und romantische Musikästhetik*, a.a.O.

7 Ernst Lichtenhahn, »Zur Idee des goldenen Zeitalters in der Musikanschauung E.T.A. Hoffmanns«, a.a.O., S. 502. – Vgl. dazu auch ders., »Bemerkungen zum 'poetisierenden' Verfahren der romantischen Beethovendeutung«, a.a.O., S. 107.

und damit des Phänomens »Romantik« hat jedoch in der Musikwissenschaft bis heute nur am Rande stattgefunden. Immer noch wird teilweise ein »Gänsemarsch der Epochen« verteidigt und damit einerseits E.T.A. Hoffmanns romantisches Beethovenbild zu disqualifizieren gesucht oder andererseits E.T.A. Hoffmann als Heroe einer romantischen Musikästhetik gezeichnet – als Heroe einer Ästhetik, der absolute Gültigkeit zukommt. Es wird vergessen, dass es sich sowohl bei den Begriffen »Klassik« und »Romantik« als auch beim Phänomen »romantische Musikästhetik« um eine in einem idealistischen oder frühromantischen Kontext gewachsene Zeiterscheinung handelt, die nicht absolut sein kann.

G.L.P. Sievers äussert sich auch nach den Arbeiten E.T.A. Hoffmanns nochmals an massgebender Stelle zum Thema Instrumentalmusik; er verfasst ums Jahr 1815 für das *Conversationslexikon* des Brockhaus-Verlags einen entsprechenden Artikel, in welchem die Entwicklung einer romantischen Musikästhetik nochmals nachgezeichnet und damit auch der historische Kontext dieser Entwicklung in Erinnerung gerufen wird. G.L.P. Sievers' Definition geht nämlich nicht von einer romantischen Musikästhetik aus, sondern zeichnet eine aus der Natur begründete Folgerichtigkeit der Entwicklung – eine Entwicklung der Gattung Instrumentalmusik aus einer »Nachahmung des menschlichen Gesanges, oder des Gesanges der Vögel« (*Brockhaus*, Bd. 5, S. 70):

> »Instrumentalmusik ist diejenige Musik, welche bloss von musikalischen Instrumenten ausgeübt, und deshalb von der Vocalmusik, welche aus den Tönen der menschlichen Stimme entsteht, unterschieden wird. Dass alle Instrumentalmusik ursprünglich eine Nachahmung des menschlichen Gesanges, oder des Gesanges der Vögel sey, kann, wo nicht historisch, doch wenigstens physiologisch und philosophisch erwiesen werden. Denn die Töne der menschlichen Kehle, so wie der Gesang der Vögel, klangen dem Ohre zu lieblich, als dass der Mensch nicht hätte auf die Erfindung kommen sollen, diese Töne auch durch den Klang todter Körper hervorzubringen. Somit entstand wahrscheinlich unter allen musikalischen Instrumenten die Flöte am ersten, weil es sehr natürlich war, dass Leute, welche im Freien lebten, zufällig ein gehöhltes Rohr an den Mund setzten, und eben so zufällig durch Einblasen des Athem seinen Ton aus demselben hervorlockten. Die Entstehung der Saiteninstrumente, als bei weitem complicirterer Körper, fällt wahrscheinlich in spätere Zeit.«

Im weiteren Verlauf des Artikels wird dann – auch hier unvermeidlich – zunächst die Instrumentalmusik der Griechen abgehandelt und erst danach kommt G.L.P. Sievers auf die neuere Zeit zu sprechen. Wiederum wird dabei eine aus der Natur begründete Entwicklung dargestellt, eine natürliche Entwicklung von einzelnen Instrumenten und Instrumentenfamilien (*Brockhaus*, Bd. 5, S. 70f.):

»Bei den Neuern hatte die Instrumentalmusik ebenfalls einen geringen Ursprung; sie war anfangs nur auf sehr wenige Instrumente beschränkt. Es leuchtet von selbst ein, dass man sich derjenigen Instrumente, auf welchen man eine Melodie spielen konnte, zuerst bediente; denn man hatte oder musste ja den Zweck haben, diejenige Melodie, welche bereits mit Hülfe der menschlichen Stimme erfunden war, nun auch auf diesen Instrumenten nachzuahmen. So entstand der Gebrauch der Geige, als eines Hauptinstruments. Warum die Flöte, als ein weit älteres Instrument, gewissermassen von der Geige verdrängt wurde, lässt sich leicht erklären; das Spiel eines Saiteninstruments ist bei weitem nicht so ermüdend, als das eines Blasinstruments; der Ton der Geige contrastirt mehr mit der Menschenstimme, dahingehend die Flöte mit derselben zu sehr verschmilzt, und also keine Befriedigung gewährt; und endlich liegt es in der Natur der Sache, dass das Wohlgefallen an den Blasinstrumenten von keiner so langen Dauer ist, als dasjenige an Geigeninstrumenten. Das Instrument, welches die Melodie zu spielen vermochte, war also gefunden. Was also natürlicher, als dass man, da jede moralische und physische Thätigkeit der Seele eine Grundlage haben will, nun auch bemüht war, zu jener Melodie einen Stützpunkt, auf welchem sie um so sicherer einherschreiten könnte, zu erfinden? Auf diese Weise verfiel man auf die Verfertigung der Bassinstrumente. Es konnte aber nicht lange währen, so fühlte man auch das Bedürfnis, die grossen und leeren Zwischenräume zwischen den hohen Tönen der Geige und den tiefen der Bassinstrumente, welche das Ohr sehr unbefriedigt liessen, auszufüllen; nun entstanden die Bratsche (die tiefe Geige) und das Violoncell (der höhere Bass), mit deren Tönen jene Zwischenräume auf eine dem Ohr sehr angenehme Weise ausgefüllt wurden. Da nun hierdurch der vierstimmige Gesang, dessen Erfindung wir eben so gut, als die Erfindung jeglicher anderer Kunstbestrebungen, einer bloss mechanisch bedingten Ursache zuschreiben, begründet war; so scheinen die italienischen Componisten bis fast in die Mitte des vorigen Jahrhunderts kein Bedürfnis gefühlt zu haben, sich ausser den Geigen und den Bässen noch anderer Instrumente zu bedienen; wenigstens findet man in den Compositionen jener Zeit nur selten ein Blasinstrument angewandt.«

Erst zur Zeit Wolfgang Amadeus Mozarts ergeben sich für G.L.P. Sievers Veränderungen, die nicht mehr als ausschliesslich »natürlich« dargestellt werden können: Mozart bediente sich »der Fülle der Instrumente des innern qualitativen Effects wegen.« Mozart trug nach Meinung des Lexikographen entscheidend zur Entwicklung der Instrumentierung und damit auch zur zunehmenden Komplexität derselben bei (*Brockhaus*, Bd. 5, S. 71):

»So wie nun aber die menschliche Natur Alles steigert, und Alles stets verändern will, so fingen auch in der zweiten Hälfte des vorigen Jahrhunderts die italienischen Componisten an, zu den Geigeninstrumenten noch die Hoboe und das Horn hinzuzufügen; die Flöte dagegen ist überhaupt in Italien, besonders in der Instrumentalmusik, nie sehr geschätzt worden. Die Hoboe aber mit ihrem schneidenden, streng contrastirenden Tone, schien jenen Componisten zur Hervorbringung des beabsichtigten Endzwecks am geeignetesten zu seyn. Mit der Erfindung der Hoboe waren nun die Geigen unterstützt, und es wäre ein Missverständnis gewesen, wenn man nicht auch den untern Stimmen eine ähnliche Stütze hätte geben wollen. Dies geschah durch Zulassung des Horns. Hoboe und Horn, überdem stets nur begleitend und nie obligat spielend, waren und blieben aber auch die einzigen Blasinstrumente, deren man sich fast bis zu Ende des vorigen Jahrhunderts in Italien bediente; ja noch in diesem Augenblicke sind die Italiener mit ihren Blasinstrumenten bei weitem nicht so verschwenderisch, als die Deutschen, besonders aber die Franzosen. Nachdem aber die melodische Musik der Italiener, die durch den streng-vierstimmigen Satz ohne weitere Unterstützung in sich selbst hinlänglich abgeschlossen und qualitativ begründet zu seyn schien, von den deutschen Componisten, besonders von Mozart, auch quantitativ zu harmonischen vielfach ausgebildet worden war, fand man den Kreis jener wenigen Instrumente zu eng begränzt, und es wurden nun, je nachdem man einen besondern Effect beabsichtigte, bei den neuern Compositionen auch alle bekannten Blasinstrumente angewandt. So wie sich aber die ersten deutschen Componisten der Fülle der Instrumente des innern qualitativen Effects wegen bedienten, so begannen die neuern französischen Componisten und ihre Nachahmer unter den Deutschen hingegen alle Instrumente nur der äussern, quantitativen Ohrenbetäubung wegen und bei jeder Veranlassung in Bewegung zu setzen. Daher die wenigen Noten in den italienischen, die vielen in den deutschen, der stete Überfluss an denselben in den neuern französischen Partituren.«

Im Anschluss an die Beschreibung des kompositorischen Wandels bezeichnet unser Autor in seinem Artikel auch einen Wandel der Musikanschauung, das Entstehen einer romantischen Musikästhetik, wobei sofort auch an E.T.A. Hoffmanns Formulierungen von 1810 gedacht werden muss. G.L.P. Sievers setzt sich für eine Instrumentalmusik ein, die »ihrem Wesen nach rein romantisch ist«, die »nur die Sehnsucht nach einem unbekannten, ausser uns liegenden Etwas darzustellen und auszudrücken sucht« und die deshalb »keiner Worte bedarf« (*Brockhaus*, Bd. 5, S. 71):

»So viel über die historische Entstehung der Instrumente und überhaupt der Instrumentalmusik. Was nun ihren ästhetischen Charakter anbetrifft, so ist dieser bisher von den meisten Critikern durchaus verkannt worden. Da nämlich die Musik ihrem Wesen nach rein romantisch ist, d.h. da sie mit Ausschluss alles dessen, was dem Verstande anheim fällt, nur die Sehnsucht nach einem unbekannten, ausser uns liegenden Etwas darzustellen und auszudrücken sucht; so folgt daraus, dass sie im eigentlichen Verstande keiner Worte bedarf, um in unserer Seele die beabsichtigte Wirkung hervorzubringen.«

Mit seinem Artikel im *Conversationslexikon* des Brockhaus-Verlags sanktioniert G.L.P. Sievers im Jahre 1815 also eine romantische Musikästhetik, wie sie seit den Anfängen der *AmZ* von diversen »Hoffmanns« formuliert worden war. Die romantische Musikästhetik findet als Ästhetik der Instrumentalmusik durch ihn Eingang ins erste und wichtigste Konversationslexikon des 19. Jahrhunderts: Sie wird popularisiert, einer breiten Leserschaft zugänglich gemacht, und gelangt damit auch in Bürgerkreise, die nicht zur *AmZ*-Leserschaft gerechnet werden dürfen.

2. *Ansichten zur Kirchenmusik*

Bereits in einem seiner ersten gesicherten *AmZ*-Aufsätze aus dem Jahre 1807 hatte G.L.P. Sievers seine Verehrung für die »alte italienische Kirchenmusik« betont, wobei auch ausgesprochen wurde, dass diese Kirchenmusik als Anfang einer romantischen Musik überhaupt aufzufassen sei (*AmZ* 9 (1806/07), S. 684):

> »Somit entstand in Italien, welches Land durch Klima und freye, ewig bekämpfte Regierungsform, so wie durch seine poetische, militärische und lokale Verwandtschaft mit Griechenland, der Erzeuger aller neuern Kunst werden musste, die alte italienische Kirchenmusik, die Kunstwerke für die Ewigkeit aufzuweisen hat.«

Ähnliche Bewunderung für die italienische Kirchenmusik vergangener Zeiten spricht einige Jahre später dann auch E.T.A. Hoffmann aus: in einigen Rezensionen in der *AmZ* und auch im Aufsatz »Alte und neue Kirchenmusik«, welcher im Jahre 1814 an gleichem Ort erscheint. Die Ansichten der beiden Protagonisten müssten jedoch nicht aufeinander bezogen werden und könnten auf Arbeiten der Frühromantiker Wackenroder und Tieck zurückgeführt werden, wenn nicht E.T.A. Hoffmann im angesprochenen Aufsatz die Oper *Démophone* des von G.L.P. Sievers immer wieder geförderten Johann Christoph Vogel erwähnen würde (*AmZ* 16 (1814), S. 578). Dies lässt vermuten, dass Hoffmann die *AmZ*-Aufsätze seines Zeitgenossen kannte. Es muss jedoch festgehalten werden, dass die Ansichten beider Autoren bereits früher vorgezeichnet sind.[8] E.T.A. Hoffmann kommt auch in Sachen Kirchenmusik lediglich das Verdienst zu, die romantischen Ideen anderer *AmZ*-Autoren zusammenfassend dargestellt zu haben, wobei sich nach Martin Geck zudem nachweisen lässt, dass viele dieser Ideen nicht nur der Frühromantik sondern auch älteren Zeitgenossen – Johann Georg Hamann (1730-1788), Johann Jakob Wilhelm Heinse (1746-1803), Johann Gottfried Herder und Johann Friedrich Reichardt – entlehnt sind.[9]

---

8 Jürgen Kindermann, »Romantische Aspekte in E.T.A. Hoffmanns Musikanschauung«, a.a.O., S. 54.

9 Martin Geck, »E.T.A. Hoffmanns Anschauungen über Kirchenmusik«, in: Walter Salmen (Hg.), *Beiträge zur Geschichte der Musikanschauung im 19. Jahrhundert,* a.a.O. S. 61-71.

Auch in Sachen Kirchenmusik äussert sich G.L.P. Sievers nach E.T.A. Hoffmanns Arbeiten nochmals ausführlich; er verfasst im *Conversationslexikon* den Artikel »Kirchenmusik«, der hier als Beispiel für das lexikographische Schaffen unseres Protagonisten vollständig wiedergegeben sei. Der Artikel verdeutlicht, dass es G.L.P. Sievers im *Conversationslexikon* darum geht, Grundsatzinformationen zu liefern. Es werden nur wenige Komponisten beim Namen genannt und auch weitere Artikel zu einzelnen Komponisten sind nicht in grosser Zahl vorhanden. Der Lexikograph bemüht sich eher um die Darstellung einer allgemeinen Entwicklung der Musikgeschichte, wobei – ob es sich um Instrumentalmusik, Kirchenmusik oder die Musik im allgemeinen handelt – sehr oft mit einer griechischen Ouvertüre eröffnet wird und die im dritten Teil dieser Arbeit beschriebenen, musikgeschichtlichen Modelle G.L.P. Sievers' als Überbau ständig vorhanden sind (*Brockhaus*, Bd. 5, S. 349ff.):

> »Kirchenmusik, oder die beim öffentlichen Gottesdienste aufgeführte Musik, ist unstreitig bei den Griechen sowol, als bei den Neuern, der erste Ursprung jeglicher Musik gewesen. Als die religiösen Gefühle anfingen, sich in Tönen künstlerisch zu äussern, bei welcher Gelegenheit konnte dies mehr und stärker geschehen, als bei gottesdienstlichen Handlungen, wo die Seele geneigt ist, ihre Empfindungen mit hoher Entzückung zu offenbaren? So wissen wir ganz bestimmt, dass die dramatische, und vielleicht auch jegliche poetische Kunst der Griechen, der Feier des Bacchusfestes ihren Ursprung zu verdanken hatte, mit welcher Feier gleichfalls Musik verbunden war. So wie nun im allgemeinen jede Kunst, so hat auch die Musik der Neuern, d.h. diejenige, welche wir jetzt haben, dem Wachsthume des Katholicismus nicht allein ihre innere Entstehung, sondern auch ihre äussere Unterstützung zu verdanken. Die Kirche war es, die besonders Musiker und Maler für ihre Kunst begeisterte und sie zur Ausübung derselben anfeuerte. Der Übergang von Dem, was bei der Entstehung des Christenthums noch von der alten sogenannten griechischen Musik übrig war, zu dem ersten Anfange der neuern Musik war sehr natürlich: die Christen nahmen, als es ihnen gestattet wurde, Kirchen zu bauen, Dasjenige, was sie noch von Musik vorfanden, und legten diesem ihre Psalmen und Hymnen unter, welche nun ohne Zeitmass (nach der Länge oder Kürze der Sylben) abgesungen wurden. Hieraus entstand endlich der Choral, und in ihm finden wir den Ursprung der ganzen neuern Musik. Er wurde anfangs einstimmig gesungen und zwar im Einklange und in Octaven, so wie das meistentheils noch jetzt in unsern Kirchen der Fall ist. Es dauerte aber nicht lange, so fing man an, das Unangenehme eines Gesanges zu fühlen, in welchem die Stimmen beständig Octaven mit einander bildeten. Daher fiel man darauf, diesem Gesange eine einfache Grundlage zu geben. Oberstimme und Bass waren nun vorhanden; doch merkte man bald, dass die Entfernung beider von einander noch einen Zwischenraum übrig lasse, dessen Leere, wenn sie nicht ebenfalls eine unangenehme Wirkung hervorbringen sollte, nothwendig ausgefüllt werden musste. Dies verursachte die Erfindung der beiden Mittelstimmen, wodurch nun der vierstimmige Gesang vollendet wurde. Die Hauptstimme, d.h. die eigentliche Melodie, in welcher der Choral ent-

halten war, hiess von nun an canto firmo (französisch plein chant, der feststehende Gesang), weil er niemals verändert wurde, dahingegen man die drei untern Stimmen, nach Befinden der Umstände, so wie man Lust dazu hatte, sehr oft veränderte; denn jede Hauptstimme kann eine unendliche Mannichfaltigkeit in den begleitenden Stimmen vertragen. Hierbei ist nur zu bemerken, dass die Oberstimme, oder der canto firmo, dann und wann auch in die Unterstimmen verlegt wurde, ja, dass die alten Lehrer der Musik die Verlegung des canto firmo in die Unterstimmen sogar als Gesetz vorschrieben. Bald fing man auch an, die ursprüngliche Einfachheit dieses Choralgesanges für zu beschränkt zu halten, und so wurden theils diese Melodie selbst, theils auch ihre Unterstimmen vielfach erweitert, verändert und mit neuen Ausschmückungen versehen, woraus der sogenannte figurirte Gesang (canto figurato) entstand, der späterhin durch den Missbrauch, der mit demselben getrieben wurde, so ausartete, dass wir jetzt den Kirchenstyl von dem Opernstyle oft nicht mehr zu unterscheiden vermögen. In diesem Zustande blieb die Kirchenmusik eine lange Zeit, bis man endlich, geleitet von dem natürlichen Triebe der menschlichen Natur zu immerwährender Abwechslung, auf den Gedanken verfiel, den bloss von Menschenstimmen gesungenen und von der Orgel begleiteten Choral auch von andern musikalischen Instrumenten (zuerst Violon, Posaunen), die nach und nach erfunden waren, begleiten zu lassen. Hiermit war der Erweiterung der Kirchenmusik ein weites Feld eröffnet: denn der Gesang selbst ward, um demselben mehr Mannigfaltigkeit zu geben, immer grösseren Veränderungen und Abwechslungen unterworfen. Man behandelte einige Strophen als Chöre, wo man den einstimmigen Gesang beibehielt; andere liess man nur, als Solo von einem Sänger, wieder andere als Duette von zwei Sängern u.s.w. singen, wieder einige wurden, wie vorher, choralmässig, andere durchgehends als Fugen gesetzt. In der römisch katholischen Kirche hat Kirchenmusik ihre bestimmten und festgesetzten poetischen Formen, die unverändert beibehalten werden (z.B. der Text der Messe, Missa), und welcher sich auch die Componisten bei ihren Productionen anschliessen müssen; bei den Protestanten hingegen haben sich Dichter und Tonsetzer neue Formen erlaubt, welche durch die Cantate, wie durch das Oratorium, in welchen beiden man die Kirchenmusik dramatisch zu behandeln angefangen hat, vermehrt worden, und oft in den Geschmack der glänzenden Opermusik übergegangen sind. Da es der Charakter derselben ist, dass in ihr irgend ein religiöses Gefühl ausgedrückt werden soll, welches Feierlichkeit und Andacht erwecke und bei der öffentlichen Gottesverehrung die Herzen der Zuhörer in eine fromme Stimmung versetze; so folgt daraus, dass der Kirchenstyl sich durch Ernst, Feierlichkeit und Erhabenheit, und durch Entfernung aller Künsteleien, schwieriger Figuren und Läufe, die allein dazu gemacht sind, dass alle Sänger und Spieler ihre mechanische Fertigkeit zeigen können, von dem freien und ungebundenern Styl der Theatermusik – welchem er entgegengesetzt wird – unterscheiden müsse. Vornehmlich soll in den tiefen Stimmen die allzugrosse Geschwindigkeit vermieden werden, weil sie in den Kirchen sehr nachhallen, und weil durch eine schnelle Folge dieser Töne alle Harmonie verwirrt werden würde. Darum erfordert die Kirchenmusik nicht nur einen sehr starken Harmoniker, sondern auch zugleich einen Mann von reifer Überlegung und richtigem Gefühle, damit die Einheit des ernsten, erhabenen Gefühls nicht durch ein

Gemisch von Feierlichkeit und Üppigkeit, so wie von Ernst und Scherz gestört werde.«

Nach seinem Artikel im *Conversationslexikon* schweigt sich dann G.L.P. Sievers zum Thema Kirchenmusik für einige Zeit völlig aus. Die Oper scheint diese Gattung wie auch jene der Instrumentalmusik zu verdrängen. Erst in Rom erwacht wieder ein Interesse an Kirchenmusik, was wohl auf die Fülle des Angebots in der ewigen Stadt zurückgeführt werden muss. Ein Beispiel dafür ist der am 12. April 1825 abgeschlossene Aufsatz »Die päpstliche Kapelle zu Rom«, welcher ein lebhaftes Interesse an dieser musikalischen Institution vermuten lässt (*AmZ* 27 (1825), S. 301):

»Diese Anstalt hat nicht allein das Würdigste erzeugt, was die geistliche Tonsetzkunst bis auf den heutigen Tag aufzuweisen gehabt, und dies Würdigste vor allen Einwirkungen des weltlichen Modestrebens zu schützen und in seiner erhabenen Einfalt zu erhalten gewusst; sondern ihr hat die musikalische Welt auch die Kunst des Gesanges in der hohen Vollendung, zu welcher wir ihn zu Anfange der zweyten Hälfte des vorigen Jahrhunderts emporgestiegen erblicken, zu verdanken. Heilig, wie das Wesen, welches er zu feyern bestimmt ist, sehen wir den päpstlichen Kirchengesang, mitten in den Wogen der musikalischen Sündhaftigkeit, welche ihn in der Nähe und Ferne umgiebt, in seiner seraphtönenden Glorie dastehen, ohne vom Wiederhalle des modernen sumpfigen Unkengeschreyes übertäubt zu werden.«

Die alte Kirchenmusik scheint jenes Refugium, in welches sich G.L.P. Sievers in seinen späten Jahren zurückzieht; wie sich im sechsten Teil der Arbeit noch herausstellen wird, zeigt er sich in den 1820er Jahren vom Verlauf der Musikgeschichte enttäuscht – er spricht von »musikalischer Sündhaftigkeit« – und wendet sich deshalb von ihr ab. Die Kirchenmusik vergangener Zeiten dagegen wird als »heiliges Wesen« bezeichnet und bleibt auch in den späten Arbeiten eine Konstante. Ein unverändertes Verständnis dieser Gattung manifestiert sich beispielsweise noch 1828 im Aufsatz »Zustand der Kirchenmusik in Rom«. Ganz im Sinne einer romantischen Musikästhetik möchte G.L.P. Sievers die Namen der »alten Italiener«, der Autoren der in römischen Gottesdiensten jeweils aufgeführten Werke, öffentlich angeschlagen sehen. Der »deutsche Gelehrte« und seine »Genieästhetik« werden jedoch von italienischen Chorleitern und Sängern nicht immer ganz verstanden (*Caecilia* Bd. 8 (1828), S. 220ff.):

»Neue Compositionen werden übrigens, wie schon gesagt, nur in den wenigsten Kirchen aufgeführt; die meisten behelfen sich mit älteren Arbeiten, für welche sie weder Honorare, noch Copialien zu bezahlen haben. Wenn dieser Umstand von der einen Seite den Kirchentonsetzern keineswegs Aufmunderung gewährt; so erwächst daraus von der andern für den Musikfreund der Vortheil, dass er unter jenen älteren Stücken mitunter auf vortreffliche Arbeiten stösst, welche ihm sonst nie zu Ohren gekommen seyn würden. Ich besuche daher auch die kleineren Kirchen mit grösserem Vergnügen, als die grösseren und Cathedralkirchen (Basiliche), weil dort die Hoffnung, Compositionen der Vorzeit zu hören, wahrscheinlicher ist, als in diesen. Freilich pflegt hier die Ausführung weniger vollendet zu seyn, da von den beschränkten Mitteln dieser Kirchen, weder auf die Anzahl, noch auf die Virtuosität der Sänger, Rücksicht genommen werden kann. Dagegen entschädigen mich wenigstens nicht selten die Compositionen, aus jener alten guten Zeit, 'wo (um ein Bürgersches Wort im musikalischen Sinne zu nehmen) noch Keuschheit Sitte war.' Und hier überzeuge ich mich jeden Tag mehr, was überreich Italien, besonders aber Rom, an Compositionen aus der Palästrinaschen Nachzeit ist, an Compositionen, welchen, wenn sie gleich jener strengen, klassischen Formen, von den Heroen des ersten musikalischen Geschlechts erfunden und, als harmonischen Gebote in ihre Werke, wie in Erz, eingegraben, entbehren, dennoch der Stempel des Genies aufgedrückt ist, welches durch kein Einwürgen (man verzeihe mir die Gemeinsamkeit des Ausdrucks, seiner ausdrucksvollen Bezeichnung wegen) materieller Regeln und mechanischer Formen erlangt wird. Ich sehe immer deutlicher, dass die Musik nur eine einzige wahre Heimat, Italien, hat, dass das, was andere Völker von Tonkunst besitzen, sich zu der Italiänischen verhält, wie Runkelrübenzucker zum Westindischen, und dass, weder in der physischen noch in der musikalischen Welt, ein paar Riesen noch kein Patagonien machen. Aus jenen Compositionen leuchtet durchaus ein so ungezwungener Ernst, eine so majestätische Ruhe hervor, dass man wohl sieht, sie haben nur von Geistern, mit musikalischer Hoheit und Majestät angethan, geschaffen werden können. Was ihren Genuss erschwert, oder gar vermindert, ist die Unkunde, in welcher man über deren Verfasser, also auch über die Epoche ihres Entstehens schwebt. Anfangs habe ich es mich nicht verdriessen lassen, auf das Chor zu gehen und die Sänger, oder den Capellmeister, um den Namen der Componisten zu befragen; aber abgerechnet, dass ich unter zwanzig Malen kaum einmal eine befriedigende Antwort erhielt, musste auch der Zwang, welchen sich die Befragten, um mir Rede zu stehen, anthun mussten, meinen Nachforschungen bald ein Ziel setzen. Denn weder in Italien, noch in Frankreich, wird der Fleiss begriffen, also auch nicht begünstigt, mit welchem der Deutsche Gelehrte literarische, überhaupt wissenschaftliche Nachforschungen anstellt.«

In seinen Ansichten zur Kirchenmusik fühlt sich G.L.P. Sievers in den 1820er Jahren im übrigen durch die Arbeiten zweier Zeitgenossen bestätigt. Zum einen handelt es sich dabei um Giuseppe Baini (1775-1844), den Leiter der päpstlichen Kapelle, welcher im Aufsatz »Die päpstliche Kapelle zu Rom« erwähnt wird. Baini hatte eine Geschichte seiner Kapelle verfasst, an der sich dann der Aufsatz G.L.P. Sievers' zu orientieren scheint und worin Baini – wie später auch in seiner Palestrina-Biographie – auf die bedeutende Rolle jenes »alten Italieners« hingewiesen hatte.[10] Giovanni Pierluigi da Palestrina (um 1525-

10 Giuseppe Baini, *Memorie storicocritiche della vita e delle opere di G.P. da Palestrina*, 2 Bde., Rom 1828. – Die von G.L.P. Sievers erwähnte Vorarbeit scheint verschollen.

1594) wird nun deshalb, nachdem dieser Komponist vorher lediglich im *Conversationslexikon*, im weiter unten noch zur Sprache kommenden Artikel »Italienische Musik«, erwähnt worden war (*Brockhaus*, Bd. 5, S. 132), auch für G.L.P. Sievers zum (*AmZ* 27 (1825), S. 304) »Gründer der neueren Kirchenmusik.« Bainis Geschichte der päpstlichen Kapelle dient jedoch nicht nur als Quelle, sondern einige der von Baini eingeführten Neuerungen werden von Seiten G.L.P. Sievers' auch kritisiert; Baini suche sich durch diese Neuerungen zu sehr in den Vordergrund zu drängen (*AmZ* 27 (1825), S. 417):

> »Ich bemerke im voraus, dass dies keinesweges mit freudigem Gefühle geschieht. Kömmt es doch auf nichts Geringeres an, als zu berichten, dass der Neuerungsgeist, welcher sich der päpstlichen Kapelle zu bemächtigen beginnt, sollte ihm kein Einhalt geschehen, über kurz oder lang die unsterblichen Werke, welche in ihr entstanden sind und durch welche sie selbst vor allen Singinstituten der Erde die glorreichste Existenz erhalten hat, wo nicht ganz verdrängen, doch dergestalt in den Hintergrund stellen wird, dass niemand sie mehr beachtet.«

Zum anderen sieht sich G.L.P. Sievers in seinen Ansichten zur Kirchenmusik auch durch Anton Friedrich Justus Thibaut (1772-1840) bestätigt, dessen für das Verständnis von Kirchenmusik im ganzen 19. Jahrhundert massgebendes Werk *Über Reinheit der Tonkunst* (1824) unser Protagonist in Rom gelesen zu haben scheint. G.L.P. Sievers äussert sich dazu in seinem Aufsatz »Bemerkungen veranlasst durch die Schrift: Über die Reinheit der Tonkunst, und durch eine Recension der Schrift: Die Tonkunst in der Kirche«, wobei er Thibaut meistens recht gibt (*Caecilia* Bd. 9 (1828), S. 13f.):

> »Was der Hr. Verf. von den Ursachen des Verfalls der Kirchenmusik sagt, verdient die höchste Beachtung. Besonders wahr ist die Bemerkung, dass die heutige Volksstimmung zu unruhig, zu befangen, zu aufgereizt geworden sey, um sich noch an der edlen, erhabenen Einfachheit der älteren Kirchenstücke ergötzen zu können.«

Ein letzter Aufsatz G.L.P. Sievers' zum Thema Kirchenmusik erscheint dann im Jahre 1829, ebenfalls in der Zeitschrift *Caecilia*. Darin werden Gedanken »Über das Wesen der Kirchenmusik und die Verschiedenheit ihrer Bedeutung in der katholischen und in der protestantischen Kirche« angestellt, wobei G.L.P. Sievers zu folgender Grundthese gelangt (*Caecilia* Bd. 10 (1829), S. 10): »Die geistige Grundlage des Protestantismus ist Realität, die des Katholicismus Spiritualität.« G.L.P. Sievers wandte sich also auch in Rom nicht einer mystizistischen oder spiritualistischen Form des Katholizismus zu, sondern beurteilt von einer höheren Warte aus; er hegte an dieser Religion rein musikalische Interessen. Es zeigt sich ein erfrischender Abstand von einigen literarischen Zeitgenossen, welche sich in ihren späteren Lebensjahren geradezu in den Katholizismus flüchteten. Trotzdem vertritt aber auch G.L.P. Sievers Ansichten zur katholischen Kirchenmusik, wie sie von vielen dem Katholizismus stärker verbundenen Zeitgenossen geäussert worden waren. Er stellt fest, dass sich die katholische Kirchenmusik in eine Richtung entwickelt habe, die nicht mehr mit den Urspüngen dieses Glaubens in Übereinstimmung gebracht werden könne: sie sei zu weltlich geworden (*Caecilia* Bd. 10 (1829), S. 15f.):

»So gestehe ich ohne Hehl, dass die gewöhnliche Italiänische Kirchenmusik von heut zu Tage, besonders im Gegensatze mit dem päpstlichen Capellgesange, von der Art ist, dass sie dem wahren, religiösen Katholiken, so ein inniger Musikfreund derselbe auch sein möge und mit welch grossem Vergnügen er dergleichen Tonstücke auch ausser der Kirche hören würde, ein steter Gegenstand des Anstosses sein muss. Ich wenigstens, obgleich kein Katholik, und noch weniger einer jener Heuchler, welche Gesinnung äussern, auf deren Benennungen sie sich sogar besinnen müssen, wenn es Noth thut, sich damit zu brüsten, nehme ein stetes Ärgerniss an dergleichen Musiken, ob mich gleich von der andern Seite meine Liebe zum Gesange keine derselben versäumen lässt. Sie ganz verbannen, oder wenigstens in die Grenzen der Schicklichkeit einengen, würde die Andacht in den katholischen Kirchen fördern, dazu würde aber besonders erforderlich sein, dass man die Instrumentalmusik, ja meinetwegen auch die Orgel, abschaffen und, mit Beseitigung aller Solostücke, oder Solosätze, nur im vier- oder mehrstimmigen Chore singen liesse; denn eine oder mehrere Solostimmen machen sich zu bemerkbar, als dass durch sie nicht die Andacht gestört werden sollte.«

3. *Oper*

Gerhard Allroggens Untersuchung zu E.T.A. Hoffmanns Opernästhetik gelangt zum Resultat, dass diese – ähnlich wie diejenige der im vierten Teil dieser Arbeit angesprochenen Zeitgenossen Hoffmanns – von Anschauungen über Instrumentalmusik ausgeht; mit Ernst Lichtenhahn, der solches zur Ästhetik der Instrumentalmusik Hoffmanns geäussert hatte, hält Allroggen fest, dass indirekt das Unendliche auch der Vorwurf der »wahren, romantischen Oper« sei: Lichtenhahn habe E.T.A. Hoffmanns Begriff vom Romantischen in der Tonkunst, der bis in die jüngste Zeit immer wieder missverstanden worden sei, klar herausgearbeitet: weder habe Hoffmann das Romantische als das Ungeformte, nur Fühlbare erklärt, noch habe er, die Werke Mozarts und Beethovens gewaltsam deutend, die Klassik mit subjektiven Begriffen romantisch erklärt. Mit einem klischierten Epochengegensatz habe das Romantische, wie E.T.A. Hoffmann es verstehe, nichts zu tun. Insofern sei das Romantische auch nicht bloss ein Aspekt von Hoffmanns Musikanschauung, sondern umfasse dessen Ästhetik im Ganzen, die dem unbegreiflichen Geheimnis musikalischer Inspiration in gleicher Weise gerecht werde wie den Kräften bewusster Gestaltung, die zur vollendeten Form führten.[11]

Zu diesen Ausführungen gilt es lediglich hinzuzufügen, dass auch die Opern-Ästhetik E.T.A. Hoffmanns in der *AmZ* bereits von früheren Zeitgenossen vorgezeichnet worden war und dass sie in ihrem historischen Kontext gesehen werden muss. Das »unbegreifliche Geheimnis musikalischer Inspiration« darf nicht verabsolutiert werden, sondern ist lediglich als romantische Geschichte zu verstehen.

Als entscheidend für G.L.P. Sievers' Opern-Ästhetik müsste eigentlich der Artikel »Oper« im *Conversationslexikon* des Brockhaus-Verlags vermutet werden; der Lexikograph liefert in diesem Artikel jedoch lediglich eine Anhäufung von Fakten aus der Geschichte dieser Gattung, so dass auf Einzelheiten des Artikels an dieser Stelle gar nicht erst eingegangen zu werden braucht. In den *Schauspieler-Studien* dagegen wird G.L.P. Sievers präziser und äussert sich auch zu der der Schauspielkunst und dem Schauspiel nahestehenden Gattung Oper: Letztere werde, da die Kunst »Musik« als romantische Kunst an sich zu definieren sei, das Schauspiel in naher Zukunft verdrängen. Vielleicht hatte G.L.P. Sievers seine Studien ja nur deshalb betrieben, da er Schauspieler auf diese Opern-Zukunft vorzubereiten gedachte (S. 289):

> »In der Musik ist dieselbe Natur vorhanden, wie in der romantischen Poesie: beide sprechen nicht durch, mit dem Verstande rein aufzufassende Zeichen zu dem Verstande des Menschen, sondern ihre Wirkung geht allein auf die Erregung einer Sehnsucht, eines unbekannten, nie ruhenden und nie befriedigten Gefühls, das uns mächtig zu einem Etwas treibt, das wir nicht kennen und das dessenohnerachtet unser ganzes Inneres füllt. Wenn es also keines weitern Beweises mehr bedarf, dass diese romantische Bildung in uns Deutschen wahrhaft vorhanden ist und wenn nun die Musik mit dieser Bildung in der allergleichartigsten Verwandschaft steht; so ist es ja ganz natürlich, dass die Musik dem Geschmacke der Deutschen dergestalt zusagen müsse, dass sie die Oper dem recitierenden Schauspiele bei weitem vorziehen. Ja, es würde zu verwundern sein, wenn das Gegentheil Statt fände! Aber ich gehe noch weiter in meiner Behauptung! Wenn wir nemlich erwägen, dass fast kein dramatischer Schriftsteller mehr ein Schauspiel schreibt, ohne darin irgend singen, oder spielen zu lassen; wenn schon jedes Schauspiel, wenigstens zwischen den Acten, von Musik begleitet ist; wenn endlich, wie oben bereits erwähnt ist, das Publicum sich fast unersättlich im Genusse der Opern zeigt, und wenn diese Begierde, weit entfernt, eine Folge des verderbten Geschmacks irgend eines Theils des Publicums zu sein, vielmehr den Geschmack eines ganzen Volks beurkundet und also in der Natur desselben fest und tief begründet liegt: so wage ich die Ver-

11 Gerhard Allroggen, »Die Opern-Ästhetik E.T.A. Hoffmanns«, a.a.O., S. 34. – Vgl. dazu auch Ernst Lichtenhahn, »Über einen Ausspruch Hoffmanns und über das Romantische in der Musik«, a.a.O.

mutung, dass vielleicht nach fünfzig Jahren die Oper das Schauspiel gänzlich verdrängt haben dürfte, welches wahrscheinlich jetzt schon geschehen sein würde, wenn nicht die Oper unendlich viel kostbarer zu erhalten wäre, wie das recitierende Schauspiel, und wenn nicht zur Production einer Oper zwei Personen gehörten, dahingegen das Schauspiel nur das Erzeugnis eines Einzigen ist und von diesem weit eher gefertigt werden kann, als wenn die Arbeit zweier dazu von Nöthen wäre.«

Was bei G.L.P. Sievers für die Kunst »Musik« in bezug auf andere Künste gilt, gilt auch für das Kunstwerk »Oper« in bezug auf andere, nichtmusikalische Kunstwerke: Die Oper ist ein romantisches Kunstwerk an sich; und wie später auch für E.T.A. Hoffmann ist für G.L.P. Sievers in Mozarts Oper *Don Juan* ein »romantisch-komisches« Ideal dieses Kunstwerks bereits verwirklicht.[12] G.L.P. Sievers nennt jedoch neben *Don Juan* wie vor ihm auch Franz Christoph Horn immer wieder auch eine Reihe anderer Opern, wobei Cimarosas »poetisch-komisches« Werk *Il matrimonio segreto* jeweils besonders hervorgehoben wird (*AmZ* 19 (1817), S. 122):

»Ich kann nicht umhin, bey dieser Gelegenheit mein musikalisches Glaubensbekenntnis abzulegen: ich glaube, das in der romantisch-komischen Gattung mit Don Juan, und in der poetisch-komischen mit Matrimonio segreto der Kreis alles musikalischen Wirkens und Strebens abgeschlossen ist, und dass alle übrigen Producte, selbst die gelungensten, ausser diesem Kreise liegen und mit denselben in gar keine Berührung kommen.«

In diesem Zusammenhang von Interesse ist auch der Hinweis, dass die Charakterisierung »komisch«, die sowohl bei Mozart als auch bei Cimarosa verwendet wird, an anderer Stelle in den *Schauspieler-Studien* noch ausführlicher beschrieben wird. Und diese Charakterisierung bleibt dann bei G.L.P. Sievers auch in späteren Jahren eine Konstante: Sie findet sich noch in einer »Theater-Anzeige« in der *Wiener Zeitschrift für Kunst, Literatur, Theater und Mode* aus dem Jahre 1822 (*Wiener Zeitschrift* 7 (1822), S. 201) und im entsprechenden Artikel im *Conversationslexikon* in gleicher Bedeutung (*Brockhaus*, Bd. 5, S. 594):

»Komisch ist einer von den Begriffen, in deren Erklärung bis jetzt eine grosse Verschiedenheit geherrscht hat. In der That scheint die Theorie des Komischen nur die Frucht einer gänzlich freien, abstracten Speculation zu seyn. Wenn wir, wie es dem Gegenstande angemessen ist, komisch durch scherzhaft übersetzen können; so werden wir dadurch schon von selbst der wahren Erklärung des Komischen auf die

12 Zu E.T.A. Hoffmanns Don Juan-Verehrung vgl. Judith Rohr, *E.T.A. Hoffmanns Theorie des musikalischen Dramas,* a.a.O., S. 69ff.

Spur kommen. Scherzhaft ist nämlich dasjenige, was nicht in ernster Absicht, sondern nur des Scherzes wegen, geschieht: das Komische ist also, wie hieraus hervorgeht, dem Ernste, oder dem Tragischen, entgegengesetzt. Wenn der Ernst darin besteht, in den jedesmaligen Handlungen die höchste Zweckmässigkeit der Mittel und die geziemendste Benutzung der Zeit zu offenbaren; so geht daraus schon von selbst hervor, dass das Komische in der gänzlichen verkehrten Wahl und Anwendung der Mittel und der Zeit zur Erreichung irgend eines Endzwecks seine Begründung haben müsse. Und dies ist denn auch, unserer vollkommenen Überzeugung zufolge, die einzige wahre und erschöpfende Erklärung des Komischen. Ernsthaft heisst dasjenige, was im Stande ist, auf eine zweckmässige, nicht widersprechende Art, und auf dem rechten Wege zum vorgesetzten Ziele zu führen; komisch hingegen dasjenige, was auf die entgegengesetzte Weise geschieht, wo also gerade die widersprechendsten und widersinnigsten Mittel angewandt werden, um zum Zwecke zu gelangen.«

»Komisch« bedeutet für G.L.P. Sievers »in der gänzlichen verkehrten Wahl und Anwendung der Mittel und der Zeit zur Erreichung irgend eines Endzwecks« zu gelangen. Von einer solchen Charakterisierung ausgehend, richtet G.L.P. Sievers in den *Schauspieler-Studien* dann sein Augenmerk auf eine Synthese von »komisch« und »tragisch«: nämlich auf die »Tragi-Comödie«, die nach seiner Ansicht das Ideal eines romantischen Schauspiels bzw. einer romantischen Oper darstellt (S. 37):

> »Die Tragi-Comödie, das heisst, dasjenige Drama, wo tragische Zweckmässigkeit mit der komischen Verkehrtheit gepaart ist, dürfte vielleicht das höchste Erzeugniss der poetischen, romantischen Kunst sein, sobald sich einstens die Neigung der Neuern zur Romantik vollkommen ausgebildet haben wird. Denn was muss in der christlichen Religion, wo kein Positives, kein Rein-Gegebenes, sondern nur der Glaube herrscht, inniger mit einander verbunden sein, als Freude und Schmerz? Auch zeigt uns die Erfahrung, dass solche Tragi-Comödien, besonders wenn sie in Musik gesetzt sind, den grössten und dauerndsten Beifall zu erhalten vermögen.«

Im romantischen Schauspiel verschmelzen Tragödie und Komödie, Ernst und Scherz, zu einer Einheit, »zu einem einzigen Ganzen« (S. 74f.):

> »Ich habe bereits oben gesagt, dass ich das romantische Schauspiel, das heisst, dasjenige, in welchem sich eine ernste, subjective Leidenschaft und deren Wirken und Untergang mit der objectiven Ironie über verfehlte, zweckwidrige Bestrebungen der Comödie paaren würde, für den höchsten Gipfel der neuern dramatischen Kunst zu halten geneigt sei. Die Darstellung eines solchen Dramas muss nun eben eine doppelte Natur haben: der Scherz muss mit dem Ernste dergestalt verbunden sein, dass sie beide zu einem einzigen Ganzen verschmelzen, und dadurch aus der Reihe der gewöhnlichen, natürlichen Erscheinungen gänzlich hinausgerückt werden.«

Zur Verdeutlichung dieser Idee einer Synthese von Tragödie und Komödie gibt G.L.P. Sievers Beispiele romantischer Charaktere, wobei als erstes auf den Papageno aus Mozarts *Zauberflöte* eingegangen wird (S. 75):

> »Ich halte diesen Charakter, mit seinen nie endenden Freuden und Leiden, mit seinen unendlichen Übergängen vom Schmerze zum Ernste, und umgekehrt, und in seiner gänzlichen Verrückung aus der gewöhnlichen Welt für das vollkommenste Schema eines romantischen Charakters.«

Nach G.L.P. Sievers' Meinung wurden die jeweiligen Darsteller dem Papageno in der Vergangenheit nicht gerecht: Die einen nahmen ihn zu ernst, die andern sahen in ihm nur das Komische. Beides ist nach G.L.P. Sievers' Ansicht jedoch falsch; er verlangt den Papageno als »Schwärmer« darzustellen (S. 77):

> »Ein Schwärmer ist nun nicht etwa ein blosser mittelbar Leidender, das heisst, einer, den die Dinge um ihn herum beherrschen; sondern er ist vielmehr auch ein unmittelbar Handelnder, das heisst, der selbst mit gänzlicher Freiheit die Dinge um sich herum beherrscht. Wäre er Ersters ganz allein; so würde man ihn keinen Schwärmer, sondern einen Unglücklichen, ja sogar einen Wahnsinnigen nennen, und wäre er Letzters allein; so hiesse er abermals kein Schwärmer, sondern ein Humorist.«

Und diese schwärmerische Vorstellung Papagenos führt dann zu einem weiteren Topos von »Romantik«, einer (S. 77) »Verschmelzung der Freiheit des herrschenden Humors mit der Befangenheit des leidenden Ernstes«, dem »Zustand eines Betrunkenen« (S. 78):

> »Noch ist übrigens im gewöhnlichen Leben ein Zustand vorhanden, dessen physische und moralische Erscheinung ohngefähr eine Norm der schauspielkünstlerischen Darstellung für dasjenige geben kann, was wir in der Kunst einen romantischen Charakter nennen. Dies ist nemlich der Zustand eines Betrunkenen: denn welches ist ein allgemeineres und charakteristischeres Kennzeichen der Trunkenheit, als der freie Humor in derselben, der aber stets wieder in die Befangenheit der persönlichen Verhältnisse zurückfällt? Und dies macht gerade den wahren Charakter der romantischen Poesie aus.«

G.L.P. Sievers beschreibt einen Schwebezustand, ein ständiges Hin und Her zwischen Schmerz und Freude, welchem wir bereits bei Romantik-Beschreibungen anderer Zeitgenossen begegnet sind. Und auch bei G.L.P. Sievers wird dem Individuum dabei die Möglichkeit eingeräumt, seine Gefühlsausrichtung selbst zu bestimmen, quasi eine distanzierte Haltung einzunehmen – dies über den Begriff der »Ironie«, der nun in den *Schauspieler-Studien* erstmals in die Diskussion eingebracht wird. Dem Individuum wird eine beschränkte Autonomie zugestanden; eine Idee, die auch den Gebrüdern Schlegel oder E.T.A. Hoffmann erlaubte, sich als autonom begreifende Subjekte zu verstehen (184f.):

> »Diese Kraft im Menschen, welche denselben geschickt macht, neben seiner leidenden (subjectiven) Natur auch noch eine handelnde (objective) Natur anzunehmen und mit letzterer über erstere gleichsam zu gebieten, nennen wir in der Kunst die Ironie. Wer also von den ihn treffenden Ereignissen so kräftig angereitzt wird, dass er dasjenige Bewusstsein, welches ihm vorher nicht mehr zu Gebote stand, wieder erhält und es zu Betrachtungen über seine Lage gebrauchen kann, von dem sagen wir, dass er ironisch sei. Nun kann es nicht fehlen, dass diese Ironie in ihrem uneingeschränkten und fessellosen Wesen nicht auch in das gänzlich Zwecklose, Zweckwidrige und Verkehrte verfallen, also, mit andern Worten, rein komisch werden sollte. Daher ist in der poetischen Kunst schon längst der Grundsatz aufgestellt worden, dass das Tragische, wenn es die höchste Stufe erstiegen habe, auch komisch werden könne.«

Bei der Besprechung weiterer romantischer Charaktere – Hamlet und Don Juan werden erwähnt – werden dann keine neuen Aspekte mehr eingebracht, sondern über letzteren wird lediglich versucht, jenen, einer Romantik inhärenten Begriff der »Sehnsucht« nochmals näher zu bestimmen (S. 189):

> »Zuerst und vorzüglich erfordert Don Juan die Art der Darstellung, die ich oben bereits verschiedene Male als romantisch dargethan und als solche erklährt habe. Jener immer rege und nie befriedigte Sinnen-Rausch, jenes forteilende, unaufhaltbare Jagen und Treiben nach Etwas ausser ihm, das ihn aber stets unbefriedigt lässt, und jenes Höhnen aller sittlichen und moralischen Gefühle im Menschen, diese Eigenschaften reissen ihn aus allen bürgerlichen, prosaischen Bezügen des Lebens heraus und stempeln ihn im hohen Grade zu einem romantischen Charakter.«

Im Zusammenhang mit Don Juan befasst sich G.L.P. Sievers dann im übrigen auch allgemein mit der Gattung Oper und bemerkt zur Musik derselben, dass diese eben – ähnlich wie es auch E.T.A. Hoffmann formuliert und wie dies oben schon angedeutet wurde – nicht »Diesem oder Jenem« dienen könne, sondern das Ganze im Auge behalten müsse (S. 198):

> »Übrigens kann ich hier diese Gelegenheit nicht vorbeigehen lassen, ohne über die ganze Oper im Allgemeinen noch Folgendes zu sagen. Was die Musik derselben anbetrifft; so muss man es nicht versuchen wollen, die Vortrefflichkeit derselben in Diesem oder Jenem darthun zu wollen. Denn ein Wunder vermag nicht, in seine einzelne Theile aufgelöst zu werden, und die Musik zum Don Juan ist ein wahres Wunder, welches für jede Zeit unauflöslich bleiben wird. Aber auch in dem Texte, der doch von so vielen Critikern für gänzlich verfehlt gehalten wird, liegt, neben

seiner wahrhaft musikalischen Natur, wenn ich mich so ausdrücken darf, eine moralische Symbolik, die demjenigen einen ganz eigenen Reitz gewährt.«

E.T.A. Hoffmanns Opern-Ästhetik weist in die gleiche Richtung. Auch er möchte als Voraussetzung einer romantischen Oper beim Libretto das »Komische« mit dem »Tragischen« gemischt sehen. Beide Extreme sollten jedoch zu einem Totaleffekt verschmelzen – eben zum Romantischen. Das Romantische stellt eine Verabsolutierung der Gefühle dar, eine absolute Summe der Gefühle einer Oper. Der Komponist bleibt nicht mehr am einzelnen Worte hängen, sondern lässt sich durch diesen summarischen Absolutismus inspirieren.[13]

C. Die Tradierung von G.L.P. Sievers' Denkmodellen im Konversationslexikon des 19. Jahrhunderts

Seit Herbst 1813 bis zum Jahr 1815 war G.L.P. Sievers als Redakteur des Brockhaus-Verlags in Altenburg tätig. G.L.P. Sievers leitete den Druck des fünften Bandes der zweiten und dritten Auflage des *Conversationslexikons* dieses Verlags und verfasste speziell für diesen Band auch Artikel wie »Instrumentalmusik«, »Italienische Musik«, »Kirchenmusik«, »Komisch« oder »Lied«. Daneben entstanden jedoch auch eine Reihe weiterer Artikel zu Themen wie »Melodie«, »Mozart«, »Musik«, »Ouverture« oder »Oper«, die – wie im zweiten Teil dieser Arbeit bereits ausgeführt – im sechsten und siebenten Band der entsprechenden Auflage des *Conversationslexikons* zu eruieren sind. Es blieb jedoch nicht bei dieser einmaligen Verwendung von G.L.P. Sievers' Artikeln, sondern sie wurden auch in spätere, nicht mehr unter seiner Mitarbeit entstandene Auflagen des Lexikons übernommen. Dabei muss beachtet werden, dass ein Lexikon der damaligen Zeit weit intensiver als heute genutzt wurde, dass für einen Bildungsbürger des 19. Jahrhunderts nur wenige andere Orientierungsmöglichkeiten existierten. G.L.P. Sievers' Artikel zeitigten also einen nicht geringen Einfluss auf das Denken späterer Dezenien des 19. Jahrhunderts, wobei speziell auch die Benutzungsdauer eines solchen Lexikons untersucht werden müsste. In diesem Abschnitt der Arbeit sollen ursprünglich von G.L.P. Sievers stammende Artikel in späteren Auflagen des Konversationslexikons des Brockhaus-Verlags untersucht werden. Es wird sich zeigen, dass die Ideen

13 Vgl. dazu Gerhard Allroggen, »Die Opern-Ästhetik E.T.A. Hoffmanns«, a.a.O., S. 29.

unseres Lexikographen noch in aus den 1820er, 30er und 40er Jahren stammenden Auflagen des Lexikons weitertradiert wurden.

1. *»Italienische Musik« im Konversationslexikon*

G.L.P. Sievers' Artikel »Italienische Musik« handelt zunächst nicht eigentlich von der Musik italienischer Komponisten, sondern gibt dem Lexikographen die Möglichkeit, seine Unterscheidung von italienischer, französischer und deutscher Musik nochmals darzulegen; eine Unterscheidung, wie sie bereits einige Jahre zuvor auch in der *AmZ* ausführlich postuliert worden war. Ein Leser, der sich über italienische Musik zu informieren suchte, wurde mit G.L.P. Sievers' Idee einer nationalen Polarisierung und seiner Kulturkreis-Theorie konfrontiert; er erfuhr über Italien zunächst nur, dass es als Ursprungsland einer »romantischen Bildung« und als »Wiege der Musik« zu gelten habe (*Brockhaus*, Bd. 5, S. 130):

> »Die romantische Bildung entsprang zuerst in Italien, und also musste auch Italien die Wiege der Musik werden. Von hier aus verbreitete sie sich nach Deutschland und Frankreich, wo sie sich, jedoch ganz verschiedenartig entwickelt hat. In Italien reines, unmittelbares Erzeugnis der Sehnsucht nach einem, das ganze Wesen des Menschen erfüllenden, ihm stets unbekannt vorschwebenden Gegenstande, musste sie sich, gleichsam noch in Unschuld und Kindheit befangen, einfach und schmucklos gestalten; so finden wir sie auch dort wirklich die einfachste, natürlichste, des Herzens Sehnsucht in seinen innersten Tiefen erregende Melodie, welche gerade nur so viel von Harmonie unterstützt ist, als jegliche Melodie zu einer ihr nothwendigen Grundlage nöthig hat.«

Die Äusserungen G.L.P. Sievers' stimmen dabei so eindeutig mit früheren Aussagen überein, dass auch ohne andere Hinweise klar wäre, dass es sich beim Verfasser der im *Conversationslexikon* mit »Pq« gezeichneten Artikel um seine Person handeln muss. Auch der weitere Verlauf des Artikels »Italienische Musik« bestätigt dies: G.L.P. Sievers sieht zunächst keine Veranlassung, von der italienischen Musik zu sprechen; nach seiner allgemeinen Einleitung, in welcher eher von romantischer als von italienischer Musik die Rede war, folgen Abschnitte zur deutschen bzw. französischen Musik, wobei nur der Abschnitt zu ersterer wiedergegeben werden soll – wohlgemerkt: aus einem Artikel »Italienische Musik« (*Brockhaus*, Bd. 5, S. 130):

> »Aus diesem, sich stets gleichbleibenden Charakter der italienischen Musik sollte man fast geneigt seyn, zu schliessen, dass die Art des Satzes, welche wir in ihr vorherrschend finden, den wahrsten und natürlichsten Charakter der Musik aufstellt, und dass jede Abweichung von demselben nur den Nachtheil dieser Kunst zur

Folge haben könne. Nichts desto weniger hat die deutsche Musik in den letzten dreissig Jahren eine fast gänzlich neue, und von dem Style der italienischen Musik durchaus abweichende Bahn gebrochen. Wenn die Musik der Italiener in ihrem Streben nach blosser Melodie nur der Übergang von der reinen Poesie der Alten zu der Romantik der Neuern zu seyn scheint; so ist es dagegen der deutschen Musik vorbehalten gewesen, in dem tausendfältigen, wunderbaren Spiele der Harmonie, verbunden mit der Melodie, den romantischen Charakter auf das vollkommenste zu entwickeln und auszubilden. Es scheint überhaupt, dass die Romantik, jemehr sie sich dem Norden nähert, sich auch immer vollkommener zu gestalten strebe: davon zeigt der Charakter der nordischen Poesie, im Gegensatze mit der Poesie des südlichen Europa. Die deutsche Musik steht daher auf dem Punkte, sich, da schon an und für sich nichts romantischer ist, als eben Musik, zum vollkommensten Erzeugnisse der romantischen Kunst auszubilden: wir dürfen hier nur Mozart's Werke nennen, welche Vorbilder für alle jetzige und folgende Musik sind.«

G.L.P. Sievers' Artikel handelt also zunächst nicht eigentlich von italienischer Musik sondern es werden altbekannte Gedanken zur Kunst »Musik« als romantischer Kunst an sich, wie sie in den *AmZ*-Aufsätzen aus dem Jahre 1807 anzutreffen waren, nochmals neu formuliert. Einen neuen Ansatz liefert G.L.P. Sievers lediglich zur Unterscheidung einer italienischen von einer deutschen Romantik, welche durch die Begriffe »formell« und »materiell« zu erreichen angestrebt wird (*Brockhaus*, Bd. 5, S. 130f.):

»Wenn man endlich durchaus geneigt seyn sollte, den eigentlichen Unterschied, so wie wir ihn zwischen der jetzigen italienischen und deutschen Musik finden nicht bloss mit dem Gefühle zu ahnen, sondern auch mit dem Verstande zu begreifen, so könnte jener Unterschied etwa so angegeben werden, dass die italienische Musik nur formell, die deutsche hingegen formell und materiell romantisch sey. Um überhaupt den Unterschied zwischen der italienischen und deutschen Musik auch selbst dem Unkundigen verständlich zu machen, dürfen wir ihn nur einladen, Mozarts Don Juan und Paesiellos Müllerin nebeneinander zu stellen, und das, was er in jenem auffallend Verschiedenes von der Musik dieser findet, für das eigentlich Romantische zu nehmen. Wenn nun zwischen beiden Arten der Musik noch immer eine gemeinschaftliche Beziehung Statt findet, welche in der Gleichheit ihrer innern Natur und ihrem gemeinsamen Ursprunge begründet ist, so macht dagegen die französische Musik, in so weit diese nämlich ein nationelles, keinem fremden Volke nachgebildetes Erzeugnis ist, eine ganz eigene, von der italienischen und deutschen Musik gänzlich verschiedene Gattung aus.«

Auch auf die eigentliche Geschichte der italienische Musik wird schliesslich im Artikel »Italienische Musik« noch eingegangen. Ein erster Höhepunkt wird dabei zur Zeit Palestrinas angesetzt; der Lexikograph vertritt die Meinung, Palestrina sei in Sachen Kirchenmusik unerreicht geblieben; nach Palestrina habe man sich in Italien der neuen Gattung Oper zugewandt, so dass durch eine

Vermischung der Stile bald ein Verfall der Kirchenmusik eingetreten sei; eine Ansicht G.L.P. Sievers', die bereits im Abschnitt zur Kirchenmusik angedeutet wurde (*Brockhaus*, Bd. 5, S. 132):

»Um aber zur italienischen Musik zurückzukehren, so bemerken, wir noch folgendes. Die Italiener zeichnen sich durch ihr grosses Talent zum Singen aus, durch welches sie Meister im Gesange und Lehrer anderer Völker geworden sind. Dieser Vorzug steht mit dem angegebenen Charakter ihrer Musik, in welcher die Melodie vorherrschend ist, in der innigsten Beziehung. Weniger sind sie als Virtuosen in der Instrumentalmusik ausgezeichnet. Auch hat der Flor des katholischen Cultus in Italien dazu unendlich beigetragen, denn überall stand die Musik mit der Religion in der engsten Verbindung. Natürlich wurde der Kirchenstyl zuerst ausgebildet, der von der einfachen Vocalmusik ausging, und mit der Theorie der Harmonie und der Tonsetzkunst gleichen Schritt hielt. Die Ausbildung der musikalischen Notenschrift durch Verbesserung der bisher gebrauchten deutschen Tabulatur, Erfindung der Schlüssel, Benennung der Töne durch ut re mi sol la si, fällt schon ins 11te Jahrhundert, und gehört dem Benedictiner Guido von Arezzo, als Erfinder an. Viele Päpste begünstigten die Musik, namentlich den Gesang sehr, und heiligten sie durch ihre Breve's, so z.B. Pius IV. und Sixtus VI., welcher letztere für seine Capelle 150,000 fl. bezahlte. Unter den Mediceern hatte die italienische Musik schon eine hohe Stufe der Ausbildung erreicht. Zu Ende des 16ten und in der ersten Hälfte des 17ten Jahrhunderts zieht die Republik Venedig besonders unsere Aufmerksamkeit auf sich. Giuseppe Zarlino, Capellmeister von St. Marcus in Venedig, machte durch seine theoretischen Werke (bes. über die Harmonie) Epoche. Auch wurde zu Venedig 1624 die erste Oper aufgeführt. Von Rom und Venedig drang der Enthusiasmus für Musik nach Neapel und Genua; und ganz Italien, sagt Schubart, ward bald ein lautschallender Conzertsaal, der alle Europäer herbeilockte, um wahre Tonkunst (besonders schönen Gesang) zu lernen und zu hören. Vinci, Allegri (s.d.Art.) Palästrina waren die grössten Componisten jener Zeit. Um die Mitte des 17ten Jahrhunderts, wo die Theatermusik sich immer mehr empor hob, fing die Einfalt an, in Pracht überzugehen. Die Musik vereinigte die weltliche Miene des Drama's mit dem Glutantlitze des Kirchenstyls, und dies legte den ersten Grund zum Verfall der letztern.«

Trotz einer Vermischung der Stile, die nach Palestrina einsetzte, setzt G.L.P. Sievers jedoch die »glänzendste Periode der italienischen Musik« um die Mitte des 18. Jahrhunderts an (*Brockhaus*, Bd. 5, S. 133):

»Die vorzüglichsten Componisten seit jener Zeit sind Traetta, Galuppi, durch einfachen und lieblichen Gesang ausgezeichnet, Jomelli (s.d.Art.), der der Instrumentalmusik grösseren Antheil gab; Nic. Porpora, der Stifter einer neuen Singschule, und durch seine Solfeggi's berühmt; Percolesi, dessen Kirchenmusik (z.B. stabat mater) durch ihre einfache Schönheit noch heute entzückt; der grosse Theoretiker Pater Martini, der süsse der gefällige Sacchini, Sarti, Paesiello, Cimarosa, die Blüte der italienischen Musik, Salieri und Righini, welche sich an die Deutschen, Cherubini und Spontini, welche sich an sie, und an die Franzosen anschliessen. Die neuesten, welche im italienischen Geschmack arbeiten, sind Nasolini und Zingarelli.«

Einige Äusserungen G.L.P. Sievers' im ersten hier untersuchten Artikel lassen einen Rückgriff auf Christian Friedrich Daniel Schubart vermuten, der im übrigen auch als Quelle angegeben wird. Aus *Christian Friedrich Daniel Schubart's Ideen zu einer Ästhetik der Tonkunst* scheinen Namen und Begriffe wie »Guido von Arezzo«, »Mediceer«, »Republik Venedig« und »Zarlino«, zudem die Jahreszahl »1624« für die erste Oper und schliesslich die Information, dass Sixtus VI. für seine Kapelle »150,000 fl.« bezahlte, übernommen. Wie G.L.P. Sievers bemerkt zudem auch Schubart einen Verfall der italienischen Kirchenmusik, welchen er in einer zweiten Periode der italienischen Musik ansetzt; einer Periode, die bei ihm von 1680 bis 1750 dauert.[14]

G.L.P. Sievers' Versuch einer antithetischen Gegenüberstellung von deutscher und italienischer Musik wird bei der ersten grossen Überarbeitung in der siebenten Auflage des *Conversationslexikons* dann aus dem Artikel gestrichen; man beschränkt sich – nachdem Anfangs auf Gaspare Luigi Pacifico Spontini (1774-1851) hingewiesen wird, der in dieser Zeit natürlich nicht ausgeklammert werden kann – auf einige allgemeine Übrigbleibsel; diese deuten jedoch an, dass G.L.P. Sievers' Ideen nicht ganz vergessen wurden, auch nicht in der achten Auflage aus den Jahren 1833 bis 1837:

»Die Geschichte der Musik führt uns, nachdem sie uns nur unvollkommene Nachricht von dem Wirken der Tonkunst im Alterthume gegeben, nach Italien, wo das Antike im Lauf der Jahrhunderte sich in das Moderne zuerst verschmilzt. (...) Alle südlichen Nationen zeigen eine grosse Reizbarkeit der Sinne und die Melodie ist ihnen ebenso sehr Bedürfnis wie dem Nordländer in der Musik die Harmonie, aber keiner Nation so sehr als der ital., deren schönes Klima und glückliche Organisation

---

14 *Christian Friedrich Daniel Schubart's Ideen zu einer Ästhetik der Tonkunst*, a.a.O., S. 37f. – Vgl. auch den Artikel »Italienische Musik«, in: *Allgemeine deutsche Real-Encyclopädie für die gebildeten Stände. (Conversations-Lexikon)*, siebente Auflage, 12 Bde., Leipzig 1827, Bd. 5, S. 639-642, S. 640: Aus »Schubart« wird in dieser Auflage des *Conversationslexikons* in einem von einem »T.« überarbeiteten Artikel ein »Schubert«, eine »Déformation professionelle«. Und dieser »Schubert« erscheint noch an anderem Ort im ursprünglichen Artikel; einiges mehr in G.L.P. Sievers' Artikel scheint auf Schubart zurückzugehen: Im Artikel des Jahres 1827 werden die letzten oben zitierten Sätze zur Kirchenmusik folgendermassen wiedergegeben: »Schon in der Mitte d. 17. Jahrh., wo sich die Theatermusik immer mehr hob, fing daher die Einfalt an in Pracht und Üppigkeit überzugehen und auch den Kirchenstyl zu verderben. Die Musik, *sagt Schubert* [Hervorhebung von mir], vereinigte die weltliche Miene des Dramas mit dem Glutantlitze des Kirchenstyls, und dies legte den ersten Grund zum Verfall der letzteren.«

für den Gesang (Italien lieferte die schönsten Alt- und Tenorstimmen, weniger Bässe) ihnen Melodie zum Zielpunkte ihres musikalischen Wirkens machte.«[15]

Und auch der Schlussabschnitt des ursprünglichen Artikels, welcher G.L.P. Sievers' Aufzählung italienischer Komponisten seit der Mitte des 18. Jahrhunderts enthielt, wird in die siebente Auflage fast wörtlich übernommen – ja, noch in der achten Auflage sind dieselben Komponisten mit den von G.L.P. Sievers zugeordneten Attributen vertreten, so dass die Charakterisierungen des ursprünglichen Artikelschreibers bis in die 1840er Jahre Vorbildfunktion behalten:

»Unter den Componisten des 18. Jahrhunderts sind zu nennen: C. Vinci Traetta, der noch die Würde des Gesanges behauptete, aber durch Künsteleien die Einfalt des Satzes stört; Galuppi, durch einfachen und lieblichen Gesang, reiche Erfindung und gute Harmonie ausgezeichnet; Jomelli, der der Instrumentalmusik grössern Antheil gab; Majo; Nic. Porpora, der Stifter einer neuen Singschule, durch seine Solfeggien in der Kirchenmusik; Leo; Pergolesi, dessen Musik durch ihre einfache Schönheit z.B. sein 'Stabat Mater', noch immer entzückt; Pater Martini zu Bologna; und in der Oper der süsse Piccini, Gluck's Nebenbuhler Ansossi, der gefällige Sacchini und Sarti. Der neuern Zeit gehören an: Paesiello, Cimarosa, die Blüte der Opera buffa, Zingarelli, Nasolini, Paganini, Niccolini, Pavesi, Generali und der beliebte Rossini mit seinen Nachfolgern Mercadante, Bellini, Donizetti u.A. Mehr den Deutschen schlossen sich an Salieri und der gründliche Righini, der auch Solfeggien schrieb, und an die Franzosen Cherubini und Spontini.«[16]

In der neunten Auflage des Konversationslexikons, welche in den Jahren 1843 bis 1848 erschien, werden dann endlich auch die sogenannten »Niederländer« lexikographisch erfasst; G.L.P. Sievers' Idee einer aus Griechenland stammenden italienischen Kultur wird einer Überprüfung unterzogen.[17] Doch noch in der elften Auflage des Lexikons, die zwischen 1864 und 1873 gedruckt wurde,

---

15 Artikel »Italienische Musik«, in: *Allgemeine deutsche Real-Encyclopädie für die gebildeten Stände. (Conversations-Lexikon)*, siebente Auflage, a.a.O., S. 639f. – Vgl. auch den Artikel »Italienische Musik«, in: *Allgemeine deutsche Real-Encyklopädie für die gebildeten Stände. (Conversations-Lexikon)*, achte Auflage, 12 Bde., Leipzig 1833-1837, Bd. 5, S. 666-669, S. 667. – Der Klammertext im Zitat stammt im übrigen wieder fast wörtlich aus G.L.P. Sievers' früheren Ausführungen (*Brockhaus*, Bd. 5, S. 133): »Doch liefert Italien grösstentheils nur schöne Diskant- und Altstimmen; weniger Bässe.«

16 Artikel »Italienische Musik«, in: *Allgemeine deutsche Real-Encyklopädie für die gebildeten Stände. (Conversations-Lexikon)*, achte Auflage, a.a.O., S. 668f.

17 Artikel »Italienische Musik«, in: *Allgemeine deutsche Real-Encyklopädie für die gebildeten Stände. Conversations-Lexikon*, neunte Auflage, 15 Bde., Leipzig 1843-1848, Bd. 7, S. 545-547, S. 546.

bleiben einzelne der Sieversschen Attribute zu italienischen Komponisten erhalten; sie werden zu stilistischen Kriterien umfunktioniert, welche helfen, die einzelnen Komponisten in der Musikgeschichte einzuordnen:

»Ausser jenen gibt es noch einige Meister, die ihrer Geburt nach Italiener, aber, ins Ausland versetzt, in ihrer Musik eine Richtung nahmen, welche mit der ihres Vaterlandes kaum einige allgemeine Züge gemein hat. Diese sind Cherubini (s.d.) und Spontini (s.d.), die der französischen, und Salieri (s.d.) und Righini (s.d.), die mehr der deutschen Schule sich anschlossen.«[18]

2. *»Musik« im Konversationslexikon*

G.L.P. Sievers' für das *Conversationslexikon* verfasster Artikel »Musik«, dem eine »Geschichte der Musik« nachgestellt ist, wird durch eine Definition des Begriffs »Musik« eingeleitet, die ganz in der Manier des Lexikographen natürlich auf der Musik der Griechen gründet (*Brockhaus*, Bd. 6, S. 640):

»Unter Musik (μουσικτι) verstanden die Griechen die sogenannten Musenkünste, vorzüglich Tonkunst, Dichtkunst und Redekunst. Und die α'γυινες μονσικοι (musikalischen Wettstreite) fanden in allen diesen Künsten Statt. Späterhin wurde der Name Musik und musikalisch bloss auf die Tonkunst beschränkt.«

Diese Definition scheint der *AmZ* entlehnt, denn dort hatte sich einige Jahre zuvor der aus Eisenach stammende Schriftsteller, Dichter und wenig bekannte Liederkomponist Christian Schreiber (1781-1857) – ein weiterer »Hoffmann«! – in einem Aufsatz »Rhapsodische Gedanken über die Musik alter und neuer Zeit« in ähnlichen Worten geäussert (*AmZ* 6 (1803/04), S. 351f.):

»Aber unter dem Namen Musik ward damals der sämmtliche Unterricht in Kunst und Wissenschaften begriffen, (Siehe Eschenburgs Handbuch der klassischen Literatur) (...) da diese bey den Griechen mit Poesie, Gesang, Mimik und Deklamation in unzertrennlicher Verbindung stand. Und aus diesem Gesichtspunkt sind auch die musikalischen Wettstreite der Griechen zu beurtheilen, (...). Erst in spätern Zeiten, besonders unter Italiänern und Deutschen, welche letztern aber ihre Vorgänger bald zurückliessen, bildete sich die Musik zur eigenen darstellenden Kunst.«

Bei Schreiber fehlen die im Sieversschen Artikel angegebenen griechischen Termini für »Musik« und »musikalische Wettstreite«. Diese finden sich jedoch

---

18 Artikel »Italienische Musik«, in: *Allgemeine deutsche Real-Encyklopädie für die gebildeten Stände. Conversations-Lexikon*, elfte Auflage, 15 Bde., Leipzig 1864-1873, Bd. 8, S. 390-392, S. 392.

im von ihm bibliographierten *Handbuch der klassischen Literatur* Johann Joachim Eschenburgs.[19] Es ist daher anzunehmen, dass unser Autor seine Definition aus beiden Quellen zusammenstellte. Ein Rückgriff nur auf Eschenburg scheint weniger wahrscheinlich, da bei diesem die Wortwahl doch erheblich von Schreiber und G.L.P. Sievers abweicht. Nebenbei sei bemerkt, dass sich in diesem Rückgriff auf eine Definition aus der *AmZ* wieder einmal die überragende Rolle manifestiert, die dieser Zeitschrift gerade in den ersten beiden Jahrzehnten des 19. Jahrhunderts zukam.

G.L.P. Sievers' ursprüngliche Definition bleibt dann in den späteren Auflagen des Lexikons in ihrer Grundgestalt erhalten, erfährt jedoch eine gewisse Erweiterung; sie wird neuen Ideen angepasst. Bereits in der siebenten Auflage wird beispielsweise darauf hingewiesen, dass es die Aufgabe der Kunst »Musik« sei, »durch Töne das Gemüth mit Wohlgefallen zu bewegen«:

> »Unter Musik (μουσικτι) verstanden die Griechen die sogen. Musenkünste, vorzüglich Tonkunst, Dichtkunst, Redekunst. Plato setzt sie der Gymnastik entgegen. Und die α'γυινες μονσικοι (musikalischen Wettstreite) fanden in allen diesen Künsten Statt. Späterhin wurde der Name Musik und musikalisch bloss auf die Kunst, durch Töne das Gemüth mit Wohlgefallen zu bewegen, beschränkt, eine Kunst, deren Werke in dem Gebiete der Zeitformen sich bewegen und daher auch von der Zeit mehr als andre abhängig sind.«[20]

In der achten Auflage nähert sich die Definition dann wieder dem ursprünglichen Text; zwar werden die griechischen Termini weggelassen, jedoch wird auch Plato wieder getilgt:

> »Unter Musik verstanden die Griechen die sogenannten Musenkünste, vorzüglich Tonkunst, Dichtkunst und Redekunst. Später wurde der Name Musik und musikalisch bloss auf die Kunst, durch Töne das Gemüth mit Wohlgefallen zu erregen, beschränkt, eine Kunst, deren Werke in dem Gebiete der Zeitformen sich bewegen und daher auch von der Zeit mehr als andere abhängig sind.«[21]

Und auch für den im Jahre 1846 gedruckten entsprechenden Band der neunten Auflage wird nur wenig, jedoch symptomatisches, verändert: aus »Gemüth« wird »Seele« und aus »Wohlgefallen« werden »Gesetze der Schönheit«:

---

19 Johann Joachim Eschenburg, *Handbuch der klassischen Literatur*, a.a.O., S. 34.

20 Artikel »Musik«, in: *Allgemeine deutsche Real-Encyklopädie für die gebildeten Stände. (Conversations-Lexikon)*, siebente Auflage, a.a.O., Bd. 7, S. 630-637, S. 630.

21 Artikel »Musik«, in: *Allgemeine deutsche Real-Enzyklopädie für die gebildeten Stände. (Conversations-Lexikon)*, achte Auflage, a.a.O., Bd. 7, S. 623-630, S. 623.

»Unter Musik verstanden die Griechen die sogenannten Musenkünste, namentlich Tonkunst, Dichtkunst und Redekunst. Später, bei den christlichen Völkern, wurde der Name Musik auf die Kunst beschränkt, durch Töne die Seele des Menschen den Gesetzen der Schönheit gemäss zu erregen.«[22]

Beim Überblicken des gesamten Artikels »Musik« muss konstatiert werden, dass ein Schwerpunkt eindeutig auf die griechische Musik gelegt wurde; diese nimmt rund zwei Drittel allen Platzes ein. Solches gilt auch für die »Geschichte der Musik«, in welcher ganz im Sinne der altbekannten Kulturkreis-Theorie verfahren und lediglich nebenbei auch weiterführende Literatur genannt wird: Johann Niklaus Forkels *Allgemeine Geschichte der Musik* (1788/1801) (*Brockhaus*, Bd. 6, S. 648f.):

»Übrigens sollen wir, nach einer Tradition, die durch eine lange Reihe von Jahrhunderten bis auf uns gekommen ist, in den noch jetzt gebräuchlichen Kirchentonarten die meisten modos musicos der Griechen besitzen. Dass einige, noch jetzt in catholischen Kirchen übliche Gesänge ein Alter von tausend Jahren und darüber haben, ist nicht unwahrscheinlich. Über die Geschichte der Musik handelt Forkels allgemeine Geschichte der Musik, bis jetzt noch unvollendet.«

Einige Ideen des Artikels könnten durchaus Forkels Abhandlung entnommen sein, doch sind die meisten Ansichten so allgemein verbreitet, dass Forkel – da nie ausdrücklich zitiert zu werden scheint – nicht als *die* Quelle anzunehmen ist.[23] Als Autorität auch für G.L.P. Sievers hat Forkel jedoch trotzdem zu gelten.

3. »*Mozart*« *im Konversationslexikon*

Wie bereits im zweiten Teil dieser Arbeit angedeutet, zeitigte G.L.P. Sievers' Artikel »Mozart« einen nicht geringen Einfluss auf das Mozartbild des 19. Jahrhunderts. Der Artikel, der Mozart als vollendeten Komponisten – als Genie – darzustellen sucht, wird weitgehend unverändert noch in die siebente Auflage des Konversationslexikons übernommen und trägt auch dort noch die Signatur »Pq«, die Signatur G.L.P. Sievers'. Auch das vom ursprünglichen Lexikographen angegebenen Todesjahr 1792 bleibt bestehen und wird erst in der achten Auflage im Jahre 1834 korrigiert – über vierzig Jahre nach dem Tod des Komponisten. Wie G.L.P. Sievers zu seinem falschen Todesjahr kam, lässt sich an-

22 Artikel »Musik«, in: *Allgemeine deutsche Real-Encyklopädie für die gebildeten Stände. Conversations-Lexikon*, neunte Auflage, a.a.O., Bd. 10, S. 77-82, S. 77.

23 Johann Niklaus Forkel, *Allgemeine Geschichte der Musik*, 2 Bde., Leipzig 1788 und 1801.

hand der Chronologie, welche er zu den letzten Lebensjahren des Komponisten liefert, erahnen: Die Fülle an Opern und Meisterwerken, die nach 1790 entstanden, liess einen Tod bereits im Dezember 1791 unwahrscheinlich erscheinen (*Brockhaus*, Bd. 6, S. 573):

> »Nachdem er nun noch 1790 Cosi fan tutte und während der Krankheit, die seinen Tod herbeiführte, 1791 die Zauberflöte, La clemenza di Tito und das berühmte Requiem gesetzt hatte, starb er am 5ten December 1792 im sechsunddreissigsten Jahre seines Alters.«

Dass es sich zudem bei der angegebenen Jahreszahl »1792« nicht um einen Druckfehler handelt, wird aus einer Passage in G.L.P. Sievers' Buch *Mozart und Süssmayer* klar. Noch im Jahre 1829 hält der Verfasser am falschen Todesjahr Mozarts fest und nennt auch einen Gewährsmann, einen »Hr. Krüchten« (S. 23):

> »Vor allen andern muss es in Verwundrung setzen, dass sich niemand die Mühe gegeben hat, Mozart's wahres Todesjahr auszumitteln und zu bestimmen zu suchen; während von mehrern Seiten her das Jahr 1791 dafür ausgegeben wird, behauptet einzig und allein Hr. Krüchten, und meines Wissens, mit vollem Rechte, er sei 1792 gestorben.«

Dieser Gewährsmann scheint heute nicht mehr identifiziert werden zu können, muss jedoch auch nicht die ursprüngliche Quelle für den Artikel im *Conversationslexikon* gewesen sein, meint doch G.L.P. Sievers an gleicher Stelle, sich nicht mehr erinnern zu können, »welche materielle Quelle« ihm beim Abfassen des Artikels vorgelegen habe. Wie G.L.P. Sievers also zur These des Todes Mozarts erst im Jahre 1792 kommt, muss offen bleiben.[24]

Wie angedeutet wird der Artikel G.L.P. Sievers' weitgehend unverändert in die siebente Auflage des Konversationslexikons übernommen. Gerade die Passage zu Mozarts Tod erfährt jedoch durch einen Antonio Salieri betreffenden Nachsatz eine Veränderung; die diesen beschuldigenden Gerüchte um einen gewaltsamen Tod des Maestro scheinen einen solchen Nachsatz nötig zu machen:

> »Nachdem er nun noch 1790 'Cosi fan tutte' und während der Krankheit, die s. Tod herbeiführte, 1791 die 'Zauberflöte', 'La clemenza di Tito' und das berühmte Requiem gesetzt hatte, starb er am 5. Dec. 1792 im 36. J. s. Alters, nach dem Be-

---

24 Auch der einzige vor G.L.P. Sievers über Mozarts Leben berichtende Biograph, Franz Xaver Niemeczek (1766-1849), nennt als Todesjahr 1791 (Vgl. Franz Xaver Niemeczek, *Leben des k.k. Kapellmeisters Wolfgang Gottlieb Mozart, nach Original-Quellen beschrieben*, Prag 1798, zweite Auflage 1808).

richte des Arztes an Anhäufung des Wassers im Kopfe, und ein falsches Gerücht, Salieri betreffend, ist dadurch widerlegt worden.«[25]

In der achten Auflage des Konversationslexikons erfuhr dann G.L.P. Sievers enthusiastischer Artikel eine gewisse Relativierung: Mozart wird nicht mehr als »der grösste deutsche Componist«, als welcher er noch 1827 in der Formulierung G.L.P. Sievers' aufgefasst worden war, bezeichnet, sondern gilt nur noch als »einer der grössten deutschen Componisten«.[26] Und auch ansonsten werden gewisse Korrekturen vorgenommen, so dass beispielsweise auch G.L.P. Sievers' persönliche Meinung zu den Werken Mozarts nur noch beschränkt weitertradiert wird; eine Meinung, die keinerlei Abstriche am Oeuvre des Salzburger Komponisten zugelassen hatte (*Brockhaus*, Bd. 6, S. 571):

> »Finden wir die Wirkung von diesem, nur für das Schöne der Kunst empfänglichen Gemüthe nicht in allen Werken Mozarts wieder? Herrscht nicht, trotz der gewohnten Vollstimmigkeit, so zu sagen, in jedem Tacte derselben eine Klarheit, eine Lieblichkeit, die selbst in ihren kühnsten Übergängen und Fortschreitungen auch dem ungebildetsten musikalischen Sinne zur Wollust wird? Bewirkt nicht eben diese klare Verständlichkeit der mozartschen Werke, dass sie alle, ohne Ausnahme, dargestellt, gesungen und von Allen mit gleichem Entzücken genossen werden?«

Radikal getilgt wird auch ein Vergleich Mozarts mit Raffael, der aus den Rochlitzschen *AmZ*-Berichten über G.L.P. Sievers Eingang auch ins Konversationslexikon gefunden hatte und bei G.L.P. Sievers dazu diente, Mozarts Wiener Zeit zu glorifizieren (*Brockhaus*, Bd. 6, S. 572f.):

> »Er erfüllte die grossen Erwartungen, zu denen sein bewundernswürdiges und früh entwickeltes Genie das ganze musikalische Publicum berechtigt hatte; auf eine vollkommen befriedigende Art und ward der Raphael der Tonkünstler.«

Ein Abschnitt, in welchem sich G.L.P. Sievers zur Erscheinung und zum Charakter Mozarts äusserte, überlebt dagegen auch die achte Auflage des Lexikons; erst in der neunten Auflage im Jahre 1846 wird dann dieses im folgenden wiedergegebene Mozart-Bild G.L.P. Sievers' ersatzlos gestrichen (*Brockhaus* Bd. 6, S. 573):

---

25 Artikel »Mozart«, in: *Allgemeine deutsche Real-Encyklopädie für die gebildeten Stände. (Conversations-Lexikon)*, siebente Auflage, a.a.O., Bd. 7, S. 573-576, S. 575.

26 Artikel »Mozart« in: *Allgemeine deutsche Real-Enzyklopädie für die gebildeten Stände. (Conversations-Lexikon)*, achte Auflage, a.a.O., Bd. 7, S. 562-565, S. 562.

»So wie dieser seltne Geist aber früh schon in seiner Kunst Mann wurde, so blieb er hingegen in allen übrigen Verhältnissen des menschlichen Lebens stets Kind. Er lernte nie sich selbst regieren; für häusliche Ordnung, für gehörigen Gebrauch des Geistes, für Mässigung und besonnene Wahl im Genusse hatte er keinen Sinn. Allein eben dieser immer zerstreute, immer in sich zurückgezogene Mensch schien ein ganz andres, ein höheres Wesen zu werden, sobald er sich an das Clavier setzte. Dann spannte sich sein Geist, und seine Aufmerksamkeit richtete sich ungetheilt auf den einen Gegenstand, für welchen er geboren war, die Harmonie der Töne. Ja die Musik machte so sehr das Hauptgeschäft seines Lebens aus, dass er sogar beim Essen spielte, als ob er ein Clavier unter den Händen hätte. Am liebsten spielte er bei der Nacht und bis zum frühesten Morgen hin, wenn man ihn nicht mit Gewalt vom Clavier entfernte. Gewöhnlich componirte er vor sechs oder sieben Uhr des Morgens bis um zehn Uhr, und zwar meistentheils im Bette; dann setzte er den ganzen Tag nichts mehr, ausser wenn etwas dringendes zu verfertigen war. Ausser der Musik schien er nur noch eine Leidenschaft zu haben; dies war das Billard, welches er mit dem höchsten Interesse zu spielen pflegte. Was seine Körperbildung anbetraf, so zeichnete sich diese durch nichts Vortheilhaftes aus: er war klein, hager, blass und verrieth durchaus nichts ausserordentliches in seiner Physiognomie.«

G.L.P. Sievers' Artikel schliesst schliesslich mit einer Würdigung von Mozarts Musik. Dieses Urteil bleibt in der achten Auflage des Lexikons ebenfalls noch unangetastet, hat jedoch wie das oben beschriebene Mozart-Bild in der neunten einem neuen, weit unbestimmteren zu weichen[27] (*Brockhaus*, Bd. 6, S. 574):

»Übrigens will Mozart nicht besprochen, nicht erklärt, sondern genossen werden: er ist ein Wunder, welches, der Ahnung und dem Gefühle allein angehörend, von keinem Verstande berührt werden darf. Desgleichen seine Werke, die ungeachtet ihres ganz neuerschaffenen, alle bis dahin betretene Bahnen verlassenden Charakters, durch ihre innere, reiche, alle Mittel der Kunst erschöpfende und doch zugleich himmlisch klare Vollendung den Liebhaber, wie den eigentlichen Musiker, gleich mächtig anziehen. So ist namentlich sein Don Juan der Schlüssel, ein Werk, in dem alles erschöpft ist, was die Seele des Menschen in ihrer tiefsten Tiefe ahnet und empfindet, aus welchem uns der ewige Geist der Welt selbst mit seinem Hauche von Glauben, Liebe und Hoffnung anweht, ein Werk, das selbst in Tendenz zu einem jüngsten Gerichte für alle Verruchtheit wird, zu deren Gewissen die Posaune (denn was ist die mit der Erscheinung des Geistes ertönende Musik anders?) in schrecklichen, alles zermalmenden Tönen redet. So auch sein Requiem, in welchem Mozarts Geist seine eigne Verklärung feiert.«

---

27 Vgl. dazu den Artikel »Mozart«, in: *Allgemeine deutsche Real-Encyklopädie für die gebildeten Stände. Convertations-Lexikon*, neunte Auflage, a.a.O., Bd. 10, S. 10-13, S. 12.

Insgesamt muss gesehen werden, dass sämtliche Auflagen dieses Konversationslexikons des Brockhaus-Verlags nach ihrem Erscheinen wahrscheinlich über Jahre und Jahrzehnte rege benutzt wurden. Die siebente Auflage des Lexikons aus dem Jahre 1827, in welche diverse Artikel G.L.P. Sievers' wörtlich übernommen wurden, scheint beispielsweise bis zumindest in die 1840er Jahre in Gebrauch gewesen zu sein, was abschätzen lässt, dass sich die Artikel unseres Lexikographen – wenn auch anonym – einer ziemlichen Verbreitung erfreuten. Wie im zweiten Teil dieser Arbeit bereits ausgeführt, scheint das falsche Todesjahr, welches G.L.P. Sievers in seinem Artikel »Mozart« angibt, dabei dazu geführt zu haben, dass man in gewissen Kreisen im Jahre 1842 des Salzburger Komponisten gedachte.

VI. G.L.P. Sievers in seinen späten Schriften

Im Gegensatz etwa zu E.T.A. Hoffmann, der Zeit seines Lebens im Einflussbereich seines Brotgebers, des preussischen Staates, beheimatet blieb, lebte G.L.P. Sievers spätestens seit Ende des Jahres 1816 zur Hauptsache ausserhalb dieser deutschsprachigen Heimat. Es lässt sich dabei konstatieren, dass die Jahre in Paris und Rom Veränderungen in seinen Lebensanschauungen bewirkten, die sich in den späten Schriften bis zu seinem Tod ums Jahr 1830 verfolgen lassen. Diese Veränderungen, die nicht nur auf eine geographische Ursache, sondern auch auf die Person Gioacchino Antonio Rossinis (1792-1868) zurückgeführt werden können, sollen in diesem sechsten Teil der Arbeit angesprochen werden.

A. Romantik in Frankreich (*AmZ* 1816-1821)

1. *Voraussetzungen*

In einem im Jahre 1817 in der *AmZ* abgedruckten Grundsatzartikel »Über den jetzigen Zustand der Musik in Frankreich, besonders in Paris« wird gleich zu Beginn parallel zu den Arbeiten von 1807 nochmals eine nationale Polarisierung, die auf der Kulturkreis-Theorie gründet, exponiert. Auch in diesem Aufsatz G.L.P. Sievers' dominiert noch immer eine Auffassung, welche bereits im dritten Teil dieser Arbeit ausführlich dargelegt wurde: Nach seinem Verständnis vermögen lediglich Deutschland und Italien eine romantische Musikästhetik zu entwickeln bzw. zu goutieren (*AmZ* 19 (1817), S. 265):

> »Es bedarf wohl keines Beweises, dass der Ursprung der Musik in Frankreich auf ganz andern Grundsätzen beruhe, als diejenigen sind, welche dieser Kunst in Deutschland und Italien zu Elementen ihrer Schöpfung gedient haben. Wenn in den beyden letztgenannten Ländern die Musik unmittelbares Erzeugnis des sehnsuchtsvollen Gemüths gewesen ist, welches, da es sich in Poesie, als einer noch zu verständlichen Sprache, nicht vollkommen äussern konnte, unverständlicher, aber eben deshalb seiner ahnungsvollen Seele mehr zusagende Laute wählte, um die ganze Fülle seiner überströmenden Gefühle aushauchen zu können; so hat dagegen diese Kunst in Frankreich nie dazu gedient, ein Gefühl unmittelbar anzudeuten, sondern nur die Worte, durch welche dasselbe äusserlich ausgedrückt werden sollte, mittel-

bar zu verstärken. In Italien und Deutschland ist daher die Musik als unmittelbare, durch sich selbst wirkende Kunst zu betrachten, welcher die Worte nur zum bedingten, mechanischen Hülfsmittel dienen, um sich äussern zu können; in Frankreich hingegen dient die Musik, als eine den Worten untergeordnete Sklavin, diesen zur extensiven oratorischen Verstärkung, ist daselbst also bloss als ein mechanisches Hülfsmittel zu betrachten, wobey die Worte stets die Hauptsache ausmachen.«

G.L.P. Sievers spricht auch noch 1817 den Franzosen jede Fähigkeit zu einer wie auch immer zu definierenden »Romantik« ab, was pointiert folgendermassen zusammengefasst wird (*AmZ* 20 (1817), S. 277): »Der Franzose singt, um zu sprechen, der Deutsche spricht, um zu singen.«

G.L.P. Sievers' Ausführungen handeln im übrigen auch zu diesem Zeitpunkt noch immer nicht von der Instrumentalmusik, sondern von der Oper: Wie Johann Friedrich Rochlitz, Christian Friedrich Michaelis oder E.T.A. Hoffmann und wie in seinen eigenen frühen Arbeiten strebt er eine von Einzelheiten des Textes unabhängige Vertonung der Opernlibretti an, ein »Erfassen des Gesamten«. Das alte Prinzip der Nachahmung dient wie in den frühen *AmZ*-Aufsätzen lediglich dazu, die französische Musikauffassung zu disqualifizieren (*AmZ* 19 (1817), S. 276):

»Im Sinne der Deutschen und Italiener, das heisst, im romantischen Sinne das Wort genommen, besitzen die Franzosen keine Musik: was bey ihnen die Stelle dieser Kunst vertritt, ist nicht unmittelbarer Ausdruck des Gefühls durch Töne, sondern mittelbare, rhetorische Verstärkung der Worte, welche dieses Gefühl bereits vor der Musik ausdrücken. Die französ. Musik bedarf der Worte, um sich zu äussern, diese bleiben Hauptsache und die Musik selbst wird also zu einem Gegenstande des Verstandes, des Bewusstseyns; die romantische Musik hingegen hat nichts mit dem Verstande, alles hingegen mit dem Gemüthe zu thun: sie bedarf keiner Worte. Wenn sie sich deren bedient, so geschieht dies nur mittelbar, die Worte werden nur äussere Zeichen, die, als solche genommen nichts sagen, sondern den Tönen alles zu sagen übrig lassen. So wird es erklärbar, warum besonders die Deutschen die blosse Instrumentalmusik bis zur höchsten Vollkommenheit ausgebildet haben, warum sie eine grosse Menge der genialsten, klassischen Instrumentalcomponisten besitzen, während in Frankreich im eigentlichen Verstande weder ein Instrumentalcomponist, noch überall Instumentalcompositionen vorhanden sind.«

Obwohl die Kunst »Musik« im Sinne einer romantischen Musikästhetik keiner Worte bedarf, ist für G.L.P. Sievers auch in seinen späteren Äusserungen die Oper das Mass aller Dinge. Das Musikschrifttum bleibt auch nach dem sogenannten Paradigmenwechsel von 1810 bei allen »Hoffmanns« auf die Oper ausgerichtet – man denke nur an E.T.A. Hoffmanns eigene Bemühungen um eine romantische Oper. Pointiert formuliert G.L.P. Sievers diese Vorherrschaft der Oper im Jahre 1826 in der Zeitschrift *Caecilia* (Bd. 4 (1826), S. 129): »Die Vokalmusik der Instrumentalmusik unterzuordnen ist Kindischheit.«

2. *Theorie des Stillstands und Verfalls*

Im weiteren Verlauf seines Grundsatzartikels »Über den jetzigen Zustand der Musik in Frankreich, besonders in Paris« vertritt G.L.P. Sievers – wie bereits im Abschnitt »Gluck und Vogel« angedeutet – die Meinung, dass seit Christoph Willibald Glucks Erfolgen in Paris lediglich ein Stillstand und Verfall der französischen Musik zu konstatieren sei, dass Gluck die Entwicklung der französischen Musik zur Vollendung geführt habe (*AmZ* 19 (1817), S. 268):

> »Nachdem Gluck, wie gesagt, das rhetorisch-declamatorische System der französ. Tonschule bis zur möglichsten Vollendung ausgebildet hatte, nachdem mit ihm die höchste Stufe der französisch-musikalischen Kunstbildung erreicht worden, und keine Steigerung derselben mehr möglich war, so musste nothwendig ein Stillstand in der französ. Musik eintreten.«

Ohne diesen Stillstand und Verfall der französischen Musik hätte die italienische Musik, die sich gerade zur Zeit von G.L.P. Sievers' Aufenthalt in Paris als ernsthafte Konkurrenz zur französischen etablierte, nach der Meinung des Kritikers gar nicht erst zu dieser Konkurrenz werden können (*AmZ* 19 (1817), S. 268):

> »Vor Gluck, das heisst, ehe die französische Musik durch diesen Componisten den höchsten Gipfel der Vollkommenheit erreicht, oder so lange dieselbe noch einer Veränderung fähig gewesen wäre, hätte wahrscheinlich die italien. Musik auf dem Pariser Nationalopertheater (dies war und ist noch jetzt die grosse Oper) gar keine, oder vielmehr eine höchst nachtheilige Sensation erregt, und würde, trotz aller für diese erregten Cabale, wahrscheinlich für den Augenblick wenigstens gänzlich von demselben wieder verschwunden sein. Doch jetzt schien die Stunde derselben geschlagen zu haben: der Zeitpunkt war gekommen, wo die französ. Musik, nachdem sie den Gipfel ihrer möglichsten Ausbildung erreicht hatte, von demselben allmählich wieder herabsteigen sollte.«

Der italienischen Musik kann jedoch nach G.L.P. Sievers' Ansicht keine Schuld am Verfall der französischen zugewiesen werden; ein solcher hätte sich auch ohne den Einfluss ersterer ereignet (*AmZ* 19 (1817), S. 269):

> »Die italien. Schule konnte nur mittelbar zum Verfalle der französischen eigentlichen Nationalmusik beytragen; ich sage, zum Verfalle, denn ein solcher hat sich,

obgleich sehr unmerklich, seit Gluck unwiderruflich in derselben zu offenbaren begonnen.
Dieser Verfall musste in der französischen Musik, sobald sie einmal den Gipfel ihrer möglichsten Vollkommenheit erreicht hatte, um so unvermeidlicher eintreten, als ihr zu bestimmter verständiger Charakter leichter und früher zu dem erreichbaren Ziele führen und bey diesem stehen bleiben musste, als, zum Beyspiel, der allgemeine, romantische Charakter der italien. und deutschen Musik, in welcher keine Verstandesspeculation ein Ziel gesetzt, und noch weniger ein solches als nothwendig anerkannt hat.«

Trotz des Erfolgs der italienischen Musik in Paris lässt sich G.L.P. Sievers jedoch in bezug auf den französischen Geschmack nicht umstimmen. Trotz offensichtlicher Hinneigung des Pariser Pubilkums zur italienischen Oper betont er im Aufsatz »Kurze Geschichte des neuern königlichen italienischen Theaters zu Paris«, es sei den Franzosen nicht möglich, diese italienische Art der Oper in gleicher Weise zu schätzen, wie dies bei Italienern oder Deutschen der Fall sei; die Franzosen verfolgten die Vorstellungen des italienischen Theaters lediglich mit dem Verstand, während Italiener und Deutsche solche Werke mit »wahrhaft gemüthvollem Wohlgefallen als Ganzes geniessen«. Die alte Unterscheidung bleibt bestehen (*AmZ* 18 (1816), S. 850f.):

»Jegliche Modesucht zeigt sich aber gebieterischer, als die aus dem innersten Gemüthe des Menschen hervorgehende Zuneigung; jene, nur oberflächliche Befriedigung suchend, ist stets mit dem Verstande beschäftigt, zu wählen, zu verwerfen, zu tadeln zu vereinzeln, zu verstückeln; sie will geniessen, ohne ein eigentliches Bedürfnis dazu in sich zu verspüren, und ekelt sich folglich an allem, ausgenommen an dem, was stark und piquant genug ist, seinen Genusssinn gewaltsam zu erregen und zu betäuben. Das wahrhaft gemüthvolle Wohlgefallen hingegen geniesst das Ganze, übersieht das Einzelne und kennt nur einen Totaleindruck, welchem es aus seinem eigenen Ideale selbstschaffend hinzufügt, was ihm etwa in der Wirklichkeit abgehen dürfte.«

Und auch jegliche Hoffnung, dass sich die Franzosen ohne Einwirkung von Aussen jemals ändern würden, wird ausgeschlossen. G.L.P. Sievers meint im Gegenteil, solches könne sich erst zutragen, wenn ein »Umsturz der ganzen europäischen Cultur« eintrete – eine Ausbreitung der Romantik auf ganz Europa? – ein deutscher Eroberungsfeldzug? (*AmZ* 19 (1817), S. 80f.):

»Wäre das Bedürfnis der Pariser nach dieser neuen Gattung Musik, wäre die Sehnsucht, welche sie nach derselben in sich verspürten, eine unmittelbare Folge eines ihnen innewohnenden Gemüths gewesen: so würde sich von der Anwesenheit eines italienischen Operntheaters in Paris wahrscheinlich eine für die musikal. Bildung der Nation heilsame Wirkung ergeben haben; die italienische Musik würde sich alsdann mit dem eigentlich Menschlichen in ihnen, mit ihrem innersten Gemüthe, vereinbart und dasselbe in ähnliche Productionen fähig gemacht haben. Aber jenes Bedürfnis, weit entfernt, ein unmittelbares Erzeugnis eines sich nothwendig so und nicht anders gestaltenden mächtigen Gefühls zu seyn, hatte nur in einer mechanischen Übersättigung an einem längst gekannten Genusse, in einer blossen Geschmacksantithese, in einem witzig-bizarren Oppositionsstreben, seine Entstehung, und vermochte also auch nicht künstlerisch-reproducirend nach innen, sondern nur witzig-polemisch nach aussen zu wirken. Die Tendenz, welche das italien. Theater auf den französischen, oder (was einerley ist) auf den Geschmack der Pariser gehabt, hat sich daher bis jetzt stets zwischen einem mechanischen, nicht zum Gemüthe sprechenden Ohrengenusse, und einer witzigen, vereinzelnden Verstandes-Kritik derselben im Zirkel bewegt, und der musikal. Geschmack der Pariser ist in diesem Augenblicke, die Modification abgerechnet, welche jede geistige und körperliche Operation im Laufe der Zeit nothwendig durch sich selbst erleiden muss, gerade noch derselbe, der er zur Zeit Glucks war. Er muss aber auch noch stets derselbe seyn, weil die französ. Nationalbildung, deren witziger Charakter jede eigentliche poetisch-romantische Gemüthsäusserung von sich ausschliesst, noch ebenfalls dieselbe ist, und er wird stets derselbe bleiben, weil eine Revolution in der Menschen-Bildung eines, eine einzige grosse Nationaleinheit ausmachenden Volks nur das Werk von Jahrhunderten, von einer gänzlichen moralisch-sittlichen Umwälzung desselben seyn kann. Vielleicht dürfte die französische, witzig-künstlerische Bildung, ohne irgend eine qualitative Verwandlung zu erleiden, erst mit dem, vielleicht nicht sehr entfernt seyenden Umsturze der ganzen europäischen Cultur ihr völliges Ende erreichen.«

3. *Zerstörte Hoffnungen*

Aus den *AmZ*-Berichten aus Paris lässt sich um die Jahre 1817 bis 1820 immer wieder herauslesen, dass G.L.P. Sievers auf jene oben angesprochene Veränderung der französischen Musikauffassung hinarbeitet. Er spricht von einer Reform, welche die Franzosen mehr in Richtung einer romantischen Auffassung führen sollte. Dabei ist meist vom »Theatre Feydeau« die Rede, dem Théâtre de l'Opéra comique in der Rue de Feydeau: also von der Opéra comique (*AmZ* 19 (1817), S. 79f.):

»Aber, wenn gleich das menschliche Gemüth unerschöpflich ist; so muss doch der menschliche Witz, eben weil er zu bestimmt zum Verstande spricht, die ihm gesteckte Grenze um so schleuniger erreichen, ja überspringen, als er übertriebene Kraftanstrengungen, dasselbe zu erreichen, gemacht hat. Dieser Zeitpunkt ist jetzt mit dem Theater Feydeau eingetreten: die auf demselben herrschenden witzig-kalten und verständig-langweilenden Producte können selbst dem französischen Nationalgeiste um so weniger längeres Interesse abgewinnen, als die Sitte, dergleichen Producte meistens nur auf einen Act zu beschränken, auch sogar die vollendete Ausführung einer bloss witzigen Intrigue unmöglich macht und also die

Handlung eines solchen Stückchens auf ein paar witzige Worte und auf drey oder vier Scenen zusammenschmilzt, in denen der eine kommt, wann der andere abgeht und wo zwey nur immer das thun, was der dritte, nebst dem Publicum, schon längst vorher gewusst hat. Dass die Herrschaft dieser Witzbolderey, bey welcher das Gemüth des Menschen so kalt, wie bey einem Kegelspiele bleibt, sich ihrem Ende naht; davon will sich hier niemand überzeugen. (...) Es ergiebt sich aus dem Gesagten, dass diesem Theater, wenn es der ihm stündlich mehr drohenden Gefahr nicht unausbleiblich unterliegen soll, eine Reform seines Repertoires und seiner Schauspieler gleich sehr Noth thun dürfte.«

In bezug auf diese Reform der französischen Musikauffassung werden in den folgenden Jahren dann zunächst vor allem französische Komponisten in den Vordergrund gestellt; Komponisten, (*AmZ* 19 (1817) S. 272) »welche mit so viel Glücke, als eine solche Unternehmung nur immer zulassen dürfte, es versucht haben, den zu sehr bestimmten, declamatorisch-rhetorischen Charakter der französ. Musik von seinen grell hervorragenden, physiognomischen Zügen zu entkleiden und ihn zu verallgemeinern, aber somit auch zu entnationalisieren. Unter diesen Componisten stehen Boyeldieu und Nicolo oben an.«

a) Isouard

Nicolo Isouard (1775-1818) ist einer der beiden französischen Komponisten, denen G.L.P. Sievers eine Reform der französischen Musik zutraut. Isouard hatte zusammen mit dem Dichter Charles Guillaume Etienne (1777/78-1845), der im Kaiserreich Zensor und Redakteur des *Journal des deux mondes* gewesen war und dann während der Restauration als Liberaler gefeiert wurde, mit der Märchenoper *Cendrillon* (1810) einen Erfolg zu verbuchen gehabt, für welchen es in den Annalen der Opéra comique kein Vorbild gegeben hatte. Etienne hatte nun zur Zeit von G.L.P. Sievers' Aufenthalt in Paris mit *Aladin ou la lampe mystérieuse* einen neuen Märchenstoff bearbeitet; ein Werk, auf welches der Korrespondent grosse Hoffnungen setzte (*AmZ* 19 (1817), S. 79):

»Der Dichter Etienne ist vielleicht der einzige, der eine Ahnung hat von dem, was der französischen komischen Oper allein aufzuhelfen im Stande seyn dürfte. Er hat das bekannte Süjet der Aschenbrödel im Glück auf die Bühne gebracht, und damit, obgleich die Bearbeitung desselben immer noch mehr witzig, als gemüthvoll ist, dem herrschenden Geschmacke die erste Diversion gemacht. Aladin, oder die wunderbare Lampe, von demselben Dichter, und mit Musik von Nicolo, deren Aufführung die grosse Oper sich hundert und vierzigtausend Franken kosten lassen will, wird nächstens zum Einstudieren gegeben werden, und dürfte vielleicht das Ziel erreicht haben, welches der Dichter in der Aschenbrödel nur geahnet zu haben scheint.«

Doch setzt G.L.P. Sievers die Erwartungen nicht zu hoch an, denn Etiennes Bearbeitung scheint ihm nicht »rein romantisch« zu sein (*AmZ* 19 (1817), S. 147):

> »Obgleich Etienne der einzige neuere Dichter ist, dem einiger Sinn für einen romantischen Stoff aufgegangen zu seyn scheint, wie er bereits mit seiner Centrillon bewiesen hat: so steht doch zu befürchten, dass die Behandlung des Aladin, statt rein romantisch zu seyn, witzig-prosaisch-romantisch, wie die der Cendrillon, also abermals verfehlt ausgefallen seyn dürfte. Die Musik Nicolo's erregt weder eine gute, noch eine schlechte Erwartung: es bekümmert sich noch niemand darum.«

Isouards und Etiennes Zusammenarbeit wird dann durch den Tod des ersteren beendet, so dass die Oper unvollendet bleibt. G.L.P. Sievers kann so im Dezember 1818 lediglich von einem Rechtsstreit berichten, zu welchem es zwischen dem Théâtre de l'Opéra comique und der grossen Oper gekommen war, da an ersterem (*AmZ* 20 (1818), S. 97) »eine, dem bekannten Märchen der wunderbaren Lampe nachgebildete Oper: La Clochette ou le Diable Page« von Louis-Joseph-Ferdinand Herold (1791-1833) aufgefüht worden war. Diese Oper sollte zunächst den Titel *La Lampe mystérieuse* tragen; ein Titel, der jedoch auf Drängen der grossen Oper für die Uraufführung vom Oktober 1817 in eben *La Clochette ou Le Diable page* abgeändert werden musste.

b) Boieldieu

Adrien Boieldieu (1775-1834) ist ein zweiter französischer Komponist, der in G.L.P. Sievers' Arbeiten als mögliche zentrale Figur einer Reform der französischen Musikauffassung in Frage kommt (*AmZ* 19 (1817), S. 141f.):

> »Boyeldieu ist der einzige Componist, der in der leichten Gattung wahres Talent und hin und wieder sogar schöpferisches Genie zeigt: seine Melodien sind natürlich, ohne gewöhnlich, und originell, ohne erzwungen zu seyn, und im Accompagnement zeigt er, vor allen andern, eigentlichen französ. Componisten, Studium, Sorgfalt und Originalität.«

Und auch dieser Komponist scheint nur deshalb hervorgehoben zu werden, weil er einen Märchenstoff bearbeitet; er schreibt an der Märchenoper *Le Petit Chaperon Rouge* (*AmZ* 19 (1817), S. 151f.):

> »Das Theater Feydeau studirt von demselben Componisten [Boieldieu] ein: Le Chaperon rouge (das rothe Käppchen), Opéra-Féerie. Das Süjet zu dem Texte ist aus Peyrault genommen. Man sieht, die Componisten und Dichter begreifen immer mehr, dass auf dem leeren Stoppelfelde der kaltgeistvollen Verstandes-Witzeley keine Ausbeute mehr für sie zu finden ist. Wenn den Franzosen die wahrhaft

romantisch-dramatische Poesie wol für ewige Zeiten ein Ding bleiben wird, was sie nicht verstehen; so dürfte sie dagegen das Feenmärchen, in so fern sich in diesem gewissermassen nur eine prosaische Romantik, oder eine Romantik, wie sie in Kindern vorgefunden wird, offenbart, schon mit mehrem Glücke ansprechen.«

Nach verschiedenen Ankündigungen und Verzögerungen gelangt diese Oper gegen Mitte des Jahres 1818 zur Aufführung und wird von G.L.P. Sievers im Juli desselben Jahres in der *AmZ* ausführlich besprochen, wobei sich der Kritiker sogleich auch zu einer Prophezeiung hinreissen lässt (*AmZ* 20 (1818), S. 572):

»Wer die französ. schöne Kunst mit Aufmerksamkeit beobachtet, wer besonders den Gang, welchen dieselbe seit den letzten zehn Jahren genommen, verfolgt hat, dem kann die Bemerkung nicht entgangen seyn, dass dem Kunstprincipe der Franzosen eine sichtbare Umwandlung bevorsteht, ja dass diese Umwandlung theilweise schon jetzt begonnen hat.«

G.L.P. Sievers erkennt eine bevorstehende Umwandlung des Kunstverständnisses der Franzosen, eine Hinneigung von einem witzig-plastischen Verständnis zu einem romantisch-gemüthvollen (*AmZ* 20 (1818), S. 572f.):

»Die witzig-plastische Kunst der Franzosen, welche statt in die Tiefen des menschlichen Herzens zu schauen und die verborgenen Falten desselben aufzusuchen, sich damit begnügt, dasselbe von allen Seiten zu umgehen, und gleichsam Versteckens mit ihm zu spielen, fängt an, derjenigen Nation selbst, welche doch die Erfinderin dieser Kunst ist, kein Genüge mehr zu leisten, und sie kalt und ohne Theilnahme zu lassen. Die Franzosen beginnen (davon zeugen sogar die Äusserungen mehrer Journalisten) eine Leere, eine Unbehaglichkeit in ihren ästhetischen Genüssen zu empfinden, von der sie unaufhaltsam einem fremden, unbekannten Ziele entgegen getrieben werden. Dies Ziel dürfte auf dem Punkte der Kunst für sie aufgesteckt seyn, wo sie anfangen werden, die gesellschaftlichen Verhältnisse des Menschen, an deren unzulänglicher Darstellung sie sich bereits übersättigt haben, durch unmittelbare Herzens- und Gemüthsthätigkeit desselben zu ersetzen. – Aus dieser Übersättigung ist die Erscheinung erklärbar, dass die Franzosen sich jetzt offenbar zur Zauber- und Feendramatik hinneigen, so wie, dass sie anfangen, die eigentliche Posse, die wenigstens den Menschen im Menschen bespöttelt, wenn sie ihn auch gleich nicht in seinen Tiefen ergründet, ihrem Lustspiele vorzuziehen, welches letztere sich stets damit begnügt, den Menschen als partielles Gesellschaftsproduct darzustellen.«

Und als Conclusio meint G.L.P. Sievers, dass nun auch in Frankreich ein romantisches Zeitalter anbrechen dürfte (*AmZ* 20 (1818), S. 573):

»Den ersten Schritt zur Romantik haben die Franzosen also offenbar gethan.«

Bei der genaueren Besprechung von *Le Petit Chaperon Rouge* zeigt sich jedoch, dass ein solch romantisches Ideal in Boieldieus Werk nicht verwirklicht wurde, was dem geneigten Leser durch eine Analyse der Handlung des Stücks nähergebracht wird (*AmZ* 20 (1818), S. 579):

»Aus dieser treuen Analyse des Stücks werden die Leser auch ohne mein Zuthun ersehen, dass von einer eigentlichen dramatischen Handlung in demselben keine Rede ist. Die Begierde des bösen Ritters zu lieb Röschen ist keine solche, denn ihm ist es um alle übrigen jungen Mädchen nicht minder zu thun, wie um sie. Überdem würde diese Begierde des Ritters, selbst wenn sie dramatisch wäre, aller wirklichen Handlung entbehren, da lieb Röschen ja nur zufällig die sonderbare Gewohnheit, beym Einsiedler die Kappe abzunehmen, unterlassen könnte. Ohne die übrigen Verstosse des Stücks gegen die Regeln eines Drama, aufzuzählen, will ich nur noch auf den wichtigsten Fehler derselben, nämlich auf die absolute Leere an romantischer Gemüthlichkeit, aufmerksam machen; ein Fehler, der um so überwiegender ist, als das Stück mit äusseren Mitteln zu derselben gleichsam überladen ist. Hieraus muss natürlich in der inneren Ökonomie des Stücks ein Widerspruch entstehen, der dessen Mangel an dramatischer Handlung nur noch um so auffallender macht.«

Und auch über die Musik von *Le Petit Chaperon Rouge* äussert sich der Kritiker äusserst negativ (*AmZ* 20 (1818), S. 582):

»Ich habe nicht umhin können, die Musik des rothen Käppchens, der, wenigstens bedingt von ihrem Verf. aus, eine ausserwesentliche Wichtigkeit zuerkannt werden muss, mit der einzigen, der wahren Aufmerksamkeit des Musikkenners würthigen Composition, welche hier in den letzten Jahren als neu zur Aufführung gebracht worden ist, nämlich mit dem Califen von Bagdad von Garcia, zusammenzustellen. Aber wie sehr sinkt diejenige Wagschale, in welcher man den Califen legt, zum Nachtheile des rothen Käppchens!«[1]

Mit der Analyse und dem Negativ-Urteil zu *Le Petit Chaperon Rouge* ist die Berichterstattung zu diesem Werk jedoch in der *AmZ* noch nicht abgeschlossen; es folgen in regelmässigen Abständen Berichte zu Aufführungen, jedoch lässt die Begeisterung für das Stück merklich nach (*AmZ* 20 (1818), S. 583):

»Es steht nicht zu erwarten, dass das hiesige grosse Publicum, dessen Schaulustigkeit, hier sowol, wie überall, über seine innere, wahre Kunstbildung den Sieg davon trägt, an dem rothen Käppchen so bald schon einen Überdruss nehmen werde. Hat

1 Der Tenorist Manuel del Popolo Vincente Rodriguez Garcia (1775-1832) hatte mit seiner Oper *Il Califfo di Bagdad* in Paris einigen Erfolg verbuchen können. Garcia war Vertrauter Rossinis und dessen Wegbereiter ausserhalb Italiens; er setzte sich als erster auch für die Aufführung von *Il Barbiere di Siviglia* (1816) in London und Paris ein.

doch das Glöckchen einige vierzig Vorstellungen erlebt, trotz seines eben so leeren Inhalts, und der noch aphoristischern Musik des Hrn. Herold!«

Offen spekuliert wird auch über eine mögliche Aufführung von *Le Petit Chaperon Rouge* in Berlin; dies, da Boieldieu eine Partitur seiner »Opéra Féerie« an den König von Preussen gesandt hatte. In G.L.P. Sievers' Ausführungen lässt sich dabei eine Enttäuschung auch über das Musikleben in der preussischen Metropole erkennen, da dort nach seiner Meinung Gluck gegenüber Mozart den Sieg davon getragen hatte. Wieder einmal lässt sich eine ambivalente Deutung der Stellung des Komponisten Gluck konstatieren: einerseits ein Vorbild Mozarts, ist Gluck jedoch andererseits auch dessen Gegenpol (*AmZ* 21 (1819), S. 14):

»Das rothe Käppchen dürfte nun, wie das königl. Schreiben verspricht, in Berlin aufgeführt werden. Wird die Musik daselbst gefallen, wird sie nicht gefallen? Das ist die Frage! Ich glaube, dreist und ohne Zögern darauf antworten zu dürfen: Nein, sie wird nicht gefallen, ob mir gleich recht wohl bekannt ist, dass in Berlin von jeher die witzig-rethorische musikalische Bildung über die poetisch-romantische den Sieg davon getragen hat. Hätte es sonst dem dasigen bekannten Orchester-Anführer gelingen können, die Gluck'schen Werke auf Kosten der Mozart'schen zu begünstigen und vorzugsweise zur Aufführung zu bringen? Aber welches auch immer das Schicksal des rothen Käppchens in Berlin seyn möchte, in Wien dürfte die Musik desselben nicht bis zum Ende angehört werden, das prophezeihe ich hiemit Angesichts von ganz Deutschland.«

Ein letztes Mal mit Boieldieu beschäftigt sich G.L.P. Sievers im März 1820. Dem Kritiker war endgültig klar geworden, dass von diesem Komponisten keine romantische Oper erwartet werden konnte (*AmZ* 22 (1820), S. 400f.):

»Endlich wird auch Herr Boyeldieu wieder etwas von sich hören lassen: das Theater Feydeau kündigt schon seit mehren Wochen eine zweyactige Oper von ihm an: Les Voitures versées. Ich wünsche nicht allein, sondern ich hoffe auch, dass dieser Titel im umgekehrten Sinne zur Vorbedeutung dienen, und dass diese umgeworfenen Wägen den umgestürzten Sonnenwagen des französischen musikalischen Phaeton, in welchem sich derselbe mit dem rothen Käppchen befindet, zu hoch verstiegen hatte, wieder aufrichten werden. Möge der Componist fortan auf der Erde bleiben, das heisst, in den Salons, auch mit unter aufs Land, das heisst, aufs platte gehen: da ist seine wahre Heimath. Denn in dem romantisch-plastischen Flitterstaate der Tausend und Einen Nacht, sey er auch dem besten französischen Schneider unter die Scheere gefallen, sieht doch ein so verständiger Mann, wie Hr. Boyeldieu, recht närrisch aus.«

c) Märchenoper und Romantik

G.L.P. Sievers hatte gehofft, in den Märchenopern eines Isouard oder Boieldieu das Ideal einer romantischen Oper vorzufinden, wandte sich jedoch enttäuscht von diesen Komponisten ab, als er erkannte, dass ein solches Ideal nicht einzig durch den Rückgriff auf einen Märchenstoff zu verwirklichen war. In späteren Jahren wird unser Protagonist dabei noch deutlicher und erkennt, dass es sich bei Märchenstoffen lediglich um einen einer romantischen Sehnsucht entstammenden Glauben an eine Illusion handelt und dass ein solcher Stoff keine Gewähr für eine romantische Vertonung bieten kann. Solches wird in einer Theaterkritik in Wien im Jahre 1822 ausgesprochen, einer Kritik des *Donauweibchen* von Ferdinand Kauer (*Wiener Zeitschrift* 7 (1822), S. 255):

> »Sollte vielleicht die Hinneigung zum Romantischen mit dem religiösen Gefühle einen und eben denselben Ursprung haben? Wie der Mensch, von der eigenen Unvollkommenheit seiner Natur durchdrungen, sich, seines zukünftigen Heils wegen, zu jenem vollkommnen Wesen hingezogen fühlt, dessen Daseyn ihn Vernunft und Herz zugleich lehren; so sucht er den Leiden der Gegenwart zu entgehen, indem er sich mit kindlichem Vertrauen ohne Grübeley einer erdichteten, selbst märchenhaften Vergangenheit hingibt, und sich um so mehr nach ihr sehnt, als der Zauber ihrer Begebenheiten gegen den trüben Ernst, unter welchem er selbst seufzt, absticht. Die geistvollsten Männer haben Märchen geliebt, die geistvollsten Männer sind religiös gewesen.«

G.L.P. Sievers erkennt, dass die Hinwendung sowohl zum Märchen als auch zur Religion dem Streben nach einer wie auch immer gearteten Romantik als nahe verwandt zu gelten hat (*Wiener Zeitschrift* 7 (1822), S. 255):

> »Auf der Unbefriedigtheit von dem Bekannten, auf der Sehnsucht nach dem Unbekannten, beruht dasjenige, was die Neueren Romantik genannt haben. Letztere ist, im höheren Sinne des Wortes genommen, mit dem Märchen einerley: in beyden spricht sich jenes Gefühl aus, welches in der Übersinnlichkeit Ersatz sucht für die Entbehrung, der es im Sinnlichen unterthan ist. So wird es erklärbar, wie die sogenannten romantischen Theaterstücke, trotz ihres oft mehr als leeren ästhetischen und dramatischen Gehalts, von jeher ein so grosses Wohlgefallen erregt haben und noch erregen. Unter den Stücken dieser Gattung, welche sich seit länger als fünfundzwanzig Jahren eines, ich möchte fast sagen, classischen Rufs zu erfreuen gehabt haben, steht das Donauweibchen mit seiner ersten Fortsetzung oben an.«

In Paris gibt sich G.L.P. Sievers mit der für ihn enttäuschenden Gegenwart der französischen Märchenoper nicht zufrieden und sucht deshalb in der Vergangenheit nach den Anfängen einer französischen Romantik: er beschäftigt sich in einem *AmZ*-Artikel des Jahres 1818 mit André-Ernest-Modeste Grétry

(1741-1813), einem nicht gebürtig französischen Komponisten, dem der Begriff »Romantik« deshalb durchaus zugeordnet werden kann, ohne dass ältere Modelle überprüft werden müssten. Von Grétry ausgehend referiert G.L.P. Sievers die Geschichte einer Romantik in Frankreich und ruft dazu alle oben angetroffenen Märchenopern nochmals in Erinnerung – nun jedoch im Zusammenhang einer bereits im 18. Jahrhundert einsetzenden Tradition (*AmZ* 20 (1818), S. 573f.):

> »Den Anklang dieser, sich in Frankreich äussernden, poetisch-dramatischen Umwälzung finden wir schon zu Gretry's Zeiten, also seit beynahe fünfzig Jahren: denn, man sage, was man wolle, seine schöne Arsene und sein Zemire und Azor würden, wenn nicht schon im Innersten der Franzosen ein Keim für die Romantik gesprosst hätte, so interessant auch immer die dramatische und musikalische Ausführung dieser beyden beliebten Opern seyn möchte, durchaus den Erfolg nicht gehabt haben, der ihnen, unter den obwaltenden Umständen, zu Theile geworden ist, und nothwendig zu Theile werden musste. – Dieser Anklang der Romantik musste aus Gründen, die ohne mich einleuchten werden, während der Revolution verhallen. Kaum aber war diese beendigt, kaum hatten die Gemüther, von den äusseren Weltdingen sich ab-, wieder in sich selbst zurückgezogen und daselbst die vorige Leere um so lebhafter empfunden, als ihnen keine äussern Verhältnisse Stoff zur Entschlagung der Aufmerksamkeit auf sich selbst an die Hand gaben, als Cendrillon einen Beyfall erhielt, von dem bis dahin in den Theater-Annalen nur wenige Beyspiele aufzuweisen gewesen waren. Zu gleicher Zeit erregten einige andere Bearbeitungen der arabischen Märchen, z.B. der Calif von Bagdad und Gulistan, mehr oder minder Enthusiasmus für eine Gattung dramatisch-lyrischer Gedichte, die, ohne im eigentlichen Verstande romantisch zu seyn, doch Anklänge einer Poesie enthalten, welche der witzig-plastischen Gattung geradezu entgegengesetzt ist. Diese genannten Opern machten endlich den Übergang zu derjenigen Periode, in welcher man sich laut für eine andere Gattung dramatisch-lyrischer Poesie erklärte; nämlich für eine solche, wo weniger der Verstand, als das Herz der Zuschauer in Anspruch genommen werden, wo der Witz der socialen Verhältnisse der Leidenschaft des menschlichen Herzens weichen sollten. Die Melodramen entstanden.«

Wie im dritten Teil dieser Arbeit bereits ausgeführt, ist G.L.P. Sievers der Ansicht, dass der Ursprung einer sich in seiner Zeit manifestierenden Hinneigung zur Romantik bereits um die Mitte des 18. Jahrhunderts zu suchen sei. In Deutschland wurde dabei hauptsächlich auf Mozart zurückgegriffen, in Frankreich nun auf Grétry. Es gilt zu konstatieren, dass G.L.P. Sievers an dieser Stelle erstmals seine aus der Kulturkreis-Theorie stammende Polarisierung der Nationen Deutschland und Frankreich aufgibt und auch Frankreich eine Entwicklung hin zu einer romantischen Musikästhetik zugesteht. In Frankreich wurde diese Entwicklung nach der Auffassung des Kritikers jedoch durch die Französische Revolution behindert und verzögert. Zu dieser veränderten Sicht der Dinge scheinen zudem auch in Frankreich einsetzende romantische Strömungen beigetragen zu haben, jedenfalls wird noch im gleichen Artikel auf Veränderungen in der französischen Literatur hingewiesen, auf erste romantische Kreise (Cénacles): Charles Nodier (1780-1844) wird genannt, der dann unter dem Eindruck der Schriften E.T.A. Hoffmanns in den 1820er Jahren mit Freunden wie Alfred Comte de Vigny (1797-1863), Victor Hugo (1802-1885) und Alfred de Musset (1810-1857) für die Geschichte der französischen Literatur zu einer zentralen Figur wurde (*AmZ* 20 (1818), S. 574):

> »Zu gleicher Zeit beeiferten sich Charles Nodier, Hoffmann u.A.m. öffentlich in den Journalen, die Nothwendigkeit einer Reform des dramatischen Princips darzuthun und schlugen vor, die melodramatische Gattung, aber leidenschaftlicher aufgefasst, als es auf den Boulevardtheatern geschehe, für die Singspiele einzuführen.«

Charles Nodier ist im übrigen auch Thema eines späteren Artikels unseres Protagonisten, wobei G.L.P. Sievers nun die neue Konstellation in Frankreich bereits für selbstverständlich annimmt und behauptet, »seit beynahe zwanzig Jahren« eine »Umwandlung des Kunstgeschmacks in Frankreich« vorausgesagt zu haben (*Wiener Zeitschrift* 6 (1821), S. 302):

> »Es gewährt mir Freude, zu sehen, wie die Umwandlung des Kunstgeschmacks in Frankreich, welche ich schon seit beynahe zwanzig Jahren vorausgesagt habe, sich mit jedem Tage immer mehr ausbildet. Dass sie hierbey dem edelsten Metalle zu vergleichen ist, welches sich nicht anders, als mit Schlacken versetzt, zu Tage fördern lässt, ist das Schicksal aller grossen Umwandlungen; und so fängt denn auch die Neigung zum Romantischen in Frankreich auf eine recht grob materielle Weise an. Ohne des Melodramas, des Vampyrs, und anderer ähnlicher Produkte zu erwähnen, will ich bey den Übersetzungen stehen bleiben, die seit einiger Zeit aus fremden Sprachen angefertigt worden sind. Welchem hirnverbrannten deutschen Roman, glauben meine Leser, ist in den letzten Wochen die Ehre der Verfranzösischung widerfahren? Dem Petermännchen von Spiess! Der Hr. Charles Nodier, der sich durch Abfassung der bekannten Romane, Jean Sbogar, des Lords Ruthween, der Therese Aubert u.s.w. gleichsam zum Einführer des Romantischen in Frankreich gestempelt hat, ist gar darüber aus gewesen, dem Petit Pierre (so heisst der Spiessesche Roman im Französischen) in den Archives de la Literature et des Arts einen recht langen Artikel zu widmen, in welchem er der wahren Romantik das Wort redet, die Hyperromantik aber poesie frénétique nennt. Ainsi soit-il!«

4. *An die deutschen Tonkünstler*

Seit Beginn seiner Pariser Jahre hatte G.L.P. Sievers einen Verfall der französischen Musik beschrieben. Und er hatte nach einiger Zeit auch die Hoffnung aufgegeben, dass sich dieser Verfall durch die Hinwendung des französischen Publikums zur Märchenoper aufhalten liesse; trotz einer erwachenden literarischen Romantik wandte man sich nach den weiteren Erfahrungen unseres Chronisten in musikalischen Kreisen nicht von festgefahrenen, alten Idealen ab. G.L.P. Sievers gelangt deshalb im Jahre 1819 zur Auffassung, dass eine Reform der französischen Musik nur von einem Nicht-Franzosen angeregt werden könne und verfasst für die *AmZ* einen Aufruf »An die deutschen Tonkünstler«: Deutschen Komponisten wird angezeigt, dass der Zeitpunkt für ein Fussfassen in Paris nicht günstiger sein könnte – speziell für ein Fussfassen in Sachen komische Oper (*AmZ* 21 (1819), S. 407):

> »Die Krise, welche der komischen Oper bevorsteht, dürfte also, wie bereits vormals mit der tragischen Oper geschehen, von einem Ausländer bewirkt werden. Von einem Italiener? Ich glaube nicht. Die Vernachlässigung klassischer Correctheit, so wie der Mangel an harmonischer Kraft, welche die allerneueste italienische Schule auszeichnet, widerstrebt den Franzosen: Classicität, als Produkt der Reflexion, sagt dem formelgebildeten Sinne der französischen Nation zu, und für die bloss passive, schwächliche Süsslichkeits-Manier haben ihn die Ereignisse der letzten fünf und zwanzig Jahre gänzlich unzugänglich gemacht.«

Da die komische Oper in einer Krise steckte, sieht G.L.P. Sievers eine Parallele zu einer ähnlichen Krise der grossen Oper, aus welcher man sich mit der Wiederaufnahme von Antonio Salieris Opern *Les Danaides* (1784) und *Axur re d'Ormus* (1788) geholfen hatte. Bei der komischen Oper hofft G.L.P. Sievers nun auf eine Problembewältigung unter Mitwirkung eines deutschen Komponisten (*AmZ* 21 (1819), S. 408):

> »Ist es Täuschung, von meinem Patriotismus erzeugt, oder Verstandes-Beobachtung in mir, welche mich die Möglichkeit nicht allein unbewusst ahnen, sondern vielmehr mit Überzeugung vor mir sehen lassen, dass es einem deutschen, mit Genie begabten Tonkünstler gelingen könnte, wo nicht sogleich die besagte Krise hervorzubringen, doch wenigstens durch einige gelungene Werke hier eine ehrenvolle und lebenslängliche gesicherte Subsistenz zu finden?
> Ich sage es vor der ganzen deutschen musikalischen Welt aus: keine Zeit und keine Verhältnisse, wo irgend ein deutscher Komponist auf dem komischen, ja sogar auf dem grossen Operntheater (dessen Stütze in diesem Augenblicke nur ein einziger ausländischer Komponist ist) Glück zu Paris machen könnte, dürfte günstiger, als der jetzige Augenblick seyn.«

Die Geschichte gibt jedoch wieder einem Italiener den Vorzug: Gioacchino Rossini. Und auch G.L.P. Sievers selbst meldet sogleich auch Zweifel an seiner eigenen Courage und an den Fähigkeiten der deutschen Komponisten an; er fragt sich, ob es in Deutschland überhaupt »Künstler, die Genie genug besitzen, um das Wagstück, von dem hier die Rede ist, mit Ehre zu bestehen«, gäbe (*AmZ* 21 (1819), S. 408f.):

> »Denn, wenn es in Deutschland jetzt wahrhaft geniale Theater-Komponisten gäbe, warum würden sämmtliche Theater daselbst eines Theils nur immer ephemere dramatisch-musikalische Erscheinungen zur Aufführung bringen, andern Theils das Publicum immer nur nach ausländischen, besonders nach französischen Opern sich begierig zeigen? Warum endlich sind in Deutschland seit Mozart vielleicht nur eine einzige Oper erschienen, die von der ganzen Nation als wahrhaft klassisch betrachtet worden, und warum haben die Deutschen, die für das musikalischste Volk von Europa gehalten werden, um der Armuth an eigner dramatischer Musik zu begegnen, fortwährend zu italienischen und französischen Opern, unter letzteren sogar zu solchen, die in Paris selbst ohne alle wirkliche Theilnahme aufgenommen worden sind, ihre Zuflucht nehmen müssen?«

Und im weiteren Verlauf seines Aufrufs geht G.L.P. Sievers dann auf die Gründe ein, die dazu führten, dass es in Deutschland nach seiner Meinung keine grossen Opernkomponisten mehr gibt. Ein »Mangel an Begünstigung der Musik« wird angeführt; die Möglichkeiten, sich den Lebensunterhalt mit Musik zu verdienen, seien in Paris weitaus günstiger als in Deutschland, wo kaum ein Komponist von seiner Musik leben könne. Denjenigen, die es aber trotzdem versuchten, erteilt G.L.P. Sievers musikalische Ratschläge; er versucht, den Begriff »Romantik« erneut zu umschreiben, doch manifestiert sich nun erstmals eine gewisse Enttäuschung, ein gewisser Abstand zur deutschen Romantik, wie er dann später in noch sarkastischerem Ton auch für die »Schröpfköpfe« charakteristisch wird (*AmZ* 21 (1819), S. 410):

> »Ich gestehe freylich, dass es, um in Paris mit Glück aufzutreten, keineswegs eines Komponisten bedürfen würde, der tiefe und verworrene Herzensspeculationen, melancholische Gefühle, trübe Ahnungen, Verkehr mit Gespenstern und endlich süssen Liebesschmerz mit dem Leben nach dem Tode und den Bewohnern der andern Welt in der gehörigen musikalischen Weite und Breite zur Anschauung zu bringen verstände: die Franzosen sind noch weit entfernt, der wahren Romantik Geschmack abgewonnen zu haben, obgleich bereits ein Anklang davon in ihnen vorhanden ist; von der Afterromantik, das heisst, der materiellen, die sich so eigentlich mit Händen greifen lässt, sind sie aber gar erklärte Verächter.«

Der Begriff »Afterromantik« wird verwendet und scheint dazu zu dienen, die Bemühungen deutscher Komponisten wie E.T.A. Hoffmann oder Carl Maria von Weber (1786-1826), die gerade zu jener Zeit ihre Auffassungen einer romantischen Oper zu verwirklichen trachteten, von einer älteren Romantik zu unterscheiden und zu disqualifizieren. Mit diesen romantischen Opern wäre nach der Meinung G.L.P. Sievers' in Paris kein Erfolg zu erzielen. Es wird an Mozarts *Le Nozze di Figaro* erinnert; eine Oper, die für unseren Autoren die ideale Vertonung eines witzigen, französischen Lustspiels darstellt (*AmZ* 21 (1819), S. 410f.):

> »Der Text, welchen ein nach Paris kommender Tonsetzer vom Theater Feydeau zur Komposition bekommen dürfte, kann auf jede Weise kein romantischer seyn: er wird sich vielmehr auf die bekannte französische witzig-frivole Verstandesthätigkeit stützen. Diesen Text witzig, das heisst declamatorisch-darstellend componiren zu wollen, würde dem beabsichtigten Zwecke geradezu widerstrebend seyn; ihn in der deutschen Ruhe und Gemüthlichkeit recht sattsam in die romantisirende Länge auszuspinnen, hiesse ebenfalls ganz gegen alle Erfahrungen handeln. Es bleibt also nichts übrig, als was der Komponist der Figaro's Hochzeit gethan hat: dieses witzigste aller witzigen französischen Lustspiele ist von Mozart behandelt worden, als wäre es das leidenschaftlich-gemüthvollste aller spanischen dramatischen Poesien: an die Stelle der von den handelnden Personen jedesmal nur in der Reflexion und Ironie aufgefassten Situation ist in der Musik die Äusserung der Leidenschaft selbst getreten, welche diese Personen gezeichnet haben würden, wenn sie statt witzigen, gemüthvolle Menschen gewesen wären.«

5. *Spontini*

Ein ausgesprochen ausführlicher Bericht in der *AmZ* ist Anfang des Jahres 1820 der Oper *Olympie* (1817) von Gaspare Luigi Pacifico Spontini gewidmet. Die Oper war in einer ersten Fassung am 22. Dezember 1819 in Paris aufgeführt worden und wurde durch die Vermittlung und Übersetzung E.T.A. Hoffmanns am 14. Mai 1821 dann auch in Berlin gegeben. In seinem Bericht geht G.L.P. Sievers nicht nur auf Belange dieser Oper ein, sondern äussert sich wiederum auch allgemein zum Begriff »Romantik«: Er unterscheidet erneut zwischen »wahrer innerer romantischer Poesie« und »romantischem Ungeschmacke« – quasi zwischen Romantik im ursprünglichen Sinn und Trivialromantik – »Afterromantik« (*AmZ* 22 (1820), S. 101):

> »Dass die dramatische Poesie der Franzosen nur unvermischte Gattungen gestattet, dass die äussere Form derselben bey ihnen strengeren Regeln unterworfen ist, als bey allen übrigen Völkern der neueren Zeit, davon lernt selbst ein Deutscher alle Nothwendigkeit begreifen, sobald ihm Gelegenheit geworden ist, sich der Macht der Gewohnheit zu entziehen und dem romantischen Ungeschmacke entfremdet zu werden, der in den letzten dreyssig Jahren so manches grosses Genie der Deutschen

verunstaltet hat und ohne welches die wahre innere romantische Poesie, zu welcher die Nation durch die Tiefe ihres Gemüths vor allen übrigen neueren Völkern berufen und auserwählt zu seyn scheint, wahrscheinlich zu ihrer höchsten Vollendung ausgebildet worden seyn würde.«

Die Romantik im ursprünglichen Sinn ist dabei – wie bereits oben gesehen – für unseren Autoren tief im 18. Jahrhundert verwurzelt und wird in der Musik aufs engste mit der Person Wolfgang Amadeus Mozarts verknüpft. Dagegen sieht G.L.P. Sievers die Zeit seit den 1790er Jahren, die von Literaturwissenschaftlern heute als Zeit der deutschen Frühromantik bezeichnet wird – von Philosophen als Zeit des deutschen Idealismus –, als eine »in den letzten dreyssig Jahren so manches grosse Genie der Deutschen verunstaltende« Epoche!

Die eigentliche Kritik der Spontinischen Oper dient dann dazu, deren Misserfolg in Paris zu begründen. Wobei sich G.L.P. Sievers noch immer seines alten Modells der nationalen Polarisierung bedient; die Ablehnung des Werks durch die Franzosen erscheint ihm ganz natürlich, da darin deutlich eine Tendenz zu »gemüthvoll-poetischer Darstellung« auszumachen sei, was den Franzosen niemals zusagen könne (*AmZ* 22 (1820), S. 105f.):

»Ich muss im Gegentheile offen gestehen, dass es nach meiner Meynung, von Vermessenheit zeigen würde, wenn man den Franzosen, welche vorzugsweise verständig-witzig gebildet sind, aus ihrer Hinneigung zur rhetorischen Declamation einen Vorwurf machen und verlangen wollte, dass sie an deren Statt die gemüthvoll-poetische Darstellung, die aber mit ihrer inneren Bildung in offenem Widerspruch stehen müsste, setzten sollten.«

Auf die Musik Spontinis eingehend, wird von G.L.P. Sievers bemängelt, dass Melodie und Harmonie nicht ausgewogen und gleichberechtigt berücksichtigt worden seien, wie es anscheinend seiner Vorstellung einer romantischen Komposition entspräche (*AmZ* 22 (1820), S. 110):

»Wenn es gleich keines Beweises bedarf, dass die Harmonie nicht bloss eine dienende Sklavin der Melodie ist, sondern vielmehr mit letzterer eine gemeinschaftliche Regierung im Reiche der Töne ausübt; so ist doch wenigstens die Wahrheit über allen Zweifel erhaben, dass die Melodie der Geist des musikalischen Gesetzes und die Harmonie der Buchstabe ist, durch welchen dieser Geist dargestellt wird und äussere Kraft und Vollziehung erhält.«

Spontini neigt nach G.L.P. Sievers' Ansicht zu sehr in Richtung Harmonie (*AmZ* 22 (1820), S. 110):

»Wenn, wie ich mir schmeichle, dieser musikalische Grundsatz eine mathematische Gewissheit in sich schliesst; so kann ich nicht umhin zu gestehen, dass Hr. Spontini, der Harmonie, insofern nämlich diese von ihm als eine Opposition der Melodie betrachtet worden ist, eine ausschliessliche Herrschaft über letztere zugestanden hat, besonders in dieser neuen Composition dem Buchstaben des musikalischen Gesetzes unterthäniger gewesen ist, als dem Geiste desselben.«

Es entbehrt nicht einer gewissen Logik, dass durch die einseitige Bevorzugung der Harmonie gegenüber der Melodie dann hauptsächlich die Rezitative der Spontinischen Oper befriedigen, wobei bei der Besprechung derselben von G.L.P. Sievers zwei neue Begriffe »analytisch« bzw. »synthetisch« – eingeführt werden (*AmZ* 22 (1820), S. 120f.):

»Es bleibt mir jetzt noch übrig, von dem Recitative der Olympie zu reden. Es dürfte keinem deutschen Musikkenner unbekannt seyn, dass gerade der Dialog, insofern sich in diesem die mancherley Verstandes-Collisionen deutlicher zu erkennen geben, als in den Arien, Duetten etc., – die, selbst gegen des Dichters Wissen und Willen lyrisch werden, weil sich in ihnen mehr oder weniger eine auf den höchsten Grad gesteigerte leidenschaftliche Einheit aussprechen muss, – denjenigen Theil der Oper ausmacht, dem Hrn. Spontini's Talent am meisten gewachsen ist. Jene Verstandes-Collisionen müssen natürlich mehr auf dem Witze, als in der poetischen Einheit begründet seyn, und somit sind alle Hülfsquellen, welche die analytische*) Instrumentierung an die Hand gibt, vollkommen an der rechten Stelle. Die Sitte, den Dialog allenthalben obligat vom ganzen Orchester begleiten zu lassen, dürfte freylich ohne grosse Mühe als durchaus unzweckmässig erklärt werden können, man braucht nur auf den einzigen Übelstand dabey aufmerksam zu machen, dass diese Art der Begleitung jeder Phrase, ich möchte fast sagen, jedem Worte einen Ausdruck gibt, den sie unmöglich haben können und durchaus auch nicht haben dürfen, weil sich sonst alle Bedeutung in und durch sich selbst zerstören würde. Aber diese Sitte ist in der hiesigen grossen Oper einmal zur Richtschnur angenommen und Herr Spontini ist gerade der Componist, der sie mit dem grössten Erfolge ausübt.«

Die Instrumentierung der Rezitative möchte G.L.P. Sievers »analytisch« ausgeführt sehen; jeweils einzelne Instrumente sollten einen angestrebten Ausdruck erreichen – eine Instrumentierung also im philosophischen Sinne von »Analysis«, im Sinne von Auflösung oder Zergliederung. In der oben angedeuteten Fussnote zu »analytisch« erwähnt der Kritiker dann den entsprechenden Gegenbegriff: »Synthesis«.[2] Entgegen der Ankündigung im Spontini-Artikel sind die Begriffe »Analysis« und »Synthesis« oder ihre adjektivischen Formen aber in späteren Äusserungen G.L.P. Sievers' nicht mehr anzutreffen (*AmZ* 22 (1820), S. 121f.):

---

2 In diesem philosophischen Sinne sind die substantivierten Begriffe auch ins *Conversationslexikon* des Brockhaus-Verlags eingegangen.

»Schon mehr als einmal bin ich bey den verschiedenen Mittheilungen über musikalische Gegenstände, welche ich den öffentlichen Zeitschriften einverleibt habe, gewilligt gewesen, mich um der Natur der poetischen und witzigen Compositionen kennbar zu machen, der philosophischen Kunstwörter synthetisch und analytisch zu bedienen; Furcht, man möchte mich der Pedanterie beschuldigen, hat mich bisher von dieser Neuerung abgehalten. Heute besiege ich diese Furcht und werde von nun an jedesmal, wo ich nöthig habe, den absoluten Unterschied der beyden Compositionsarten darzustellen, die besagten Kunstausdrücke gebrauchen. Musiker und Componisten vom Handwerke werden den Sinn derselben ahnen, wenn ihnen die philosophische Terminologie auch fremd seyn sollte; und was die Liebhaber anbetrifft, so müssen es diese mir Dank wissen, dass ich ihnen eine Erklärung erspare, deren Gegenstand sie ohnehin kein Interesse abgewinnen können.«

Zusammenfassend bewertet G.L.P. Sievers den Komponisten Spontini eher als verstandesmässiges Talent denn als romantisches Genie (*AmZ* 22 (1820), S. 111):

»Vom wahrhaft tiefdringenden, schöpferischen Genie kein Funken, aber in jeder einzelnen Note Beweise eines denkenden, ordnenden und reflectirenden Verstandes, ausgerüstet mit allen Hülfsmitteln der Kunst und Erfahrung.«

Damit kommt unser Kritiker zu einem ganz anderen Urteil als E.T.A. Hoffmann, der ein Jahr später Spontini durchaus den Vorbildern Mozart und Gluck gleichsetzt, ja – ihn noch über diese erhebt und sich ausgesprochen für ihn einsetzt:

»Spontini erkannte das innerste wahrhafte Wesen der dramatischen Komposition, und jene glanzvoll gerüstete Minerva, jene Geburt des Entzückens, der Begeisterung war die Oper, in der alles, Gesang, Instrumentierung, Modulation, Rhythmus, aus einem und demselben Brennpunkt des dramatischen Ausdrucks herauswirkte. Ganz neue eigentümliche Mittel dieses Ausdrucks, die allen durch die Zeit hindurch erworbenen Reichtum der Kunst in Anspruch nahmen, schuf der Genius und liess sie in voller Herrlichkeit ins Leben treten.«[3]

3 E.T.A. Hoffmann äussert sich ausführlich zu der von ihm angefertigten Übersetzung in einem Artikel »Nachträgliche Bemerkungen über Spontinis Oper 'Olympia'« in der *Zeitung für Theater und Musik* 1 (1821). (Zitiert nach: E.T.A. Hoffmann, *Schriften zur Musik. Singspiele*, hg. von Wolfgang Marggraf, (= *Gesammelte Schriften in Einzelausgaben* Bd. 9), Berlin und Weimar 1988, S. 367-410, S. 382).

B. G.L.P. Sievers und Rossini

1. *Erste Erwähnungen*

Gioacchino Rossini, der für G.L.P. Sievers' Wandel in seinen späten Schriften äusserst wichtig zu sein scheint, wird erstmals in einer Ende Juni 1817 für die *AmZ* verfassten Übersicht aus Paris erwähnt. Die Oper *L'Italiana in Algeri* (1813) wird dabei durchaus possitiv besprochen – zu einer Zeit als Rossini in Italien bereits seinen Siegeszug angetreten hatte (*AmZ* 19 (1817), S. 551f.):

> »L'Italiana in Algeri ist, wie man sagt, eine der ersten Arbeiten Rossini's, eines Componisten, der, obgleich noch sehr jung, bekanntlich eines grossen Beyfalls in Italien geniesst. Die Aufmerksamkeit des Publicums hatte sich besonders auf diese Oper gerichtet, der ein bedeutender Ruf vorangegangen war. Die Musik ist von origineller Erfindung, aber noch roher Anfang, ohne gehörige Correctheit und Klarheit. Dem Finale des ersten Acts, in welchem die handelnden Personen von den mancherley Glocken, Ambossen, Raben und dergleichen sprechen, welche ihnen in Kopf und Herzen sitzen, würde, wäre es nicht bloss roher, obgleich kräftiger Auswuchs, das Lob einer unbedingten Vortrefflichkeit zugestanden werden müssen. Was den Text anbetrifft, so missbraucht dieser die Erlaubnis, toll zu seyn, etwas über die Gebühr: es ist keine von jenen Tollheiten, in welchen Naivität ist, wie deren die italien. Opernbühne einige aufzuweisen hat.«

Durchaus aufgeschlossen gegenüber dem italienischen Komponisten zeigt sich G.L.P. Sievers dann auch bei den nächsten Erwähnungen, so etwa bei der Besprechung der Farsa *L'inganno felice* (1812) (*AmZ* 21 (1819), S. 526):

> »L'inganno felice, Oper von Rossini, die, glaube ich, ursprünglich drey Acte hat, ist hier, bis auf einen einzigen zusammengestrichen, so eben mit Beyfall aufgeführt worden. Die rohe Genialität, welche der Componist in seinen übrigen Arbeiten gezeigt hat, ist hier, so viel sich von diesem Skelette schliessen lässt, zu einer recht erfreulichen klassischen Correctheit geworden. Überhaupt besitzt die Musik sehr viel gediegene Annehmlichkeit. Ich werde vielleicht, nachdem ich das Werk werde mehrere Male gehört haben, von neuem auf dasselbe zurückkommen.«

2. *Rossini-Taumel*

Nur einen Monat nach der obigen Äusserung gelangt in Paris am 23. September 1819 Rossinis *Il Barbiere di Siviglia* zur Aufführung. Dieses Werk veranlasst G.L.P. Sievers, seine Einstellung zum italienischen Komponisten zu verändern.

Der Ton wird zunehmend kritischer und sarkastischer, so dass eine umfassende Besprechung der Oper im Oktober 1819 äusserst negativ ausfällt (*AmZ* 21 (1819), S. 835f.):

»Komme ich nun auf die neue Rossini'sche Composition des Barbiers von Sevilla zurück. Was würde man in Deutschland sagen, wenn ein deutscher Componist eine Mozart'sche Oper abermals componiren wollte? Auf welche Weise aber hat Hr. Rossini die Paesiello'sche Oper umgearbeitet? Man sollte sagen, damit sich die diamantene Klarheit, die reizende Lieblichkeit, die höchste Zweckmässigkeit und die weiseste Bedeutsamkeit der Paesiello'schen Composition durch die chaotische Verwirrung, die bleyschwere Überladung, die verzweifeltste Dehnung und die wahrhaft unverständige, kein Maass noch Ziel kennende Unmässigkeit, die die Hauptcharakterzeichen der Rossini'schen Composition sind, zur glänzenden Verklärung in jene hehre Regionen schwinge, wohin weder schwülstige, ungezügelte verstandlose Rohheit, noch barocke Abc-Klaubereyen, mit musikalischen Würfen erzeugt, zu gelangen vermögen! Wenn ich im wirklich höchst erzürnten Gemüthe ein so nachtheiliges Urteil über den nämlichen Componisten fälle, der mir ehemals in seiner Italiana in Algieri und in seinem Matrimonio per raggiro neben viel zügelloser Rohheit Funken eines grossen Genies zu verrathen geschienen; so muss diese neue Composition des nämlichen Componisten allerdings ein durchaus verfehltes Produkt seyn. Und als solches hat sich der Rossini'sche Barbier von Sevilla vor einem ganzen grossen, aus den gebildetsten Personen von ganz Europa zusammengesetzten Publikum gezeigt. Ganz insbesondere hat man sich auf den Gesichtern dieses Publikums die deutlichsten Zeichen des Missmuths malen sehen, bey dem ungebührlich in die Weite und Breite ausgesponnenen Singsange, der von Anfange bis zum Ende dieser verunglückten Composition herrscht: der Componist scheint in der That nie den Schluss haben finden zu können. Und so sollte es von dieser Rossini'schen Oper nicht heissen: aller Anfang, sondern vielmehr alles Ende ist schwer.«

Il Barbiere di Siviglia scheint für G.L.P. Sievers ein Sakrileg darzustellen, ein Vergehen an Mozarts *Le Nozze di Figaro*, denn diese Mozartsche Oper wird bereits in der Einleitung der Kritik ausführlich angesprochen. Und der Vergleich mit Mozart bestimmt dann auch den weiteren Verlauf des Artikels (*AmZ* 21 (1819), S. 837):

»Nun, dem Manne fällt es wohl noch einmal ein, die Zauberflöte, Don Juan und Figaros Hochzeit von neuem zu komponieren. Dann können die geschmackvollen deutschen Publica, denen diese Mozart'schen Compositionen nach und nach zu veralten scheinen, sich von neuem zu ergötzen beginnen! Vielleicht wird man bis dahin in Deutschland mit dem besagten Barbier von Sevilla vorlieb nehmen wollen.«

Mit seiner negativen Meinung befand sich G.L.P. Sievers im übrigen durchaus in Übereinstimmung mit dem Pariser Publikum, denn erst im Januar 1820 setzte sich *Il Barbiere di Siviglia* in Paris durch.[4] Der nun einsetzende überwältigende Erfolg veranlasst jedoch den Kritiker mitnichten, seine Meinung zu ändern. Vielmehr belässt er es in der Folge bei verschiedenen Verlautbarungen (*AmZ* 22 (1820), S. 418, 462 und 508f.):

»Ich glaube, nicht allein die Pflicht auf mir zu haben, in diesen Blättern mein eigenes Urtheil über die hiesigen Musikaufführungen zu erkennen zu geben, sondern auch die Ereignisse selbst als blosser Referent zur Kunde meiner Leser zu bringen. Somit will ich hiermit anzeigen, dass der Rossini'sche Barbier von Sevilien sich auf dem Theater erhalten hat. Dieser Umstand berechtigt mich immer noch nicht, das hiesige italienische Publicum bis zu dem Grade der Geschmacklosigkeit zu zeihen, dass es wirklich an einem so rohen Erzeugnisse Geschmack finden könnte, dessen einzelne Goldkörner in zu kleiner Anzahl vorhanden sind, als dass sie für die ungeheure Masse von Schlacken zu entschädigen vermöchten. Aber es scheint, als ob die Administration, welche die klassischen Opern, die heimliche Heirath, Mozart's Figaros Hochzeit u.s.w. nicht würdig genug besetzen kann, um das Publicum anzulocken, den Rossini'schen Barbier vorschiebt, an dem nichts zu verderben ist und wobey sie sich also keine Verantwortlichkeit aufbürdet. Die Leere der Kasse wird dann mit den Freybilletten ausgefüllt, welche die Administration vertheilt, um wenigstens ein volles Haus, wenn auch keine vollen Kassen zu haben. Überdem wird auch der Turco in Italia von demselben Componisten einstudiert, mit dessen Ertrage man das Deficit zu decken hofft.«
»Rossini's Barbier von Sevilien fängt an, eine Lieblingsoper des hiesigen, italienischen Publikums zu werden: sie macht jedesmal furore, wird fast an jedem Spieltage gegeben und zieht stets ein grosses Auditorium herbey. Hat die Musik vielleicht jetzt einen grösseren Werth erlangt, als am ersten Abende, wo sie ausgepfiffen wurde? Ist der Text von den geschmacklosen Zusätzen, als da sind die Musikbande, die Rosinen eine Nachtmusik bringt, und die Compagnie Soldaten, welche den betrunkenen Reiterknecht arretieren wollen, gesäubert worden? Weder das Eine noch das Andere! Die einzige Veränderung, welche sich seit den ersten Vorstellungen mit der Oper zugetragen hat, besteht darin, dass jetzt Madame Fodor, statt Madame Debignis, die Rolle der Rosine übernommen hat. Die theatralische und musikalische Ausführung hat allerdings dadurch gewonnen. Wie aber der Beyfall zu dem Grade hat steigen können, dass diese Oper jetzt einen Zulauf erhält, wie ihn ehemals nur Madame Catalani anzulocken vermochte, dies Räthsel möchte nur dann nicht gelöst werden können, wenn man vergessen hätte, dass Charlatanismus, wenn nur einige Kraft dahinter steckt, seines Sieges über den Haufen sicherer ist, als das reinste, geschmackvollste und klassischste Product. Durch den immer steigenden Beyfall dieser Oper veranlasst, habe ich in der letzten Zeit abermals zweyen Vorstellungen derselben beygewohnt. Mein Urtheil ist und bleibt dasselbe: Die Oper ist ein Aggregat von himmelansprudelnden Funken eines wahren Genies,

---

4 Stendhal/Marie Henri Beyle, *Vie de Rossini*, Paris 1824; Neudruck: Paris 1987, S. 165.

und von den formlosesten Erdenklössen vergänglicher Materie; von der einen Seite steigt ein Geist aus dem Werke auf, der sich selbst zu verklären scheint, und von der andern wälzt sich diesem Geiste die roheste Masse entgegen und hemmt den Flug, den er zu nehmen in Bereitschaft steht.«

»Gewöhnlich müssen vor den Tönen der Nachtigall alle andern Töne schweigen, und während die Wälder zu Concertsälen werden, pflegen die Opernhäuser in den Städten leer zu stehen. Dies ist in Paris bisher besonders der Fall gewesen, dessen Einwohner den May um so begieriger im Freyen zubringen, als ihnen während der übrigen elf Monate des Jahres von der Natur nichts weiter als Häuser und Himmel sichtbar werden. Das italienische Theater, wo die Pariser weder sehen, noch verstehen, sondern nur hören können, hatte von jeher dem Einflusse dieser Jahreszeit am wenigsten widerstanden und war gewöhnlich während des Frühlings eine leere Wüste gewesen. Aber dieses Jahr ist die Reihe an die Nachtigall gekommen, in der Einöde zu singen; ein Dompfaffe, und zwar ein recht bunter, hat das Publikum in das Theater gezogen. Dieser Dompfaffe ist – der Hr. Rossini! Erfahre es ganz Deutschland (und wohin die musikalische Zeitung etwa noch weiter dringen mag), dass alle sogenannten hiesigen Amateurs (dass der französische Sprachgebrauch mit diesem Worte den ohngefähren Begriff der Kennerschaft verknüpft, möge ohne Präjudiz für die Sache selbst seyn) von keinem Mozart, keinem Cimarosa und keinem Fioravanti mehr hören wollen! Rossini und abermals Rossini und wiederum Rossini, das ist das Feldgeschrey aller derjenigen Leute, welche: Nel cuor non più mi sento, zur Guitarre singen können. Diese Revolution der Pariser Musikalischen, welche noch vor vier Jahren die Italiana in Algieri auspfiffen, deren wenige Vorstellungen nicht einmal durch die beliebte Morandi bevölkert werden konnten, hat etwas Unheimliches, ja sogar Furchtbares.«

Und als Gipfelpunkt der Berichterstattung zu Rossinis Erfolgen wird schliesslich auch eine ziemlich sarkastische Anekdote vorgetragen (*AmZ* 22 (1820), S. 509):

»Begegnen sich die Rossinisten, so reicht, als wären es Verschwörer, einer dem andern die Hand und sagt: 'Rossini'; der andere drückt die Hand und sagt ebenfalls 'Rossini', und damit scheiden sie, ohne weiter ein Wort zu sprechen. Niemanden wollte ich rathen, in ihrer Gegenwart einer andern Meinung zu seyn! Zu Zeiten der Gluckisten und Piccinisten gab es doch zwey Partheyen: von welcher man immer seyn mochte, so fand man Beystand, die Hiebe (witzige oder thätliche), welche man einnehmen musste, konnte man wieder ausgeben; ja, die Sache hatte, wie jede andere auf der Welt, zwey Seiten, nemlich die rechte und linke, oder vielmehr, um keinen Anachronismus zu begehen, die Seite des Königs und die Seite der Königin. Aber die Rossinisten sind nur einseitig: alle stehen für einen und einer für alle; Rossini's Name wird in solidum proclamirt; wenn eine Kehle schreit: Viva Rossini, so stimmen aller Herzen mit ein.«

3. *Mozart und Rossini*

In späteren Schriften erwähnt G.L.P. Sievers den Komponisten Rossini nur noch vereinzelt, er ignoriert dessen Erfolge. Und nach dem Wortlaut eines Berichtes aus dem Jahre 1821 in der *Wiener Zeitschrift für Kunst, Literatur, Theater und Mode* zu urteilen, scheint sich unser Autor zudem ausserordentlich zu freuen, dass Mozart, dessen *Don Giovanni* zu jener Zeit in Paris wiederaufgeführt wurde, Rossini als Lieblingskomponisten der Pariser zu verdrängen scheint (*Wiener Zeitschrift* 6 (1821), S. 189):

> »Don Juan zieht ganz Paris in das italienische Theater; Mozart's Triumph über alle anderen Komponisten, welche in Paris aufgeführt werden, ist vollendet; jedermann, selbst die Journalisten, sprechen den Namen des grossen Meisters mit Ehrfurcht, ja mit Anbethung aus. Weiss auch das grosse Publikum den Geist Mozart's noch nicht im Ganzen aufzufassen und zu würdigen, ziehen gleich die lieblichen Melodien die Liebhaber zur Stunde noch mehr an, als die in der tiefsten Tiefe der Kunst geschöpften und doch so himmlisch klaren Harmonien; so ist die sich unbewusste Hinneigung zu dem unsterblichen Werke doch so lebendig und kräftig, dass seit einigen Monathen die Lust, nach dem wasserfliessenden Babylon des Hrn. Rossini zu wallfahrten, merklich nachgelassen hat.«

In Deutschland dagegen hatte Rossini gerade einen Höhenflug angetreten, der G.L.P. Sievers ausserordentlich enttäuschte. Und aus dieser Konstellation heraus begibt sich der Kritiker mit seinem Aufsatz »Mozart und Rossini« auf einen »Kreuzzug« – für Mozart und gegen Rossini (*Wiener Zeitschrift* 6 (1821), S. 409):

> »Mozart und Rossini? Nein, du zürnst nicht, du hehrer Geist, aus deinem himmlischen Tonreiche auf mich herabschauend, über diese Vergesellschaftung! Du bist nicht der erste erhabene Märtyrer, der neben einen Sünder gestellt wird! Dir wird dasselbe Schicksal zu Theile, wie jenem göttlichen Dulder, welcher der Wahrheit, der Vernunft zum Opfer gebracht ward, wie wir in dir das Schlachtopfer sehen, welches für die Wahrheit der Harmonie fallen musste. Die Vernunft hat Jahrhunderte gekämpft und noch scheint ihr Reich nicht begründet zu seyn. Und die Harmonie? Auch ihren ewig wahren Aussprüchen, von ihrem genialen Meister verkündigt, bereitet der Unverstand einen harten Kampf. Wer wird siegen? Die gute Sache? Ihrer Verfechter ist nur eine geringe Anzahl. Desto muthiger kämpfe sie! Ist es nicht Vermessenheit, wenn ich mich zu ihrem Anführer aufwerfe, wenn ich allen mit einem guten Beyspiele voranzugehen verspreche? Denn wird nicht auch ohne mich geschehen, was geschehen muss? Allerdings! Aber, obgleich jedem Dinge sein Ziel gesteckt ist, über welches er nicht hinaus kann, so lässt sich der Augenblick des Vollbringens durch Theilnahmlosigkeit verzögern, durch kräftiges Mitwirken beschleunigen.«

G.L.P. Sievers scheint sich in der Rolle eines musikalischen Kreuzritters zu sehen, dem die Aufgabe zugefallen ist, sein Jerusalem – Mozart nämlich – zu verteidigen (*Wiener Zeitschrift* 6 (1821), S. 409f.):

»Was in Paris für Rossini und gegen Mozart geschehen ist und noch geschieht (und das ist nichts Geringes, denn schon werden zwischen den beyden Vergleichungen angestellt, welche nachzuschreiben, meine Feder mir den Dienst versagt), möchte eben so wenig im persönlichen Bezuge auf beyde Komponisten, als in allgemeiner Hinsicht auf die Sache selbst, von Erheblichkeit seyn, denn in Paris hat nie ein wirklicher musikalischer Nationalgeschmack geherrscht, aus Gründen, die zu oft von mir dargethan worden sind, als dass ich sie hier zu wiederhohlen brauchte. Aber Deutschland! In Deutschland, wo Mozart (und ich will nicht müde werden, Mozart's Namen unaufhörlich auf den Lippen zu führen, und sollte ich auch in gewissen Leuten statt Reue nur Überdruss erregen) in Deutschland, sage ich, wo Mosart Ur- und Vorbild aller und jeder erreichbaren tonsetzerischen Vollkommenheit gewesen ist, wo jede seiner zahllosen Theater-, Kirchen- und Instrumentalkompositionen nicht bloss von einigen Auserwählten, sondern vom ganzen Volke genossen, verstanden und im ganzen Umfange ihres Werths gewürdigt worden ist, in Deutschland, wo eben Mozart allein ist, welcher den Begriff der Klassicität verwirklicht hat, den ausser ihm kein anderer, weder poetischer, noch musikalischer, noch bildender Künstler zu erwecken gewusst, in Deutschland, sage ich, gelingt es einem ausländischen Komponisten, der kein Genie, sondern nur Talent, keine poetische Einbildungskraft, sondern nur materielle Erfindung, kein vernunftmässiges Wollen, sondern nur natürlichen Instinkt, der endlich kein künstlerisches Bewusstseyn, sondern nur blosse rohe Zufälligkeit besitzt, in Deutschland, sage ich noch einmal, gelingt es einem solchen Komponisten, nicht allein sämtliche einheimische, mehr oder minder verdiente Künstler und ihre Werke in Vergessenheit zu bringen, sondern auch dergestalt die öffentliche Neugierde in Anspruch zu nehmen, dass der Empfänglichkeit des Publikums kein Raum mehr für Mozart's Producte übrig bleibt!*)«[5]

Ein in früheren Aufsätzen noch manifester Glaube an Deutschland war verloren gegangen; G.L.P. Sievers wird zu einem von der Heimat enttäuschten Kritiker des deutschen Geschmacks. Mozart hatte für unseren Protagonisten den Anfang einer poetischen Musik bedeutet, die zu einem romantischen Zeitalter führen sollte. Solches war nach den Erfolgen Rossinis auch in Deutschland nicht mehr zu erwarten; Rossini hatte das romantische Zeitalter schlagartig beendet.

Der Aufsatz »Mozart und Rossini« lässt G.L.P. Sievers im übrigen den Komponisten Mozart erstmals auch mit dem Begriff »Klassizität« in Verbin-

5 In ihrer Anmerkung bemerkt die Redaktion der *Wiener Zeitschrift für Kunst, Literatur, Theater und Mode,* dass wenigstens in Wien neben Rossini immer noch Platz für Mozart sei, und deshalb G.L.P. Sievers' Befürchtungen etwas zu überspannt seien.

dung bringen: Unter diesem Begriff ist jedoch nicht »Klassik« im in den 1830er und 40er Jahren sich durchsetzenden Hegelschen Sinne des Wortes zu verstehen, sondern »Klassizität« steht lediglich für »vorbildhaft«, woraus sich später eben jener Hegelsche Begriff der »Klassik« entwickelte.[6] Der Begriff »Klassik« entsteht also aus der sich auch in G.L.P. Sievers' Schriften manifestierenden Idee einer für eine romantische Musikästhetik vorbildhaften Musik des sogenannten »Klassikers« Mozart. Dieses Mozart-Bild wird im Verlauf des Aufsatzes dann noch modifiziert, wobei Rossini wiederholt zum Gegenpol Mozarts stilisiert wird (*Wiener Zeitschrift* 6 (1821) S. 410f.):

> »Und dreist und ohne Hehl gesagt: wer aus wahrster, innerster Überzeugung von Mozart's Vortrefflichkeit durchdrungen ist, wer die Verehrung für das bewunderungswürdige Genie dieses einzigen wahrhaften klassischen Künstlers, welchen die Deutschen im allgemeinen Kunstgebiethe als solchen aufzuweisen haben, nicht bloss nachbethet, sondern im eigenen Gemüthe hegt und pflegt, den können fremde Produkte, je nachdem diese mehr oder minder Werth haben, allerdings auf kürzere oder längere Zeit unterhalten, sogar anziehen, aber unmöglich ist es, dass er an beyden gleich grossen Gefallen finden könne. Ich selbst habe in einer meiner letzten Mittheilungen in der Leipziger musikalischen Zeitung das Vergnügen zu erkennen gegeben, welches mir die Musik des Turco in Itaila, so zusammengetragen, wie sie hier gegeben wird, verursacht hat. Aber welch ein Unterschied befindet sich zwischen diesem Vergnügen, welches ich, will ich anders nicht an mir selbst und an meinen Gefühlen zum Lügner werden, im eigentlichen Verstande nur einen Zeitvertreib nennen darf, und der Anregung meines ganzen Denk- und Gefühlvermögens, welche, z.B. Mozart's Figaro oder Don Juan in mir hervorbringt! In den Turco in Italia geht man, wie zu ehrlichen Leuten, welche es gut mit einem meinen, die aber moralische noch geistige Eigenschaften genug besitzen, dass man den Besuch bey ihnen auch nur um eine Minute beschleunigen, oder den Abschied von ihnen nur um eine Minute verzögern sollte; aber zu Mozart's Werken stürmt sich's, als wäre es die erste Jugendgeliebte: man lebt am Morgen nur im vorigen Abende, wo man sie gesehen, und nur im künftigen, wo man sie wieder sehen soll.«

Für G.L.P. Sievers bleibt es unverständlich, dass Rossini mit seinem *Il Turco in Italia* (1814) in Paris und auch in Deutschland hatte Erfolge feiern können. Er kann sich diesen Erfolg lediglich durch eine Passivität des Publikums erklären; eine Eigenschaft, die heute wahrscheinlich als passive Konsumhaltung umschrieben würde, wobei diese Haltung just zu G.L.P. Sievers' Zeit als Folge eines ersten Schubes der Industrialisierung aufzukommen begonnen zu haben scheint. Sich selbst möchte der Kritiker jedoch von dieser Passivität ausge-

---

6 Vgl. dazu auch speziell die Passagen zum Begriff »Klassik« bei Arno Forchert, »'Klassisch' und 'romantisch' in der Musikliteratur«, a.a.O., S. 412ff.

nommen sehen; dies obwohl er im Nachhinein bereut, nicht mehr gegen Rossini unternommen zu haben (*Wiener Zeitschrift* 6 (1821), S. 411):

> »Einer solchen Passivität wird mich niemand beschuldigen, am wenigsten ich selbst; aber was die Muthlosigkeit betrifft, welche Ursache gewesen ist, dass ich hier, statt eine wirkliche, in's Grosse gehende Parallele zwischen den beyden genannten Komponisten (eine Parallele, welche dies im eigentlichen Verstande gewesen seyn würde, das heisst, zwey gerade Linien, welche sich niemahls berühren) zu ziehen, und auf diesem Wege den Zorn, den mir der jetzige Musikzustand Deutschlands eingeflösst hat, durch eine wirkliche R o s s i n i k a auszulassen, nur einige wenige unbedeutende Züge und Vergleiche auf's Papier geworfen habe, was diese schwächliche Muthlosigkeit betrifft, so möchte ich selbst dafür den ersten Stein gegen mich aufheben.«

4. *Ein neues, französisches Verstandesmodell*

G.L.P. Sievers bleibt zwar einen wirklich analytischen Vergleich der Musik Mozarts mit derjenigen Rossinis schuldig, versucht jedoch in seinem Aufsatz »Mozart und Rossini« wenigstens den Erfolg Rossinis verstandesmässig zu erklären – und zwar mit Hilfe eines neuerlichen Modells: Noch im Jahre 1820 hatte er (*Wiener Zeitschrift* 5 (1820), S. 421) »Verstand und Leidenschaft« als »ewig die beyden grossen Antithesen« bezeichnet; ein Jahr später nun erfährt der Verstand eine Aufwertung und überlagert die beiden Antithesen Intelligenz (Vernunft) und Gemüth (Gefühl) (*Wiener Zeitschrift* 6 (1821), S. 412):

> »Musik spricht allerdings keineswegs zur Vernunft; eine logische Einwirkung auf Intelligenz des Menschen ist ihr unmöglich. Aber über der Vernunft steht im Menschen die Kraft, in welcher sich alles vereinigt, was nicht körperlich in ihm ist: dies ist der Verstand. Der Verstand fasst in seiner höchsten Potenz die Intelligenz und das Gemüth, als einen allgemeinen, geistigen Dualismus, zusammen. Der Verstand, in diesem Sinne genommen, ist demnach die Heimath, von welcher die Musik ausgehen, und zu welcher sie wieder zurückkehren muss.«

Durch diese neue, wohl als Reaktion auf Rossini gefundene Konstellation sucht G.L.P. Sievers das deutsche Publikum, welches er nach wie vor als für eine romantische Ästhetik empfänglich beurteilt, erneut für Mozart zu begeistern: durch ein das Gefühl überlagerndes »verstandesmässiges Bewusstsein« – durch die nun eingeführte Eigenschaft »Charakterzeichnung«, welche der früher nur »gemüthvollen« bzw. »poetisch-romantischen« Musik Mozarts im Gegensatz zu derjenigen Rossinis eigen sei (*Wiener Zeitschrift* 6 (1821), S. 412):

> »Es muss demnach die musikalische Komposition (denn von dieser kann hier nur allein die Rede seyn) auf ein höchst verständiges Bewusstseyn begründet seyn. Was

ist aber ein solches Bewusstseyn anders, als die Kraft, die Objekte genau von einander zu unterscheiden? Diese Operation wird nun von dem vollkommen ausgeübt, der die äussern Kennzeichen derselben richtig zu begreifen und richtig wieder zu geben versteht. Wir nennen dies in der Kunst Charakterzeichnung. Ohne sie bleibt die musikalische Darstellung, wie jede andere künstlerische, ein lustig-nebeliges Wolkengebilde, welches durch seinen Farbenschmelz allerdings einen Augenblick unsere Aufmerksamkeit auf sich ziehen kann, dessen verstand- und bedeutungslose Allgemeinheit aber bald Gleichgültigkeit erregt.
Charakterzeichnung ist es, durch welche Mozart sich zum höchsten und nie erreichbaren Muster der Tonkunst emporgeschwungen hat, und Charakterzeichnung ist es, durch deren gänzlichen Mangel Rossini nur Töne, nur Melodie, aber keine M u s i k (dies Wort in der höchsten künstlerischen Bedeutung genommen) geliefert hat. Während bey Rossini die musikalischen Phrasen schon vorhandene stereotypisirte Formen sind, die er nicht im Augenblicke einer kreisenden Phantasie schafft, sondern welche, gleich behauenen Materialien, um ihn herum liegen, und während er aus diesen Formen, nicht nach den allerhöchsten Forderungen der Kunst und des Genies, sondern nach bloss subjektivem Gutdünken (um nicht gerade zu sagen, auf's Gerathewohl) irgend ein Gebäude (keineswegs ein, nach einem vorher entworfenen Plane bestimmtes) zusammensetzt, schafft Mozart, vom Ideale des vorher in seiner Einbildungskraft längst begriffenen und längst vollendeten Gebildes begeistert, die äussere Form desselben, wie durch Inspiration, aber geleitet vom Geiste der höchsten Zweckmässigkeit und in einer Ordnung, wo, wie im Weltsysteme, jeder einzelne Theil mit dem Ganzen in der nothwendigsten und einzig wahrsten Übereinstimmung steht. Höchste Bedeutsamkeit, nicht im materiellen Sinne genommen, sondern hervorgehend aus der allertiefsten Anschauung verstandesgemässer Unterscheidungskraft, bezeichnet jedes Musikstück Mozarts.«

Solches wird an Beispielen noch genauer begründet und im folgenden Rossinis Oeuvre gegenübergestellt (*Wiener Zeitschrift* 6 (1821), S. 413):

»Welch' eine Verschiedenheit ist dagegen in den Nummern einer Rossinischen Oper zu finden? Kein andrer, als dass im langsamen oder im geschwinden Zeitmasse, in langen oder in kurzen Noten, und in der einen oder der andern Tonart gefunden wird. Was die Noten neben und unter einander betrifft, so sind diese, dem Geiste nach, immer dieselben: eine Person singt, wie alle, und alle, wie eine.«

5. *Rossini in den späteren Schriften*

G.L.P. Sievers' Urteil über den Komponisten Rossini, welches in seinen Ansichten einiges an Veränderungen bewirkte, kann nach dem Jahr 1824 – nun in der Zeitschrift *Caecilia* – weiterverfolgt werden, wobei über längere Zeit das bereits bekannte, konstant abwertende Negativ-Urteil bestehen bleibt (*Caecilia* Bd. 1 (1824), S. 235f.):

»Was die jetzigen berühmtesten Componisten Italiens anbetrifft, so haben sich diese, wie jedermann weiss, alle mehr oder weniger jenem Schlendrian hingegeben, welcher die endliche nothwendige Folge des daselbst aufgestellten Grundsatzes werden musste, der Gesang brauche keine geistige Sprache, sondern nur ein geistiger Kitzel zu sein. Den Meister in dieser unmeisterlichen Manier kennt Jeder.«

Auch im Zusammenhang mit Erfolgen des Komponisten Ferdinando Paer (1771-1839) in Rom, dessen Werke *Griselda ossia la virtù al cimento* (1798) und *L'Agnese di Firzhenry* (1809) dort um die Mitte der 1820er Jahre grosses Aufsehen erregten, kommt G.L.P. Sievers nochmals auf Rossinis Erfolge in Deutschland zurück – in einem Aufsatz mit dem insistierenden Titel »Ein Wort zur rechten Zeit gesprochen« (*Caecilia* Bd. 2 (1825), S. 91f.):

»An einem Orte, wo Agnese, und Griselda von neuem gefallen können, obgleich daselbst die Werke eines andern Componisten, als landsmännische Producte, bisher fast überschätzt worden sind, da kann der musikalische Geschmack bei weitem nicht so verdorben sein, als man im Auslande zu glauben scheint. In Teutschland möchte mehr als eine Stadt vorhanden sein, welche sich solchen Ruhms nicht schmeicheln kann. Ich schliesse so: wer den Paerschen Werken, welche, obgleich ohne Tiefe und eigentliche gemüthvolle Bedeutsamkeit, Muster von Klarheit, Mässigung, Einengen in physische und künstlerische Schranken, und von einer gewissen ästhetischen Keuschheit sind, Geschmack abgewinnen kann, den muss der unwürdige, allem Mass und Ziel hohnsprechende, alle, auch die widerstrebensten, unvernünftigsten Mittel anwendende, alle und jede Hülfsquellen erschöpfende, ja alle bisher bekannten Kräfte überbietende, und über aller Begriff erlogene, Bombast, der heuer auf den Europäischen Theatern an der Tagesordnung ist, noch nicht alles wahren musikalischen Geschmacks beraubt haben.«

G.L.P. Sievers' Glaube an eine aufstrebende Romantik in Deutschland war mit dem Aufkommen Rossinis zerstört worden. Er wendet sich von dieser Romantik der 1820er Jahre ab und wird wieder zu jenem sarkastischen Kritiker der Gegenwart, als welcher er sich in seinen frühesten Äusserungen ums Jahr 1805 vorgestellt hatte (*Caecilia* Bd. 2 (1825), S. 92f.):

»Wirklich (ich sage es ohne Scheu) möchte an der musikalischen Wiedergeburt Italiens weniger zu zweifeln sein als an der unseres teutschen Vaterlandes, und zwar aus einem sehr einfachen und klaren Grunde. Italien, bisher ohne alle musikalische Kritik, nur im Produziren und nicht im Wortklauben lebend, hat zu keiner Zeit Parade gemacht mit jenem bombastischen Kunstgeschwätze, mit jenem Haschen nach metaphysisch-philosophischen Kunstspeculationen, mit jenen Kunstromanen, mit jenen kritisch-musikalischen Zeitschriften, welche seit fünfzig und mehren Jahren Teuschland überschwemmen; es hat somit, durch keinen Wegweiser gewarnt und fortgerissen vom rascheren, lebendigern Umlaufe seines Blutes, auf Abwege gerathen können. Aber, Teuschland im Besitze der tiefsten sowohl, wie der flachsten Kunstgrübeleien, Erzeuger des grössten musikalischen Genies, welches die Erde bisher gesehen hat und für die Folge sehen wird,*) und vieler anderer untergeordneter, aber nicht desto weniger ein bewundernswürdiges Ganze bildender, Talente, Teuschland, im Auslande noch fortwährend im Geruche tonkünstlerischer Heiligkeit stehend, welcher unwürdigen, schwachköpfigen, musikalischen Abgötterei hat es sich ergeben, welch einem eitlen Noten-Götzen, oder vielmehr musikalischen Notus, frönt dieses Land? Ist nicht Teutschland, welches des Herrn (seinen Namen müsste ich fast dabei schreiben, so sehr scheint man dessen vergessen zu haben) welches des Herrn Willen weiss, und ihn doch nicht thut, nicht doppelter Streiche werth?«[7]

Die Wortwahl wird schärfer, der Ton bissiger. Auf dem Höhepunkt der Kritik wird Rossini einem das Böse dieser Welt verkörpernden Satan gleichgesetzt. Um diesem Satan entgegenzuwirken, gibt es nach G.L.P. Sievers' Meinung für die deutschen Theaterdirektoren nur die Möglichkeit, durch (*Caecilia* Bd. 2 (1825), S. 93) »Wiederaufführung älterer, werthvoller Werke, wenigsten einen physischen Widerstand zu leisten.« Auch wenn dieser Widerstand nach der Ansicht des Kritikers sinnlos erscheint!

C. Die gewandelte Einstellung zu einer romantischen Musikästhetik

1. *Kritik*

Am kritischsten in bezug auf eine romantische Musikästhetik äussert sich G.L.P. Sievers in einem in Rom wahrscheinlich im Winter 1828/29 entstandenen Diskurs; er wendet sich gegen eine seiner Ansicht nach »närrische Kunstphilosophie«, gegen eine Lehre von »absoluten Kunstwerken«, wie sie gerade in den 1820er Jahren stetig dominierender vertreten wird. Für G.L.P. Sievers ist zu diesem Zeitpunkt klar, dass eine absolute Deutung einer romantischen Musikästhetik, wie sie in den 1820er Jahren im deutschsprachigen Raum einsetzte, nicht der Realität eines Kunstwerks entsprechen kann (*Caecilia* Bd. 11 (1829), S. 113f.):

»Übrigens dürfte es dem Deutschen Publicum nicht uninteressant zu vernehmen sein, dass die Accademici Filarmonici Romani bei Wiedereröffnung der Akademie

---

7 Die Anmerkung der Redaktion ist kurz und vielsagend: »*) -«.

im Monate September Haydn's Schöpfung aufgeführt haben. Ich weiss nicht, ob man sich darüber freuen, oder traurig werden soll. Es ist nicht wahr, was ehemals eine närrische Kunstphilosophie gelehrt hat, dass es absolute Kunstwerke gibt, welche zu allen Zeiten und allen Völkern gefallen müssen. Je wahrer ein Kunstwerk ein solches ist und diesen Namen verdient, je mehr ist ihm der Stempel des Zeit- und Nationalgeistes aufgedrückt und kann und soll nur demjenigen Volke und derjenigen Zeit gefallen, unter welchem und in welcher es geschaffen.«

Und in gleicher Weise wendet sich unser Kritiker auch gegen die Meinung, dass die Kunst der griechischen Antike absolut verstanden und gedeutet werden könne (*Caecilia* Bd. 11 (1829) S. 114):

»Kann ein christliches Volk, welches in seiner Gottheit den Urbegriff aller Vollkommenheit, zu einem moralischen Wesen verwirklicht, anbetet, an den Griechischen Göttern, welchen eine nur theilweise potentiirtere Menschheit innewohnt, an ihren Streitigkeiten unter einander, an ihren Einmischungen in die weltlichen Dinge, überhaupt an ihren Menschlichkeiten Interesse nehmen? Und die Griechische Plastik, das heisst hier, die Darstellung der abstracten Form, wie kann die den neuern Völkern, welche ihrer physischen und moralischen Einhüllung wegen gar keine Kenntniss von Form haben, zusagen?«

Dabei wird in ironischem Ton auch auf gewisse »erhabene Geister« hingewiesen, welche sich der Antike trotz der zeitlich Distanz geistig gewachsen fühlen; Friedrich und August Wilhelm Schlegel oder deren Umgebung könnten dies ohne Zweifel als Fingerzeig aufgefasst haben (*Caecilia* Bd. 11 (1829), S. 114):

»Allerdings mag es erhabene Geister geben, welche, in ihrer moralisch-sittlichen Weltbürgerlichkeit, das All der Zeiten und der Orte umfassend, Grieche und Christ, Türk und Heide zu sein vermögen und zweitausend Jahre früher gelebt haben, als sie auf die Welt gekommen sind; solchen Geistern ist es gestattet, die Griechische Kunst zu geniessen, als wäre es die moderne.«

Bereits in einem früheren Aufsatz hatte G.L.P. Sievers im übrigen Ähnliches vertreten. Schon im Jahre 1822 hatte er ähnlich von der Romantik seiner Gegenwart Abstand genommen und gesehen, dass jede Idee sich aus der Realität herleiten lässt – auch eine Idee eines absoluten Kunstwerks (*Wiener Zeitschrift* 7 (1822), S. 312): »Alle Kunst, selbst die gefeyertste leitet ihren ersten Ursprung von einer materiellen Veranlassung her.« Und eine solche »materielle Veranlassung« scheint es auch für die Romantik zu geben, so dass G.L.P. Sievers erkennt, dass es keinen Sinn macht, »tiefsinnige Speculationen« zu »absoluten Schöpfungen« anzustellen; die Romantik baut auf unsicherem idealistischem bzw. frühromantischem Grund und stürzt in sich zusammen, sobald dieser Grund in Bewegung gerät (*Wiener Zeitschrift* 7 (1822), S. 312):

»Die Untermischung des Komischen mit dem Ernsten (ich sage nicht, die Vermischung, denn diese ist nicht zufällig, sondern ein Kennzeichen der neueren, sogenannten sentimentalen poetischen Bildung) hat also gleichfalls in einer äusseren Veranlassung, in einer Sitte des gesellschaftlichen Lebens, ihre Entstehung erhalten. Diese aufzufinden, möchte nicht schwer seyn; aber die neuere Kunstphilosophie, welche diese Untermischung bisher in Folge tiefsinniger Speculationen für die absoluteste Schöpfung eines tiefsinnigen Genies gehalten, dürfte sich darüber sehr verlegen fühlen.«

Und um einen Ausweg aufzuzeigen, kehrt unser Protagonist dann zu den Anfängen einer romantischen Musikästhetik zurück und versucht dort nochmals anzuknüpfen, wo ihm die Welt noch in Ordnung erscheint – nämlich in der Aufklärung. Dabei sind für ihn bereits für jene Zeit romantische Züge charakteristisch – jedoch eben Züge einer noch gesunden, ursprünglichen Romantik, die in der Kunst »Musik« von Komponisten wie Mozart oder Haydn getragen wurde (*Wiener Zeitschrift* 7 (1822), S. 317):

»So, dünkt mich, hat sich's ereignet, dass zu Anfang der zweyten Hälfte des vorigen Jahrhunderts, das heisst zu Lessing's Zeiten, wo noch die Klarheit des Verstandes weder von den schwindelnden Speculationen einer forcirten Kunstphilosophie, noch von den Nebeln des hyperromantischen Mysticismus verdunkelt worden war, bey den unternommenen Bearbeitungen der Calderon'schen, Cervantes'schen und Shakespear'schen Werke die disparaten komischen Beymischungen mehr oder weniger ausgemerzt und der ernste Theil in seiner Einheit wieder gegeben worden ist.«

Konsequent weiterdenkend erkennt G.L.P. Sievers, dass auch seine früheren Modelle – beispielsweise die sich von Süden nach Norden ausbreitenden Kulturkreise – idealistische bzw. frühromantische Spekulation gewesen waren. Solches wird anhand des spanischen Dramatikers Pietro Calderón de la Barca (1600-1681) klargestellt, für welchen Romantik eben im Norden stattfindet (*Wiener Zeitschrift* 7 (1822), S. 319):

»Der Umstand, dass Calderon die Scene nach Polen verlegt hat, ist zum Vorwurfe einer mannigfaltigen Kritik geworden. Mich dünkt, die Erklärung desselben kann auf dem allernathürlichsten Wege gegeben werden: den Nordländern ist der Süden, den Südländern der Norden das Land der Romantik. Calderon würde eben so gut Russland oder ein anderes nordisches Reich gewählt haben, wäre Polen zu seiner Zeit nicht als das historisch und politisch wichtigste Land des Nodens bekannt gewesen. Diese Wahl ist also höchst zufällig.«

2. *Rückschritt als Fortschritt? (Caecilia 1824-1825)*

Bereits im ersten Aufsatz G.L.P. Sievers' für die Zeitschrift *Caecilia* mit dem Titel »Über den heutigen Zustand der Musik in Italien, besonders zu Rom« lässt sich eine zur Vergangenheit hinneigende Grundhaltung des Autors eruieren; G.L.P. Sievers glaubt nicht mehr an eine Zukunft der Romantik seiner Zeit und scheint einer Theorie eines kommenden Zeitalters stetig skeptischer gegenüberzutreten; er vermutet einen aus den idealistischen bzw. frühromantischen Idealen zu erwartenden Niedergang der Kunst. Ein symptomatischer Satz, der diese Haltung unterstreicht und von der Redaktion der *Caecilia* dann auch prompt mit einem Fragezeichen versehen wurde – da er in jener noch ungebrochen an den industriellen, wissenschaftlichen und ästhetischen Fortschritt glaubenden Zeit noch völlig unverständlich erscheinen musste – ist dabei der folgende (*Caecilia* Bd. 1 (1824), S. 205): »Aber, wo wäre nicht das Europäische Land, in welchem nicht in musikalischer Hinsicht das E h e - m a l s über das J e t z t den Sieg davon trüge!«

Wie im vorigen Abschnitt angedeutet hängt diese gewandelte Einstellung stark mit dem sich stetig mehrenden Erfolg Gioacchino Rossinis zusammen. Rossini hatte in Italien, Frankreich und Deutschland gleichermassen Erfolge verbuchen können und bewirkte, dass G.L.P. Sievers die Realität wieder wahrzunehmen begann. Rossini lässt unseren Protagonisten zu einem Kritiker seiner musikalischen Gegenwart und einem Anhänger der Vergangenheit werden. Und Rossini wird dann von G.L.P. Sievers auch in einer Übersicht der italienischen Musik erwähnt, jedoch – wie könnte es anders sein – nur am Rande. Daneben spricht der Kritiker schon im Jahre 1824 auch von Gaetano Donizetti (1797-1848); einem Komponisten, der zu diesem Zeitpunkt erst in Italien bekannt ist und in Rom mit Aufführungen von *Zoraide di Granata* (1822) und *L'Ajo nell' imbarazzo* (1824) seine ersten Erfolge hatte verbuchen können (*Caecilia* Bd. 1 (1824), S. 236):

> »Als Nächsten nach ihm [Rossini] schätzen die Italiäner, besonders die Römer und Neapolitaner, den Componisten Donizetti. Ich halte ihn, nach der ernsten Oper: la Zoraida in Granata, und nach der komischen. l'Ajo in imbarazzo, welche ich beide mehr als zehn Male gehört, also füglich kennen gelernt habe, unbedenklich für den besten und besonders den verständigsten aller jetzt lebenden ursprünglich Italiänischen Componisten.«

Trotz dieses Hoffnungsschimmers ist G.L.P. Sievers jedoch nicht von einem Rückgriff auf die Vergangenheit abzubringen, wobei zunächst beiläufig auf den Deutschen Simon Mayr (1763-1845), Lehrer von Donizetti in Bergamo, und auf Valentino Fioravanti (1770-1837), einen vergessenen Italiener und einer der Lieblingskomponisten G.L.P. Sievers', hingewiesen wird (*Caecilia* Bd. 1 (1824), S. 236):

»Von Simon Mayr, als einem Teutschen, und von Fioravanti, welche beide nichts mehr schreiben, kann hier die Rede nicht sein. Wenn des ersten komische Opern selbst den Italiänern, vor zehn bis funfzehn Jahren, klassische Werke geschienen haben; so sind seine ernsten Compositionen, wenn ich von l'Amor conjugale auf alle schliessen darf, Meisterstücke an Tiefe, Klarheit und geistiger Bedeutsamkeit.«

Jedoch nicht Mayr und Fioravanti sind die eigentlichen Vorbilder, auf die G.L.P. Sievers hinzuweisen sucht, sondern Domenico Cimarosa und Wolfgang Amadeus Mozart werden als Ziel des Rückschritts angepeilt. Im zweiten Band der *Caecilia*, im Aufsatz »Ein Wort zur rechten Zeit gesprochen«, wird dabei zunächst auf Cimarosa hingewiesen, den Komponisten der Oper *Il matrimonio segreto*, welche in G.L.P. Sievers' Arbeiten des öfteren wiederkehrt und um 1825 in Neapel und Florenz wieder aufgeführt worden zu sein scheint (*Caecilia* Bd. 2 (1825), S. 89):

»In Neapel und Florenz sind im verflossenen Jahre musikalische Rückschritte geschehen, welche, sollte die Zukunft deren mehre herbeiführen, die glücklichsten Fortschritte sein dürften, welche der Musikfreund von der Wiedergeburt dieser Kunst erwarten kann: man hat daselbst das Matrimonio segreto von Cimarosa, und zwar in Neapel vierzig- bis fünfzigmal, mit dem ungetheiltesten Beifalle gegeben.«

Und die Ausführungen gehen dann in Richtung weiterer Wiederaufnahmen von älteren Opern, wobei an erster Stelle natürlich Mozart genannt wird (*Caecilia* Bd. 2 (1825), S. 100):

»Unter den ältern Opern, welche man zu diesem Endzwecke entweder von neuem zur Aufführung bringen, oder deren Darstellung mit der ersinnlichsten Vollkommenheit betrieben werden müsste, stehen natürlich die Mozartschen oben an. Bei dem, in den letzten zehn bis fünfzehn Jahren unverhältnismässig angewachsenen Opernpersonale dürfte selbst jedes mittelmässige, um nicht zu sagen, auch das kleinste, Theater im Stande sein, die Mozartschen Werke aufzuführen. In welcher teutschen Theaterdirektion irgend noch ein patriotisches Ehr- und Kunstgefühl glimmt, die sollte es sich zur Ehrensache machen, letztere stets auf dem Repertoire zu erhalten und sie regelmässig in gewissen Zeiträumen zur Aufführung zu bringen.«

Solche Wiederaufnahmen der Mozartschen Opern müssten jedoch nach G.L.P. Sievers' Meinung von einer gewissen Perfektion begleitet sein, da sie sonst den gewünschten Erfolg nicht erzielen könnten (*Caecllia* Bd. 2 (1825), S. 101):

»Aber ich gestehe selbst, dass diese Versuche, sollte ihnen nicht mehr oder weniger der Stempel der Vollkommenheit aufgedrückt werden, die gute Sache mehr hindern, als befördern würden.«

Mozart sollte deshalb nur dort aufgeführt werden, wo man sich dazu befähigt fühlt. Als Alternativen schlägt G.L.P. Sievers weitere ältere Bühnenwerke vor, wobei sich der Verdacht nicht von der Hand weisen lässt, dass seine Devise schlicht lautet: »Alles – nur nicht Rossini« (Caecilia Bd. 2 (1825), S. 102):

> »Es thäte daher Noth, dass da, wo nicht die Menge der vorhandenen Mittel und besonders, wo nicht der Enthusiasmus für die gute Sache die höchste Wahrscheinlichkeit eines guten Erfolgs verspräche, für's erste nur mit der Wiederaufführung solcher älterer Werke der Anfang gemacht würde, welche nicht dieselben Schwierigkeiten darböten. Mögen diese italiänisch oder teutch sein, gleichviel, wenn nur ihr wahrer innerer Werth die erlogenen Producte, welche sich der teutschen Bühnen bemächtigt haben, verdrängen; denn in der Kunst und Wissenschaft soll nur das Verdienst, kein Patriotismus entscheiden.«

Die Hoffnung auf eine Zukunft einer Romantik war von unserem Protagonisten endgültig aufgegeben worden; er möchte viel eher zu den oben angedeuteten »Lessingschen Zeiten« zurückkehren. Die Kunst »Musik« sollte dort nach G.L.P. Sievers' Meinung ihre Entwicklung nochmals von neuem beginnen. Und um dieser Idee zum Sieg zu verhelfen, empfielt der Kritiker denn auch immer ältere Opern: so *Una cosa rara* (1786) des auch in den von G.L.P. Sievers mitbearbeiteten zweiten und dritten Auflagen des *Conversations-lexikons* erwähnten Vincent Martin I Soler (1754-1806), *Das unterbrochene Opferfest* (1796) von Peter Winter, *Axur re d'Ormus* von Antonio Salieri, *Das Fest der Winzer, oder die Weinlese* (1793) von Friedrich Aemilius Kunzen (1761-1817) oder *Der Irrwisch oder Endlich fand er sie* (1780) von Otto Carl Erdmann Freiherr von Kospoth (1753-1817). Der Geschmack des Publikums sollte durch diese und andere ältere Bühnenwerke wieder in eine dem Kritiker genehme Richtung geleitet werden (*Caecilia* Bd. 2 (1825), S. 104f.):

> »Da es hier überhaupt nicht grade darauf ankäme, dem Publikum den Genuss von durchaus vortrefflichen Compositionen zu verschaffen, sondern nur den Geschmack desselben wieder in seine natürlich-vernünftigen Grenzen zurückzuführen; so könnten einige noch ältere, jetzt ganz vergessene Werke, durch eine vortreffliche Aufführung gehoben, hier sehr wesentliche Dienste leisten. Ich rechne dazu das Winzerfest von Kunzen, und ganz besonders den Irrwisch oder Endlich fand er sie von Kospoth. Vom eigentlichen Kunstwerthe der letzten Composition, welche ich nur aus meinen allerfrühesten Knabenjahren her kenne, kann ich freilich nicht urtheilen: nur so viel ist mir erinnerlich, dass ich damals sowohl am Texte, wie an der Musik, das lebhafteste Interesse genommen habe. Auch würde dieses Singspiel schon darum verdienen, wieder eine Stelle auf dem Repertoire zu erhalten, als es die erste teutsche Originalcomposition in der sogenannten romantischen Gattung ist.«

Weitere Textstellen aus dem gleichen Aufsatz bestätigen, dass G.L.P. Sievers eine Rückbesinnung anstrebt und sich gegen die sich gerade in den 1820er Jahren ausbreitende Idee einer absoluten Kunst auszusprechen sucht; er proklamiert eine Kunst »Musik«, die – wieder im Alltag eingebunden – der Menschheit dient (*Caecilia* Bd. 2 (1825), S. 105f.):

> »Immer weiter zurückschreitend, würden wir zu den Schweizerischen und Bendaschen Opern gelangen. Und wäre deren Aufführung auch kein unmittelbarer Gewinn für die Kunst: so könnte sich aus ihr gleichsam eine lebendige musikalisch-dramatische Literatur ergeben, welche das grosse Publikum eben so sehr durch den Reiz der Neuheit anziehen, als dem Kenner durch hörbare Anschauung des Entstehens und des Fortschrittes der teutschen Theatermusik, Belehrung gewähren könnte. Und wie wir Kleidungsstücke und Meubeln, welche theuren, von uns geliebten Personen angehört haben, oder ihnen vorzugsweise lieb und werth gewesen sind, wie Reliquien aufbewahren, um uns an dem wahren oder eingebildeten physischen Eindrucke, welchen die betastende Hand, oder das beschauende Auge an ihnen zurückgelassen hat, des geliebten Besitzers zu erinnern, sollten uns nicht in gleicher Gestalt die Hillerschen Werke als Denkmal unserer Väter und Grossväter, welche sich an ihnen ergötzt, ehrwürdig, ja gewissermassen heilig sein, und zu deren Wiederanhörung, fänden wir selbst auch kein anderes Vergnügen an derselben, einladen müssen? Sollte uns nicht einmal die Lust anwandeln, uns wenigstens in der Einbildung in jene altväterliche Zeit zu versetzen, wo unseren harmonisch-züchtigen und sittlichen Vorfahren, in ihrer nüchternen Mässigkeit, nur von musikalischer Milch und Honig lebend und die Früchte ihres eigenen Bodens verzehrend, der Arrak und das Opium, mit welchem das jetzt lebende Geschlecht den abgestumpften, überreizten Gehörnerven den verlorenen Ton wiederzugeben sucht, noch unbekannt war, welche selbst den Zucker verschmähten, weil dieser, als zu übermässig mit Lebenstoff geschwängert, sich durch sich selbst zerstört, – in jene glückliche Vorzeit, wo die Musik freilich den Menschen diente, aber weder im Gesellschaftzimmer, noch in Küche, Keller und Gesindstube, sondern wie ein Engel aus der Ferne.«

3. *»Schröpfköpfe für Componisten, Operndichter, Sänger und Publicum« (Caecilia 1825-1828)*[8]

Mit »Schröpfköpfe« betitelt G.L.P. Sievers seine – wie der im zweiten Teil der Arbeit angesprochene Hinweis Ernst Pasqués andeutet – noch in späteren Jahren berüchtigten Äusserungen zum Musikleben im Deutschland der 1820er Jahre, die sich in der *Caecilia* über mehrere Jahre hinziehenden heterogenen Klagen über die Unfähigkeit deutscher Dichter und Komponisten eine wirkliche Oper zu schreiben.

8 Ähnlich wie bei den Fragmenten Franz Christoph Horns bleibt auch dieser Abschnitt der Arbeit der ursprünglichen Chronologie verpflichtet.

In einer ersten Lieferung besinnt sich der Autor dabei zunächst erneut auf Wolfgang Amadeus Mozart und meint, dass Mozart der beste Opernkomponist gewesen sei, den Deutschland je hervorgebracht habe; Don Juan sei ein richtiger Teufel, der aber durch die realitätsnahe Charakterzeichnung verstanden werde; die von deutschen Komponisten der 1820er Jahre komponierten Opern dagegen bezeichnet G.L.P. Sievers als Verirrungen eines (*Caecilia* Bd. 3 (1825), S. 264) »Hans Quast mit dem Pferdefusse«.

Eine zweite Lieferung der »Schröpfköpfe« bringt einen Vergleich Mozarts mit dem italienischen Renaissance-Dichter Dante Alighieri, zu dessen Förderung in Italien ein Lehrstuhl eingerichtet worden war. G.L.P. Sievers klagt, dass in Sachen Mozart in Deutschland kein Finger gekrümmt werde und regt an, den Salzburger Komponisten doch ebenfalls durch einen entsprechenden Lehrauftrag zu ehren (*Caecilia* Bd. 4 (1826), S. 122):

> »Und so sollte denn, dünkt mich, in allen Teutschen Staaten, wo für die Kunst, das heisst hier insbesondere für die Theatercomposition, wahrhafter und kein Strohenthusiasmus herrscht, eine musikalisch-ästhetische Professur bloss zur Erklärung der Mozartschen Werke eingesetzt werden.«

Und natürlich empfielt G.L.P. Sievers sogleich auch einen Experten, der diesen Lehrauftrag gerne übernehmen würde – sich selbst nämlich (*Caecilia* Bd. 4 (1826), S. 122f.): »Würde mir eine solche Professur übertragen; meine erste Vorlesung sollte etwa folgendermassen lauten: 'Zuhörer (...).'« G.L.P. Sievers profiliert sich mit einer siebenseitigen Vorlesung, in welcher Mozart zunächst mit einem Schuster verglichen, anschliessend jedoch aber trotzdem zu jenem Künstler gemacht wird, als der er von unserem Autoren seit den frühesten Schriften beschrieben worden war (*Caecilia* Bd. 4 (1826), S. 125): »Mit dem allem habe ich bisher nichts mehr sagen wollen, als dass Mozart der grösste musikalisch-ästhetische Künstler gewesen ist, den die Erde gehört.« Zudem wird erläutert, dass Mozart in seinen Opern nicht in eine romantische Traumwelt flüchtete, wie dies in entsprechenden Werken der 1820er Jahre üblich sei, sondern dass er realistische Opernthemen vertonte: In Mozarts Opern sei noch eine Mischung von Gut und Böse anzutreffen, wie sie auch für das wirkliche Leben kennzeichnend sei. Der Kritiker setzt sich für eine Rückkehr zu realistischen Themen ein und wendet sich direkt an die Operndichter der 1820er Jahre; er erteilt ihnen den Rat, lebensnahere Texte zu verfassen (*Caecilia* Bd. 4 (1826), S. 131f.):

> »'Aber', krächzet ihr mir entgegen, ihr Operndichter, 'damit wird ja nicht mehr und nicht minder gesagt, als dass wir wieder in die Wohn- und Kinderstuben, in die Küchen, ja unter den Pöbel zurückkehren sollen.' – Allerdings sollt ihr das, und

zwar so geschwind als möglich; ihr hättet überall wohlgethan, euch gar nicht von dort zu entfernen.«

In einer dritten Lieferung der »Schröpfköpfe« lässt der Kritiker dann einen Aufruf zur Dramatik folgen. »Dramatisch« ist dabei für G.L.P. Sievers gleichbedeutend mit »Handlung«, wobei Wert auf die Begriffe »Exposition«, »Verwicklung« und »Entwicklung« gelegt wird. Die Komponisten werden dazu angehalten, mit »Verstand« und »Mass« und nur »dramatische Texte« zu vertonen (*Caecilia* Bd. 5 (1826), S. 49):

> »Die Dichtkunst mögt ihr aufhören zu studieren, ihr deutschen Singspieldichter, dagegen euch aber dem Studium des gesunden Menschenverstandes widmen. – Der gesunde Menschenverstand in Sachen der Theatermusik ist aber nichts anders, als der d r a m a t i s c h e. –«

Auch den Erfolg Rossinis beginnt G.L.P. Sievers stetig mehr für seine Sache einzuspannen. Er erhebt den italienischen Komponisten über seine deutschen Kollegen und betont, dass diesen im Vergleich mit Rossini einiges abgehe: unter anderem auch Selbstvertrauen, welches Rossini im Übermass besitze. Die dritte Lieferung der »Schröpfköpfe« schliesst deshalb mit folgender Absage an die deutschen Komponisten (*Caecilia* Bd. 5 (1826), S. 58): »Deshalb macht ihr auch alle, zu einem einzigen Teige zusammen geknetet, noch keinen Hrn. Rossini, weder im Guten, noch im Bösen, aus, Dixi!«

In der vierten Lieferung beschwert sich unser Hauptdarsteller, dass es zwar in Italien eine Gesamtausgabe von Rossinis Werken gäbe, dass eine solche von Mozart jedoch in Deutschland bisher weder erschienen noch geplant sei. Ausführlich wird dann im weiteren Verlauf dieser Lieferung auf ein Modell eingegangen, welches aus einer anderen Kunst auf die Musik zu übertragen gesucht wird: Diesmal ist es ein Modell des französischen Philosophen Pierre-Hyacinthe Azaïs (1766-1827), den G.L.P. Sievers wohl in Paris kennengelernt hatte. In seinem Werk *Compensations dans les destinées* (1808) vertrat Azaïs die einem restaurativen System Vorschub leistende Meinung, dass eine »Egalité« zwischen den Individuen immer schon existent gewesen und nicht erst durch die Französische Revolution angestrebt worden sei. Das wichtigste im Leben sei, glücklich zu sein. Ein ohne Privilegien geborenes Individuum könne solches ebenso erreichen wie ein durch die Herkunft bevorzugtes; alle Ungerechtigkeiten dieser Welt würden irgendwann ausgeglichen, kompensiert, so dass Unterprivilegierte nach der Meinung Azaïs' glücklicher sein könnten als ihre übervorteilten Zeitgenossen![9]

9 Zum Philosophen Azaïs äussert sich G.L.P. Sievers auch in einem Abschnitt seiner »Skizzen aus Paris« (*Wiener Zeitschrift* 6 (1821), S. 302f.).

G.L.P. Sievers wendet dieses für eine Gesellschaftsanalyse äusserst fragwürdige Modell auf die Kunst »Musik« an und entdeckt, (*Caecilia* Bd. 5 (1826), S. 273) »dass man auch auf musikalische Ausgleichungen stösst.« Um solches zu verdeutlichen, wird eine Cavatine aus Rossinis *Zelmira* (1822) besprochen; eine Cavatine, die von einem General vorgetragen wird, der seinen König ermordet und sich an dessen Stelle gesetzt hat. Und für die Rolle dieses Generals hält G.L.P. Sievers fest (*Caecilia* Bd. 5 (1826), S. 273): »Triumph ist also sein dominierender Charakter. Wahrscheinlich ist es aus diesem Grunde geschehen, dass die österreichische Armee die Melodie derselben zu ihrem Parademarsch gewählt hat.« Dass damit die Österreicher auch als Usurpatoren gesehen werden könnten, interessiert G.L.P. Sievers nur am Rande; ihm geht es um den »musikalischen Ausdruck« dieser Cavatine, den er als »unklar« apostrophiert, da das Stück sonst niemals auch als Parademarsch hätte dienen können.

Eine ähnliche Feststellung ergibt sich für unseren Protagonisten auch bei Musik aus Carl Maria von Webers Oper *Der Freischütz* (1821). Darin interessieren ihn die Jäger, die nach seiner Meinung (*Caecilia* Bd. 5 (1826), S. 274) »einen ziemlich düstern Charakter entwickeln.« Und präzis »dieser Chor« – so der Kritiker an dieser Stelle weiter – sei in Rom »im abgewichenen Jahre von den päpstlichen Hautboisten zum Frohnleichnahmfest aufgespielt worden, und hat sich recht gut ausgenommen.«

Aus diesen Feststellungen heraus schliesst G.L.P. Sievers dann auf den jeweiligen »musikalischen Ausdruck«, der den erfolgreichen Werken eines Rossini oder Weber fehle, jedoch Mozarts Opern durchaus immanent sei (*Caecilia* Bd. 5 (1826), S. 274):

> »Ich weiss nicht, als ob es mir nur so scheint; doch dünkt mich, als ob es gewisse andere Triumphgesänge gäbe, zum Beispiele den eines teuflischen Menschen- und Mädchenmörders: 'Quando han dal vino', oder den eines türkischen Trunkenbolds: 'Vivat Bacchus, Bacchus lebe', oder den eines Naturmenschen: 'Der Vogelfänger bin ich, ja', u.s.w., nach welcher weder die österreichische, noch die päpstliche, Wachparade mit Erfolg aufmarschiren könnte.«

G.L.P. Sievers vertritt die Meinung, dass in Mozarts Opern eine (*Caecilia* Bd. 5 (1826), S. 273) »Wahrheit des musikalischen Ausdrucks« vorhanden sei, die es nicht erlaube, diese Musik auf andere Situationen zu übertragen. Mit »Wahrheit des musikalischen Ausdrucks« ist dabei eine genauere Bestimmung eines Affekts gemeint (nicht nur »Triumph«, sondern »Trumph des Bösewichts nach dem Mord« oder »Triumph einer Gruppe von Jägern nach erfolgreicher Jagd«), ein spezifisch unverwechselbarer Ausdruck, den Rossini und Weber nicht erreichen, jedoch nach der Meinung des Kritikers zu erreichen bestrebt sein sollten. Die ganze Diskussion scheint dabei der alten Frage zu entspringen, ob ein Affekt nur allgemein in der Musik aufgehoben oder in der Musik als solcher auch genauer enthalten sein könne. Natürlich liess sich auch diese Frage nicht beantworten, G.L.P. Sievers glaubt jedoch in diesem Zusammenhang an eine »Wahrheit des musikalischen Ausdrucks«; er war zu einem »Prinzip der Nachahmung« zurückgekehrt.

Der Begriff »Ausgleichung« kann in diesem Zusammenhang dahingehend gedeutet werden, dass den Komponisten Rossini und Weber zwar mit ihren Opern Erfolg beschieden war, dass sie diesen Erfolg jedoch mit der Vergewaltigung ihrer Stücke teuer zu bezahlen hatten; ihre Opernmelodien wurden auch in der Oper entfremdeten Situationen aufgeführt. Mozarts Musik dagegen konnte nicht missbraucht werden; Mozart schuf vollendete Musik, blieb dafür jedoch eben unaufgeführt – eine Art ausgleichender Gerechtigkeit eben!

In Sachen »musikalischer Ausdruck« spricht sich G.L.P. Sievers im übrigen im weiteren Verlauf dieser Lieferung der »Schröpfköpfe« dann erneut gegen seine alte Kulturkreis-Theorie und für die Indivitualität von Komponisten aus (*Caecilia* Bd. 5 (1826), S. 274):

> »Ad vocem des musikalischen Ausdrucks: Wie viel ist nicht gefaselt worden über die Verschiedenheit, mit welcher die Italiäner und die deutschen Componisten die Leidenschaft darstellen (man sehe, unter andern, den vorigen Schröpfkopf)? Alles läuft dabei auf Eins hinaus, nämlich auf das Blut der respectiven Personen, deren Gefühle ausgedrückt werden sollen.«

Doch nicht nur die Individualität von Komponisten wird respektiert, sondern auch Sängerinnen und Sängern, Interpreten, wird eine solche zugestanden, wobei diesmal deutsche gegen italienische Sängerinnen und Sänger ausgespielt werden – die deutsche Nation partizipiert also nicht mehr an den Errungenschaften Italiens (*Caecilia* Bd. 5 (1826), S. 275f.):

> »Wo der Sänger, vom individuellen Gefühle inspirirt, in die ästhetische und (um mich so auszudrücken) sittliche Qualität des Tons einen genugsamen Ausdruck zu legen vermag, da kann der Componist letzteren nicht durch melodiöse oder harmonische Hülfsmittel verstärken wollen, ohne die eine Potenz durch die andere zu zerstören.«[10]

---

10 Ähnliche Gedanken äusserte auch E.T.A. Hoffmann in seiner Kritik »Don Juan. Oper in zwei Abteilungen von Mozart« im *Dramaturgischen Wochenblatt* vom 7. Oktober 1815: Er beschreibt, dass bei der von ihm beobachteten Aufführung genau das richtige Mass an Verzierungen angewendet worden sei und meint: »Was sollte der von der Musik tief ergriffene Zuhörer wohl sagen, wenn zum Beispiel einer Sängerin einfiele, im ersten Duett auf das Wort 'giura' eine endlose, in allerlei Irrgängen hin und herlaufende Fermate zu machen...« (zitiert nach E.T.A. Hoffmann, *Schriften zur Musik. Singspiele*, a.a.O., S. 307-311, S. 309.).

Eine deutscher Interpret bleibt nach G.L.P. Sievers' Meinung selbst bei einer Arie Mozarts in seinem Ausdruck kühl und gefühllos, wohingegen eine nur spärlich ausgezierte Melodie des Italieners Nicola Antonio Zingarelli (1752-1837) von einem italienischen Sänger zu grösstmöglicher Vollendung gebracht werden könne (*Caecilia* Bd. 5 (1826), S. 276):

»Um Spiritus zum Brennen zu bringen, braucht es weniger Holz, als wo Eisen geschmolzen werden soll. Der Spiritus, das ist der Italiener: heizt ihm unter, als wär's ein Isländer, und er verbrennt lichterloh, und euch mit, wenn ihr ihm zu nahe steht. (...) Somit ist, um von italiänischen Sängern vorgetragen zu werden, Zingarelli's 'Ombra adorata, aspetta' gerade die angemessenste Melodie, welche es geben kann. (...) Was sollte dagegen eine deutsche Sängerin, ästhetisch auf Island geboren, aber ohne vom Hecla participirt zu haben, mit dem anscheinend kahl und nackten Zingarellischen Todesabschiede beginnen? Ihre verzweifelte Eisnatur vermag kaum vom Mozartschen Vesuv (und sind sie nicht wahre Vesuve die Arien: 'Ach ich fühl, es ist verschwunden' und 'O Dolch, du bist mein Bräutigam' mit dem Chore der drei Knaben) aufgetauet werden.«

Dieser Gedanke einer individuellen Interpretation von Gesangsstücken deutet an, dass G.L.P. Sievers in seinen späten Schriften nicht nur den aus seinen Kulturkreisen zu verstehenden Nationalcharakter eines Stücks bzw. eines Komponisten berücksichtigt, sondern sich Gedanken zur Realität macht; er beginnt auch die Individualität eines Komponisten und die jeweilige Interpretation eines Werks in seine ästhetischen Überlegungen miteinzubeziehen.

Abschliessend formuliert G.L.P. Sievers in der vierten Lieferung seiner »Schröpfköpfe« auch den zentralen Ratschlag, doch endlich von romantischen Idealen abzurücken, da diese »abgestanden und gleichsam faulig« geworden seien – sie existierten nur noch als »sogenannte Romantik« (*Caecilia* Bd. 5 (1826), S. 276f.):

»Wenn ihr nicht schon klug wärt, ihr deutschen Componisten, so möchte ich euch wol den Rath geben, fortan keinen sogenannten romantischen Text mehr in Musik zu setzen, das heisst, keinen wo an die Stelle der eigentlichen positiven Handlung und des kräftig-leidenschaftlichen Ausdrucks derselben, bloss schwärmerische Faselei und Nebel- und Schwebelei getreten wäre. Die sogenannte Romantik ist keine wirkliche, sondern nur eine eingebildete Tendenz des menschlichen Geistes, vom Missverstehen der ausländischen grossen Meister erzeugt, eine ästhetische Influenza, welche sich vor einigen und dreissig Jahren der deutschen Nation bemächtigt hat, weil ihr Geist, durch die lange Ruhe, abgestanden und gleichsam faulig geworden war. Nachdem derselben die Zeitläufe seitdem das politische Fieber (im Fieber bewährt die Natur immer noch einen dramatischen Charakter, dahingegen die Influenza nichts weiter als eine anticipierende Verwesung ist) eingeimpft haben, ist die Romantik zu Grabe getragen worden und spukt nur noch im leeren Gehirne einiger, vor der Zeit altgewordener, Dichtergehirne.«

Diese »sogenannte Romantik« scheint für G.L.P. Sievers die Musik seiner Gegenwart. Eine romantische Musikästhetik wird nach der Meinung unseres Protagonisten in seiner Gegenwart zu absolut aufgefasst, weshalb er sich von den musikalischen Werken seiner Zeit distanziert. Den Glauben an eine Verbindung von Romantik und Mozart jedoch gibt G.L.P. Sievers nicht auf. Die musikalischen Nachfahren Mozarts, welche sich mit »schwärmerischer Faselei und Nebel- und Schwebelei« beschäftigten – womit Webers *Oberon* (1826) angesprochen sein könnte –, werden dagegen disqualifiziert; ihre »Romantik« hatte ausgedient! G.L.P. Sievers sucht nach neuen Themen, die es lohnen, in seiner Zeit vertont zu werden: Realismus ist gefragt (*Caecilia* Bd. 5 (1826), S. 277f.):

»Mit einem Worte und ohne Scherz: greift zur Leidenschaftlichkeit; nur für das Menschliche fühlt der Mensch Theilnahme. Aber diese Leidenschaft erscheine nicht in der Schlafmütze, sondern mit dem Degen (oder mit dem Prügel, meinetwegen) in der Faust, und haue derb um sich. Die Götter lasst weg: ein Bauer mit einem kräftigen Verlangen (wär es auch nur nach einer Schüssel Brei) ist ein interessanterer Gegenstand, als Jupiter, welcher die Juno bei den Beinen am Olymp aufhängt. Auch Könige und Helden verschont: nur simili similis gaudent, und ein König (wie der grosse Calembourist Bièvre gesagt hat) n'est point un sujet.«

G.L.P. Sievers äussert sich damit bereits Mitte der 1820er Jahre – parallel zur literarischen Romantikkritik eines Ludwig Börne (1786-1837) oder Heinrich Heine, die beide auch in Paris zu ihren Ansichten gelangten – in Richtung einer Theorie des sozialen Dramas, in Richtung von Alltäglichkeit und Lebensnähe, in Richtung antiromantischer, realistischer Sujets, wie sie später dann auch von den Exponenten des Jungen Deutschland verlangt wurden und wie sie in der Kunst »Musik« eigentlich erst in der Zeit des sogenannten »musikalischen Realismus« spärlich auftraten.[11]

In der fünften Lieferung seiner »Schröpfköpfe« setzt G.L.P. Sievers schliesslich seinen Tadel an die Adresse der deutschen Komponisten fort und kommt erneut auch auf deren grossen Gegenspieler Rossini zu sprechen; Rossini wird seinen deutschen Kollegen als Vorbild angepriesen: Es sei ein leichtes aus Rossini einen vollendeten Komponisten zu machen (*Caecilia* Bd. 7

---

11 Carl Dahlhaus, *Musikalischer Realismus. Zur Musikgeschichte des 19. Jahrhunderts*, a.a.O., München 1982, S. 76ff. – Auf die Exponenten des Jungen Deutschland (Johann Ludolf Wienbarg (1802-1872), Heinrich Laube (1806-1884), Theodor Mundt (1808-1861) oder Karl Gutzkow (1811-1878) geht jedoch Dahlhaus im Zusammenhang mit dem Phänomen »Realismus« nicht ein. Vgl. dazu eher Ernst Lichtenhahn, »Musikalisches Biedermeier und Vormärz«, in: *SBzMw* Serie III/4 (1980), S. 7-33.

(1828), S. 73): »Hr. Rossini dürfte ein zu dichter Wald sein, der, um ein wirklicher Lusthain zu werden, nur gelichtet zu werden brauchte.« Und G.L.P. Sievers kann sich sogar dafür begeistern, Rossini vor seinen Kritikern in Schutz zu nehmen (*Caecilia* Bd. 7 (1828), S. 73f.):

> »Er besitze keinen dramatischen Ausdruck, sagt ihr. – Aber wird euch nicht deutlich, dass dieser Vorwurf einen andern, ihm vorausgehenden begründen müsste, den ihr ihm aber nicht macht, nämlich den Mangel an dramatischem Verstande? Ist es nicht in höchstem Grade unstatthaft, dramatischen Ausdruck von einem Italienischen Componisten der neueren Zeit zu verlangen? Als solcher darf er nur melodisch, und nicht dramatisch sein. Indem ihr also Hrn. Rossini schmäht, thut ihr weiter nichts, als in die Luft speien: der Unrath fällt auf euch zurück. Denn warum lasst ihr die Rossin'schen Compositionen nicht denen, für welche sie geschrieben sind? Wenn aber das deutsche Publicum an denselben, trotz ihrer undramatischen Natur, Geschmack findet; so ergiebt sich, dass Hr. Rossini vollkommen der Mann des deutschen Publicums ist. Wenn ihr also, ihr Kritiker, nicht bloss Hochmuth, sondern hohen Muth besässet, so lästertet ihr nicht Hrn. Rossini, sondern eher euer eigenes Publikum.
> Der zweite Vorwurf, welchen ihr ihm macht, betrifft seine theoretische Unwissenheit. – O ihr ehrlichen Leute, wenn ihr doch das suum cuique gelernt hättet! Euch hat es Schweisstropfen und graue Haare genug gekostet, den Albrechtsberger u.s.w. in Succum et sanguinem zu vertieren: kein Wunder also, dass ihr die Regeln inne habt! Aber was ist's weiter? Seid einmal aufrichtig: hat der, den ihr schmäht, nötig gehabt, die Composition zu lernen, da die Natur sie ihn gelehrt hat! Übrigens bedenkt: der ausserordentliche Mann, von dem hier die Rede ist, der, wäre er kein berühmter Componist geworden, ein berühmter Sänger, und wäre er dieser nicht geworden, ein eben so berühmter Clavier- oder Geigenspieler, und wäre er dies alles nicht, vielleicht ein noch berühmterer Mahler geworden wäre, – dieser ausserordentliche Mann würde grade eben so viele Tage, als ihr Jahre, nöthig gehabt haben, den ganzen theoretischen Plunder, auf welchen ihr so stolz seid, an den Fingern herzuzählen. Der wahre correcte Styl, der musikalische sowol, wie der literarische, besteht in der natürlichen, haarscharf abgemessenen Zweckmässigkeit der Töne und Worte.«

G.L.P. Sievers war jedoch nicht zu einem »Rossinisten« geworden, sondern sein Eintreten für Mozarts grossen Gegenspieler scheint nur polemisch verstanden werden zu müssen. G.L.P. Sievers blieb sein Leben lang »Mozartist« (*Caecilia* Bd. 7 (1828), S. 75f.):

> »Nun aber will ich euch sagen, was Hrn. Rossini ursprünglich fehlt, das heisst, ich will kennbar machen, was die Ursach ist, dass ihm all das fehlt, was ihm fehlt. Es fehlt ihm der dramatische Verstand! – Der dramatische Verstand ist kein Erzeugnis des Studiums, kein Ergebnis der Regel, kein Rechenexempel; er ist die höchste musikalisch-ästhetische Potenz, welche allein die Natur ertheilen kann. Diesen Verstand besass jener Geist, den ich oben im Vorbeigehen angedeutet habe, im sublim-

sten Grade, und deswegen war er ein G e n i e; dieser Verstand fehlt dem Hrn. Rossini und deshalb ist er nur ein T a l e n t.«

Eine gewisse Bewunderung für den italienischen Komponisten lässt sich jedoch nicht von der Hand weisen (*Caecilia* Bd. 7 (1828), S. 81):

»Zuerst gebe ich euch zu bedenken, dass Hr. Rossini an allen seinen vierundzwanzig Opern grade nicht länger componirt hat, als ihr an einer einzigen, das heisst etwa zwei Jahre; denn zu keiner ist ihm mehr Zeit zugestanden worden als ein Monat. – Hört ferner: einer seiner intimsten Freunde, ein sehr offener und wahrheitsliebender Mann, hat mich in Venedig auf sein Wort versichert, dass Hr. Rossini auf keine seiner Compositionen Werth setze, dass sie ihn vielmehr sämtlich anekelten und dass er sogar die Zelmire (nach meiner Meinung in jeder Hinsicht die verdienstvollste aller seiner Arbeiten) für übers Knie gebrochen erkläre.«

Rossini ist für unsern Kritiker ein Inidividuum des industriellen Zeitalters, welches sich nicht ums Publikum, nicht um Journalisten und auch nicht um seine Achtung als Komponist kümmert, sondern lediglich aufs Finanzielle bedacht ist (*Caecilia* Bd. 7 (1828), S. 81f.):

»Allen menschlichen Einbildungen entsagend, opfert er bloss der Realität, das ist dem Geld. Von Geld lebt man; in die Ehre kann Niemand anbeissen. Hr. Rossini ist, das Vermögen seiner Gattin mit eingeschlossen, ein reicher Mann; trotz dem wette ich, er würde für die blosse Ehre keine Feder ansetzen, selbst nicht um einen D o n J u a n zu componiren.«

VII. Fazit

So paradox es auf den ersten Blick klingen mag: Es scheint, dass die Geschichte einer romantischen Musikästhetik ihren Anfang bereits in der Aufklärung nahm; als im 18. Jahrhundert althergebrachte Vorstellungen und Gewissheiten zu überdenken begonnen und die Welt durch rationale und logische Erklärungen zu begreifen gesucht wurde, entwickelte sich auch eine Gegenposition: bereits zur Zeit des Rationalisten Voltaire fand sich in Jean-Jacques Rousseau ein Widersacher, der den Rationalismus des aufgeklärten Lebens in Frage stellte und für idealistische Vorstellungen eintrat. Der gescheiterte Versuch der Französischen Revolution, einen Vernunftstaat zu realisieren, liess dann in den 1790er Jahren diese idealistische Weltanschauung endgültig die Oberhand gewinnen und speziell im deutschsprachigen Raum Auswirkungen auch auf die Kunst »Musik« zeitigen. Gerade für die 1790er Jahre kann eine Veränderung der geistigen Haltung des deutschen Bürgertums konstatiert werden, deren Auswirkungen sowohl im philosophischen als auch im literarischen oder ästhetischen Schrifttum schriftlich werden (Grenzen gab es sowohl zwischen später sogenannten »Epochen« als auch zwischen »Disziplinen« keine). Und gerade auch in Sachen Musikschrifttum reagierten einige im vierten Teil dieser Arbeit näher vorgestellte und als »Hoffmanns« angesprochene Zeitgenossen auf diese äusseren und inneren Umstände: Sie wandten sich von einer anfänglich die Aufklärung begrüssenden, rationalen Strategie hin zu die Realität stetig mehr vernachlässigenden Auffassungen. Im Verlauf des letzten Jahrzehnts des 18. Jahrhunderts wurde aus einem optimistischen Lebensgefühl des deutschen Bürgertums ein pessimistisches Verleugnen der Realität; eine Suche nach neuen Werten, welche sich sowohl als Enttäuschung über die Französische Revolution als auch als erstes Misstrauen gegenüber den Konsequenzen der Anfänge einer industriellen Revolution definieren lässt. Die philosophischen Resultate dieser Entwicklung sind der subjektive bzw. objektive Idealismus eines Johann Gottlieb Fichte bzw. Friedrich Wilhelm Joseph Schelling, die literarischen die Frühromantik und die musikalischen die romantische Musikästhetik.

Bei näherer Untersuchung der Gegenstände, von denen eine romantische Musikästhetik handelt, muss eine spätestens seit den 1790er Jahren sich manifestierende Beschäftigung mit der Instrumentalmusik konstatiert werden; dies, da sich die bereits oben vorgestellten »Hoffmanns« als Angehörige des preussisch-sächsischen Bürgertums gerade zu jener Zeit mit der ihnen bis dahin mehr oder weniger fremden Instrumentalmusik eines Joseph Haydn und Wolfgang Amadeus Mozart – mit dem Höhepunkt der »Londoner Symphonien« Haydns – konfrontiert sahen, mit jenen überraschenden »Kompositionen der neuen Art« von aus dem fernen Wien stammenden Komponisten! Eine romantische Musikästhetik wird also nicht an Werken der Zeit um 1800 exponiert, sondern man greift auf Werke einer noch völlig dem 18. Jahrhundert angehörenden Komponistengeneration zurück, auf Werke der heute sogenannten »Klassik«. Wieder einmal scheint sich ein altes Prinzip der Musikgeschichte zu bestätigen; nämlich jenes, dass das Musikschrifttum stetig hinter einem Stilwandel hinterherhinkt und erst im Nachhinein theoretische bzw. ästhetische Grundlagen für einen Stilwandel geliefert werden.

Die gescheiterte Revolution ist jedoch nur einer der Gründe für eine Wende in Richtung einer idealistischen bzw. romantischen Grundhaltung. Durch die Aufklärung waren noch einige weitere Veränderungen angeregt worden, die spätestens seit den 1790er Jahren ihre Auswirkungen zeitigten: Die mit der Aufklärung einsetzende Emanzipation des Bürgertums hatte ein gewaltiges Intelligenzpotential freigesetzt, welches alle möglichen Gebiete der Wissenschaften und Künste erfasste. Gleichzeitig ermöglichte ein erster Schub der Industrialisierung, dieses Wissen besser zu erfassen. Es ist daher nicht erstaunlich, dass es gerade für die letzten Jahrzehnte des 18. Jahrhunderts eine starke Zunahme der Bücherproduktion zu konstatieren gilt und tatsächlich von einer ersten Datenexplosion gesprochen werden kann, wie dies in literaturwissenschaftlichen Kreisen in den letzten Jahren geschieht. Die philosophischen bzw. literarischen Bemühungen des Idealismus und der Frühromantik stellen einen letzten Versuch dar, diese Datenexplosion zu verarbeiten und das sich stetig mehrende Wissen systematisch zu erfassen. Den Enzyklopädisten war solches Mitte des 18. Jahrhunderts noch gelungen; der Versuch der 1790er Jahre scheiterte jedoch, da die Zahl der Daten zu gross geworden war.[1] Eine Bewältigung der Daten war nur noch durch idealistisches Denken zu bewerkstelligen, durch vereinfachen, systematisieren, rationalisieren, durch das Eingeständnis, dass die Geschichte von nun an eine unvollständige Datensammlung zu sein hatte: deshalb der bis in unsere Gegenwart währende Versuch einer Vereinfachung, deshalb die Postulierung eines »Gänsemarsches der Epochen«, deshalb »Autoren«, die es Wert sind, »Klassiker« genannt zu werden, und deshalb andere, die längst der Vergessenheit anheimgefallen sind. Deshalb der »Autor« E.T.A. Hoffmann, der zum Stifter einer romantischen Musikästhetik werden musste.

Die historische Reflexion einer romantischen Musikästhetik und die Beurteilung der Person E.T.A. Hoffmanns bedarf dringend einer Differenzierung. Diese Arbeit versuchte anzudeuten, dass sich in der Realität der Geschichte

---

1 Friedrich A. Kittler, »Über romantische Datenverarbeitung«, a.a.O., S. 128f.

diverse Gedankengänge Hoffmanns bei diversen früheren Zeitgenossen, die in dieser Arbeit vorgestellt wurden, bereits einige Jahre vor Hoffmanns Aufsätzen nachweisen lassen: in Diskursen und Rezensionen Johann Friedrich Rochlitz', des ersten Schriftleiters der *AmZ*, in Arbeiten Christian Friedrich Michaelis', in Aufsätzen des in dieser Arbeit so bezeichneten Pseudo-Triest, in Franz Christoph Horns romantischen Fragmenten und in Arbeiten vieler anderer »Hoffmanns« – auch in solchen G.L.P. Sievers'. Alle diese Arbeiten dienten bereits Jahre vor E.T.A. Hoffmanns Veröffentlichungen ebenfalls der Erläuterung einer romantischen Musikästhetik. Alle diese Arbeiten fielen jedoch bisher durch die Netze einer idealistischen Wissenschaft, da sie nicht ins Bild passten, welches man sich seit der Entstehung dieser Wissenschaft just um 1800 von dieser Geschichte machte. Alle diese Arbeiten zeigen, dass eine romantische Musikästhetik bereits vor E.T.A. Hoffmanns *AmZ*-Rezension zu Beethovens Fünfter existierte. Und speziell G.L.P. Sievers deutet mit seiner immer auch aufklärerische Kritik miteinbeziehenden Meinung an, dass die Zeit um 1800 keine Epoche der idealistischen Einheitlichkeit war, sondern erst in der Nachfolge des eben zu jener Zeit sich endgültig durchsetzenden Idealismus zur idealistischen Erinnerung eines romantischen Anfangs eines romantischen 19. Jahrhunderts gestempelt wurde.

G.L.P. Sievers postuliert im Jahre 1807 eine romantische Theorie der Kunst »Musik«, deren Ziel es ist, die deutsche Musik zur führenden eines kommenden, romantischen Zeitalters zu erklären. Um diese Theorie plausibel erscheinen zu lassen, werden die unterschiedlichsten geistesgeschichtlichen Modelle herangezogen; Modelle, die sich alle bereits schon vor G.L.P. Sievers' Arbeiten nachweisen lassen: ein triadisches Weltbild existiert spätestens seit Novalis, eine Kulturkreis-Theorie spätestens seit Johann Gottfried Herder und auch nach einer Vermengung dieser Ideen mit der christlichen Religion braucht nicht lange gesucht zu werden. G.L.P. Sievers bedient sich einer Strategie des Plagiierens. Unser Protagonist braucht sich dabei jedoch keiner Schuld bewusst zu sein, da er eben noch in einer Zeit des selbstverständlichen Plagiierens lebt. Erst durch oben beschriebene idealistische Tendenzen wird der Verfasser eines Werks zu eben jenem »Autor« stilisiert, als welcher E.T.A. Hoffmann bis heute gilt. Und erst seit dieser Begriff des »Autors« existiert, lässt sich auch für »plagiieren« eine schlüssige Definition vertreten. Bei genauerem Hinsehen muss zudem konstatiert werden, dass auch E.T.A. Hoffmann noch in dieser Zeit des selbstverständlichen Plagiierens anzusiedeln ist: manches – fast alles – lässt sich auch bei ihm auf Vorbilder zurückführen.

Die Analyse der von G.L.P. Sievers im Jahre 1807 entworfenen Theorie einer Geschichte der Kunst »Musik« macht deutlich, dass die Entwicklung so idealistisch geradlinig, wie sie uns heute vielleicht erscheint, nicht sein konnte. Zur Geschichte an sich bedurfte es einer zufälligen Mischung von aus unterschiedlichsten Wissenschaften und Zeitigkeiten stammenden Strategien: Mitbeteiligt waren nicht nur die sogenannten Frühromantiker bzw. Idealisten; nein – auch ein von den idealistischen Wissenschaften als Romantik-Gegner apostrophierter Friedrich Bouterwek scheint berücksichtigt werden zu müssen. Desweiteren spielten auch die in nochmals anderen idealistischen Schubladen gelagerten Jean Paul und Friedrich Schiller eine Rolle. Und schliesslich gilt es auch die Tradition des sogenannten Musikschrifttums zu berücksichtigen, die über Christian Friedrich Daniel Schubart, Johann Nikolaus Forkel und andere wieder in eine frühere literarische Tradition zurückreicht. Entscheidend ist jedoch nicht, woher die diversen Modelle stammten, sondern dass G.L.P. Sievers im Jahre 1807 seine Strategien zu einem geschichtsphilosophischen System vereinigt; zu einem System, das dazu dient, seinen Standpunkt darzulegen und die Geschichte zu verstehen – ein für die Zeit nach dem preussischen Weltuntergang von 1806 typisch idealistisches Vorgehen, mit welchem letztlich nicht Realität beschrieben, sondern immer von neuem nur neue romantische Geschichten erfunden werden.

Auch wenn anhand frühester Schriften G.L.P. Sievers' nachgewiesen werden kann, dass in seine idealistischen bzw. romantischen Positionen auch aufklärerische Kritik eingeflossen war, so zeigt er sich durch seinen Versuch, die Geschichte zu verstehen, trotzdem als typischer Vertreter seiner Zeit. Das erneute Erwachen einer unbeugsamen Kritik um das Jahr 1820 hebt ihn dann jedoch entscheidend von seinen Zeitgenossen ab. In den 1820er wird G.L.P. Sievers zu einem der ersten Kritiker einer stetig mehr für absolut gültig betrachteten romantischen Haltung. Bereits in den 1820er Jahren rät er deutschen Komponisten, sich von diesen romantischen Idealen loszusagen und sich wieder der Realität zuzuwenden; er rät zu realistischen Opernstoffen, wie dies sonst auf dem Gebiet der Kunst »Musik« lediglich vereinzelt und wesentlich später geschieht – etwa beim jungen Richard Wagner (1813-1883) unter dem Einfluss jungdeutscher Ideen oder zur Zeit des musikalischen Realismus der zweiten Hälfte des 19. Jahrhunderts. G.L.P. Sievers hatte erkannt, dass es sich bei einer romantischen Musikästhetik nicht um eine absolut wahre Kunstphilosophie handeln konnte; für ihn war ein Zeitalter der Romantik bereits in den 1820er Jahren endgültig abgeschlossen.

Gründe für diesen Wandel der Weltanschauung gibt es zwei – einen musikalischen und einen geographischen. Die sensationellen Erfolge, die Gioacchino Rossini gerade um 1820 mit seinen Opern erregte, bewirkten in G.L.P. Sievers eine masslose Enttäuschung über den musikalischen Geschmack seiner Zeit. Diese Enttäuschung zog eine Rückbesinnung auf die Vergangenheit nach sich, die ihn wiederum die musikalische Gegenwart in immer schlechterem Licht sehen liess. Er sah ein, dass die Ideale einer romantischen Kunst »Musik« nicht absolut gültig sein konnten, sondern lediglich bis zu einem gewissen Grad als Ideale einer Zeit anerkannt zu werden verdienten; und er wandte sich deshalb gegen die im deutschsprachigen Raum in den 1820er Jahren einsetzende absolute Deutung dieser romantischen Ideale. Der Aufenthalt in Paris scheint dabei entscheidend zu dieser Erkenntnis beigetragen zu haben. In Paris konnte sich G.L.P. Sievers den Ideen seiner deutschen Zeitgenossen entziehen; mit dem geographischen Abstand wuchs auch der geistige beständig an.

Entscheidend ist die Realitätsflucht, die sich in einer romantischen Musikästhetik spätestens seit der E.T.A. Hoffmann-Rezeption manifestiert. Für Haydn oder Mozart hatte es noch keine Kunst »Musik« im romantischen Sinne des Begriffs gegeben, für sie war Musik noch reine Unterhaltung gewesen. Bereits im letzten Jahrzehnt des 18. Jahrhunderts jedoch war diese Kunst zu jenem »Organon der Philosophie«, zur Allegorie des Unendlichen, geworden, als die sie von Friedrich Wilhelm Joseph Schelling beschrieben wird; die Kunst »Musik« rückte mit Hilfe einer romantischen Musikästhetik ins Zentrum des Interesses und liess alle anderen Künste weit hinter sich zurück. Dass es vor dieser Ästhetik auch bereits andere gegeben hatte, wurde mit den Jahren immer mehr verdrängt. Dies obwohl kein geringerer als Georg Wilhelm Friedrich Hegel noch im Jahre 1807 – in einer Zeit der bereits fortgeschrittenen Influenza – in seiner damals erstmals gedruckten *Phänomenologie des Geistes* den Zusammenhang zwischen den geschichtlichen Ereignissen und den geistesgeschichtlichen Ideen noch deutlich erkannt hatte: »Indem also das Vertrauen gebrochen, die Substanz des Volks in sich geknickt ist, so ist der Geist, der die Mitte von bestandlosen Extremen war, nunmehr in das Extrem des sich als Wesen erfassenden Selbstbewusstseyns herausgetreten. Dieser ist der in sich gewisse Geist, der über den Verlust seiner Welt trauert und in sein Wesen, über die Wirklichkeit erhoben, nun aus der Reinheit des Selbst hervorbringt. – In solcher Epoche tritt die absolute Kunst hervor.«[2] Doch auch Hegel selbst setzte sich mit der Zeit über diese, seine frühen Klarsichten hinweg und dachte wohl, dazugelernt zu haben.

Letztlich geht es um die Fragen »Was ist Musik? und »Was ist Kunst?« Aus einer rationalen Position waren diese mit »Musik ist Musik« und »Kunst ist Kunst« beantwortet worden. Aus einer idealistischen Haltung heraus entstanden jedoch Theorien: »Musik ist...«, »Kunst ist...«. Es ging in dieser Arbeit nicht darum, diese neuen Fragen zu beantworten – Fragen, die sich in der Kunst »Musik« erst seit der Ausbildung einer romantischen Musikästhetik stellen –,

---

2 Georg Wilhelm Friedrich Hegel, *System der Wissenschaften. Erster Theil, die Phänomenologie des Geistes*, Bamberg und Würzburg 1807, (= *Gesammelte Werke*, in Verbindung mit der Deutschen Forschungsgemeinschaft hg. von der Rheinisch-Westfälischen Akademie der Wissenschaften, Bde. in Bearbeitung, Hamburg 1968ff., Bd. 9), S. 377.

sondern es ging lediglich darum, zu erläutern, dass eine bis heute mehr oder weniger wirksame romantische Musikästhetik bzw. romantische oder idealistische Kunstphilosophie nicht die einzige Antwort auf diese Fragen zu sein hat. Ebenso könnte auch wieder zu einer Kunst als Lobpreis Gottes, einer geistigen Unterhaltung, zurückgekehrt oder deren Unterhaltungswert überhaupt betont werden. Es bleiben eben Fragen.

VIII. Anhang

A. Schriften- und Quellenverzeichnis zu G.L.P. Sievers

1. *Schauspiele*

- *Das Bauerngut. Ein Lustspiel in einem Aufzug. Fortsetzung der beyden Billets, und des Stammbaumes*, Leipzig (Salomo Lincke) 1798; Grätz 1799.
  Titelblätter ohne Autorenangabe. Drei Exemplare in der Theatersammlung der Österreichischen Nationalbibliothek in Wien (Standorte: 628575-A; 628576-A und 673149-A).
- *Der weibliche Abälino, oder das Mädchen in vielerley Gestalten. Romantisches Schauspiel in fünf Akten von G.L.P. Sievers,* Leipzig (Wilhelm Rein) 1802.
  Zwei Exemplare in der Theatersammlung der Österreichischen Nationalbibliothek in Wien (Standorte: 129382-A und 628571-A).
- *Die komische Ehe, oder: sie werden ihre eigene Nebenbuhler. Lustspiel in einem Aufzuge. Nach dem Französischen frei bearbeitet von G.L.P. Sievers*, Leipzig (Wilhelm Rein) 1802.
  Ein Exemplar in der Theatersammlung der Österreichischen Nationalbibliothek in Wien (Standort: 621759-A).
- *Die Narbe an der Stirn, Lustspiel in vier Aufzügen. von G.L.P. Sievers*, Leipzig (Wilhelm Rein) 1802.
  Ein Exemplar in der Theatersammlung der Österreichischen Nationalbibliothek in Wien (Standort: 628572-A).
- *Hans von Krikkrak, oder: Eine Lüge ist der andern werth. Posse in einem Aufzuge. Nach dem französischen des Monsieur de Crac dans son petit castel, ou les garçons par J.F. Collin-Harville frei bearbeitet von G.L.P. Sievers*, Leipzig (Wilhelm Rein) 1802.
  Ein Exemplar in der Theatersammlung der Österreichischen Nationalbibliothek in Wien (Standort: 845000-A).
- *Auswahl aus vorzüglichen französischen Schauspielen*, Leipzig 1803.
  Bisher unauffindbar.
- *Er und Sie. Lustspiel in einem Aufzuge. von G.L.P. Sievers,* Hamburg und Altona (Gottfried Vollmer) 1805.
  Zwei Exemplare in der Theatersammlung der Österreichischen Nationalbibliothek in Wien (Standorte: 129402-A und 440778-A).
- *Die Schatzgräber. Posse in einem Aufzuge. Fortsetzung der beiden Billets. Von G.L.P. Sievers*, Hamburg (Gottfried Vollmer) 1807.
  Ein Exemplar in der Theatersammlung der Österreichischen Nationalbibliothek in Wien (Standort: 628574-A).

- *Lessings Schädel. Original-Lustspiel in drey Aufzügen. Von G.L.P. Sievers*, Hamburg (Gottfried Vollmer) o.J.; Hamburg (Herold jun.) 1808.
  Ein Exemplar in der Theatersammlung der Österreichischen Nationalbibliothek in Wien (Standort: 819682-A).
- *Der Eilfertige. Eine Original-Charakter-Comödie in fünf Aufzügen und in Versen. von G.L.P. Sievers*, Leipzig (Carl Cnobloch) 1814.
  Ein Exemplar in der Theatersammlung der Österreichischen Nationalbibliothek in Wien (Standort: 628577-A).

2. *Opern*

- *Betrug für Betrug, oder das vermeinte Frauenzimmer. Posse in gereimten Versen von G.L.P. Sievers. Mit Musik von Paesiello, Cimarosa und andern*, Augsburg (Christoph Friedrich Bürglen) o.J.; Hamburg und Altona (Gottfried Vollmer) 1805.
  Zwei Exemplare in der Theatersammlung der Österreichischen Nationalbibliothek in Wien (Standorte: 129400-A und 629650-A).
- *Lehmann, oder der Neustädter Thurm. Oper in drey Aufzügen. Seitenstück zum Wasserträger. Nach dem französischen fürs deutsche Theater bearbeitet von G.L.P. Sievers. Musik von Dalayrac*, Augsburg (Christoph Friedrich Bürglen) o.J.; Hamburg und Altona (Gottfried Vollmer) 1805.
  Zwei Exemplare in der Theatersammlung der Österreichischen Nationalbibliothek in Wien (Standorte: 129396-A und 628573-A).
- *Treue und Untreue. Komische Oper in einem Aufzuge mit einer angehängten Übertragung der Gesänge in Prosa, so, dass diese Oper als Lustspiel gegeben werden kann von G.L.P. Sievers*, Hamburg (Gottfried Vollmer) 1807.
  Ein Exemplar in der Hamburgischen Stadtbibliothek (Standort: A 8776).
- *Der Citronenwald. Ein Original-Lustspiel mit Gesang in vier Aufzügen von G.L.P. Sievers. Die Composition der Gesänge ist vom Verfasser*, Leipzig (C.G.Weigel) 1809.
  Ein Exemplar in der Bibliothek der Berliner Humboldt-Universität (Standort: Ling. 8670).

3. *Romane*

- *Der Sarg oder die Zwillingsschwestern. von G.L.P. Sievers*, 4 Bde., Hamburg und Mainz (Gottfried Vollmer) 1805, 1805, 1806 und 1807.
  Ein Exemplar in der Berliner Staatsbibliothek (Standort: 1906.10940).
- *Der Schutzgeist Westfalens, eine romantische Dichtung, dem fünfzehnten November gewidmet*, Kassel 1808.
  Bisher unauffindbar.
- *Die Kleinstädter, ein komischer Roman*, 2 Theile, Leipzig (C.G. Weigel) 1809.
  Bisher lediglich als Verlagsanzeige gefunden.

4. *Artikel im Konversationslexikon*

Eingesehen wurde die vierte Original-Auflage der *Allgemeinen Hand-Encyclopädie für die gebildeten Stände*, 8 Bde, Altenburg und Leipzig (Brockhaus) 1816-1819.

Ein Exemplar in der Universitätsbibliothek Basel (Standort: BS II 19).

Bd. 1: Becker, Rudolf Zacharias – Begleitung in der Musik – Belohnung – Benda, Franz – Bepunkten – Beredsamkeit – Beruf – Betrug – Bezifferung – Bodmer, Johann Jacob – Boileau Despréaux, Nicolas.

Bd. 2: Burlesk – Catel.

Bd. 5: Idiotismus – Idylle – Iffland, August Wilhelm – Instrumentalmusik – Intermezzo – Intoleranz – Intonation – Italienische Musik – Kempelen, Wolfgang von – Kirchenmusik – Kneller, Gottfried – Knittelverse – Kobalt (Kobold) – Komisch – Kotzeluch, Leopold – Kunstwort – Lachen – Lamothe Valois, Gräfin de la – Laster – Lazzi – Leda – Leisewitz, Johann Anton – Lied – Liederspiel – Lüge.

Bd. 6: Melodie – Mimik – Modulation – Moritz, Carl Philipp – Mozart – Musik – Musik (Geschichte der).

Bd. 7: Ouverture – Oper.

5. *Aufsätze*

- »Aus Braunschweig, am 8. July 1805«, in: *Der Freimüthige und Ernst und Scherz* 3 (1805), S. 56, 60 und 64.
- »Anfrage«, in: *Der Freimüthige und Ernst und Scherz* 3 (1805), S. 108.
- »Noch ein Wort den Mechanismus der Unverstimmbarkeit des Herrn Triklir in Dresden betreffend«, in: *Der Freimüthige und Ernst und Scherz* 3 (1805), S. 208.
- »Aus Braunschweig, vom 1. Sept. 1805«, in: *Der Freimüthige und Ernst und Scherz* 3 (1805), S. 224 und 228.
- »Über die Metrik in der italienischen und französischen Sprache«, in: *AmZ* 9 (1806/07), S. 375ff.
- »Charakteristik der italienischen und französischen Musik«, in: *AmZ* 9 (1806/07), S. 503ff.
- »Nachricht«, in: *AmZ* 9 (1806/07), S. 534.
- »Über die Anmerkungen eines Ungenannten in No 33 dieser Zeitung zu meinem Aufsatze, die Metrik der italienischen und französischen Sprache betreffend. Ein Nachtrag zu jenem Aufsatze«, in: *AmZ* 9 (1806/07), S. 661ff.
- »Charakteristik der deutschen Musik«, in: *AmZ* 9 (1806/07), S. 677ff.
- »Über den musikalischen Dilettantismus«, in: *Der Freimüthige und Ernst und Scherz* 5 (1808), S. 242ff.
- »Über die Sucht, die altdeutsche Poesie auf Kosten der neueren zu erheben«, in: *Der Freimüthige und Ernst und Scherz* 5 (1808), S. 494ff.
- »Klingemanns Moses«, in: *Morgenblatt für gebildete Stände* 4 (1810), S. 1193ff.
- »Über die (sogenannten) mimischen Darstellungen des Hrn. Patrik Peale zu Braunschweig«, in: *Morgenblatt für gebildete Stände* 5 (1811), S. 982ff.

– »Angelica Catalani«, in: *Zeitgenossen, Biographien und Charakteristiken* 1 (1816), S. 115ff.
– »Kurze Geschichte des neuern königl. italienischen Theaters zu Paris«, in: *AmZ* 18 (1816), S. 849ff.
– »Gallerie der vorzüglichsten jetzt lebenden Pariser Schauspieler«, in: *Zeitgenossen, Biographien und Charakteristiken* 2 (1817), S. 125ff.
– »Musikalische Übersicht aus Paris, seit dem 1sten Oktober 1816«, in: *AmZ* 19 (1817), S. 77ff.
– »Über den jetzigen Zustand der Musik in Frankreich, besonders in Paris«, in: *AmZ* 19 (1817), S. 265ff.
– »Paris, am 14ten Juny«, in: *AmZ* 19 (1817), S. 496.
– »Paris. Übersicht vom Januar bis zu Ende des Juny«, in: *AmZ* 19 (1817), S. 549ff.
– »Über die Danaiden, Oper in vier Aufzügen, Musik von Salieri, welche jetzt in Paris vorgestellt wird«, in: *AmZ* 20 (1818), S. 21ff.
– »Paris, am 26sten Dec. 1817«, in: *AmZ* 20 (1818), S. 58ff.
– »Paris. Übersicht seit dem Monate July, bis Ende Decembers«, in: *AmZ* 20 (1818), S. 62ff.
– »Pariser musikalisches Allerley, bis Ende Dezembers 1817«, in: *AmZ* 20 (1818), S. 158ff.
– »Pariser musikalisches Allerley, bis Ende Januars 1818«, in: *AmZ* 20 (1818), S. 172ff.
– »Musikalisches Allerley aus Paris, vom Monate Februar 1818«, in: *AmZ* 20 (1818), S. 237ff.
– »Musikalisches Allerley aus Paris, vom Monate März 1818«, in: *AmZ* 20 (1818), S. 341ff.
– »Musikalisches Allerley aus Paris, vom Monate April 1818«, in: *AmZ* 20 (1818), S. 423ff.
– »Musikalisches Allerley aus Paris, vom Monate May 1818«, in: *AmZ* 20 (1818), S. 507ff.
– »Le petit Chaperon rouge (das rothe Käppchen), Feenoper in drey Aufzügen, Text von Theaulon, Musik von Boyeldieu«, in: *AmZ* 20 (1818), S. 571ff.
– »Musikalisches Allerley aus Paris, vom Monate Juny 1818«, in: *AmZ* 20 (1818), S. 591ff.
– »Musikalisches Allerley aus Paris, vom Monate July 1818«, in: *AmZ* 20 (1818), S. 641ff.
– »Musikalisches Allerley aus Paris, vom Monate August 1818«, in: *AmZ* 20 (1818), S. 689ff.
– »Musikalisches Allerley aus Paris, vom Monate September 1818«, in: *AmZ* 20 (1818), S. 755ff.
– »Musikalisches Allerley aus Paris, vom Monate Oktober 1818«, in: *AmZ* 20 (1818), S. 853ff.
– »Über Paris aus Paris«, in: *Morgenblatt für gebildete Stände* 12 (1818), S. 233ff.
– »Über Paris aus Paris. Die Pariserin«, in: *Morgenblatt für gebildete Stände* 12 (1818), S. 550ff.

– »Über Paris aus Paris. Die Pariser«, in: *Morgenblatt für gebildete Stände* 12 (1818), S. 774ff.
– »Voltaire's Sterbezimmer«, in: *Morgenblatt für gebildete Stände* 12 (1818), S. 931ff.
– »Woher Lessing seinen Nathan genommen?«, in: *Morgenblatt für gebildete Stände* 12 (1818), S. 1118ff.
– »Musikalisches Allerley aus Paris, vom Monate November 1818«, in: *AmZ* 21 (1819), S. 13ff.
– »Musikalisches Allerley aus Paris, vom Monate Dezember 1818«, in: *AmZ* 21 (1819), S. 97ff.
– »Musikalisches Allerley aus Paris, vom Monate Januar 1819«, in: *AmZ* 21 (1819), S. 117ff.
– »Über die grosse Oper Tarare, Text von Beaumarchais, Musik von Salieri, in drey Acte zusammengezogen«, in: *AmZ* 21 (1819), S. 185ff.
– »Musikalisches Allerley aus Paris, vom Monate Februar 1819«, in: *AmZ* 21 (1819), S. 209ff.
– »Musikalisches Allerley aus Paris, vom Monate März 1819«, in: *AmZ* 21 (1819), S. 283ff.
– »Musikalisches Allerley aus Paris, vom Monate April 1819«, in: *AmZ* 21 (1819), S. 373ff.
– »An die deutschen Tonkünstler«, in: *AmZ* 21 (1819), S. 405ff.
– »Musikalisches Allerley aus Paris, vom Monate May 1819«, in: *AmZ* 21 (1819), S. 437ff.
– »Musikalisches Allerley aus Paris, vom Monate Juny 1819«, in: *AmZ* 21 (1819), S. 506ff.
– »Musikalisches Allerley aus Paris, vom Monate July 1819«, in: *AmZ* 21 (1819), S. 588ff.
– »Musikalisches Allerley aus Paris, vom Monate August 1819«, in: *AmZ* 21 (1819), S. 667ff.
– »Musikalisches Allerley aus Paris, vom Monate September 1819«, in: *AmZ* 21 (1819), S. 801ff.
– »Il Barbiere di Siviglia«, Oper in zwey Acten, von Rossini«, in: *AmZ* 21 (1819), S. 833ff.
– »Musikalisches Allerley aus Paris, vom Monate Oktober 1819«, in: *AmZ* 21 (1819), S. 840ff.
– »Ein Maitag auf den Höhen von Montmartre«, in: *Morgenblatt für gebildete Stände* 13 (1819), S. 693ff.
– »La Morgue in Paris«, in: *Morgenblatt für gebildete Stände* 13 (1819), S. 805ff.
– »Der Pariser Bürger an Sonn- und Festtagen vor den Barrieren von Paris«, in: *Morgenblatt für gebildete Stände* 13 (1819), S. 963ff.
– »Die vornehmsten Pariser Kaffeehäuser«, in: *Morgenblatt für gebildete Stände* 13 (1819), S. 1149ff.
– »Aus Paris, zu Anfange Dezember 1819«, in: *AmZ* 22 (1820), S. 3ff.
– »Über die neuverbesserten Geigeninstrumente des Herrn Chanot«, in: *AmZ* 22 (1820), S. 85ff.

- »Olympie, tragédie lyrique, en trois actes, imitée de Voltaire, paroles de Dieulafoi et Briffaut, musique de Spontini«, in: *AmZ* 22 (1820), S. 101ff.
- »Musikalisches Allerley aus Paris, von den Monaten Dezember 1819 und Januar und Februar 1820«, in: *AmZ* 22 (1820), S. 225ff.
- »Pariser musikalisches Allerley, vom Monate März 1820«, in: *AmZ* 22 (1820), S. 380ff.
- »Pariser musikalisches Allerley, vom Monate April 1820«, in: *AmZ* 22 (1820), S. 458ff.
- »Musikalisches Allerley aus Paris, vom Monate May 1820«, in: *AmZ* 22 (1820), S. 508ff.
- »Musikalisches Allerley aus Paris, von den Monaten Juni und July 1820«, in: *AmZ* 22 (1820), S. 641ff.
- »Musikalisches Allerley aus Paris, von den Monaten August und September 1820«, in: *AmZ* 22 (1820), S. 813ff.
- »Schiller's Maria Stuart auf dem Theatre-François«, in: *Morgenblatt für gebildete Stände* 14 (1820), S. 330ff.
- »Noch ein Wort über Schillers Maria Stuart auf dem Theatre-François zu Paris«, in: *Morgenblatt für gebildete Stände* 14 (1820), S. 437ff.
- »Wie lebt sich's in Paris«, in: *Morgenblatt für gebildete Stände* 14 (1820), S. 593ff.
- »Pariser Charakteristiken«, in: *Wiener Zeitschrift für Kunst, Literatur, Theater und Mode* 5 (1820), S. 256ff.
- »Pariser Charakteristiken«, in: *Wiener Zeitschrift für Kunst, Literatur, Theater und Mode* 5 (1820), S. 421ff.
- »Kleine Pariser Chronik«, in: *Wiener Zeitschrift für Kunst, Literatur, Theater und Mode* 5 (1820), S. 641ff.
- »Pariser Charakteristiken. Die Gauner«, in: *Wiener Zeitschrift für Kunst, Literatur, Theater und Mode* 5 (1820), S. 1194ff.
- »Musikalisches Allerley aus Paris, von den Monaten Oktober, November und Dezember 1820«, in: *AmZ* 23 (1821), S. 81ff.
- »Paris im März«, in: *AmZ* 23 (1821), S. 274.
- »Das Pariser Intelligenzblatt (les Petites-Affiches)«, in: *Morgenblatt für gebildete Stände* 15 (1821), S. 693ff.
- »Guckkastenbilder und sonst Allerley aus Paris«, in: *Morgenblatt für gebildete Stände* 15 (1821), S. 819ff.
- »Der empfindsame Wolf in der Menagerie des Pflanzengartens zu Paris«, in: *Morgenblatt für gebildete Stände* 15 (1821), S. 937ff.
- »Guckkastenbilder und sonst Allerley aus Paris«, in: *Morgenblatt für gebildete Stände* 15 (1821), S. 979ff.
- »Skizzen aus Paris vom Monath Jänner 1821«, in: *Wiener Zeitschrift für Kunst, Literatur, Theater und Mode* 6 (1821), S. 165ff.
- »Skizzen aus Paris«, in: *Wiener Zeitschrift für Kunst, Literatur, Theater und Mode* 6 (1821), S. 301ff.
- »Mozart und Rossini«, in: *Wiener Zeitschrift für Kunst, Literatur, Theater und Mode* 6 (1821), S. 409ff.

- »Pariser Charakteristiken. Die Spazierfahrt nach Longchamps«, in: *Wiener Zeitschrift für Kunst, Literatur, Theater und Mode* 6 (1821), S. 581ff.
- »Pariser Charakteristiken. Die Festlichkeiten des Monaths May«, in: *Wiener Zeitschrift für Kunst, Literatur, Theater und Mode* 6 (1821), S. 665ff.
- »Skizzen aus Paris«, in: *Wiener Zeitschrift für Kunst, Literatur, Theater und Mode* 6 (1821), S. 724ff.
- »Skizzen aus Paris«, in: *Wiener Zeitschrift für Kunst, Literatur, Theater und Mode* 6 (1821), S. 798ff.
- »Über die neuentdeckte Venusstatue von Melos«, in: *Wiener Zeitschrift für Kunst, Literatur, Theater und Mode* 6 (1821), S. 901ff.
- »Skizzen aus Paris«, in: *Wiener Zeitschrift für Kunst, Literatur, Theater und Mode* 7 (1822), S. 54ff.
- »Adrienne de Sergy. Eine wahre Anekdote«, in: *Illyrisches Blatt zum Nutzen und Vergnügen* 16 (1822), S. 22ff.
- »Theater-Anzeige. Der Leuchtturm, Trauerspiel in zwey Aufzügen, von Ernst von Houwald«, in: *Wiener Zeitschrift für Kunst, Literatur, Theater und Mode* 7 (1822), S. 69ff.
- »Concert-Anzeige«, in: *Wiener Zeitschrift für Kunst, Literatur, Theater und Mode* 7 (1822), S. 88ff.
- »Theater-Anzeige. Die Männer denken, die Frauen lenken, Lustspiel in drey Aufzügen von Lembert«, in: *Wiener Zeitschrift für Kunst, Literatur, Theater und Mode* 7 (1822), S. 114ff.
- »Theater- und Conzert-Anzeige. Der bucklige Liebhaber, Lustspiel in einem Aufzuge, nach dem Französischen des Scribe und Melleville frey bearbeitet von Castelli«, in: *Wiener Zeitschrift für Kunst, Literatur, Theater und Mode* 7 (1822), S. 120ff.
- »Theater-Anzeige. Die reifenden Komödianten, komische Oper in zwey Aufzügen, nach dem Italienischen der Virtuosi ambulanti, Musik von Fioravanti«, in: *Wiener Zeitschrift für Kunst, Literatur, Theater und Mode* 7 (1822), S. 147f.
- »Theater-Anzeige. Kiaking, pantomimisches Ballet in fünf Aufzügen von Hrn. Neefe, Maschinerie von Hrn. Koller«, in: *Wiener Zeitschrift für Kunst, Literatur, Theater und Mode* 7 (1822), S. 162ff.
- »Theater-Anzeige. Die Reise nach Dioppe, Lustspiel in zwey Aufzügen, nach dem Französischen von Hrn. von Kurländer«, in: *Wiener Zeitschrift für Kunst, Literatur, Theater und Mode* 7 (1822), S. 201ff.
- »Theater-Anzeige. Das Fräulein vom See, Oper in zwey Aufzügen, nach dem Italienischen, Musik von Rossini«, in: *Wiener Zeitschrift für Kunst, Literatur, Theater und Mode* 7 (1822), S. 210ff.
- »Theater-Anzeige. Die Scharfenecker, ritterliches Familiengemälde in vier Aufzügen, mit einem Vorspiele, von Hrn. F. K. Weidmann, k.k. Hofschauspieler«, in: *Wiener Zeitschrift für Kunst, Literatur, Theater und Mode* 7 (1822), S. 230ff.
- »Theater-Anzeige. Der Botaniker, Lustspiel in drey Aufzügen, nach dem Französischen, von Hrn. Sonnleithner«, in: *Wiener Zeitschrift für Kunst, Literatur, Theater und Mode* 7 (1822), S. 239f.

- »Theater-Anzeige. Das Donauweibchen (erster Theil), romantisch-komisches Volksmärchen mit Gesang, in drey Aufzügen, von Hrn. Carl Fr. Hensler, Musik von Hrn. Ferd. Kauer«, in: *Wiener Zeitschrift für Kunst, Literatur, Theater und Mode* 7 (1822), S. 255f.
- »Theater-Anzeige. Das Leben ein Traum, dramatisches Gedicht in fünf Aufzügen, nach dem Spanischen des Calderon, von E. U. West«, in: *Wiener Zeitschrift für Kunst, Literatur, Theater und Mode* 7 (1822), S. 311ff.
- »Über das Leopoldstädter Theater zu Wien, und Vergleichung desselben mit dem Théâtre des Variétés zu Paris«, in: *Wiener Zeitschrift für Kunst, Literatur, Theater und Mode* 7 (1822), S. 761ff.
- »Wie ich von Wien nach Triest gekommen bin«, in: *Wiener Zeitschrift für Kunst, Literatur, Theater und Mode* 7 (1822), S. 1109ff.
- »Über das italienische recitierte Schauspiel und über dessen Darstellung auf den italienischen Bühnen«, in: *Wiener Zeitschrift für Kunst, Literatur, Theater und Mode* 7 (1822), S. 1152ff.
- »Canova«, in: *Wiener Zeitschrift für Kunst, Literatur, Theater und Mode* 7 (1822), S. 1233ff.
- »Die Festlichkeiten während der Anwesenheit Sr. k.k. Majestät von Österreich, und der übrigen allerdurchlauchtigsten Monarchen zu Venedig«, in: *Wiener Zeitschrift für Kunst, Literatur, Theater und Mode* 8 (1823), S. 49ff.
- »Musikalisches und theatralisches Allerley aus Italien«, in: *Wiener Zeitschrift für Kunst, Literatur, Theater und Mode* 8 (1823), S. 54ff.
- »Skizzen aus Venedig«, in: *Wiener Zeitschrift für Kunst, Literatur, Theater und Mode* 8 (1823), S. 118ff.
- »Musikalisches und theatralisches Allerley aus Italien«, in: *Wiener Zeitschrift für Kunst, Literatur, Theater und Mode* 8 (1823), S. 424ff.
- »Über den heutigen Zustand der Musik in Italien, besonders zu Rom«, in: *Caecilia* Bd. 1 (1824), S. 201ff.
- »Allerlei Musikalisches aus Paris«, in: *Caecilia* Bd. 1 (1824), S. 295ff.
- »Die heutigen Römerinnen«, in: *Morgenblatt für gebildete Stände* 18 (1824), S. 441ff.
- »Über die moderne Kunst, im Gegensatze mit der Antiken«, in: *Die Grazien* 1 (1824), S. 162ff.
- »Der herzogliche Palast zu Venedig«, in: *Der Gesellschafter oder Blätter für Geist und Herz* 8 (1824), S. 817ff.
- »Das Miserere von Allegri in der Sixtinischen Kapelle in Rom und Nachtrag zu der Notiz über den Sopransänger Mariano«, in: *Caecilia* Bd. 2 (1825), S. 66ff.
- »Ein Wort zur rechten Zeit gesprochen«, in: *Caecilia* Bd. 2 (1825), S. 89ff.
- »Schröpfköpfe für Componisten, Operndichter, Sänger und Publicum«, in: *Caecilia* Bd. 3 (1825), S. 263ff.
- »Die päpstliche Kapelle zu Rom«, in: *AmZ* 27 (1825), S. 301ff.
- »Über die italienische Schauspielkunst und Pantomime«, in: *Morgenblatt für gebildete Stände* 19 (1825), S. 941ff.
- »Schröpfköpfe für Componisten, Operndichter, Sänger und Publicum«, in: *Caecilia* Bd. 4 (1826), S. 121ff.

- »Schröpfköpfe für Componisten, Operndichter, Sänger und Publicum«, in: *Caecilia* Bd. 5 (1826), S. 49ff. und 271ff.
- »Hervorstechendste Züge Roms«, in: *Morgenblatt für gebildete Stände* 20 (1826), S. 17ff.
- »Der albanische See und dessen Kanal«, in: *Morgenblatt für gebildete Stände* 20 (1826), S. 805ff.
- »Über das Gemälde der hh. Gebr. Riepenhausen, Friedrich Barbarossa im Handgemenge mit dem römischen Volke auf dem Petersplatz in Rom«, in: *Kunstblatt* (3. April 1826).
- »Die neueste Gemälde-Ausstellung einiger deutscher Künstler zu Rom«, in: *Kunstblatt* (6. Juli 1826).
- »Die römischen Bettler«, in: *Morgenblatt für gebildete Stände* 21 (1827), S. 909ff.
- »Gemälde des römischen Volkscharakters«, in: *Morgenblatt für gebildete Stände* 21 (1827), S. 1089ff.
- »Schröpfköpfe für Componisten, Operndichter, Sänger und Publicum«, in: *Caecilia* Bd. 7 (1828), S. 71ff., 190ff. und 239ff.
- »Zustand der Kirchenmusik in Rom«, in: *Caecilia* Bd. 8 (1828), S. 213ff.
- »Rom's heutige Komponisten«, in: *Caecilia* Bd. 9 (1828), S. 1ff.
- »Bemerkungen veranlasst durch die Schrift: Über Reinheit der Tonkunst, und durch eine Recension der Schrift: Die Tonkunst in der Kirche«, in: *Caecilia* Bd. 9 (1828), S. 8ff.
- »Etwas über Mozart als dramatischen Componisten«, in: *Caecilia* Bd. 9 (1828), S. 201ff.
- »Mozarts Beifall in Paris«, in: *Caecilia* Bd. 9 (1828), S. 208ff.
- »Gemälde des römischen Volkscharakters«, in: *Morgenblatt für gebildete Stände* 22 (1828), S. 81ff.
- »Gemälde des römischen Volkscharakters«, in: *Morgenblatt für gebildete Stände* 22 (1828), S. 702ff.
- »Der Oktober in Rom«, in: *Morgenblatt für gebildete Stände* 22 (1828), S. 1041ff.
- »Über das Wesen der Kirchenmusik und die Verschiedenheit ihrer Bedeutung in der katholischen und in der protestantischen Kirche«, in: *Caecilia* Bd. 10 (1829), S. 8ff.
- »Mancherlei über die Pariser Operntheater«, in: *Caecilia* Bd. 10 (1829), S. 17ff.
- »Einiges über Orlow's Geschichte der Musik«, in: *Caecilia* Bd. 10 (1829), S. 49ff.
- »Haydn's Schöpfung in Rom«, in: *Caecilia* Bd. 10 (1829), S. 52f.
- »Deutsche und Französische Sänger und Sängerinnen in Italien«, in: *Caecilia* Bd. 10 (1829), S. 198ff.
- »Die Academia Filarmonica in Rom, und über Paesiello's Passionsmusik«, in: *Caecilia* Bd. 11 (1829), S. 109ff.
- »Das Fest Mariä Himmelfahrt in Rom«, in: *Caecilia* Bd. 11 (1829), S. 118ff.
- »Der Impressario Barbaja«, in: *Caecilia* Bd. 11 (1829), S. 123ff.
- »Über das abnehmende Interesse an ältern Opern«, in: *Caecilia* Bd. 11 (1829), S. 205ff.
- »Der Einfluss des römischen Klimas auf die Gesangsfähigkeit«, in: *Caecilia* Bd. 11 (1829), S. 209ff.
- »Die Improvisatrice Taddei«, in: *Caecilia* Bd. 11 (1829), S. 218ff.

– »Pagganini in Rom im Jahr 1827, und über italienische Instrumentalisten«, in: *Caecilia* Bd. 11 (1829), S. 253ff.
– »Der Petersplatz zu Rom«, in: *Morgenblatt für gebildete Stände* 23 (1829), S. 149ff.
– »Gemälde des römischen Volkscharakters«, in: *Morgenblatt für gebildete Stände* 23 (1829), S. 313ff.
– »Gemälde des römischen Volkscharakters«, in: *Morgenblatt für gebildete Stände* 23 (1829), S. 390ff.
– »Gemälde des römischen Volkscharakters«, in: *Morgenblatt für gebildete Stände* 23 (1829), S. 517ff.
– »Gemälde des römischen Volkscharakters«, in: *Morgenblatt für gebildete Stände* 23 (1829), S. 537ff.
– »Gemälde des römischen Volkscharakters«, in: *Morgenblatt für gebildete Stände* 23 (1829), S. 721ff.
– »Gemälde des römischen Volkscharakters«, in: *Morgenblatt für gebildete Stände* 23 (1829), S. 1078ff.
– »Gemälde des römischen Volkscharakters«, in: *Morgenblatt für gebildete Stände* 23 (1829), S. 2011ff.
– »Römische Skizzen. Die alten und die neuen Benennungen«, in: *Morgenblatt für gebildete Stände* 24 (1830), S. 901ff.
– »Das Kirchgehen in Rom«, in: *Morgenblatt für gebildete Stände* 24 (1830), S. 922ff.
– »Züge des römischen Volkscharakters. Die Minenten und Minentinnen«, in: *Morgenblatt für gebildete Stände* 24 (1830), S. 989ff.

6. *Sachbücher*

– *Schauspieler-Studien. Ein unentbehrliches Handbuch für öffentliche u. Privat-Schauspieler so wie für sämmtliche Kunst-Freunde, von G.L.P. Sievers*, Braunschweig (Verlag des literarischen Musäums) 1813.

  Ein Exemplar in der baden-württembergischen Landesbibliothek in Stuttgart (Standort: 1902/3.321).

– *Über Madame Catalani-Valabregue, als Sängerin, Schauspielerin und mimische Darstellerin. von G.L.P. Sievers*, Altenburg und Leipzig (Brockhaus) 1816.

  Ein Exemplar in der Zentralbibliothek in Zürich (Standort: Bro 3971).

– *Mozart und Süssmayer, ein neues Plagiat, ersterem zur Last gelegt, und eine neue Vermutung, die Entstehung des Requiems betreffend. Von G.L.P. Sievers*, Mainz (Schott) 1829.

  Je ein Exemplar in der Bibliothek der Gesellschaft der Musikfreunde in Wien (Standort: 1702/39) und in der Zentralbibliothek in Zürich (Standort: DQ 996).

7. *Briefe*[1]

- Brief mit unbekanntem Adressaten, datiert: Braunschweig, 10. Juli 1805.
- Brief an die Direktion des Kasseler Hoftheaters, datiert: 20. September 1808.
- Brief mit unbekanntem Adressaten, datiert: Braunschweig, 29. Juli 1811.
- Brief an die Jenaische Allgemeine Literaturzeitung, datiert: Paris, 21. April 1820.
- Brief an die Jenaische Allgemeine Literaturzeitung, datiert: Paris, 6. September 1820.
- Brief an Herrn Peters[2], Musikalienhändler in Leipzig, datiert: Paris, 20. Februar 1821.

Die Originale sämtlicher Briefe befinden sich in der Braunschweiger Stadtbibliothek (Standorte: acc.50/8 und acc.59/27)

B. Bibliographie

1. *Quellen*

Alembert, Jean Le Rond d', *Encyclopédie ou dictionnaire raisonné des sciences, des arts et des métiers,* Paris 1751-1780.

ders., *Eléments de musique théorétique et pratique, suivant les principes de M. Rameau,* 4 Bde., Paris 1752.

Apel, Johann August, »Musik und Poesie«, in: *AmZ* 8 (1805/06), S. 449-552.

Avison, Charles, *Essay on Musical Expression*, London 1753; erweiterte dritte Auflage: London 1775.

Bach, Carl Philipp Emanuel, *Versuch über die wahre Art, das Clavier zu spielen*, Berlin 1752; Nachdruck: Leipzig 1957.

Ballanche, Pierre Simon, *Du sentiment considéré dans ses rapports avec la littérature et les arts*, Lyon 1801.

Batteux, Charles, *Les Beaux Arts réduits à un même principe*, Paris 1746; Nachdruck: Genf 1969.

Baumgarten, Alexander, *Aesthetica*, Frankfurt an der Oder 1750; Nachdruck: Hildesheim 1961.

Beattie, James, *An Essay on Poetry and Music as they affect the Mind,* Edinburgh 1776.

Becker, Julius, *Die Neuromantiker*, Leipzig 1840.

---

1 Einige weitere Briefe G.L.P. Sievers' werden in einem Aufsatz Ernst Pasqués zitiert, konnten jedoch nicht mehr ausfindig gemacht werden (vgl. Ernst Pasqué, »Goethe und der Schriftsteller G.L.P. Sievers«, in: *Deutsche Bühnen-Genossenschaft* 15 (1886), S. 289-291 und 302-303).

2 Carl Friedrich Peters (1779-1827) übernahm im Jahre 1814 in Leipzig einen Musikverlag und nannte ihn »Bureau de Musique von C.F. Peters«. Der Verlag trägt noch heute seinen Namen.

ders., »Über die hohe Bedeutung der Musik in der Gegenwart«, in: *NZfM* 16 (1842), S. 169-170.

Berlioz, Hector, »De l'imitation musicale«, in: *Gazette musicale de Paris* 3 (1837).

Berton, Henry Montan, *De la musique mécanique et de la musique philosophique*, Paris 1812.

ders., *Epître à un célèbre compositeur françois, précédée de quelques observations sur la musique mécanique et sur la musique philosophique*, Paris 1826.

Blainville, Charles Henry, *L'Esprit de l'art musical, ou réflexions sur la musique et ses différentes parties*, Genf 1754, [2]Paris 1765; deutsch in: *Wöchentliche Nachrichten und Anmerkungen, die Musik betreffend* 2 (1767), S. 308-373.

ders., *Histoire générale critique et philosophique de la musique*, Paris 1767.

Bodmer, Johann Jakob und Johann Jakob Breitinger, *Crit. Abhandlung von dem Wunderbaren in der Poesie*, Zürich und Leipzig 1740.

Bouterwek, Friedrich, *Geschichte der Poesie und Beredsamkeit seit dem Ende des dreizehnten Jahrhunderts*, 11 Bde., Göttingen 1801-1819.

ders., *Ästhetik*, 2 Bde., Leipzig 1806 (Rezension: *AmZ* 8 (1805/06), S. 543-552).

ders. (Hg), *Neues Museum der Philosophie und Literatur*, 3 Bde., Leipzig 1803-1805; Nachdruck: Hildesheim 1979.

Breitinger, Johann Jakob, *Critische Dichtkunst*, Zürich und Leipzig 1740; Nachdruck: Stuttgart 1966.

Brendel, Franz, »Zur Einleitung« («Kritik der bisherigen musikalischen Kritik«), in: *NZfM* 22 (1845), S. 1-12.

ders., »Vergangenheit, Gegenwart und Zukunft der Oper«, in: *NZfM* 23 (1845), S. 33ff. fortgesetzt bis 152.

ders., »Die Hauptentwicklungsstufen der Tonkunst in Italien und Deutschland«, in: *NZfM*, 24 (1846), S. 167ff. fortgesetzt bis 198.

ders., »Polemische Blätter«, in: *NZfM* 25 (1846), S. 18ff. fortgesetzt bis 89.

ders., *Grundzüge der Geschichte der Musik*, Leipzig 1848, [5]1861.

ders., *Geschichte der Musik in Italien, Deutschland und Frankreich*, Leipzig 1852, [4]1867.

Brown, John, *Dissertation on the Rise, Union and Power, the Progressions, Separations, and Corruptions of Poetry and Music*, London 1763; deutsch von Johann Joachim Eschenburg, *Dr. Browns Betrachtungen über Poesie und Musik*, Leipzig 1767.

Burke, Edmund, *A Philosophical Enquiry into the Origin of our Ideas of the Sublime and the Beautiful*, London 1757.

Burney, Charles, *The Present State of Music in France and Italy*, London 1771.

ders., *Tagebuch einer musikalischen Reise durch Frankreich, Italien, Flandern, die Niederlande und am Rhein bis Wien, durch Böhmen, Sachsen, Brandenburg, Hamburg und Holland*, Hamburg 1773.

ders., *A General History of Music*, 3 Bde., London 1789.

Castil-Blaze, François Hénri Joseph, *Dictionnaire de musique moderne*, Paris 1821.

Chabanon, Michel-Paul Guy de, *Observations sur la musique et principalement sur la métaphysique de l'art*, Paris 1779; deutsch von Johann Adam Hiller, *Über die Musik und deren Wirkung*, Leipzig 1781.

ders., *De la musique, considérée en elle-même et dans ses rapports avec la parole, les langues, la poésie et les théâtres,* Paris 1785.

Cramer, Carl Friedrich, *Magazin der Musik,* Hamburg 1783-1787; Nachdruck: Hildesheim 1971.

Dahlberg, Johann Friedrich Hugo Freiherr von, *Blicke eines Tonkünstlers in die Musik der Geister,* Mannheim 1787.

ders., *Vom Erfinden und Bilden,* Frankfurt am Main 1791.

ders., *Grundsätze der Ästhetik,* Frankfurt am Main 1791.

ders., *Fantasien aus dem Reich der Töne,* Erfurt 1806 (Rezension: *AmZ* 8 (1805/06), S. 577-586).

Desmarais, C., *Essai sur les classiques et les romantiques,* Paris 1824.

Dubos, Jean-Baptiste, *Réflexions critiques sur la poësie et sur la peinture,* Paris 1719, [7]1770; englisch: London 1746; Nachdruck: Genf 1967.

Eberhard, Johann August, *Handbuch der Ästhetik für gebildete Leser aus allen Ständen, in Briefen,* 2 Bde., Halle 1803.

Engel, Johann Jakob, *Über die musikalische Malerei,* Berlin 1780.

Eschenburg, Johann Joachim, *Handbuch der klassischen Literatur,* Berlin und Stettin 1792.

ders., *Entwurf einer Theorie und Literatur der schönen Redekünste,* Berlin und Stettin 1805.

Fichte, Johann Gottlieb, *J.G. Fichte-Gesamtausgabe der Bayrischen Akademie der Wissenschaften,* hg. von Reinhard Lauth und Hans Jacob, Stuttgart und Bad Lannstadt 1962ff.

Fink, Christian Gottfried Wilhelm, »Urteil über Beethoven aus der Revue musicale, mit teutschen Ansichten von G.W. Fink«, in: *AmZ* 30 (1828), S. 165-170 und 181-185.

ders., »Etwas über das Dunkle und Geheimnissvolle in der Musik und das Gegenteil desselben«, in: *AmZ* 30 (1828), S. 453-457 und 469-472.

ders., »Über den Reiz des Hässlichen auch in der Musik«, in: *AmZ* 38 (1836), S. 3-9.

ders., »Die neu-romantische Schule«, in: *AmZ* 40 (1838), S. 665-668.

Flögel, Carl Friedrich, *Geschichte der komischen Literatur,* 4 Bde., Liegnitz und Leipzig 1784-1787.

ders., *Geschichte des Groteskekomischen,* Liegnitz und Leipzig 1788.

ders., *Geschichte des Burlesken,* Leipzig 1794.

Forkel, Johann Nikolaus, *Musikalisch-kritische Bibliothek,* 3 Bde., Gotha 1778/79.

ders., *Allgemeine Geschichte der Musik,* 2 Bde., Leipzig 1788 und 1801.

ders., *Allgemeine Literatur der Musik,* Leipzig 1792.

Gerber, Ernst Ludwig, *Historisch-biographisches Lexikon der Tonkünstler,* 2 Bde., Leipzig 1790/92.

ders., *Neues historisch-biographisches Lexikon der Tonkünstler,* 4 Bde., Leipzig 1812-1814.

Gottsched, Johann Christoph, *Ausführliche Redekunst,* Hannover 1728.

ders., *Versuch einer Crit. Dichtkunst vor die Deutschen,* Leipzig 1730.

Grétry, André Ernest Modeste, *Mémoires, ou essais sur la musique,* Paris 1789; erweiterte dritte Auflage: Paris 1797.

Guthmann, Friedrich, »Einfluss der neuesten Zeitereignisse auf den Zustand und die Kultur der Musik«, in: *AmZ* 9 (1806/07), S. 455-457.

Hagen, Theodor, »Die Civilisation in Beziehung zur Kunst mit spezieller Berücksichtigung der Musik«, in: *NZfM* 23 (1845), S. 153ff. fortgesetzt bis 206.

ders., *Civilisation und Musik*, Leipzig 1846.

Hamann, Johann Georg, *Sämtliche Werke*, historisch-kritische Ausgabe hg. von Josef Nadler, 6 Bde., Wien 1949-1957.

Hand, Ferdinand Gotthilf, *Ästhetik der Tonkunst*, Bd. 1, Leipzig 1837.

Hanft, J.L., »Versuch einer Theorie der Technik musikalischer Kunstmittel, nach ihren ästhetischen Wirkungen«, in: *AmZ* 15 (1813), S. 617-624 und 649-655.

Hanslick, Eduard, *Vom Musikalisch-Schönen. Ein Beitrag zur Revision der Ästhetik der Tonkunst*, Leipzig 1854, [7]1885; Nachdruck: Darmstadt 1965.

Harris, James, *Three Treatises. The first Concerning Art, the Second Concerning Music, Painting and Poetry, the Third Concerning Happiness*, London 1744.

Hastings, Thomas, *Dissertation on Musical Taste*, Albany 1822, [2]New York 1853; Nachdruck: London 1968.

Hawkins, John, *A General History of the Science and Practice of Music*, 5 Bde., London 1776.

Hegel, Georg Wilhelm Friedrich, *Gesammelte Werke*, in Verbindung mit der Deutschen Forschungsgemeinschaft hg. von der Rheinisch-Westfälischen Akademie der Wissenschaften, Hamburg 1968ff.

Heine, Heinrich, *Historisch-kritische Gesamtausgabe der Werke*, (= *Düsseldorfer Ausgabe*), hg. von Manfred Windfuhr, Hamburg 1973ff.

ders., *Atta Troll. Ein Sommernachtstraum*, kritisch durchgesehene Ausgabe mit Dokumentation, Kommentar und Nachwort von Winfried Woesler, Stuttgart 1977.

Heinse, Johann Jakob Wilhelm, *Musikalische Dialogen, oder philosophische Unterredungen berühmter Gelehrter, Dichter und Tonkünstler über den Kunstgeschmack in der Musik*, Leipzig 1805.

ders., *Hildegard von Hohenthal*, (= *Sämtliche Schriften W. Heinse's*, hg. von H. Laube, 10 Bde., Leipzig 1838, [7]1851, Bd. 3 und 4).

ders., *Aldinghello und die glückseeligen Inseln*, kritische Studienausgabe hg. von L. Baeumer, Stuttgart 1975.

Helmholtz, Hermann von, *Tonempfindungen als physiologische Grundlage für die Theorie der Musik*, Braunschweig 1863.

Hemsterhuis, Frans, *Oeuvres philosophiques*, hg. von H.J. Jansen, 2 Bde., Paris 1792 und 1809; deutsch in 3 Bänden 1783-1792.

Herder, Johann Gottfried, *Herders sämtliche Werke*, hg. von Bernhard Suppan, 33 Bde., Berlin 1877-1913.

Heusinger, Johann Heinrich Gottlieb, *Handbuch der Ästhetik und Grundsätze zur Bearbeitung und Beurtheilung der Werke einer jeden schönen Kunst, als der Poesie, Mahlerei, Bildhauerkunst, Musik, Mimik, Baukunst, Gartenkunst etc. für Künstler und Liebhaber*, erster Teil, Gotha 1797.

Heydenreich, Karl Heinrich, *System der Ästhetik*, Leipzig 1790.

Hiller, Johann Adam, *Abhandlung über die Nachahmung der Natur in der Musik*, Berlin 1754; Nachdruck: 1970.

ders., *J.J. Rousseaus auserlesene Gedanken*, Danzig und Leipzig 1764.

ders., *Anweisung zum musikalisch-zierlichen Gesange*, Leipzig 1780; Nachdruck: Leipzig 1976.

ders., *Über Alt und Neu in der Musik*, Leipzig 1787.

ders., *Was ist wahre Kirchenmusik*, Leipzig 1789.

Hirschbach, Hermann, »Die Instrumental-Compositionen der letzten zehn Jahre«, in: *NZfM* 16 (1842), 117-119.

ders., *Musikalisch-kritisches Repetitorium*, Leipzig 1844.

Hoffmann, Ernst Theodor Amadeus, *Schriften zur Musik. Nachlese*, hg. von Friedrich Schnapp, (= *Sämtliche Werke in fünf Einzelbänden* Bd. 5), München 1963.

ders., *Schriften zur Musik. Singspiele*, hg. von Wolfgang Marggraf, (= *Gesammelte Werke in Einzelausgaben* Bd. 9), Berlin und Weimar 1988.

Hofmann, Johann Leonhard, *Versuch einer Geschichte der malerischen Harmonie überhaupt, und der Farbenharmonie insbesondere mit Erläuterungen an der Tonkunst und vielen praktischen Anmerkungen*, Halle 1786.

Hohenbaum, D.C., »Von der Verschiedenheit des musikalischen Talents«, in: *AmZ* 16 (1814), S. 261-269 und 277-283.

Horn, Franz Christoph, »Musikalische Fragmente«, in: *AmZ* 4 (1801/02), S. 401ff. fortgesetzt bis 848.

ders., »Vermischte Bemerkungen bey Gelegenheit eines alten Buches über die Musik«, in: *AmZ* 5 (1802/03), S. 499-508.

ders., »Gedanken und Wünsche«, in: *AmZ* 5 (1802/03), S. 721-728 und 737-741.

ders., »Fragmente über Musik«, in: *Caecilia* Bd. 2 (1824), S. 241-246; Bd. 6 (1826), S. 5-8; Bd. 7 (1828), S. 128-132 und Bd. 8 (1828), S. 33-35.

Horstig, C.G., »Die Macht des Schönen in der Tonkunst«, in: *Caecilia* Bd. 8 (1828), S. 149-156.

Hume, David, »Über die Regel des Geschmacks« (1757), in: *Materialien zu Kants »Kritik der Urteilskraft«*, hg. von J. Kulenkampff, Frankfurt am Main 1974.

Jean Paul/Richter, Johann Paul Friedrich, *Werke*, hg. von Norbert Miller, München 1963ff.

Junker, Carl Ludwig, *Tonkunst*, Bern 1777.

ders., *Betrachtungen über Malerei, Ton und Bildhauerkunst*, Basel 1778.

Kahlert, Karl August Thimotheus, »Über den Begriff von klassischer und romantischer Musik«, in: *AmZ* 50 (1848), S. 289-295.

Kant, Immanuel, *Kant's gesammelte Schriften*, hg. von der preussischen Akademie der Wissenschaften, Berlin 1900ff.

Kellner, Georg Christoph, »Ideen zu einer neuen Theorie der schönen Künste überhaupt und der Tonkunst ins besondere«, in: *Eggers teutsch. Magazin* (1800), August.

Kiesewetter, Raphael Georg, *Geschichte der europäisch-abendländischen oder unsrer heutigen Musik*, Leipzig 1834, [2]1846.

Kirnberger, Johann Philipp, *Die Kunst des reinen Satzes in der Musik*, 2 Bde., Berlin 1771 und 1779.

Klopstock Friedrich Gottlieb. *Ausgewählte Werke*, hg. von K.A. Schleiden, München 1962.

Koch, Christoph Heinrich, *Versuch einer Anleitung zur Composition*, 3 Bde., Rudolstadt und Leipzig 1782-1793.

ders., *Musikalisches Lexikon*, Frankfurt am Main 1802, ^{2}1817; Nachdruck: Hildesheim 1964.

ders., *Kurzgefasstes Handwörterbuch der Musik für praktische Tonkünstler und Dilettanten*, Leipzig 1807.

Körner, Christian Gottfried, »Über Charakterdarstellung in der Musik«, in: *Die Horen, eine Monatsschrift* 1 (1795), S. 97-121.

Krause, Christian Gottfried, *Von der musicalischen Poesie*, Berlin 1752, ^{2}1753.

Krüger, Eduard, »Die Ästhetik der Tonkunst nach Kahlert«, in: *NZfM* 25 (1846), 171ff. fortgesetzt bis 193.

La Borde, Jean-Benjamin de, *Essai sur la musique ancienne et moderne*, Paris 1780, Nachdruck: 1972.

Lacépède, Bernard-Germain-Etienne Médard de la Ville, *La poétique de la musique*, 2 Bde., Paris 1785.

Lacombe, Jacques, *Spectacle des beaux arts, ou considérations touchant leur nature, leur objets, leurs effets et leurs règles principales*, 2 Bde., Paris 1761 und 1765.

Lessing, Gotthold Ephraim, *Werke*, hg. von Kurt Wölfel, Frankfurt am Main 1967ff.

Le Sueur, Jean-François, *Exposé d'une musique une, imitative et particulière à chaque solemnité*, Paris 1787.

Lichtenthal, Peter, *Dizionario e Bibliografia della Musica*, Mailand 1826.

Marpurg, Friedrich Wilhelm, *Der critische Musicus an der Spree*, Berlin 1749/50.

ders., *Historisch-kritische Beyträge zur Aufnahme der Musik*, 5 Bde., Berlin 1754-1778.

ders., *Kritische Briefe über die Tonkunst*, 3 Bde., Berlin 1760-1764.

Marx, Adolph Bernhard, *Über Malerei in der Tonkunst: ein Maigruss an die Kunstphilosophen*, Berlin 1828.

ders., *Die Lehre von der musikalischen Komposition*, 4 Bde., Leipzig 1837-1847.

ders., *Allgemeine Musiklehre*, Leipzig 1839, ^{10}1884.

ders., *Die Musik des neunzehnten Jahrhunderts und ihre Pflege: Methode der Musik*, Leipzig 1855, ^{2}1872.

Mattheson, Johann, *Neu eröffnetes Orchester*, Hamburg 1713.

ders., *Der vollkommene Capellmeister*, Hamburg 1739; Nachdruck: Stuttgart 1954.

Mazzini, Giuseppe, »Filosofia della musica«, in: *L'Italiano* (1836), Mai bis Oktober.

Mendelssohn, Moses, *Über die Empfindungen*, Berlin 1755.

Michaelis, Christian Friedrich, *Über den Geist der Tonkunst mit Rücksicht auf Kants Kritik der Urteilskraft*, 2 Bde., Leipzig 1795 und 1800 (Rezension: *AmZ* 3 (1800/01), S. 379-385).

ders., »Über den Rang der Tonkunst unter den schönen Künsten«, in: *AmZ* 2 (1799/1800), S. 183-186.

ders., »Einige Ideen über die ästhetische Natur der Tonkunst und Nachtrag dazu«, in: *Eumonia* (1801), März und April.

ders., »Noch einige Bemerkungen über den Rang der Tonkunst unter den schönen Künsten (als Nachtrag und nähere Bestimmung zu einem früheren Aufsatze)«, in: *AmZ* 6 (1803/04), S. 765-775.

ders., »Über den Geist der Tonkunst«, in: *AmZ* 6 (1803/04), S. 829-834.

ders., »Vermischte Bemerkungen über Musik«, in: *Berlinische musikalische Zeitung* (1805), No. 4, 6, 7, 35 und 36.
ders., »Über die wichtigsten Erfordernisse der Tonkunst als schöne Kunst«, in: *Berlinische musikalische Zeitung* (1805), No. 33, 34 und 45.
ders., »Ein Versuch, das innere Wesen der Tonkunst zu entwickeln«, in: *AmZ* 8 (1805/06), S. 673-683 und 691-696.
ders., »Über musikalischen Geschmack«, in: *AmZ* 9 (1806/07), S. 48-57.
ders., »Über das Humoristische und Launige in der musikalischen Komposition«, in: *AmZ* 9 (1806/07), S. 725-729.
ders., »Über das Idealistische der Tonkunst«, in: *AmZ* 10 (1807/08), S. 449-452.
ders., »Über die verschiedenen Gattungen der Musik, ein historisch-ästhetischer Beitrag«, in: *Der Freymüthige und Ernst und Scherz* 9 (1811).
ders., »Einige Bemerkungen über die Oper«, in: *AmZ* 15 (1813), S. 832-836.
Millin, Aubin Louis, *Dictionnaire des beaux-arts*, Paris 1806.
Mizler von Kolof, Lorenz Christoph, *Neu eröffnete musikalische Bibliothek oder gründliche Nachricht nebst unpartheyischem Urteil von musikalischen Schriften und Büchern*, 4 Bde., Leipzig 1739-1754.
Moritz, Karl Philipp, »Versuch einer Vereinigung aller schönen Künste und Wissenschaften unter dem Begriff des in sich selbst Vollendeten«, in: *Berlinische Monatsschrift* 5 (1785), S. 225-230.
ders., *Andreas Hartknopf. Eine Allegorie,* Berlin 1786; Nachdruck: Stuttgart 1968.
ders., *Andreas Hartknopfs Predigerjahre,* Berlin 1790; Nachdruck: Stuttgart 1968.
ders., *Über die bildende Nachahmung des Schönen*, Braunschweig 1788.
Mundt, Theodor, *Ästhetik*, Leipzig 1845.
Nägeli, Hans-Georg, *Vorlesungen über Musik mit Berücksichtigung der Dilettanten,* Stuttgart und Tübingen 1826.
Nauenburg, Gustav, »Kunstphilosophische Skizzen«, in: *NZfM* 1 (1834), S. 37-38 und 41-43.
ders., »Beiträge zu einer Ästhetik der Tonkunst«, in: *NZfM* 1 (1834), S. 177-179 und 181-182.
Nicolai, Friedrich, *Bibliothek der schönen Wissenschaften und der freien Künste*, Leipzig 1757-1760.
ders. (Hg), *Allgemeine deutsche Bibliothek,* Berlin, Stettin und Kiel, 1765-1806.
Novalis/Hardenberg, Georg Philipp Friedrich von, *Schriften*, Bd. 1: *Das dichterische Werk*, hg. von Paul Kluckhohn und Richard Samuel, ²Darmstadt 1960, Bd. 2: *Das philosophische Werk I,* hg. von Richard Samuel, ²Darmstadt 1965, Bd. 3: *Das philosophische Werk II,* hg. von Richard Samuel, ²Darmstadt 1968.
Otto, Louise, »Die Nibelungen als Oper«, in: *NZfM* 23 (1845), S. 49-52 und 129-130.
dies., »Polemische Blätter«, in: *NZfM* 25 (1846), S. 39ff. fortgesetzt bis 48.
Quantz, Johann Joachim, *Versuch einer Anweisung, die Flöte traversiere zu spielen,* Berlin 1752.
Rameau, Jean-Philippe, *Traité de l'harmonie*, Paris 1722; Nachdruck: New York 1965.
Reichardt, Johann Friedrich, *Briefe eines aufmerksamen Reisenden die Musik betreffend,* 2 Bde., Frankfurt am Main 1774 und 1776; Neudruck: Leipzig 1976.
ders., *Musikalisches Kunstmagazin*, 8 Bde., Berlin 1782-1791.
ders., *Musikalischer Almanach*, Berlin 1796.

ders., *Johann Friedrich Reichardt's vertraute Briefe aus Paris geschrieben in den Jahren 1802 und 1803,* 3 Bde., Hamburg 1804.

ders., *Vertraute Briefe geschrieben auf einer Reise nach Wien und den österreichischen Staaten zu Ende 1808 und Anfang 1809*, Amsterdam 1810.

Reichardt, Johann Friedrich und Friedrich Schlegel, (Hg), *Lyceum der schönen Künste,* Berlin 1797.

Riepel, Joseph, *Anfangsgründe zur musicalischen Setzkunst,* 5 Bde., Bd. 1: Regensburg und Wien 1752, Bd. 2: Frankfurt und Leipzig 1755, Bd. 3: Frankfurt und Leipzig 1757, Bd. 4: Augsburg 1765, Bd. 5: Regensburg 1768.

Rochlitz, Johann Friedrich, *Blicke in das Gebiet der Künste und der pracktischen Philosophie,* Gotha 1796.

ders., »Gedanken über die Oper, in: *AmZ* 1 (1798/99), S. 1-9 und 33-38.

ders., »Über Verbindung von Musik mit der Poesie«, in: *AmZ* 1 (1798/99), S. 433-440.

ders., »Über die Verschiedenheit der Urtheile über die Werke der Tonkunst«, in: *AmZ* 1 (1798/99), S. 497-506.

ders., »Vorschläge zu Betrachtungen über die neueste Geschichte der Musik«, in: *AmZ* 1 (1798/99), S. 625-629.

ders., »Bruchstücke aus Briefen an einen jungen Tonsetzer«, *AmZ* 2 (1799/1800), S. 1ff. fortgesetzt bis 183.

ders., »Parallele zwischen Raphael und Mozart«, in: *AmZ* (1799/1800), S. 641-651.

ders., »Veranlassung zur Prüfung eines musikalischen Glaubensartikels, in: *AmZ* 3 (1800/01), S. 677-686.

ders., »Bruchstücke aus dem noch ungedruckten Buche: Ferdinand, Geschichte der Bildung eines Tonsetzers«, in: *AmZ* 5 (1802/03), S. 1ff. fortgesetzt bis 100.

Rosenkranz, Carl, *Ästhetik des Hässlichen*, Königsberg 1853.

Rousseau, Jean-Jacques, *Lettre sur la musique française,* Paris 1754; Neudruck: Bordeaux 1970.

ders., *Essai sur l'origine des langues*, Paris 1754; Neudruck: Bordeaux 1970.

ders., *Dictionnaire de musique*, Paris 1767; Nachdruck: 1969.

ders., *Traités sur la musique*, Genf 1781.

Ruge, Arnold, *Neue Vorschule der Ästhetik*, Halle 1837.

Scheibe, Johann Adolph, *Der critische Musikus*, 2 Bde., Hamburg 1738 und 1740, ^{2}1745; Nachdruck: 1970.

Schelling, Friedrich Wilhelm Joseph, *Historisch-kritische Ausgabe*, im Auftrag der Schelling-Kommission der Bayrischen Akademie der Wissenschaften hg. von Hans Michael Baumgartner, Wilhelm G. Jacobs und Hermann Krings, Stuttgart 1976ff.

ders., *Sämmtliche Werke,* hg. von Carl Friedrich August Schelling, 14 Bde., Stuttgart und Augsburg 1857-1861.

ders., *Frühschriften*, hg. von H. Seidel und L. Kleine, Berlin 1971.

Schiller, Friedrich, *Philosophische und vermischte Schriften*, (= *Werke*, hg. von Ernst Jenny, 10 Bde., Basel 1945/46, Bd. 10).

ders. (Hg), *Die Horen, eine Monatsschrift* 1-3 (1795-1797).

ders. (Hg), *Musealmanach* 1-4 (1796-1800).

Schilling, Gustav, *Enzyklopädie der gesammten musikalischen Wissenschaften, oder Universal-Lexikon der Tonkunst*, Stuttgart 1838.

Schlegel, August Wilhelm, *Kritische Ausgabe der Vorlesungen,* hg. von Ernst Behler in Zusammenarbeit mit Frank Jolles, Paderborn etc. 1989ff.
ders., *Vorlesungen über dramatische Kunst und Litteratur,* (= *Sämtliche Werke,* hg. von Eduard Böcking, Leipzig 1846/47, Bd. 5 und 6).
ders., *Vorlesungen über schöne Litteratur und Kunst,* (= *Deutsche Literatur-Denkmale,* 151 Bde., Stuttgart 1881-1924, Bd. 17-19).
Schlegel, August Wilhelm und Friedrich (Hg), *Das Athenäum. Eine Zeitschrift* 1-3 (1798-1800); Nachdruck: Berlin 1960.
Schlegel, Friedrich, *Kritische Friedrich-Schlegel-Ausgabe,* hg. von Ernst Behler, 22 Bde., Paderborn etc. 1956ff.
ders., *Geschichte der alten und neuen Literatur,* (= *Sämtliche Werke,* 10 Bde., Wien 1822-1825, Bd. 1 und 2).
ders., *Philosophie der Geschichte,* (= *Sämtliche Werke,* 10 Bde., Wien 1822-1825, Bd. 13).
Schlegel, Caroline, *Caroline. Briefe aus der Frühromantik,* hg. von Erich Schmidt, 2 Bde., Leipzig 1913.
Schleiermacher, Friedrich Wilhelm, *Über die Religion. Reden an die Gebildeten unter ihren Verächtern,* Berlin 1799.
Schopenhauer, Arnold, *Sämtliche Werke,* nach der ersten, von Julius Frauenstädt besorgten Gesamtausgabe neu bearbeitet von Arthur Hübscher, Leipzig 1937ff.
Schreiber, Christian, »Rhapsodische Gedanken über die Musik alter und neuer Zeit«, in: *AmZ* 6 (1803/04), S. 349-358.
ders., »Beiträge zu einer Ästhetik der Musik«, in: *AmZ* 8 (1805/06), S. 337-341.
Christian Friedrich Daniel Schubart's Ideen zu einer Ästhetik der Tonkunst, hg. von Ludwig Schubart, Wien 1806; Nachdruck: Leipzig 1924.
Schubert, Gotthilf Heinrich, *Die Geschichte der Seele,* Stuttgart und Tübingen 1830, ^{2}1833, ^{3}1839, ^{4}1850.
Schumann Robert, *Gesammelte Schriften über Musik und Musiker,* Leipzig 1854, fünfte kommentierte Auflage hg. von Martin Kreisig, Leipzig 1914.
Schulz, Johann Abraham Peter, *Gedanken über den Einfluss der Musik auf die Bildung eines Volkes,* Kopenhagen 1790.
Seidel, C., *Charinomos. Beiträge zur allgemeinen Theorie und Geschichte der schönen Künste,* Magdeburg 1828.
Spazier, Johann Karl Gottlieb, »Romantik im Volkslied?«, in: *AmZ* 3 (1800/01), S. 73-81, 89-94 und 105-111.
Spohr, Louis, *Lebenserinnerungen,* hg. von Volker Göthel, 2 Bde., Tutzing 1968
Staël, Germaine de, *De l'Allemagne,* Paris 1814; englisch: London 1813.
Steinbart, Gotthelf Samuel, *Grundbegriffe zur Philosophie über den Geschmack,* Züllichau 1785.
Stendhal/Beyle, Marie Henri, *Vie de Rossini,* Paris 1824; Neudruck: Paris 1987.
Steuber, »Über die ästhetische Bildung des componierenden Tonkünstlers«, in: *AmZ* 12 (1809/10), S. 321-325 und 793-799.
Sulzer, Johann Georg, *Allgemeine Theorie der schönen Künste,* 2 Bde., Leipzig 1771 und 1774; dritte vermehrte Auflage mit Zusätzen von Christian Friedrich von

Blankenburg, 4 Bde., Leipzig 1786/87; Neudruck 1792-1799; Blankenburgs Zusätze auch separat: 3 Bde., Leipzig 1796-1798; Nachdruck: Hildesheim 1967.

Thibaut, Anton Friedrich Justus, *Über Reinheit der Tonkunst*, Heidelberg 1825, endgültige Fassung in der zweiten Auflage 1826, [7]1893.

Tieck, Ludwig, *Schriften in zwölf Bänden*, hg. von Manfred Frank, Frankfurt am Main 1985ff.

Toreinx, F.R. de, *Histoire du romantisme*, Paris 1829, Nachdruck: Genf 1973.

(Triest, J.K.F.), »Bemerkungen über die Ausbildung der Tonkunst in Deutschland im achtzehnten Jahrhundert«, in: *AmZ* 3 (1800/01), S. 225ff. fortgesetzt bis 445.

Tschirch, Adolph, »Einige Gedanken über Accomodation auf dem Gebiete der musikalischen Composition«, in: *NZfM* 24 (1846), S. 17-19 und 21-22.

Villoteau, Guillaume André, *Recherches sur l'analogie de la musique avec les arts qui ont pour objet l'imitation du langage*, 2 Bde., Paris 1807.

Voltaire/Arouet, François Marie, *Dictionnaire philosophique*, London 1764.

Wackenroder, Wilhelm Heinrich, *Werke und Briefe*, hg. von Gerda Heinrich, München und Wien 1984.

Webb, Daniel, *Observations on the Correspondence between Poetry and Music*, London 1769; deutsch von Johann Joachim Eschenburg, *Daniel Webb's Betrachtungen über Poesie und Musik*, Leipzig 1771.

Weber, Carl Maria von, *Sämtliche Schriften*, hg. von Georg Kaiser, Berlin und Leipzig 1908.

Weber, Gottfried, »Teutschland im ersten Viertel des neuen Jahrhunderts. Betrachtungen eines Musikfreundes«, in: *Caecilia* Bd. 4 (1826), S. 89-112.

Weiler, von, »Über den Begriff der Schönheit, als Grundlage einer Ästhetik der Tonkunst«, in: *AmZ* 13 (1811), S. 117-124.

Weisse, Christian Hermann, *System der Ästhetik als Wissenschaft von der Idee der Schönheit*, 2 Bde., Leipzig 1830; Nachdruck: Hildesheim 1966.

Wendt, Johann Gottlieb, »Gedanken über die neuere Tonkunst, und van Beethovens Musik, namentlich dessen Fidelio«, in: *AmZ* 17 (1815), S. 345ff. fortgesetzt bis 436.

ders., *Über die Hauptperioden der schönen Kunst, oder die Kunst im Laufe der Weltgeschichte*, Leipzig 1831.

ders., *Über den gegenwärtigen Zustand der Musik, besonders in Deutschland, und wie er geworden. Eine beurtheilende Schilderung*, Göttingen 1836.

Wienbarg, Johann Ludolf, *Ästhetische Feldzüge*, Hamburg 1834; Nachdruck: Berlin und Weimar 1964.

Winckelmann, Johann Joachim, *Geschichte der Kunst des Altertums*, Dresden 1764.

2. *Sekundärliteratur*

Abert, Anna Amalie, *Die Opern Mozarts*, Wolfenbüttel und Zürich 1970.

Abraham, Gerald (Hg), *The Age of Beethoven 1790-1830*, London 1982.

Allroggen, Gerhard, »Die Opern-Ästhetik E.T.A. Hoffmanns«, in: Heinz Becker (Hg), *Beiträge zur Geschichte der Oper*, Regensburg 1969, S. 25-34.

Apt, Alice, *Caroline und die Frühromantische Gesellschaft*, Diss. Königsberg 1936.

Balet, Leo und E. Gerhard, *Die Verbürgerlichung der deutschen Kunst, Literatur und Musik im 18. Jahrhundert,* Strassburg 1936, ^{2}Frankfurt am Main 1973.
Becking, Gustav, »Zur musikalischen Romantik«, in: *Deutsche Vierteljahrschrift für Literaturwissenschaft und Geistesgeschichte* 2 (1924), S. 581-615.
ders., »Klassik und Romantik«, in: *Kongress-Bericht Leipzig 1925*, Leipzig 1926, S. 295ff.
Behler, Ernst, *Die Zeitschriften der Brüder Schlegel. Ein Beitrag zur Geschichte der deutschen Romantik,* Darmstadt 1983.
ders., *Studien zur Romantik und zur idealistischen Philosophie,* Paderborn etc. 1988.
ders. und Jochen Hörisch (Hg), *Die Aktualität der Frühromantik,* Paderborn etc. 1987.
Benjamin, Walter, *Der Begriff der Kunstkritik in der deutschen Romantik,* (= *Gesammelte Schriften*, unter Mitwirkung von Theodor W. Adorno und Gershom Scholem hg. von Rolf Tiedemann und Hermann Schwepphauser, Frankfurt am Main 1972-1989, Bd. 1.1).
Birke, Joachim, *Christian Wolffs Metaphysik und die zeitgenössische Literatur- und Musiktheorie: Gottsched, Scheibe, Mizler*, Berlin 1966.
ders., »Die Poetik der deutschen Kantate zu Beginn des 18. Jahrhunderts«, in: *Speculum Musicae Artis. Festschrift Heinrich Husmann,* München 1970, S. 47-62.
Bimberg, Siegfried, Werner Kaden, Eberhard Lippold, Klaus Mehner und Walther Sigmund-Schultze (Hg), *Handbuch der Musikästhetik*, Leipzig 1979.
Blume, Friedrich, Artikel »Klassik«, in: *MGG* Bd. 7 (1958), S. 1027-1090.
ders., Artikel »Romantik«, in: *MGG* Bd. 11 (1963), S. 785-845.
Bosse, Heinrich, »Autorisieren. Ein Essay über Entwicklungen heute und seit dem 18. Jahrhundert«, in: *Zeitschrift für Literaturwissenschaft und Linguistik* 11 (1981), S. 120-134.
ders., *Autorschaft ist Werkherrschaft. Über die Entstehung des Urheberrechts aus dem Geist der Goethezeit*, Paderborn etc. 1981.
Bray, René, *Chronologie du Romantisme, 1804-1830*, Paris 1963.
Brinkmann, Richard (Hg), *Romantik in Deutschland. Ein interdisziplinäres Symposion, (= Sonderband der Deutschen Vierteljahresschrift für Literaturwissenschaft und Geschichte),* Stuttgart 1978.
Bruckner-Bigenwald, Martha, *Die Anfänge der Leipziger Allgemeinen musikalischen Zeitung,* Diss. Freiburg 1938.
Bücken, Ernst, »Der galante Stil«, in: *ZfMw* 6 (1923/24), S. 418-430.
ders., »Romantik und Realismus (Zur Periodisierung der 'romantischen' Epoche)«, in: *Festschrift für Arnold Schering*, Berlin 1937, S. 46ff.
Bürger, Peter, *Zur Kritik der idealistischen Ästhetik,* Frankfurt am Main 1983.
Buhr, Manfred, *Zur Geschichte der klassischen bürgerlichen Philosophie*, Leipzig 1972.
Bus, Anton Johannes Maria, *Der Mythos der Musik in Novalis' Heinrich von Ofterdingen*, Alkmaar 1947.
Cardinal, Roger, *German Romanics in Context*, London 1975.
Coeuroy, André, *Musique et Littérature*, Paris 1923.
Cohen, Peter, *Theorie und Praxis der Clavierästhetik Carl Philipp Emanuel Bachs*, Hamburg 1974.
Dahlhaus, Carl, »Zu Kants Musikästhetik«, in: *AfMw* 10 (1953), S. 338-347.

ders., *Analyse und Werturteil*, Mainz 1970.

ders., *Musikästhetik*, Köln 1970.

ders., »Romantische Musikästhetik und Wiener Klassik«, in: *AfMw* 17 (1972), S. 167-181.

ders., Artikel »Neuromantik«, in: Hans Heinrich Eggebrecht (Hg), *Handwörterbuch der musikalischen Terminologie*, Wiesbaden o.J.

ders., »Romantik und Biedermeier. Zur musikgeschichtlichen Charakteristik der Restaurationszeit«, in: *AfMw* 19 (1974), S. 22-41.

ders., *Die Idee der absoluten Musik*, Kassel 1978.

ders., »E.T.A. Hoffmanns Beethoven-Kritik und die Ästhetik des Erhabenen«, in: *AfMw* 38 (1981), S. 79-92.

ders., *Musikalischer Realismus. Zur Musikgeschichte des 19. Jahrhunderts*, München 1982.

ders., *Klassische und romantische Musikästhetik*, Laaber 1988.

ders. (Hg), *Die Musik des 18. Jahrhunderts*, (= *Neues Handbuch der Musikwissenschaft* Bd. 5), Laaber 1985.

ders. (Hg), *Die Musik des 19. Jahrhunderts*, (= *Neues Handbuch der Musikwissenschaft* Bd. 6), Laaber 1980.

Dahlhaus, Carl und Michael Zimmermann (Hg), *Musik zur Sprache gebracht. Musikästhetische Texte aus drei Jahrhunderten,* Kassel etc. 1984.

Darenberg, Karl Heinz, *Studien zur englischen Musikästhetik des 18. Jahrhunderts*, Hamburg 1960.

Deleuze, Gilles, *Foucault*, Paris 1986; deutsch: Frankfurt am Main 1987.

Dent, Edward Joseph, *The Rise of Romantic Opera*, Cambridge etc. 1976.

Dick, Manfred, *Die Entwicklung des Gedankens der Poesie in den Fragmenten des Novalis*, Bonn 1967.

Eckardt, Hans, *Die Musikanschauung der französischen Romantik*, Diss. Heidelberg 1932; Kassel 1935.

Eggebrecht, Hans Heinrich, »Das Ausdrucks-Prinzip im musikalischen Sturm und Drang«. in: *Deutsche Vierteljahrschrift für Literaturwissenschaft und Geistesgeschichte* 29 (1955), S. 323-349.

ders., *Zur Geschichte der Beethoven-Rezeption: Beethoven 1970*, (= *Akademie der Wissenschaften und der Literatur. Abhandlungen der geistes- und sozialwissenschaftlichen Klasse der Akademie der Wissenschaften und Literatur*, Mainz 1972, Nr. 3).

Eggli, Eva, *Probleme der musikalischen Wertästhetik im 19. Jahrhundert. Ein Versuch zur schlechten Musik,* Diss. Zürich 1965.

Ehinger, Hans, *Friedrich Rochlitz als Musikschriftsteller*, Diss. Basel 1929.

ders., *E.T.A. Hoffmann als Musiker und Musikschriftsteller,* Olten und Köln 1954.

Engel, Hans, *Musik und Gesellschaft. Bausteine zu einer Musiksoziologie*, (= *Stimmen des 20. Jahrhunderts* Bd. 3), Berlin 1960.

Einstein, Alfred, *Die Romantik in der Musik*, Wien 1950, (= *Music in the Romantic Era*, New York 1947, ^{2}1949).

Fellinger, Imogen, *Verzeichnis der Musikzeitschriften des 19. Jahrhunderts*, Regensburg 1968.

Finscher, Ludwig, »Zum Begriff der Klassik in der Musik«, in: *DJbMw* 11 (1966), S. 9-34.

Forchert, Arno, »'Klassisch' und 'romantisch' in der Musikliteratur des frühen 19. Jahrhunderts«, in: *MF* 31 (1978), S. 405-425.

Foucault, Michel, *L'Archéologie du Savoir*, Paris 1969; deutsch: *Archeologie des Wissens*, Frankfurt am Main 1986.

Fricke, Gerhard, *Wackenroders Religion der Kunst,* Frankfurt am Main 1956.

Funck, Heinrich, »Musikalisches Biedermeier«, in: *Deutsche Vierteljahresschrift für Literaturwissenschaft und Geistesgeschichte* 14 (1936), S. 398ff.

Geck, Martin, »E.T.A. Hoffmanns Anschauungen über Kirchenmusik«, in: Walter Salmen (Hg), *Beiträge zur Geschichte der Musikanschauung im 19. Jahrhundert,* (= *Studien zur Musikgeschichte des 19. Jahrhunderts* Bd. 1), Regensburg 1965, S. 61-72.

Goldschmidt, Hugo, *Die Musikästhetik des 18. Jahrhunderts und ihre Beziehungen zu seinem Kunstschaffen,* Zürich und Leipzig 1915.

Goslich, Siegfried, *Die deutsche romantische Oper*, Tutzing 1975.

Grimm, Reinhold, »Zur Wortgeschichte des Begriffs 'Neuromantik'«, in: Wolfgang Paulsen (Hg), *Das Nachleben der Romantik in der modernen deutschen Literatur* Heidelberg 1969.

Guichard, Léon, *La musique et les lettres au temps du romantisme*, Paris 1955.

Halm, August Otto, *Von zwei Kulturen der Musik*, München 1913, [3]Stuttgart 1947.

Handschin, Jacques, *Musikgeschichte im Überblick*, Luzern 1948, [3]Wilhelmshaven 1981.

Heinrich, Gerda, *Geschichtsphilosophische Positionen der deutschen Frühromantik*, Berlin 1976.

Heinse, Wolfgang, *Aufbruch in die Illusion. Zur Kritik der bürgerlichen Philosophie in Deutschland*, Berlin 1964.

Herms, Eilert, *Herkunft, Entfaltung und erste Gestalt des Systems der Wissenschaften bei Schleiermacher*, Gütersloh 1974.

Heussner, Horst, »Das Biedermeier in der Musik«, in: *MF* 12 (1959), S. 422-431.

Hörisch, Jochen, *Die fröhliche Wissenschaft der Poesie. Der Universalanspruch von Dichtung in der frühromantischen Poetologie*, Frankfurt am Main 1976.

ders., *Die Wut des Verstehens. Zur Kritik der Hermeneutik*, Frankfurt am Main 1988.

Hoffmann-Axthelm-Sewig, Inge, *Geisterfamilie. Studien zur Geselligkeit der Frühromantik*, Diss. Berlin 1970.

Hofmeister, Gerhart, *Deutsche und europäische Romantik*, Stuttgart 1978.

Hubrig, Detlef, *Die Wahrheit des Scheins, zur Ambivalenz des Schönen in der deutschen Literatur und Ästhetik um 1800*, Frankfurt am Main etc. 1985.

Huch, Ricarda, *Die Romantik. Ausbreitung, Blütezeit und Verfall,* 2 Bde., Leipzig 1902, [8]1920.

Huge, Eberhard, *Poesie und Reflexion in der Ästhetik des frühen Friedrich Schlegel*, (= *Studien zur Allgemeinen und Vergleichenden Literaturwissenschaft* Bd. 6), Stuttgart 1971.

Immerwahr, Raymond, *Romantisch. Genese und Tradition einer Denkform*, Frankfurt am Main 1972.

Istel, Edgar, *Die Blütezeit der musikalischen Romantik in Deutschland*, Leipzig 1909, ²1921.

Janz, Rolf-Peter, *Autonomie und soziale Funktion der Kunst. Studien zur Ästhetik von Schiller und Novalis*, Diss. Stuttgart 1973.

Kaiser, Georg, *Beiträge zu einer Charakteristik Carl Maria von Webers als Musikschriftsteller*, Berlin und Leipzig 1910.

Kaiser, Gerhard R., *E.T.A. Hoffmann*, (= *Realien zur Literatur* Bd. 243), Stuttgart 1988.

Kindermann, Jürgen, »Romantische Aspekte in E.T.A. Hoffmanns Musikanschauung«, in: Walter Salmen (Hg), *Beiträge zur Geschichte der Musikanschauung im 19. Jahrhundert*, (= *Studien zur Musikgeschichte des 19. Jahrhunderts* Bd. 1), Regensburg 1965, S. 51-60.

Kittler, Friedrich A., »Vergessen«, in: Ulrich Nassen (Hg), *Texthermeneutik. Aktualität. Geschichte. Kritik*, Paderborn etc. 1979, S. 195-221.

ders., *Aufschreibesysteme 1800/1900*, München 1985, ²1987.

ders., »Über romantische Datenverarbeitung«, in: Ernst Behler und Jochen Hörisch (Hg), *Die Aktualität der Frühromantik*, Paderborn etc. 1987, S. 127-140.

Klemperer, Viktor, »Romantik und französische Romantik«, in: Helmut Prang (Hg), *Begriffsbestimmung der Romantik*, Darmstadt 1968, S. 48-72.

Kluckhohn, Paul, »Biedermeier als literarische Epochenbezeichnung«, in: *Deutsche Vierteljahrsschrift für Literaturwissenschaft und Geistesgeschichte* 13 (1935), S. 2ff.

Knepler, Georg, *Musikgeschichte des XIX. Jahrhunderts*, 2 Bde., Berlin 1961.

ders., *Geschichte als Weg zum Musikverständnis. Zur Theorie, Methode und Geschichte der Musikgeschichtsschreibung*, Leipzig 1977.

Kuhlmann, Andreas, *Romantische Musikästhetik. Ein Rekonstruktionsversuch*, Diss. Bielefeld 1989.

Kunze, Stephan, *Mozarts Opern*, Stuttgart 1984.

Kurzke, Hermann, *Romantik und Konservativismus. Das »politische« Werk Friedrich von Hardenbergs (Novalis) im Horizont seiner Wirkungsgeschichte*, (= *Literaturgeschichte und Literaturkritik* Bd. 5), München 1983.

Lafite, Marion, *Musikästhetik im frühen 19. Jahrhundert. Dargestellt an Hand der musikästhetischen Abhandlungen der 'Leipziger Allgemeinen musikalischen Zeitung' unter der Redaktion von Friedrich Rochlitz 1798-1818*, Diss. Wien 1974 (maschr.).

Lang, Paul Henry, *Die Musik im Abendland*, Augsburg 1947, (= *Music in Western Civilization*, New York 1941).

Le Huray, Peter und James Day, *Music and Ästhetics in the Eighteenth and Early-Nineteenth Centuries*, Cambridge etc. 1981.

Lichtenhahn, Ernst, »Über einen Ausspruch Hoffmanns und über das Romantische in der Musik«, in: *Musik und Geschichte. Leo Schrade zum sechzigsten Geburtstag*, Köln 1963, S. 178-198.

ders., »Die 'Popularitätsfrage' in Richard Wagners Pariser Schriften«, in: *SBzMw* Serie III/1 (1972), S. 143-160.

ders., »Zur Idee des goldenen Zeitalters in der Musikanschauung E.T.A. Hoffmanns«, in: Richard Brinkmann (Hg), *Romantik in Deutschland. Ein interdisziplinäres Symposion*, (= *Sonderband der »Deutschen Vierteljahresschrift für Literaturwissenschaft und Geistesgeschichte«*), Stuttgart 1978, S. 502-512.

ders., »Bemerkungen zum 'poetisierenden' Verfahren der romantischen Beethovendeutung«, in: Friedhelm Döhl (Hg), *Beethoven '77. Beiträge zur Beethoven-Woche 1977 veranstaltet von der Musik-Akademie Basel*, Zürich 1979, S. 105-114.

ders., »Grundgedanken zu E.T.A. Hoffmanns romantischer Theorie der musikalischen Interpretation«, in: *Forum Musicologicum* 2 (1980), S. 252-264.

ders., »Musikalisches Biedermeier und Vormärz«, in: *SBzMw* Serie III/4 (1980), S. 7-33.

ders., »[E.T.A. Hoffmanns] Schriften zur Musik«, in: Brigitte Feldges und Ulrich Stadler, *E.T.A. Hoffmann. Epoche – Werk – Wirkung*, München 1986, S. 241-257.

Link, Hannelore, *Abstraktion und Poesie im Werk des Novalis*, (= *Studien zur Poetik und Geschichte der Literatur* Bd. 15), Stuttgart 1971.

Longyear, Rey M., *Nineteenth-Century Romanticism in Music*, Englewood Cliffs 1969, [2]1973.

Lüdeke, Rudolf, »Zur Geschichte der Musikerziehung in der ersten Hälfte des 19. Jahrhunderts in Deutschland«, in: *BMw* 2 (1960), Heft 3/4, S. 14-27.

Mähl, Hans-Joachim, *Die Idee des goldenen Zeitalters im Werk des Novalis. Studien zur Wesensbestimmung der frühromantischen Utopie und zu ihren ideengeschichtlichen Voraussetzungen*, Heidelberg 1965.

Mahr, Johannes, *Übergang zum Endlichen. Der Weg des Dichters in Novalis' »Heinrich von Ofterdingen«*, München 1970.

Malsch, Wilfried, *»Europa«: poetische Rede des Novalis. Deutung der französischen Revolution und Reflexion auf die Poesie in der Geschichte*, Stuttgart 1965.

Markus, Stanislaw A., *Musikästhetik, I. Teil. Ein Beitrag zur Geschichte der Nachahmungsästhetik und Affektenlehre sowie der idealistischen Musikästhetik in Deutschland*, Moskau 1959; deutsch: Berlin 1967.

ders., *Musikästhetik, II. Teil. Die Romantik und der Kampf ästhetischer Richtungen*, Moskau 1968; deutsch: Berlin 1977.

Mayer, Hans, *Doktor Faust und Don Juan*, Frankfurt am Main 1979.

Mayer, Günther, *Weltbild – Notenbild. Zur Dialektik des musikalischen Materials*, Leipzig 1978.

Mellers, Wilfrid, *Romanticism and the 20th Century*, London 1957.

Mennemeier, Franz Norbert, *Friedrich Schlegels Poesiebegriff dargestellt anhand der literaturkritischen Schriften. Die romantische Konzeption einer objektiven Poesie*, München 1971.

Moos, Paul, *Die Philosophie der Musik von Kant bis Ed. v Hartmann. Ein Jahrhundert deutscher Geistesarbeit*, [2]Stuttgart 1922.

Müller, Ruth E., *Erzählte Töne. Studien zur Musikästhetik im späten 18. Jahrhundert*, (= *Beihefte zum AfMw* Bd. 30), Stuttgart 1989.

Müller-Blattau, Joseph, »Friedrich Rochlitz und die Musikgeschichte«, in: *Hans Albrecht in Memoriam*, Kassel 1962, S. 192-199.

Neubauer, John, *The Emancipation of Music from Language*, Yale 1986.

Nowak, Anton, *Hegels Musikästhetik*, (= *Studien zur Musikgeschichte des 19. Jahrhunderts* Bd. 25), Regensburg 1971.

Ottenberg, Hans-Günter, *Die Entwicklung des theoretisch-ästhetischen Denkens innerhalb der Berliner Musikkultur von den Anfängen der Aufklärung bis Reichardt*, Leipzig 1978.

Paetzold, Heinz, »Kunst als Organon der Philosophie. Zur Problematik des ästhetischen Absolutismus«, in: Richard Brinkmann (Hg), *Romantik in Deutschland. Ein interdisziplinäres Symposion*, (= *Sonderband der »Deutschen Vierteljahresschrift für Literaturwissenschaft und Geistesgeschichte«*), Stuttgart 1978, S. 392-403.

ders., *Ästhetik des deutschen Idealismus: Zur Idee ästhetischer Rationalität bei Baumgarten, Kant, Schelling, Hegel und Schopenhauer*, Wiesbaden 1983.

Petzoldt, Richard, »Klassik, Romantik und Klassizismus bei R. Schumann«, in: Hans Joachim Moser und Eberhard Rebling (Hg), *Robert Schumann (1856/1956). Aus Anlass seines 100. Todestages*, Leipzig 1956, S. 100-115.

Peter, Klaus, *Idealismus als Kritik: Friedrich Schlegels Philosophie der unvollendeten Welt*, Stuttgart 1973.

ders., *Friedrich Schlegel*, (= *Realien zur Literatur* Bd. 171), Stuttgart 1978.

ders., *Stadien der Aufklärung. Moral und Politik bei Lessing, Novalis und Schlegel*, Wiesbaden 1980.

ders., »Friedrich Schlegel und Adorno. Die Dialektik der Aufklärung in der Romantik und heute«, in: Ernst Behler und Jochen Hörisch (Hg), *Die Aktualität der Frühromantik*, Paderborn 1987, S. 219-235.

Pöggeler, Otto, »Die neue Mythologie. Grenzen der Brauchbarkeit des deutschen Romantik-Begriffs«, in: Richard Brinkmann (Hg), *Romantik in Deutschland. Ein interdisziplinäres Symposion*, (= *Sonderband der »Deutschen Vierteljahresschrift für Literaturwissenschaft und Geistesgeschichte«*), Stuttgart 1978, S. 341-354.

Prawer, Siegbert Salomon (Hg), *The Romantic Period in Germany*, London 1970.

Preussner, Eberhard, *Die bürgerliche Musikkultur. Ein Beitrag zur deutschen Musikgeschichte des 18. Jahrhunderts*, Hamburg 1935, ²Kassel und Basel 1950.

Puls, Hans, *Die Musikauffassung der französischen Romantiker dargestellt an Lamartine und Viktor Hugo*, Diss. Saarbrücken 1956.

Rank, Bernhard, *Romantische Poesie als religiöse Kunst*, Diss. Tübingen 1971.

Raschke, Erich, *Herdersche Gedanken in August Wilhelm Schlegels Berliner Vorlesungen 1801-1804*, Diss. Breslau 1923.

Reiff, Paul, *Die Ästhetik der deutschen Frühromantik*, Urbana 1946.

Rehm, Jürgen, *Zur Musikrezeption im vormärzlichen Berlin: die Präsentation bürgerlichen Selbstverständnisses und biedermeierlicher Kunstanschauung in den Musikkritiken Ludwig Rellstabs*, (= *Studien zur Musikwissenschaft* Bd. 2), Hildesheim 1983.

Ribbat, Ernst (Hg), *Romantik. Ein literaturwissenschaftliches Studienbuch*, Königstein 1979.

Riethmüller, Albrecht (Hg), *Die Musik als Abbild der Realität. Zur dialektischen Widerspiegelungstheorie in der Ästhetik*, (= *Beihefte zum AfMw* Bd. 15), Wiesbaden 1976.

Rohr, Judith, »Die Künstler-Parallele in der Musikanschauung der Leipziger Allgemeinen musikalischen Zeitung (1798-1848)«, in: *SBzMw* Serie III/4 (1980), S. 35-50.

dies., *E.T.A. Hoffmanns Theorie des musikalischen Dramas*, Diss. Zürich 1985.

Rosen, Charles, *Der klassische Stil*, Kassel etc. 1983, (= *The Classical Stile. Haydn, Mozart, Beethoven*, London etc. 1971, ²1976).

ders., *Sonata Forms*, New York 1980.

Rosenberg, Rainer, *Literaturverhältnisse im deutschen Vormärz*, ²Berlin 1975.

Rummenhöller, Peter, *Die musikalische Vorklassik*, Kassel etc. 1983.
Salmen, Walter, *Johann Friedrich Reichardt*, Freiburg i. Br. und Zürich 1963.
ders., *Der Sozialstatus des Berufsmusikers vom 17. bis 19. Jahrhundert*, Kassel etc. 1971.
ders. (Hg), *Beiträge zur Geschichte der Musikanschauung im 19. Jahrhundert*, (= *Studien zur Musikgeschichte des 19. Jahrhunderts* Bd. 1), Regensburg 1965.
Schering, Arnold, »Aus den Jugendjahren der musikalischen Neuromantik«, in: *JbP* 24 (1917), S. 45-64.
ders., »Kritik des romantischen Kunstbegriffs«, in: *JbP* 44 (1937), S. 9-28.
ders., *Vom musikalischen Kunstwerk*, Leipzig 1949.
Schmidt, Günther, *Herder und August Wilhelm Schlegel*, Diss. Berlin 1917.
Schmitt-Thomas, Reinhold, *Die Entwicklung der deutschen Konzertkritik im Spiegel der Leipziger Allgemeinen musikalischen Zeitung (1798-1848)*, Frankfurt am Main 1969.
Schmitz, Arnold, »Die ästhetischen Anschauungen R. Schumanns in ihren Beziehungen zur romantischen Literatur«, in: *ZfMw* 3 (1920/21), S. 111-118.
ders., *Das romantische Beethovenbild. Darstellung und Kritik*, Berlin und Bonn 1927.
Schnaus, Peter, *E.T.A. Hoffmann als Beethoven-Rezensent der Allgemeinen musikalischen Zeitung*, (= *Freiburger Studien zur Musikwissenschaft* Bd. 8), München 1977.
Schulz, Walter, *Metaphysik des Schwebens. Untersuchungen zur Geschichte der Ästhetik*, Pfullingen 1985.
Schumacher, Gerhard, *Musikästhetik*, Darmstadt 1973.
Schwab, Heinrich W., *Sangbarkeit, Popularität und Kunstlied. Studien zu Lied und Liedästhetik der mittleren Goethezeit 1770-1814*, Regensburg 1965.
Seifert, Wolfgang, *Christian Gottfried Körner. Ein Musikästhetiker der deutschen Klassik*, Regensburg 1960.
Sengle, Friedrich, *Biedermeierzeit. Deutsche Literatur im Spannungsfeld zwischen Restauration und Revolution 1815-1848*, 2 Bde., Stuttgart 1971 und 1972.
Serauky, Walter Karl August, *Die musikalische Nachahmungsästhetik im Zeitraum von 1700 bis 1850*, Münster 1929.
Sponheuer, Bernd, *Musik als Kunst und Nicht-Kunst*, Kassel etc. 1987.
Staehelin, Martin, »Mozart und Raffael. Zum Mozart-Bild des 19. Jahrhunderts«, in: *SMZ* (1977).
Stein, Peter, *Epochenproblem »Vormärz« (1815-1848)*, (= *Realien zur Literatur* Bd. 132), Stuttgart 1974.
Störig, Hans Joachim, *Kleine Weltgeschichte der Philosophie*, 2 Bde., Frankfurt am Main ^{1}1969, ^{11}1979.
Strich, Fritz, *Deutsche Klassik und Romantik. Oder Vollendung und Unendlichkeit*, München 1922, ^{4}Bern 1949.
Szeskus, Reinhardt, »Zum Problem der Romantik in der Musik am Beispiel Felix Mendelssohn-Bartholdys«, in: *Wissenschaftliche Zeitschrift der Ernst-Moritz-Arndt-Universität Greifswald. Sonderband. Caspar David Friedrich. Bildende Kunst zwischen der Französischen Revolution und der bürgerlich-demokratischen Revolution von 1848*, Greifswald 1976.
Terras, Rita, *Wilhelm Heinses Musikästhetik*, München 1972.
Thalmann, Marianne, *Provokation und Demonstration in der Komödie der Romantik*, Berlin 1974.

Timm, Hermann, *Die Heilige Revolution. Schleiermacher – Novalis – Friedrich Schlegel,* Frankfurt am Main 1978.
ders., »Universalität und Individuation. Das Konzept des frühromantischen 'Christianismus'«, in: Richard Brinkmann (Hg), *Romantik in Deutschland. Ein interdisziplinäres Symposion,* (= *Sonderband der »Deutschen Vierteljahresschrift für Literaturwissenschaft und Geistesgeschichte«),* Stuttgart 1978, S. 443-460.
Tischler, Hans, »Classicism, Romanticism and Music«, in: *MR* 14 (1953), S. 108-205.
Träger, Claus, *Geschichte und Romantik,* Frankfurt am Main, 1984.
ders., *Lessing – Kritik und Historizität,* (= *Sitzungsberichte der Sächsischen Akademie der Wissenschaften zu Leipzig. Philosophisch-historische Klasse* Bd. 121, Heft 5), Berlin 1981.
ders. (Hg), *Die Französische Revolution im Spiegel der deutschen Literatur,* Leipzig und Frankfurt am Main 1975, ²1979.
ders. und Heidi Riddigkeit (Hg), *Novalis Dichtungen und Prosa,* Leipzig 1975.
Valery, Paul, *Pièces sur l'art,* Paris 1934.
ders., *Mauvaises Pensées,* Paris 1942.
Veyne, Paul, *Der Eisberg der Geschichte. Foucault revolutioniert die Historie,* Berlin 1981.
ders., *Geschichtsschreibung. Und was sie nicht ist,* Frankfurt am Main 1990.
Von der Lütze, Irmela, *Zur Batteux Rezeption in Deutschland,* Diss. 1979.
Warrack, John, *Carl Maria von Weber,* New York und London 1968; deutsch: Hamburg 1972.
Weiland, Werner, *Der junge Friedrich Schlegel oder die Revolution in der Frühromantik,* Stuttgart etc. 1968.
Wellesz, Egon und Frederick Sternfeld (Hg), *The Age of Enlightenment. 1745-1790,* (= *New Oxford History of Music* Bd. 7), London 1973.
Wiora, Walter, *Die Musik im Weltbild der deutschen Romantik,* Regensburg 1965.
ders. (Hg), *Die Ausbreitung des Historismus über die Musik,* (= *Studien zur Musikgeschichte des 19. Jahrhunderts* Bd. 14), Regensburg 1969.
Worbs, Hans Christoph, »Politische Restauration und musikalisches Biedermeier«, in: *Musica* 31 (1977), S. 408-411.
Wundt, Max, *Die Philosophie an der Universität Jena,* Jena 1932.
Wyss, Beat, *Trauer der Vollendung: von der Ästhetik des Idealismus zur Kulturkritik der Moderne,* München 1985.
Zenck, Martin, »Zum Begriff des Klassischen in der Musik«, in: *AfMw* 19 (1982), S. 271-292.
Zimmerli, Walter Ch., »Schellings 'Deduktion eines allgemeinen Organons der Philosophie' als Bindeglied zwischen romantischer Kunstauffassung und der Neubegründung der Dialektik in Hegels Jenaer Philosophie«, in: Richard Brinkmann (Hg), *Romantik in Deutschland. Ein interdisziplinäres Symposion,* (= *Sonderband der »Deutschen Vierteljahresschrift für Literaturwissenschaft und Geistesgeschichte«*), Stuttgart 1978, S. 404-420.